长安与丝路文化传播学科创新引智基地资助项目

陕西省司马迁研究会／编
张新科　霍建波　刘向斌／主编

司马迁与《史记》论集

陕西省司马迁研究会2019年年会论文集

第十三辑

陕西新华出版传媒集团
陕西人民出版社

图书在版编目(CIP)数据

司马迁与史记论集. 第十三辑, 陕西省司马迁研究会2019年年会论文集 / 张新科, 霍建波, 刘向斌主编. —西安: 陕西人民出版社, 2023.2
ISBN 978-7-224-14809-1

Ⅰ. ①司… Ⅱ. ①张… ②霍… ③刘… Ⅲ. ①司马迁(约前145或前135—?)—人物研究—文集②《史记》—文集 Ⅳ. ①K825.81-53 ②K204.2-53

中国国家版本馆CIP数据核字(2023)第007207号

责任编辑: 王 凌 武晓雨
封面设计: 杨亚强

司马迁与《史记》论集(第十三辑)
SIMA QIAN YU SHIJI LUNJI
——陕西省司马迁研究会2019年年会论文集

编　　者　陕西省司马迁研究会
主　　编　张新科　霍建波　刘向斌
出版发行　陕西新华出版传媒集团　陕西人民出版社
（西安市北大街147号　邮编:710003）
印　　刷　中煤地西安地图制印有限公司
开　　本　787毫米×1092毫米　1/16
印　　张　25.25
字　　数　400千字
版　　次　2023年2月第1版
印　　次　2023年2月第1次印刷
书　　号　ISBN 978-7-224-14809-1
定　　价　89.00元

目　录

◎《史记》文献研究

◎《史记》文本研究

◎《史记》人物研究

◎《史记》思想文化研究

◎《史记》影响研究

◎《史记》相关研究

《史记》文献研究

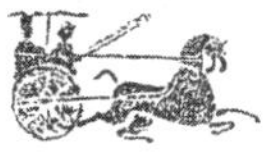

一个时代在被建构的过程中，总是会出现删繁就简的情况，看似提纲挈领，抓住了关键人物、关键事件，实则其他人物的历史作用会因此被遮蔽。

从《张良》评语看刘辰翁“尚奇”的评点特色①

王晓鹃

刘辰翁（1232—1297）是南宋末年著名的文学批评家，曾对《大戴礼记》《越绝书》《老子道德经》《荀子》《庄子》《世说新语》等散文和杜甫、王维、李贺、韦应物、孟浩然等人的诗歌做过评点，在后世产生了较大影响，如李东阳在《怀麓堂诗话》中就曾说道：“刘会孟名能评诗，自杜子美下至王摩诘、李长吉诸家，皆有评。语简意切，别是一机轴，诸人评诗者皆不及。”②四库馆臣也曾在《班马异同评》中指出：“辰翁人品颇高洁，而文章多涉僻涩。其点论古书，尤好为纤诡新颖之词，实于数百年前预开明末竟陵之派。”③显然，不管是李东阳“别是一机轴”，还是四库馆臣“尤好为纤诡新颖之词”的评论，都高屋建瓴地指出了刘辰翁“尚奇”的评点特色。本文拟以《班马异同评》中刘辰翁对张良的评语为例，来谈谈这一问题。

一

好“奇”作为人的一种普遍心理，在文学创作与批评中有着深刻的体现。关于“奇”，许慎《说文解字》释为“异也”，《汉语大辞典》与《辞海》则有“不寻常”“出人意料”“异常”“惊异”等意。“奇”的这些含义，在刘辰翁的诗文创作中，都有不同程度的表现，也正如他在《不平鸣诗序》中所说：“亘古今之

---

①本文以《论刘辰翁“尚奇”的评点特色——以〈班马异同评〉之张良评语为中心的考察》为题发表于《福州大学学报》（哲学社会科学版）2020年第3期。

① 李东阳著，李庆立校释：《怀麓堂诗话校释》，人民文学出版社2009年版，第92页。

② 四库全书研究所：《钦定四库全书总目》，中华书局1997年版，第642页。

不平者，无如天人者，有所不平则求直于人，则求直于有位者，则求直于造物能言故也。若天之视下也，其不平有甚于我，有甚于我而不能自言，故其极为烈风、为迅雷、为孛、为彗、为虹、为山崩石裂、水涌川竭，意皆其郁积愤怒亡所发泄以至此也。退之谓四时之推夺为不平，彼四时者各一，其所而岂有不平者哉。凡天之所不平者，皆人事之激也。大决所犯，伤人必多，不如小决使道人之不平所不至于如天者。其小决者，道也。小决之道，其惟诗乎，故凡歌行曲引大篇小章，皆所以自鸣其不平也。而其险哀有甚于雷风星变，山海潮汐者矣。"[①]显然，刘辰翁大力倡导文学要不平则鸣，创作要自觉追求奇荡变换的风格。这一诗学思想，在刘辰翁的很多言论中也都能得到证实，如在《辛稼轩词序》中提到"词至东坡，倾荡磊落，如诗如文，如天地奇观"[②]；在《虚舟记》中，评点罗士俊称其"出语英妙，有奇气"[③]；在《心田记》中评点章贵安，称赞他"新安章贵安……气概伟然，其文浩荡奇崛"[④]；在《赵信之诗序》中提到"用意奇崛"[⑤]等。

明清以来，有很多学者已注意到刘辰翁"尚奇"的诗学思想。如明代杨慎就指出，刘辰翁"为文祖先秦、战国、庄、老等，言率奇逸，自成一家"[⑥]。庐陵后学韩敬也赞叹道："余偶于故簏中得记稿一帙，瑰奇磊落，想见其人，每读数过，辄恐易尽，真枕珍帐秘也。"[⑦]胡思敬则说得更具体："文之佳者，如《阁山》《善寂》诸记之谈佛老，《善堂》《中和》《核山》《静见》诸记之谈性理，《岂畦》《介庵》诸记之谈事变，《楚翁序》之谈诗，奇诡纵横，深入老庄化境。"[⑧]四库馆臣也赞扬道，"即其所作诗文，亦专以奇怪磊落为宗。务在艰涩其词，甚或至于不可句读，尤不免轶于绳墨之外。特其蹊径本自蒙庄，故惝恍迷离，亦间有意趣，不尽

---

① 段大林校点：《刘辰翁集》，江西人民出版社 1987 年版，第 173 页。
② 段大林校点：《刘辰翁集》，江西人民出版社 1987 年版，第 177 页。
③ 段大林校点：《刘辰翁集》，江西人民出版社 1987 年版，第 75 页。
④ 段大林校点：《刘辰翁集》，江西人民出版社 1987 年版，第 72 页。
⑤ 段大林校点：《刘辰翁集》，江西人民出版社 1987 年版，第 173 页。
⑥ 段大林校点：《刘辰翁集》，江西人民出版社 1987 年版，第 459 页。
⑦ 段大林校点：《刘辰翁集》，江西人民出版社 1987 年版，第 461 页。
⑧ 段大林校点：《刘辰翁集》，江西人民出版社 1987 年版，第 469 页。

堕牛鬼蛇神”[①]，都明确指出了刘辰翁诗文奇诡伟丽的特质。萧正发《刘须溪先生集略序》更是高度赞扬其诗文奇怪磊落的风貌：“自有天地来，自有文章来，孰有奇于漆园者哉！……宋之亡也，而有我庐陵须溪刘先生，先生之为文，无以异于漆园之为文也，非其时也，奇而自晦其奇也。于何知之，于《记钞》恍惚知之。先生之奇，奇以理乎？奇以辞乎？如行军然，谋其理，行伍其辞也。两军相当，非其帅必无以致胜。同一啮管，同一濡墨，奇于何来？而机动神助，波属云委，或狂呼而唾壶碎也，或痛哭而子规啼也。或白昼潭玄而仙鸟翔集也，或静夜思禅，而钟声叩应也。寒暑往来，不浸假而冬可起雷，夏可造冰也。混沌凿七日，死而不死也。当此之时，奇又于何往哉！……庐陵故不乏第一奇人也，而第一流奇人奇书，舍先生谁归哉！”[②]由此可见，“尚奇”确实是刘辰翁诗文最鲜明的特色和成就。

二

刘辰翁这一奇崛的文学创作风格，自然会在评点他人作品时有意无意地体现出来，如刘辰翁评论《老子》第五章“刍狗喻奇，橐籥理精”[③]，第二十九章“神器，语奇，谓非人之所能有也”[④]，第四十六章“却走马语奇，常足最乐”[⑤]，第六十一章“古人设喻，未有如此其奇者，其于理无不通”[⑥]，第七十七章，“张弓之喻甚奇，高下左右只在弓内，未尝出于弓也”[⑦]；刘辰翁评《庄子》时，更是反复提到“奇”：“妙在‘于呕’一语，快带前后，皆活重出，愈奇”[⑧]“影已无形之物，罔两又非影之比也，寓又寓者也，意奇，文奇，事又奇”[⑨]（《齐物

---

① 四库全书研究所：《钦定四库全书总目》，中华书局 1997 年版，第 2184 页。

② 段大林校点：《刘辰翁集》，江西人民出版社 1987 年版，第 464 页。

③ 刘辰翁：《老子道德经评点》，明小筑刊本。

④ 刘辰翁：《老子道德经评点》，明小筑刊本。

⑤ 刘辰翁：《老子道德经评点》，明小筑刊本。

⑥ 刘辰翁：《老子道德经评点》，明小筑刊本。

⑦ 刘辰翁：《老子道德经评点》，明小筑刊本。

⑧ 刘辰翁：《庄子南华真经点校》，明刊刘须溪评点三子本。

⑨ 刘辰翁：《庄子南华真经点校》，明刊刘须溪评点三子本。

论》），“奇又奇”[①]（《徐无鬼》），“其言肩倚、膝踦，已霍然活动说音节合拍，愈奇”[②]（《养生主》），“前见之梦已奇，又生诊梦一段，从容不竭”[③]（《人间世》），“观书大略如《庄子》，尤不可训诂理，其所谓性即所谓德也。其言扶疏，其字错落重出，初非有意，亦非无谓者，故其所为奇也”[④]（《骈拇》篇首），“为报德甚奇，凡皆爱之，不知其害，欲复为混沌难矣哉”（《应帝王》）等等，举不胜举。这一评点特色，也体现在刘辰翁对唐人诗歌的评点中，如“以此寄兴，甚奇”[⑤]（李贺《苦篁调啸引》）、“拈出自别”[⑥]（李贺《湘妃》）和“亦自鲜丽眼前语，无苦入手自别”[⑦]（李贺《南园十三首·其八》）三条，都借“奇”“别”字点出了李贺奇崛的诗风。再如，杜甫《望岳》“诸峰罗立似儿孙”句，刘辰翁评曰“奇”[⑧]；王维《赠焦道士》“饮人聊割酒，送客乍分风”句下，刘辰翁亦批曰“奇”[⑨]；孟浩然《云门寺西六七里闻符公兰若最幽与薛八同往》“谁能效丘也”句下，刘辰翁批曰“末句‘也’字似散语，亦奇”[⑩]，以赞美杜甫和王维诗句之奇和孟浩然用字之奇。又如韩愈《秋怀诗十一首·其九》中有“空阶一片下，琤若摧琅玕”句，刘辰翁用“甚无紧要，造此奇崛”[⑪]八个字来形容，认为此处正是此诗的奇绝之处。四库馆臣前所说“其点论古书，尤好为纤诡新颖之词”的观点，准确地指出在“尚奇”的文学批评态度下，刘辰翁自然注重阐释《史记》“爱奇”文学风格的评点倾向。这也对我们更加明确《史记》中各种各样的奇幻意境，进一步认识司马迁诡奇的文风大有裨益。

纵观《班马异同评》全书，刘辰翁多处提到“奇”字：

---

① 刘辰翁：《庄子南华真经点校》，明刊刘须溪评点三子本。

② 刘辰翁：《庄子南华真经点校》，明刊刘须溪评点三子本。

③ 刘辰翁：《庄子南华真经点校》，明刊刘须溪评点三子本。

④ 刘辰翁：《庄子南华真经点校》，明刊刘须溪评点三子本。

⑤ 刘辰翁：《笔注评点李长吉歌诗》，影印文渊阁四库全书本。

⑥ 刘辰翁：《笔注评点李长吉歌诗》，影印文渊阁四库全书本。

⑦ 刘辰翁：《笔注评点李长吉歌诗》，影印文渊阁四库全书本。

⑧《合刻宋刘须溪点校书九种》，明天启刻本。

⑨《合刻宋刘须溪点校书九种》，明天启刻本。

⑩《合刻宋刘须溪点校书九种》，明天启刻本。

⑪《合刻宋刘须溪点校书九种》，明天启刻本。

（卷六《陈平》）奇计不难，用奇计难，伪游之事与儒生谋之，不惟郑重难举，疏驳更多，漏泄尤易。以一力士，自数万兵直戏耳，非奇乎?

（卷六《陈平》）有奇计字，但言使单于阏氏，隐约可见，然难使之解围。

（卷六《陈平》）此处入常击臧荼等，不知有何奇计?《汉书》于此会功六出，与《史记》本异。重出凡六字，精神又增。或颇字，皆疑而不必疑，此史之所以著实者。

（卷六《陈平》）‘反县’字，亦奇。

（卷七《周勃》）木强又椎，其形容非史所常有。强，上去声。东乡坐责诸生，辄为我语，甚奇。椎少文，不成语，然足引用。

（卷七《周勃》）两字较奇。

（卷九《魏豹彭越》）喋血乘胜日有闻矣，不可解。看上语意，谓其与喋血乘胜之日，则有闻矣。身已为王，彼时不反，以此时反，故隐约如此。下语最是无力处，意闻字误日字句读。此赞曲折，语意甚奇，能言豪杰意中事，取于众人所不取，亦其所遇素意如此，他人笔力几许能发明。独患无身耳五字，极论备。云蒸龙变，又怪。其度二字，不可解，宜云度其，故亮以此也。

（卷十《韩信》）此处取《史记》先后，亦不过乘胜传檄以摇之耳，策非奇也，事势适当然者。且委曲辗转，揣摩尽情，所长独在牛酒享驿，北首燕路耳。

（卷十《韩信》）蓐食奇，漂母又奇，跨下又奇。跨胜袴，形容正在此。蒲伏，可笑耳。

（卷十三《郦食其陆贾朱建》）泮字奇，语皆切。

（卷十三《郦食其陆贾朱建》）斗辟语奇，作辟字奇，然什字即斗字之误。

（卷十六《季布栾布》）此周氏奇甚，在朱家上，是能用朱家，而其后朱家独闻。

（卷十七《袁盎晁错》）有从史，又有受金不忍刺之客，何奇士之多也！然卒不免。吾自绛侯、晁错屡论之，亦其资如此。

（卷二十《窦婴田蚡灌夫》）为相时重、不用、无势语，皆是，正在日字、独字，语极有情。《汉书》墨墨，字虽奇而不切。

（卷三十四《日者》）只三语，亦自奇。

这些评点，或长或短，或疏或密，或解字词，或议文句，或论结构，或述语意，或评人物，或品语言，无不显示出刘辰翁对"奇"字的喜爱。如：卷六《陈平》"'反县'字，亦奇"句，原文说道：

高帝从（击）〔破〕布军还，病创，徐行至长安。燕王卢绾反，上使樊哙以相国将兵〔攻〕（击）之。既行，人有短恶哙者。高帝怒曰："哙见吾病，乃〔冀〕（几）我死也！"用〔陈〕平〔谋〕（计）而召绛侯周勃受诏床下，曰："〔陈〕平〔亟〕（乘）驰传载勃代哙将，平至军中即斩哙头！"二人既受诏，驰传未至军，行计〔之〕曰："樊哙，帝之故人〔也〕，功多，〔且〕又〔乃〕吕后（女）弟吕〔嬃〕（须）〔之〕夫，有亲且贵，帝以忿怒故，欲斩之，〔则〕（即）恐后悔。宁囚而致上，（令）上自诛之。"未至军，为坛，以节召樊哙。哙受诏，即反接载槛车，〔传〕诣长安，而令〔绛侯〕（周）勃代〔将〕，将兵定燕〔反县〕。①

这一段提到一个著名历史事件：刘邦斩樊哙。公元前 195 年，刘邦击败叛军英布归来，创伤发作病倒了，但燕王卢绾又叛变，便派樊哙以相国的身份率军去讨伐。樊哙走后，有人对刘邦说樊哙跟吕后串通一气，想等皇上百年之后图谋不轨。刘邦对吕后干预朝政早已不满，立即采用陈平的计谋，密派陈平和周勃前去诛杀樊哙。二人担心刘邦病重将死，怕控制朝政的吕后发怒，便没有贸然驰入樊哙的军营，而是在不远处故意设了个土坛，用皇帝的符节去招樊哙。樊

① 所引文句是《班马异同评》原书所载《史记》和《汉书》原文。《史记》本文今用仿宋体，凡《史记》无而《汉书》所加者原书以细字书之，今则按原书以圆括号标注；凡《史记》有而《汉书》所删者原书以墨笔勒字旁，今则以六角括号标注。本文所引《班马异同评》全文和刘辰翁评语均采用明嘉靖李元阳刻本，下文不再一一出注。

哙见只有陈平只身前来，便立即独自骑马赶来接诏，谁料周勃忽然出现，当即将樊哙拿下，钉入囚车。周勃又立即赶到中军大帐，代替樊哙，由陈平押解囚车返回长安。果然没多久，刘邦驾崩的噩耗传来。樊哙被押回长安后，立刻被吕后释放，并恢复了官职爵位。这里，《史记》原文为“而令绛侯勃代将，将兵定燕反县”，《汉书》改为“而令周勃代，将兵定燕”，两相对比，《汉书》删除了“反县”二字。刘辰翁认为《汉书》删减不当，因为这二字正体现了此事的“奇”字。燕王卢绾虽然反叛，但并非所有燕地都已反叛，周勃率军攻打的正是反叛的燕地县邑。一个“反”字，立即渲染出时局的紧张、严峻以及燕王卢绾反叛的事实，确实用字奇崛。一经《汉书》删减，这一句便索然无味。

再如卷三十五《日者》“只三语，亦自奇”句，原文道：

> 自古受命而王，王者之兴何尝不以卜筮决于天命哉！其于周尤甚，及秦可见。代王之入，任于卜者。太卜之起，由汉兴而有。

这是《日者列传》开篇的三句话。太史公由史实入笔，视野开阔，气势雄健，见解深刻。太史公好奇，对《周易》也颇有造诣，他遗憾“古者卜人所以不载者，多不见于篇”，便将卜者司马季主的事迹记载下来，“及至司马季主，余志而著之”。由此可见，卜筮是古代宗教巫术活动的重要内容，对早期中国的政治社会产生过重大影响。读到这里，刘辰翁不由击节叹赏，感慨这寥寥三句话，就已经入木三分地点出太史公“好奇”和日者“自奇”的历史事实。

至于陈平的奇计，韩信的悲剧人生，周勃的木强性格，魏豹、彭越、季布、栾布、袁盎、晁错等历史人物的奇特遭际，前人多有评论，刘辰翁依然袭用，兹不赘。这些评论，从文章学层面，或指出字法、句法、章法、结构之奇的特殊修辞技巧，或指出奇文、奇句、奇语、奇字等文本表层形态，或渲染奇人、奇事、奇景、奇情等文本内指形态，对我们进一步理解《史记》的叙述特色和刘辰翁的创作风格都有一定帮助。不过，最能显出刘辰翁这种“尚奇”评点风格的，当属张良评语。

三

《班马异同评》以人物来编排，卷五便是《张良》。司马迁写史的目的是“究天人之际，通古今之变，成一家之言”。为实现这一理想，他除了“实录”历史以外，还对“奇人”——有特异性的历史人物——着以浓墨重彩，推崇、偏爱那些功业赫赫、杰出超群的历史人物。正如鲁迅在《汉文学史纲要》中所说：“恨为弄臣，寄心楮墨，感身世之戮辱，传畸人于千秋。”①而张良正是司马迁要大力讴歌的一位风流倜傥的历史奇人。

张良（？—前 186），字子房，汉初三杰之一。他身居乱世，胸怀国亡家败的悲愤，投身于倥偬的兵戎生涯，为刘邦击败项羽以及汉朝帝国的建立立下了不可磨灭的盖世功勋。如何将历史上这样一位叱咤风云，最富有传奇色彩的人物栩栩如生地表现出来，无疑是司马迁需要认真考虑的问题，也正如刘辰翁评语所说：“太史公于此传最费心力。”言下之意，非常之人自然需要非常的叙述技巧，而从《张良》文本来看，太史公无疑是成功的，原因在于他紧紧抓住了一个“奇”字，从“奇人”“奇事”“奇计”“奇功”等各个方面入手，形象、立体地塑造出“张良形象”。千载而下，刘辰翁能否用更加省练的文字将太史公笔下的张良再次画龙点睛地勾画出来，能否和太史公成为旷代知音，亦是刘辰翁面临的难题。可喜的是，刘辰翁也做到了，原因是他也聪明地抓住了一个“奇”字。

《张良》一开篇便惊心动魄：张良的祖父和父亲曾为韩国的五代国王担任相国，秦灭韩后，为了报国仇家恨，张良“弟死不葬”，散尽家资，做了一件惊天动地的大事——即以全部家产重金收买刺客，找到一个大力士，为他打造一只重达 120 斤的大铁锤，于公元前 218 年在博浪沙击杀秦始皇，可惜误中副车。秦始皇大怒，下令全国缉捕刺客，张良不得已亡命天涯。两年后，张良在下邳偶遇圯上老人，跟其研习《太公兵法》十年。在这里，刘辰翁有两条评语：

1. 大父、父，不可去。写五世相韩及弟死不葬，甚恨。东见沧海

① 鲁迅：《汉文学史纲要》，《鲁迅全集》，人民文学出版社 1973 年版，第 581 页。

君，得力士，不言沧海君何如，极神奇。狙击秦皇帝博浪沙中，最健。为张良故也五字，删之，是。

2. 从沧海君得力士，已怪。百二十斤椎举于旷野之外，而正中副车，虽架砲不如也。如此大索而不能得，良非自免，并隐力士，此大怪。事卒归圯上，老父又极从容，如同时亲见，乃今人以为小说不足信者，即子房时时自道，容有疑之者矣。此皆不可意测，不可语解，但觉古人如在目前，亦不足辨。妙处正在履我，又业已如此，省此，顿失数倍意态。随目之，亦不可失。此去下曰字换文目，盖如见其人，如闻其语。黄石句、常习诵读，秃写得皆不偶然。试使子房自己或后人得传，必为不能知子长之曲折具略不少省何也。

明代陈仁锡曾说："子房一椎，宇宙生色。"[①]此处，刘辰翁接连用了"极神奇""最健""已怪""此大怪事""不可意测"几个词反复表达出对张良"击杀始皇"和"黄石授书"这两件奇特之事的直观感受，认为从沧海得大力士、为圯上老父取履、得兵书等情节都有类似小说的虚构成分，但是同时符合艺术的真实。而对《汉书》删减的部分"父曰：'履我！'良业为取履""长""履之""随目之"等字，刘辰翁表示不满，更是用"妙处""顿失数倍意态""亦不可失""秃写得皆不偶然""不能知"等词来表述，认为此处《史记》的描述像电影镜头一样，具有画面感、音乐感、流动性和神秘性，一经《汉书》删改，不但影响文意的流畅，更少了许多神奇性场面。显然，刘辰翁一开评便表明他对《张良》一文的基本评点态度——尚奇。

接着，太史公简要叙述张良助刘邦智取峣关，率先进入咸阳，赢得政治上的先机一事。刘辰翁对张良深厚的谋略很是欣赏："啖而怠之，怠而击之，乃本谋也。然用之从容，虽高帝不能尽识也。皆史笔铺叙悠然。"张良本以复韩为事业，在韩王成被项羽杀害后，彻底投靠刘邦，并运用"明烧栈道"麻痹项羽，使刘邦得以休养生息。此处，刘辰翁评到："'王何不烧绝所过栈道'，说得不著迹，前辈以其为韩，此语似是。'闻项羽'，字极明。《史》《汉》叙韩成，虽先后不

① 《史记评林》，明治十三年刻本。

可知，然移易分画，如《汉书》为是。”点出项羽杀害韩王成是张良思想的转折点，可谓承上启下。

彭城之败后，张良向刘邦推荐了黥布、彭越和韩信三位战将，也正是这三支部队，和刘邦的大军一起把项羽包围在垓下，最终灭了项羽，由此可见张良超人的智慧与独到的眼光。此处，刘辰翁评道：“子房因事进言，胸中便有三人者化作三处，仓卒数语并其人平生，无不备”，对张良的奇言异想很是佩服。汉高祖三年，项羽大军把刘邦包围在荥阳，刘邦非常恐慌，准备采用郦食其的建议，重立六国后代。这时，正好张良来见刘邦，便有了借箸劝谏一事。这里，刘辰翁有两条评语：

1. 当疑此借箸语谓能不能，每下一箸所谓其不可，八则无其事无其语，空取桀纣、闾墓、财粟、牛马杂为六七，实不过最后游士一语，利害情实可反复。《汉书》去其二，增楚以下为八，虽是，而所删不尽，未免随俗，于此传为冗。传皆若此，何以读兵法为？

2. 六国下复出韩、魏、燕、赵、齐、楚，虽赘，曰借箸而论，与其下叠数其字，子长语终壮，利害紧要，独在此。

刘辰翁批评《汉书》虽然有删减，但不免流于“随俗”，且叙事亦冗长。相比之下，《史记》的语言反而显得明快有力，即所谓“子长语终壮”，且“利害紧要，独在此”——刘邦放弃分封六国后代实属明智之举。这也是张良的又一奇计。

汉朝初立，刘邦封赏萧何、曹参等二十多个大功臣，但其他的将领们日夜争功，产生极不稳定的政治因素，张良趁机劝刘邦分封雍齿，再次帮刘邦稳定了江山。刘辰翁评道：“耦语虽闻，不问不言，言即危甚。销怨之道，复非人意所及，而人意靡然，各随所料，于是子长之张皇道尽矣。直至四皓称说不衰，写得突兀惊人。”刘辰翁所说的“突兀惊人”，亦是指《史记》文字和《汉书》相比更奇特，叙述更奇崛。

随后，刘邦听了张良建议，最终定都关中。在后来张良安定太子刘盈一事上，刘辰翁评语较多：

1. 四人者，在当时必知名，又高帝常招之不出，而人不知，独子房知之。上高此四人，意见迥别，此处模写，难于梦卜。

2. 徒疾不视事，何益？有四老人在，又以身谢事，先感动之。置酒朝廷之上，而忽有山中布衣四人从太子以来，不惟帝异之，诸臣有不异者乎？若子房常言此四人，高帝知为子房设此，谋相感悟，即此诡怪，疑似多端，岂独不能感悟而已？观史别当有眼。

3. 谓《汉书》不载四人，似是。盖出于隐约，未得传闻之悉也，有之不加，无之不损。《索隐》又兼著名字，愈怪。

4. 此愿为太子死，险。

5.《索隐》曰：按《陈留志》云，园公姓唐，字宣明，居园中，因以为号。夏黄公姓崔，名广，字少通，齐人，隐居夏里修道，故号曰夏黄公。角里先生，河内轵人，太伯之后，姓周名术，字元道，京师号曰霸上先生，一曰角里先生，《孔父秘记》作禄里，皆王劭据崔氏《周氏世谱》及陶潜《四八目》而为此说。

6. 何物老人，能使乃翁至此无可奈何，非仙乎？太史公于此传最费心力。子房为谋臣第一，不容无数事实迹。看他每事不放过，开阖如不可测，类以己意揣之，情文俱见，皆他人以为必无者。其言汉之为汉，多出其力。虽如项伯剑舞与请汉中地小者，尤系成败。末又著击代奇计与立萧相国，又仿佛不尽言，枝叶愈多。

在“此处模写，难于梦卜”“忽有山中布衣四人”“帝异之”“诸臣有不异者乎”“诡怪”“多端”“愈怪”“险”“非仙乎”“情文俱见”等一连串奇诡怪异的字句中，不难看出刘辰翁对张良这一险计的欣赏与赞叹。此处，刘辰翁还对前面没有提到的小事件，如“项伯剑舞”与“请汉中地”等事情的重要性进行了补充，认为这些小事“尤系成败”，其在刘邦夺取天下过程中的作用不可忽视，并进一步指出《张良》一文末尾的“击代奇计”与“立萧相国”也是颇有深意。

若论功绩，韩信、萧何当在张良之上，但刘邦却推张良为“三杰之首”，并大力封赏：“运筹策帷帐中，决胜千里外，子房功也。自择齐三万户。”可谓一人之下，万人之上，但是张良却委婉谢绝了：“家世相韩，及韩灭，不爱万金之资，为韩报仇强秦，天下震动。今以三寸舌为帝者师，封万户，位列侯，此布衣之极，于良足矣。愿弃人间事，欲从赤松子游耳。”认为自己心愿已了，“乃学辟谷，道引轻身”，全身而退，也是三杰中唯一善终的人。对此，刘辰翁评价道：

> 此传自东海君、力士、圯上老父以至四皓，必有姓名哉？殆以天人助兴汉业，故屡见不为怪。末著子房学道，欲轻举，与黄石俱葬，首尾奇事。

刘辰翁认为东海君、力士、圯上老父和商山四皓都应是名垂青史的奇异倜傥之人，遗憾他们在历史上没有能够留下姓名，进一步指出张良最终“学道”“欲轻举”与“黄石俱葬”等情节的奇特之处不减开篇“击杀始皇”和“黄石授书”的传奇性。太史公以“奇”开篇，刘辰翁又以“奇”结尾，可谓评论与《史记》的叙述首尾呼应，浑然一体。

最后，太史公论道：“学者多言无鬼神，然言有物。至于留侯所见老父予书，亦可怪矣。高祖离困者数矣，而留侯常有功力焉，岂可谓非天乎？上曰：‘夫运筹策帷帐之中，决胜千里外，吾不如子房。’余以为其人计魁梧奇伟，至见其图，状貌如妇人好女。盖孔子曰：‘以貌取人，失之子羽。’留侯亦云。”刘辰翁评道：

> 1. 两语便怪。
>
> 2. 将极言有鬼神，却从无鬼神说。满传奇怪，亦不得不尔引而归之天，正郑重；及论其形貌，亦爽然自失，言笑有情，却不郑重，极闲散。

在这一段，太史公用“鬼神”“怪”“天”“奇伟”等字眼描画张良，强调张良屡建奇功实属神异与天意。刘辰翁亦用“怪”“鬼神”“奇怪”“天”等总结了张良传奇的一生，并对太史公用“天意”解释张良奇人奇功表示理解——“满传奇怪，亦不得不尔引而归之天”——因为张良一生传奇的地方太多，除了“天意”，又能用什么来解释？这自是《张良》一文郑重和严肃的地方。但太史公话锋一转，对张良“状貌如妇人好女”的形貌深感意外，因为和他想象中风流倜傥之人应有“魁梧奇伟”的体魄相去太远。对此，刘辰翁亦欣然认同，认为太史公对这一点尽管写得不够郑重和严肃，却“言笑有情”，在严谨与闲散之间，在奇人奇事之中，已然体现出太史公过人的剪裁水平和叙述能力。

四

刘辰翁的评语虽然能够抓住“奇”字对张良进行解剖，但毕竟不能忽视《班马异同评》是一部历史著作的事实。因此，刘辰翁点评的重点自然也在字词句，很少涉及历史事实，正如四库馆臣所论：

> 辰翁人品颇高洁，而文章多涉僻涩。其点论古书，尤好为纤诡新颖之词，实于数百年前预开明末竟陵之派。此书据文义以评得失，尚较为切实。然于显然共见者，往往赘论，而笔削微意罕所发明。又倪思原书，本较其文之异同。辰翁所评，乃多及其事之是非，大抵以意断制，无所考证。既非论文，又非论古，未免两无所取。杨士奇《跋》，以为臻极精妙，过矣。①

四库馆臣认为刘辰翁的不足之处是对大家熟悉的情节和已成定论处，往往赘论，指出其“以意断制，无所考证”的评点倾向，而从上面所引刘辰翁的一些评语和他对《张良》一文的评语，也印证了他“无所考证”的评点态度。抛开其历史观念不看，仅从《班马异同评》人物看，刘辰翁点评最多的前十人依次是刘邦（114 条）、司马相如（81 条）、吴王濞（68 条）、韩信（63 条）、项羽（55 条）、陈平（50 条）、周勃（36 条）、张良（35 条）、韩长孺（32 条）、汲黯（26 条）。作为叱咤风云的一代帝王刘邦排在第一，自在情理之中，紧随其后的却是一代文宗司马相如。汉初三杰中，韩信和张良分别位列第四和第八，萧何的评语却只有 8 条，远远低于樊哙（25 条）、张释之（19 条）、季布（13 条）、冯唐（12 条）和栾布（10 条）等人，显得极不平衡。尤其让人疑窦丛生的是，第

① 四库全书研究所：《钦定四库全书总目》，中华书局 1997 年版，第 642 页。

24 卷卫青等 17 人和第 25 卷公孙弘等 4 人刘辰翁居然未置一词！仔细推敲，发现刘辰翁点评较多的都是汉初富有传奇色彩的风流倜傥之人，而对萧何这样的治世能臣以及武帝时代的卫青、霍去病等武将和公孙弘等文人，则关注较少，这似乎也可以看出刘辰翁“尚奇”的某些倾向。

其次，张良一生极富传奇性，又是第一谋臣，事迹无数，如何剪裁，大有学问。太史公以“奇”字著篇章，“看他每事不放过，开阖如不可测”；刘辰翁亦以“奇”字为关键，画龙点睛来渲染人物。不过，刘辰翁虽能抓住太史公“爱奇”的特色，但评语并非全然出于己意，在他之前，已有多人对这一点有过诸多评价，如班固曾云：“闻张良之智勇，以为其貌魁梧奇伟，反若妇人女子。故孔子称‘以貌取人，失之子羽’。学者多疑于鬼神，如良受书老父，亦异矣。高祖数离困厄，良常有力，岂可谓非天乎！”[①]刘邵说道：“思通道化，策谋奇妙，是谓术家，范蠡、张良是也。”[②]苏轼亦说道：“古之所谓豪杰之士者，必有过人之节。人情有所不能忍者，匹夫见辱，拔剑而起，挺身而斗，此不足为勇也。天下有大勇者，卒然临之而不惊，无故加之而不怒。此其所挟持者甚大，而其志甚远也。夫子房受书于圯上之老人也，其事甚怪；然亦安知其非秦之世，有隐君子者出而试之。观其所以微见其意者，皆圣贤相与警戒之义；而世不察，以为鬼物，亦已过矣。且其意不在书。”[③]显然，他们都不同程度地对张良传奇的人生表示欣赏与羡慕。后粗转精，刘辰翁的评语借鉴前人，亦在意料之中。

再次，刘辰翁尚奇的评点思想来自其诗学思想。在其《不平鸣诗序》《赵信之诗序》《辛稼轩词序》等文中，他都曾反复提到这一思想。宋代提倡以文字为诗、以议论为诗、以才学为诗，强调文学的道德教化与政治变革作用，故“文以载道”“明道言志”的文学思想盛行。显然，刘辰翁崇尚奇异的文风确实不合时宜，亦视为异端予以排斥也在情理之中，而他追求奇崛文风的实质就是要打破理学思想控制下刻板保守的文风，这也恰恰体现出了刘辰翁求新求变的文风改革意识。

---

① 班固：《汉书》，中华书局 1962 年版，第 2063 页。

② 伏俊琏：《人物志译注》，上海古籍出版社 2008 年版，第 45 页。

③ 于宏明点校：《苏轼全集》，时代文艺出版社 2001 年版，第 2863 页。

另外，刘辰翁尚奇的评点倾向也和时代及他本人的遭际与个性有关。刘辰翁幼年丧父，家境贫寒，但他刻苦力学、早年就形成了奇特硬朗而又自视甚高的个性，而理宗景定三年（1262）廷试对策，因触忤权贵贾似道，被置进士丙等，由是得耿直之名，更是这一性格的直接体现。四库馆臣剖析道，“且其宇宗邦沦覆之后，眷怀麦秀，寄托遥深，忠爱之忱，往往形诸笔墨。其志亦多有可取者，固不必概以体格绳之矣”①，直接指明刘辰翁诗文奇诡伟丽特质产生的原因在于改朝换代。刘辰翁生活在南宋末年，仕途一直不得志，后来不幸遭遇国破，隐居不出，胸中满怀遗民麦秀之感。面对现实，他无可奈何，只能把对故国的满腔热忱，把文人的狂狷之风、耿直性情抒发至评点之中，把满腔郁积愤激之情倾泻于文字之中，发为含蓄奇诡之词。其子刘将孙《须溪先生集序》“先生登第十五年，立朝不满月，外庸无一考。当晦明绝续之交，胸中郁郁者，一泄之于诗。其盘礴礴积而不得吐者，借文以自宣”②，实为确论。

总之，正如李东阳和四库馆臣所言，“尚奇”是刘辰翁诗文最鲜明的特色和成就。在“尚奇”的文学批评态度下，刘辰翁自然表现出试图阐释《史记》“爱奇”文学风格的评点倾向，而最能显出刘辰翁这种评点风格的，当属张良评语。张良一生极富传奇性，又是第一谋臣，事迹无数，太史公以“奇”字著《张良》，刘辰翁亦以“奇”字品留侯，两人相得益彰。刘辰翁“尚奇”评点思想既来自其诗学思想，也和时代及他本人的遭际与个性有关。

（王晓鹃，陕西省司马迁研究会秘书长，陕西师范大学文学院教授、博士生导师。）

① 四库全书研究所：《钦定四库全书总目》，中华书局 1997 年版，第 2184 页。

② 段大林校点：《刘辰翁集》，江西人民出版社 1987 年版，第 456 页。

《史记》所载李息事迹考

刘 祥

《史记·卫将军骠骑列传》详述武帝外戚卫青、霍去病对匈奴的征伐，除此二人，书中还塑造了一批追随外戚征伐的将军群像。这些将军应武帝经营边疆政策而建功立业，随卫、霍扬名，李息便是其中典型的一位。李息，北地郁郅人，主要活动在武帝前期，是元光、元朔、元狩、元鼎年间文吏、将官结合的典型，入则为太中大夫、大行令，出则为材官将军，参与了对匈奴、西羌的一系列军事活动。最终因卷入张汤事件，遭受池鱼之灾，在《史记·汲郑列传》中成为名臣汲黯的陪衬。《史记·卫将军骠骑列传》对李息的记载不够清晰，本文试图通过相关文献的梳理，把握李息的大体行迹。①

一、李息北击匈奴考

北伐匈奴是武帝朝的重大政治事件，诸多人物皆牵涉其中，《李息传》便附

① 西汉有两李息，一是《史记》所载武帝时北地郁郅人，二是《汉书·艺文志》所载“给事黄门侍郎李息”。前人述之已详，余寅《同姓名录》卷六“前汉两李息”条曰：“一为材官将军军马邑，又从大将军出朔方，皆无功。一为给事黄门郎，著赋九篇，见《艺文志》。”（《文渊阁四库全书》）钱大昭《汉书辨疑》、王先谦《汉书补注》等皆持此观点。然今人或将此二人合二为一，如曹道衡、沈玉成两位先生《中国文学家大辞典》“李息”条。今按，《汉书·艺文志》所载赋大体按照时间顺序排列，李息赋在萧望之、徐明后，淮南宪王、扬雄、冯商前。萧望之卒于元帝朝，淮南宪王是宣帝之子，卒于成帝朝，则基本可以断定，此李息乃元帝、成帝时人，而非武帝朝李息，故今从余寅等人的说法。

在《史记·卫将军骠骑列传》后，以极为简短的篇幅，记载了他三次无功的北伐匈奴。其文曰：

> 将军李息，郁郅人。事景帝。至武帝立八岁，为材官将军，军马邑；后六岁，为将军，出代；后三岁，为将军，从大将军出朔方：皆无功。凡三为将军，其后常为大行。①

李息第一次北击匈奴在武帝立八岁，即元光二年（前133）的马邑设围，这是汉武帝对匈奴的第一次军事行动，成为西汉王朝与匈奴数十年战争的导火索。雁门马邑人聂翁言匈奴可以利诱，大行王恢力主出兵，于是武帝使卫尉李广为骁骑将军，太仆公孙贺为轻车将军，大行王恢为将屯将军，太中大夫李息为材官将军。御史大夫韩安国为护军将军，统领诸军。武帝选拔将领的原则是贵、贤、亲，李广、公孙贺、王恢皆为九卿，韩安国为御史大夫，是为贵；李广为名将，王恢首倡此役，是为贤；公孙贺是武帝做太子时的舍人，其妻卫孺又是卫子夫的长姐，是为亲。李息既非名将，也非贵臣，唯一可解释的是他虽无公孙贺之亲，却都是武帝心腹之臣。今按，太中大夫一职，属于郎中令，秩比千石，掌议论，无常员，属于备天子顾问的近臣。元光六年（前129）卫青第一次击匈奴，即是在太中大夫任上。《传》言李息"事景帝"，当指担任景帝近侍，而非泛言为官于景帝朝。如司马相如"以赀为郎，事孝景帝，为武骑常侍"，武骑常侍即为天子从官，《索隐》引张揖曰："秩六百石，常侍从格猛兽。"②李息在景、武朝皆随侍天子左右，为天子所信任，故而在第一次用兵匈奴之时，担当重任。

第二次北击匈奴的时间，《史记》《汉书》各处记载不一。详见下表。

---

① 司马迁：《史记》，中华书局2013年版，第3537—3538页。

② 司马迁：《史记》，中华书局2013年版，第3613—3614页。

李息出代相关事迹系年表

	史记·卫青传	史记·韩长孺列传	史记·李息传	史记·匈奴传	汉书·卫青传	汉书·武帝纪
元光二年		为材官将军军马邑，从代主击匈奴辎重。	为材官将军军马邑。	军马邑		李息为材官将军军马邑。
元光六年		卫青等四将军击匈奴。		卫青等四将军击匈奴。其冬，匈奴盗渔阳，韩安国屯渔阳。	卫青等四将军击匈奴。	卫青等四将军击匈奴。
元朔元年	秋，青为车骑将军，出雁门，三万骑击匈奴，斩首虏数千人。	匈奴大入边，杀辽西太守，及入雁门，所杀略数千人，车骑将军卫青击之，出雁门。卫尉安国为材官将军，屯于渔阳。		匈奴杀辽西太守，又败渔阳太守，韩安国败绩。又入雁门。汉使卫青出雁门、李息出代击胡。	卫青将三万骑出雁门，李息出代郡。卫青斩首虏数千。	秋，匈奴入辽西杀太守。入渔阳、雁门，败都尉。卫青出雁门，李息出代，获首虏数千级。
元朔二年	匈奴入杀辽西太守，韩安国败绩。李息击久，出代，卫青出云中以西至高阙。	安国上书言方田作时，请且罢军屯，月余，匈奴大入上谷、渔阳，韩安国败绩。	为将军出代。	卫青出云中以西至陇西，取河南地。	卫青出云中，西至高阙。	匈奴入上谷、渔阳，卫青、李息出云中，至高阙。
元朔五年	卫青出高阙。李息出右北平。李息封为关内侯。		为将军，从大将军军朔方。	为将军，从大将军军朔方。	为将军，从大将军军朔方。	为将军，从大将军军朔方。

由上表可知，此前的元光二年与此后的元朔五年各处记载并无不同，差别主要出现在元光六年（前129）、元朔元年（前128）、元朔二年（前127）。矛盾的焦点是：李息出代是元朔元年还是元朔二年。

首先，四将军出击匈奴是元光五年还是六年。《史记·卫将军骠骑列传》将之系于元光五年，《汉书·卫青霍去病传》《汉书·武帝纪》《资治通鉴·武帝纪》等皆系于元光六年，可以断定"五年"乃"六年"之误。[①]又，《史记·匈奴列传》说是"自马邑军后五年之秋"[②]，军马邑是在元光二年，"后五年"有两种计算方式，从二年数起则为元光六年，从三年数起则为元朔元年，显然不可能是后者。今可参照《史记》霍去病传："骠骑将军自四年军后三年，元狩六年而卒"，元狩四年（前119）后三年是元狩六年（前117），便是从四年数起。

其次，李息第二次出代的时间是元朔元年还是二年。《史记·卫将军骠骑列传》："元朔元年……其秋，青为车骑将军，出雁门，三万骑击匈奴，斩首虏数千人。明年，匈奴入杀辽西太守，虏略渔阳二千余人，败韩将军军。汉令将军李息击之，出代；令车骑将军青出云中以西至高阙。"[③]如此则将匈奴杀辽西太守、李息出代系于元朔二年。然按《史记·匈奴列传》曰："其明年秋（元朔元年），匈奴二万骑入汉，杀辽西太守，略二千余人。胡又入败渔阳太守军千余人，围汉将军安国，安国时千余骑亦且尽，会燕救至，匈奴乃去。匈奴又入雁门，杀略千余人。于是汉使将军卫青将三万骑出雁门，李息出代郡，击胡。得首虏数千人。其明年，卫青复出云中以西至陇西……于是汉遂取河南地，筑朔方。"[④]将匈奴杀辽西太守系于元光六年（前129）出击匈奴之"明年"，即元朔元年（前128）；将李息出代也系于此年。与《史记·匈奴列传》《汉书·武帝纪》《汉书·武帝纪》《资治通鉴·武帝纪》等记载相吻合。梁玉绳《史记志疑》认为《史记·卫将军骠骑列传》之所以会出现讹误是因为从"青为车骑将军"至"明

① 参见梁玉绳《史记志疑》，中华书局1981年版，第1391页。中华书局2013年版新校本《史记》列《汉书·卫青传》系于"六年"的说法，按而未断。

② 司马迁：《史记》，中华书局2013年版，第3489页。

③ 司马迁：《史记》，中华书局2013年版，第3517页。

④ 司马迁：《史记》，中华书局2013年版，第3490页。

年”二十三字“当在下文‘出代’句下，传写伪倒”[①]。《史记·卫将军骠骑列传》语序调整后为：

> 元朔元年……其秋，匈奴入杀辽西太守，虏略渔阳二千余人，败韩将军军。汉令将军李息击之，出代青为车骑将军，出雁门，三万骑击匈奴，斩首虏数千人。明年，令车骑将军青出云中以西至高阙。

如此则与《史记·匈奴列传》中的记载完全吻合。《史记》李息传说他于马邑后六年出代，梁玉绳以为：“李息出代在元朔元年，后于军马邑五岁，《史》《汉》并误作‘六’。”[②]如此方能与元朔元年出代的记载相合。

李息与卫青于元朔元年同时出击匈奴，李息出代，虽无功，却对卫青出雁门战胜匈奴，起到了战略上的牵制作用。元朔元年的这次进攻意义重大。首先，扩大了对匈奴的战果，从去年元光六年斩首数百人的小胜，变成斩首数千人的大胜。其次，巩固了卫青的地位。虽然他在元光六年即任车骑将军，然四将军共击匈奴互不统属，此年他与李息同击匈奴已有主次之别，大胜之后，卫青确立了汉军中的主导地位，从此成为抗匈军队的主帅。再次，为元朔二年（前 127）大胜匈奴、取河南地、筑朔方城做了铺垫。因此，在这场战役中李息虽然无功，却参与了卫青权威树立的过程，为汉帝国下一次大规模进攻打下了基础。如果将李息出代系于元朔二年，那么这种政治、军事发展的脉络将会模糊不清。

李息元朔元年出代，与《史记》李息传所言李息“后三岁，为将军，从大将

---

① 梁玉绳：《史记志疑》，中华书局 1981 年版，第 1391 页。泷川资言《史记会注考证》引述梁氏观点，并认为他是“据《匈奴传》《汉书·卫青传》移正”（上海古籍出版社 2015 年版，第 3804 页），改正后的行文确与《史记·匈奴列传》相合，可资校对。然《汉书·卫青霍去病传》仅曰：“元朔元年春，卫夫人有男，立为皇后。其秋，青复将三万骑出雁门，李息出代郡。青斩首虏数千。明年，青复出云中，西至高阙，遂至于陇西，捕首虏数千，畜百余万，走白羊、楼烦王。”（《汉书》中华书局 1962 年版，第 2473 页）没有匈奴杀辽西太守事，不仅不足以校对《史记·卫青传》，且失去了卫青、李息何以攻击匈奴的理由。

② 梁玉绳：《史记志疑》，中华书局 1981 年版，第 1396 页。如从事情发生年算起，则马邑后“六”年的说法不误。然参照《李息传》后的《公孙敖传》载公孙敖元光六年（前 129）出代，“后五岁”，即元朔五年（前 124）随大将军征伐有功封侯。则《李息传》似不当例外，故从梁玉绳之说。

军出朔方”的记载不合。卫青率众军出朔方在元朔五年，因此“后三岁”的说法有误。梁玉绳论曰：“此是息出朔方在元朔五年，后出代四岁，《史》《汉》误作‘三’。”[①]如此方能时间连接，文字贯通。

至于《史记·汉兴以来将相名臣年表》中“卫尉韩安国为将屯将军，军代。明年屯渔阳，卒”[②]的不同记载，梁氏分析道：“案《匈奴传》及《汉纪》，安国屯渔阳在元光六年。此及《安国传》《百官表》言在元朔元年，误。且安国屯渔阳非军代也。军代者乃将军李息。是元年事，元年卫青出雁门，李息出代，正为匈奴围安国渔阳也，此谓安国偕出军，亦误。”[③]《名臣年表》的讹误比较明显，梁氏不仅将韩安国屯渔阳按照《史记·匈奴列传》定在元光六年，并且以为元朔元年卫青出雁门、李息出代正是为了解韩安国的渔阳之围，甚确。而对于《史记·韩长孺列传》安国元朔元年屯渔阳的记载，梁氏曰：“案安国时为将屯将军，非材官也。又事在元光六年，此序在元朔元年，亦误。”[④]他虽指出有误，却并未明言致误之由。今按，讹误出现的原因是《史记》将韩安国与李息事迹相混，李息在元光二年曾任材官将军，且又于元朔元年出代，所以《韩长孺列传》才会误将李息的官职系于安国，《将相名臣年表》又将李息出代换成了安国出代。《韩长孺列传》将韩安国屯渔阳放在元朔元年，则是因为卫青元朔元年出雁门与李息出代为两事，而非一事。卫青出雁门是为了反击匈奴入雁门，李息出代是为了救渔阳之围，两人一东一西作战路线并不一致。所以《韩长孺列传》才会说：“明年（元朔元年），匈奴大入边，杀辽西太守，及入雁门，所杀略数千人。车骑将军卫青击之，出雁门。卫尉安国为材官将军，屯于渔阳。”[⑤]是将此二事分开言说，韩安国屯渔阳一句属于补叙，并非发生在元朔元年。

梁氏将《史记》流传过程中的讹误一一指出，将各处异文统一起来。另外，《汉书·武帝纪》中元朔二年“遣将军卫青、李息出云中”[⑥]的“李息”则当因

---

① 梁玉绳：《史记志疑》，中华书局 1981 年版，第 1397 页。

② 司马迁：《史记》，中华书局 2013 年版，第 1340 页。

③ 梁玉绳：《史记志疑》，中华书局 1981 年版，第 752—753 页。

④ 梁玉绳：《史记志疑》，中华书局 1981 年版，第 1377 页。

⑤ 司马迁：《史记》，中华书局 2013 年版，第 3444 页。

⑥ 班固：《汉书》，中华书局 1962 年版，第 170 页。

涉《史记·卫将军骠骑列传》而衍。综上可知，李息第二次出代的时间为元朔元年。

第三次北击匈奴在元朔五年，此年卫青为车骑将军统帅军队主力出朔方，李息与岸头侯张次公出右北平共同打击匈奴。朔方在西，右北平在东，李息与张次公当为牵制匈奴东部兵力，后面的战争也主要发生在西线。卫青大胜右贤王，被封为大将军，诸将封侯，而“将军李沮、李息及校尉豆如意有功，赐爵关内侯，食邑各三百户”①。《传》言李息三击匈奴皆无功，与《史记·卫将军骠骑列传》所载似有不合。考关内侯为第十九等爵，《通典》卷三十一引刘昭曰：“关内侯，无土，寄食在所县，民租多少，各有户数为限。”②关内侯为侯爵最低一级，有侯号无国邑，可见李息即便有功，也不显著。

李息的战功主要在征西羌，而非伐匈奴。武帝元鼎五年（前 112），西羌反，六年（前 111）冬十月，“发陇西、天水、安定骑士及中尉，河南、河内卒十万人，遣将军李息、郎中令徐自为征西羌，平之”③。《后汉书·西羌传》对此事的记载大体与之相同，唯在击平西羌后曰：“始置护羌校尉，持节统领焉。羌乃去湟中，依西海、盐池左右。汉遂因山为塞，河西地空，稍徙人以实之。”④李息平定西羌之乱之后，汉王朝初次设立护羌都尉，对西羌开始了有效管理，是中央王朝与西羌关系的重要转折。

二、李息与张汤之祸

李息为历代学者所津津乐道之事，并非是击匈奴、伐西羌，而是作为西汉名臣汲黯的陪衬，一同卷入御史大夫张汤败死的事件之中。汲黯与张汤都是武帝朝重臣，早先汲黯位列九卿、张汤为小吏，后来张汤与汲黯同列，为汲黯非毁。及张汤为御史大夫，汲黯口出怨言，触怒武帝。元狩二年（前 121），浑邪王来

---

① 司马迁：《史记》，中华书局 2013 年版，第 3520 页。

② 杜佑：《通典》，中华书局 1988 年版，第 857 页。

③ 班固：《汉书》，中华书局 1962 年版，第 188 页。

④ 范晔：《后汉书》，中华书局 1965 年版，第 2876—2877 页。

降，贾人与之市，五百余人触法当死，汲黯谏武帝，忤旨。后数月，武帝借故将其免官，隐居田园数年。

元狩五年（前 118），铸五铢钱，因楚地民多盗铸之事，武帝起用废置数年的汲黯为淮阳太守。汲黯求留朝廷不得，临行拜访时任大行的李息。

> 黯既辞行，过大行李息，曰：“黯弃逐居郡，不得与朝廷议矣。然御史大夫张汤智足以距谏，诈足以饰非，非肯正为天下言，专阿主意。主意所不欲，因而毁之；主意所欲，因而誉之。好兴事，舞文法。内怀诈以御主心，外挟贼吏以为威重。公列九卿，不早言之，公与之俱受其戮矣！”息畏汤，终不敢言。黯居郡如故治，淮阳政清。后张汤败，上闻黯与息言，抵息罪。令黯以诸侯相秩居淮阳。[①]

《汉书·百官公卿表》元狩三年（前 120）载：“三月壬辰，廷尉张汤为御史大夫，六年有罪自杀。”[②]按，此表有误，元狩二年（前 121）有“三月，戊寅，丞相弘薨。壬辰御史大夫李蔡为丞相”[③]。则张汤当于同一日（壬辰）接替李蔡成为御史大夫，而非元狩三年。由元狩二年，后推六年，即元鼎二年（前 117），与《汉书·张汤传》“汤为御史大夫七岁，败”的记载相吻合。[④]是年初，张汤死，石庆接替他为御史大夫，接着丞相庄青翟也因张汤事自杀。张汤之死起因于残暴苛刻、公报私仇，由朱买臣、王朝、边通三长史合谋，诸大臣共力，触动武帝忌讳而死，然而据《汉书·张汤传》：

> 汤死，家产直不过五百金，皆所得奉赐，无它赢。昆弟诸子欲厚葬汤，汤母曰：“汤为天子大臣，被恶言而死，何厚葬为！”载以牛车，有棺而无椁。上闻之曰：“非此母不生此子。”乃尽按诛三长史。

---

① 班固：《汉书》，中华书局 1962 年版，第 2322 页。

② 班固：《汉书》，中华书局 1962 年版，第 774—775 页。

③ 班固：《汉书》，中华书局 1962 年版，第 774 页。

④ 邹维一：《〈史记〉〈汉书〉异文考述》，上海师范大学 2010 年硕士论文。据《汉书·百官公卿表》以张汤为御史大夫在元狩三年，误。然其据张汤卒年元鼎二年，推测出李息于是年被罢免大行令，甚确。

丞相青翟自杀。出田信。上惜汤，复稍进其子安世。[1]

武帝十分宠信张汤，即便因为一时之怒将其逼死，怒气过后仍垂怜有加，杀三长史，死一丞相。武帝对张汤的态度迅速转变，使得李息在张汤事件中的遭遇非常荒诞。武帝抵李息罪，原因是李息未能谏废张汤。而如果李息如三长史攻击张汤，也未必能全身而退。汲黯因此事以刚直留名。《汉书·谷永杜邺传》载谷永对上问："汲黯身外思内，发愤舒忧，遗言李息。"[2]宋代刘敞赞曰："汲黯之忠不难于淮阳，而眷眷于李息。"[3]皆将汲黯临行赠语李息的行为，作为忠君的表现。而李息则成为反面陪衬，这些评价实则忽略了当时复杂的政治语境：汲黯是以道德高标将李息逼入了生存困境。

李息抵罪当在张汤败后，武帝悟前，与张汤死、庄青翟死都在元鼎二年初。同年，中郎将张骞接替李息担任大行令。李息抵罪的性质不是汲黯所预言的"俱受其戮"，而是卸任九卿之一的大行令。武帝对张汤的态度转变之后，凭借两人的亲近关系，于元鼎六年又重用李息，以征伐西羌。

三、李息与大行、大行令

《史记·卫将军骠骑列传》中说元朔五年后李息常任大行，《汉书·张冯汲郑传》也以李息位列九卿相责。按，李息除屡次担任将军征伐外，在武帝朝担任的官职主要是太中大夫与大行。太中大夫已见前，而大行一职在景帝、武帝之时名称屡变：

典客，秦官，掌诸归义蛮夷，有丞。景帝中六年更名大行令，武帝太初元年更名大鸿胪。属官有行人、译官、别火三令丞及郡邸长丞。武帝太初元年更名行人为大行令，初置别火。[4]

① 班固：《汉书》，中华书局 1962 年版，第 2646 页。
② 班固：《汉书》，中华书局 1962 年版，第 3466 页。
③ 李焘：《续资治通鉴长编》，中华书局 1985 年版，第 4435 页。
④ 班固：《汉书·百官公卿表》，中华书局 1962 年版，第 730 页。

大行令本为典客，景帝中六年到武帝太初元年之间都名为大行令，至太初元年更名为大鸿胪，其属官行人更为大行令。李息担任的就是相当于典客的大行令，在《史记》中常被减省为“行人”，钱大昭《汉书辨疑》指出《汉书》之《衡山王传》《汲黯传》《卫青霍去病传》三处言及“大行李息”者当补“令”字，[①]其实大可不必，《汉书》虽在《百官公卿表》中用“大行令”，此三传只是沿袭《史记》未改，并非有误。因此，李息所担任的大行令相当于秦代的典客，主要掌管归顺的周边民族，负责外交。

至于李息担任此职的时间，《汉书·百官公卿表》元狩元年（前122）曰“大行令李息”[②]，似乎李息于此年担任大行令，然而据《史记·卫将军骠骑列传》，两年前的元朔五年（前124）派李息出右北平之时，已言李息为“大行”，且元朔六年以大行令身份治衡山王狱。又考《汉书·百官公卿表》，元朔三年（前126）李息为中尉。而元朔五年（前124）中尉赵禹为少府，殷容为中尉，则在二年到五年间当有李息卸任中尉、担任大行令之事。李息在大行令任上有两个事迹可考，一是元朔六年（前123）治衡山王狱；二是元狩六年（前117）随丞相、御史大夫建议武帝分封诸子。二事皆与诸侯之事相关。前者与中尉共治，中尉本来就掌管治安；后者除了丞相、御史大夫外与行中正事任安一同进言，宗正主管同姓诸侯。李息对这两件事的参与证明，大行令在掌管外事之外，还参与同姓诸侯诸如分封、犯法等事宜。《后汉书·百官志》：“大鸿胪，卿一人，中二千石。本注曰：掌诸侯及四方归义蛮夷。”[③]已比《汉书》叙述得全面了。

综上所述，李息生平可简要缕述如下：

元光二年（前133），太中大夫李息为材官将军军马邑，无功。元朔元年（前128），将军李息出代，击匈奴，无功。元朔三年（前126），李息为中尉。此年至元朔五年之间，升为大行令。元朔五年（前124），大行李息、岸头侯张次公出右北平，击匈奴。有功，封为关内侯，食邑三百户。元朔六年（前123），与中尉司马安治衡山王狱。元狩元年（前122）秋，大行李息将城河上，得浑邪王

---

① 钱大昭：《汉书辨疑》，清《铜熨斗斋丛书》本。

② 班固：《汉书》，中华书局1962年版，第773页。

③ 范晔：《后汉书》，中华书局1965年版，第3538页。

使，即驰传以闻。元狩五年（前 118），汲黯为淮阳太守，临行过大行李息，劝李息言张汤之奸。元狩六年（前 117）三月，李息与丞相庄青翟等建议封武帝诸子为王。元鼎二年（前 115）初，因张汤事，李息抵罪。中郎将张骞为大行令。元鼎六年（前 111），将军李息征西羌，平之。

李息主要活动在武帝统治前期，从建元元年（前 140）到元鼎六年，三十年间武帝雄心勃勃，励精图治，对外打击匈奴、西羌，对内牵制群臣、削弱诸侯，增强中央集权。李息生逢其时，在此一系列事件中，发挥了重要作用。三次参与对匈奴的作战，一次征伐西羌，并且参与了浑邪王的内附、衡山王的败亡、武帝诸子的分封以及张汤事件，可以作为武帝朝典型上层官员代表。他身为武帝腹心，入为朝官、出为将军，是武帝典型的用人模式，表现出一定用人唯亲的倾向。而他三次征伐匈奴均无功，除了个人能力等因素外，与汉武帝的整体战略部署与推重卫青的主观意愿有很大关联。

班固《汉书·公孙弘卜式倪宽传·赞》盛赞武帝得人之盛，"儒雅则公孙弘、董仲舒、倪宽……奉使则张骞、苏武，将率则卫青、霍去病，受遗则霍光、金日磾，其余不可胜纪"①。备举时代文武典型，而将其他人列为"其余"。一个时代在被建构的过程中，总是会出现删繁就简的情况，看似提纲挈领，抓住了关键人物、关键事件，实则其他人物的历史作用会因此被遮蔽。翻开《史记》《汉书》，参与政治事件最为频繁的并非某个人，而是以"有司"为指代的官僚群体，他们遵循典章制度，实际操纵着王朝的运转。以李息为代表这些官员，于内政没有突出建树，于征伐功绩被少数将领的光芒所掩盖，事迹被分散在其他的传记中，受到了较大程度上的忽视。通过李息事迹的考辨，不仅能厘清《史记》《汉书》中诸多彼此矛盾的相关记载，亦可见武帝朝政治生态之一斑。

（刘祥，西安交通大学人文社会科学学院副教授、硕士生导师。）

---

① 班固：《汉书》，中华书局 1962 年版，第 2634 页。

广雅书局刻单行本《史记索隐》述略

王 璐 赵望秦

广雅书局是清末广州较有影响力的官办书局，其创办者乃是时任两广总督的张之洞。据张之洞、吴大澂光绪十三年（1887）《开设广雅书局奏折碑》载："上年，即经臣等公同筹度，即将新城内旧机器局量加修葺，以为书局，名曰'广雅书局'。"①可知广雅书局当于光绪十二年（1886）创办。是年三月，张之洞就广雅书局的刻书计划，致书缪荃孙曰："广州开书局刊书，拟分三类，一续学海堂经解，一补史、考史、史注之属，一洋务，此须合近日外国记述及中华人书关涉洋务、边海各防者，择要纂成一书。事体太大，须思一收束，仓卒不能定，望代思之。子、集两部有佳者，亦可带刊。"②而广雅书局所刻书籍，也基本上符合张之洞最初的计划，史学类较多，其次经学，兼涉子集。惟洋务书之刊刻，似未及展开。而《史记索隐》三十卷，便是广雅书局所刊史学书籍的代表之一。

清光绪十九年（1893），广雅书局据汲古阁本翻刻《史记索隐》三十卷。此本每半页十二行，大字满行二十五，小字满行亦同，四周单边，版心白口，单黑鱼尾，下标"史记索隐卷几"，再下记页数，下端偏右有"广雅书局栞"字样。扉页先题"史记索隐卅卷"六个篆体大字，后题"光绪十九年九月广雅书局校刻"十三个魏碑体字。卷首为"史记索隐序"，后接"史记索隐卷第一"，后以此类推。每卷末都有两行"长沙郑业敬初校、香山何翰章覆校"字样。

广雅书局的校刻质量，在当世即被认可，称其"所刊无俗本，无劣工。其选

① 冼剑民、陈鸿钧编:《广州碑刻集》，广东高等教育出版社 2006 年版，第 946 页。

② 许同莘编:《张文襄公年谱》，商务印书馆 1947 年版，第 52 页。

择之精，校雠之善，当世久有定论”①。而据徐信符《广东版片纪略》，广雅书局所刻之书，“必经三校”，可见其精审。②那么，广雅书局本《史记索隐》是否可谓精良呢？

一、较为忠实地还原出了底本原貌

广雅书局本《史记索隐》的刊刻，乃是以毛晋汲古阁单行本《史记索隐》为底本的，就对底本的忠实度而言，广雅书局本《史记索隐》确实做得很好。毛晋汲古阁本《史记索隐》共有 211273 个字，③而广雅书局本《史记索隐》与其所不同的字仅有 287 个，只约占总字数的 0.14%，且这些不同的用字还包括了大量的异体字或两通的字，如“栢”“柏”；“于”“于”；“睢”“睢”；“按”“案”等，除过这类字，两本之间的异文仅有 129 字，约占总字数的 0.06%，更是微乎其微。由于广雅书局本《史记索隐》与毛晋汲古阁本《史记索隐》在文字上保持了高度地一致性，因此，毛晋汲古阁本《史记索隐》中的种种缺陷，也被广雅书局本《史记索隐》“完好”地继承了下来。

前文已述，汲古阁《史记索隐》卷端与卷末的题署不尽一致。汲古阁《史记索隐》第一卷与第二卷首行上端所题为“史记索隐卷第一”“史记索隐卷第二”，而从第三卷开始，每卷首行上端题署便俱无“第”字。而广雅书局本亦同。汲古阁《史记索隐》每卷末题“史记索隐卷几终”，唯第二十六卷与第二十七卷卷末题署中没有“终”字，而广雅书局本第二十六卷卷末题署中亦没有“终”字，但第二十七卷卷末题署则有“终”字。汲古阁《史记索隐》第二十四卷中“卫将军骠骑列传第五十一”“平津侯主父列传第五十一”，两篇皆题“第五十一”，

---

① 肖东发、赵年稳编著：《中国书院藏书》，贵州人民出版社 2009 年版，第 122 页。

② 徐信符《广东版片纪略》载：“有提调专司雕刻印刷诸事，有总校提挈文字校勘事宜，其下社分校多人，每雕刻一书，卷末必署名，某人初校，某人覆校，某人总校，以专责成。故广雅版本，必经三校，迥异俗本。”见广东文物展览会编辑《广东文物》下册，中国文化协进会 1941 年版，第 859 页。

③ 这个数字是将本人所整理的毛晋汲古阁本《史记索隐》去掉所有标点后由计算机统计出的结果。

而根据先后次序，“卫将军骠骑列传第五十一”中的“一”字当为衍文，而广雅书局本对此衍文“一”字亦没有删去，两篇题目依旧作“卫将军骠骑列传第五十一”“平津侯主父列传第五十一”，与汲古阁本无异。在汲古阁本《史记索隐》中唐太宗李世民因为避讳，故而遇“世”字则改为“系”字，然而在此本当中，仍有个别“世”字或因后人回改或因一时疏忽而没有被改动，其中最为明显的一处便是第十六卷“五宗世家第二十九”标题中的“世”字，没有同其他各篇标题一样被改为“系”字，而广雅书局本此处亦同汲古阁本，题作“五宗世家第二十九”。上述诸例，皆是汲古阁本在形式上的各种不统一之处，而广雅书局本《史记索隐》对上述种种大都予以“保留”与“还原”。

除此之外，广雅书局本《史记索隐》对汲古阁本《史记索隐》中的一些避讳字形亦做了保留。甚至那几个因避宋钦宗名讳而缺最末一横的“桓”字，仍然缺笔而未填补。

这种比较忠实于底本的做法，本是符合翻刻旧本的基本原则，但由此又给研究者及读者带来了严重的问题，即底本的诸多文字讹误也仍然存于书中，使阅读和利用都欠缺文献的准确性。例证已见上文，此处不再赘举。

二、在一定程度上修订了底本讹误

广雅书局本《史记索隐》尽管在形式与内容上都尽量与汲古阁本《史记索隐》保持了一致，但通过对这两个版本的全面比对，发现广雅书局本《史记索隐》在一定程度上也对汲古阁本《史记索隐》的讹误进行了修订。

就体例而言，前面有提到，汲古阁本卷端与卷末题署有不尽统一之处。如每卷末尾皆署“史记索隐卷几终”，而尽第二十六卷与第二十七卷末尾没有“终”字，而广雅书局本《史记索隐》在第二十七卷末尾加上了“终”字。又，汲古阁本《史记索隐》前二十八卷中每篇分别题某某本纪第几，某某表第几，某某书第几，某某系家第几，某某列传第几，唯第二十七卷中的“游侠列传六十四”，题目中未书“第”字，而广雅书局本《史记索隐》则在此处标题中补上了“第”字作“游侠列传第六十四”，使得所有篇名体例保持了统一。

就内容而言，广雅书局本《史记索隐》对汲古阁本《史记索隐》在文字上的12处明显讹误进行了订正。如下：

第二卷《秦本纪第五》中的大字“昭襄玉”，①案“玉”字乃为“王”字之讹，广雅书局本即订正为“昭襄王”。

第三卷《高祖本纪第八》中大字“掾主吏”后小字曰：“案《汉书》萧、曹傅，参为狱掾，何为主吏也。”②案“傅”字乃为“传”字之讹，广雅书局本即订正为“案《汉书》萧、曹传”。

第四卷《孝文本纪第十》中大字“注‘交午柱’”后小字曰：“郑玄注《礼》云：‘一纵一横为午。’以木贯表柱四出，即令之华表。”③案“令”字乃“今”字之讹，广雅书局本即订正为“即今之华表”。

第六卷《高祖功臣侯者年表第六》中大字“涅阳壮侯吕胜”后小字曰：“县名，属南阳。按，五侯斩项藉，皆谥‘壮’。”④案“藉”字乃“籍”字之讹，广雅书局本即订正为“五侯斩项籍”。

第九卷《平准书第八》中大字“列侯以百数”后小字曰：“刘氏言其多以百而数，故坐酧金失侯者一百六人。”⑤案“酧”字乃“酎”字之讹，⑥广雅书局本即订正为“故坐酎金失侯者一百六人”。

第十四卷《孔子系家第十七》中大字“言六艺者折中于夫子”后小字曰：“《离骚》云：‘明五帝以折中。’王帅叔云：‘折中也，正也。’”⑦案“帅”字乃“师”字之讹，⑧广雅书局本即订正为“王师叔云”。

---

① 司马贞撰，王璐、赵望秦整理：《史记索隐》，陕西师范大学出版社2018年版，第32页。

② 司马贞撰，王璐、赵望秦整理：《史记索隐》，陕西师范大学出版社2018年版，第51页。

③ 司马贞撰，王璐、赵望秦整理：《史记索隐》，陕西师范大学出版社2018年版，第61页。

④ 司马贞撰，王璐、赵望秦整理：《史记索隐》，陕西师范大学出版社2018年版，第89页。

⑤ 司马贞撰，王璐、赵望秦整理：《史记索隐》，陕西师范大学出版社2018年版，第152页。

⑥ 案，“酧”乃“酬”的异体字，与“酎”义不同。“酎”指汉代诸侯在宗庙祭祀时所献给皇上的助祭金，此处义即指此。

⑦ 司马贞撰，王璐、赵望秦整理：《史记索隐》，陕西师范大学出版社2018年版，第221页。

⑧ 王师叔即王逸。汲古阁本《史记索隐》第二十卷《屈原贾生列传第二十四》中有四处引用王师叔之观点，皆作“王师叔”。

第十八卷《苏秦列传第九》中大字“厮徒十万”后小字曰：“厕，音斯。谓厮养之卒。厮，养马之贱者，今起为之卒。”①案“厕”字乃“厮”字之讹，广雅书局本即订正为“厮音斯”。

第十九卷《平原君虞卿列传第十六》中大字“发重使而为媾”后小字曰：“占候反。按，求和曰媾。媾，亦讲；讲，亦和也。”②案“占”字乃“古”字之讹，③广雅书局本即订正为“古候反”。

第二十一卷《吕不韦列传第二十五》中大字“阳翟”后小字曰：“音伙，俗又音宅。”案“伙”字乃为“狄”字之讹，广雅书局本即订正为“音狄”。

第二十八卷《龟策列传第六十八》中大字“譺然”后小字曰：“音嶷。言求龟者齐戒以待，常譺然也。”④案“齐”字乃“斋”字之讹，广雅书局本即订正为“斋”。

除过上述10处外，广雅书局对于汲古阁本中注文与正文用字不符的2处也进行了修订。

第二十六卷《司马相如列传第五十七》中大字“盘石裖厓”后小字曰：“如淳曰：‘裖，音振，盛多也。’”⑤其中小字之“裖”与大字之“裖”不符，广雅书局本则改小字中的“裖”为“裖”。

第二十八卷《太史公自序传》中大字“拾遗补艺”后小字曰：“按《汉书》作‘补阙’，此云‘蓺’，谓补六义之阙也。”⑥其中小字之“蓺”与大字之“艺”字形不同，广雅书局本则改小字中的“蓺”为“艺”。

三、较底本又增加了大量新的讹误

---

① 司马贞撰，王璐、赵望秦整理：《史记索隐》，陕西师范大学出版社2018年版，第282页。

② 司马贞撰，王璐、赵望秦整理：《史记索隐》，陕西师范大学出版社2018年版，第300页。

③ 案，此“占候反”乃是“媾”字的注音，检承袭《唐韵》音系的《广韵》一书，“媾”为见母，而“占”为章母，故而“媾”字的反切上字肯定为同为见母的“古”，而非为章母的“占”。

④ 司马贞撰，王璐、赵望秦整理：《史记索隐》，陕西师范大学出版社2018年版，第439页。

⑤ 司马贞撰，王璐、赵望秦整理：《史记索隐》，陕西师范大学出版社2018年版，第406页。

⑥ 司马贞撰，王璐、赵望秦整理：《史记索隐》，陕西师范大学出版社2018年版，第453页。

尽管订正了汲古阁本《史记索隐》的少量明显讹误，但广雅书局本《史记索隐》因为较之其底本汲古阁本《史记索隐》又增加了48处新的明显讹误而使得此本显得依旧有欠精良。

汲古阁本第一卷《五帝本纪第一》中大字“吕征不享”，[①]广雅书局本作“吕征不享”，则误“吕”为“吕”；又大字“伏物”后小字曰：“……今案《大传》云：‘便在伏物。’太史公据之而书。”[②]案“便在伏物”，广雅书局本作“便作伏物”，则误“在”为“作”。同卷《夏本纪第二》中大字“九江”后小字曰：“……又张湞《九江图》所载有三里、五畎、乌土、白蚌。”[③]案“乌土”，广雅书局本作“乌上”，则误“土”为“上”；又大字“流沙”后小字曰：“《地理志》云：‘张掖居延县西北有居延泽，《古文》以为流沙。’”[④]案广雅书局本作“《地理志》张张掖居延县”，则误“云”为“张”。

第二卷《秦始皇本纪第六》中大字“琅邪台”后小字曰：“《山海经》：‘琅邪台在渤海间。’”[⑤]案“琅邪台在渤海间”，广雅书局本作“琅邪台在渤海问”，则误“间”为“问”；又大字“以罪过连逮少近官三郎”后小字曰：“逮训及也。谓连及俱被捕，故云连逮。”[⑥]案“谓连及俱被捕”，广雅书局本作“谓连及但被捕”，则误“俱”为“但”。

第三卷《项羽本纪第七》中大字“抵栎阳”后小字曰：“……刘伯庄云：‘抵，相凭托也。’”[⑦]案“抵相凭托也”，广雅书局本作“扺相凭托也”，则误“抵”为“扺”；又大字“汜水”后小字曰：“……按古济水，当此截河而南，又东流，溢为荥泽。”[⑧]案“溢为荥泽”，广雅书局本作“溢为荣泽”，则误“荥”为“荣”。

---

① 司马贞撰，王璐、赵望秦整理：《史记索隐》，陕西师范大学出版社2018年版，第6页。

② 司马贞撰，王璐、赵望秦整理：《史记索隐》，陕西师范大学出版社2018年版，第11页。

③ 司马贞撰，王璐、赵望秦整理：《史记索隐》，陕西师范大学出版社2018年版，第16页。

④ 司马贞撰，王璐、赵望秦整理：《史记索隐》，陕西师范大学出版社2018年版，第18页。

⑤ 司马贞撰，王璐、赵望秦整理：《史记索隐》，陕西师范大学出版社2018年版，第35页。

⑥ 司马贞撰，王璐、赵望秦整理：《史记索隐》，陕西师范大学出版社2018年版，第36页。

⑦ 司马贞撰，王璐、赵望秦整理：《史记索隐》，陕西师范大学出版社2018年版，第43页。

⑧ 司马贞撰，王璐、赵望秦整理：《史记索隐》，陕西师范大学出版社2018年版，第47页。

同卷《高祖本纪第八》中大字“秦得百二”后小字曰：“……‘齐得百二’，亦如之。……”[①]案“齐得百二”，广雅书局本作“斋得百二”，则误“齐”为“斋”。

第四卷《孝武本纪第十二》中大字“命曰昆仑”后小字曰：“玉带明堂图中为复道，有楼从西南入，名其道曰昆仑。”[②]案“玉带明堂图中为复道”，广雅书局本作“王带明堂图中为复道”，则误“玉”为“王”。

第六卷《高祖功臣侯者年表第六》中大字“侯倩”后小字曰：“青练反，又七净反也。”[③]案“青练反”，广雅书局本作“音练反”，则误“青”为“音”。同卷《惠景间侯者年表第七》中大字“肺腑”后小字曰：“柹府二音。柹，木札也；附，木皮也。”[④]案“柹府二音柹木札也”字，广雅书局本作“柿府二音柿木札也”，则误“柹”为“柿”。

第七卷《建元已来王子侯者年表第九》中大字“泉陵节侯贤”后小字曰：“已上长沙定王子。《志》属零陵。”[⑤]案“已上长沙定王子”，广雅书局本作“已上长沙定五子”，则误“王”为“五”。

第八卷《律书第三》中大字“武王伐纣吹律听声”，[⑥]案“武王伐纣吹律听声”，广雅书局本作“武王代纣吹律听声”，则误“伐”为“代”。

第九卷《平准书第八》中大字“富羡”后小字曰：“弋战反。羡，饶也，与‘衍’同义。”[⑦]案“弋战反”，广雅书局本作“戈战反”，则误“弋”为“戈”。[⑧]

第十卷《齐太公系家第二》中大字“离枝孤竹”后小字曰：“……故《地理

---

① 司马贞撰，王璐、赵望秦整理：《史记索隐》，陕西师范大学出版社2018年版，第55页。

② 司马贞撰，王璐、赵望秦整理：《史记索隐》，陕西师范大学出版社2018年版，第69页。

③ 司马贞撰，王璐、赵望秦整理：《史记索隐》，陕西师范大学出版社2018年版，第88页。

④ 司马贞撰，王璐、赵望秦整理：《史记索隐》，陕西师范大学出版社2018年版，第93页。

⑤ 司马贞撰，王璐、赵望秦整理：《史记索隐》，陕西师范大学出版社2018年版，第106页。

⑥ 司马贞撰，王璐、赵望秦整理：《史记索隐》，陕西师范大学出版社2018年版，第117页。

⑦ 司马贞撰，王璐、赵望秦整理：《史记索隐》，陕西师范大学出版社2018年版，第150页。

⑧ 案，此“弋战反”乃是“羡”字的注音，检承袭《唐韵》音系的《广韵》一书，“羡”为邪母或以母，而“戈”为见母，故而“羡”字的反切上字肯定为同为以母的“弋”，而非为见母的“戈”。

⑨ 司马贞撰，王璐、赵望秦整理：《史记索隐》，陕西师范大学出版社2018年版，第165页。

志》辽西令支县有孤竹城。”⑨案“地理志”，广雅书局本作“地理去”，则误“志”为“去”。

第十一卷《燕召公系家第四》中大字“此文武之时不可失也”后小字曰：“谓如武王成文王之业伐纣之时，然此语与《孟子》不同也。”①案“谓如武王成文王之业伐纣之时”，广雅书局本作“谓如武士成文王之业伐纣之时”，则误“王”为“士”。

第十二卷《晋系家第九》中大字“智伯乃立昭公曾孙骄是为哀公”后小字曰：“按《赵系家》云：骄是为懿公。又《年表》云：‘出公十八年，次哀公忌二年，次懿公骄十七年。’《纪年》又云：‘出公二十三年奔楚，乃立昭公之孙，是为敬公。’《系本》亦云：‘昭公生桓子雍，雍生忌，忌生懿公。’然《晋》《赵系家》及《年表》各各不同，何况《纪年》之说也！”②案“系本亦云昭公生桓子雍”，广雅书局本作“系家亦云昭公生桓子雍”，则误“本”为“家”。同卷《楚系家第十》中大字“熊【黑且】”后小字曰：“一作‘黮’，音土感反。”③案“音土感反”，广雅书局本作“音上感反”，则误“土”为“上”。④

第十四卷《外戚系家第十九》中大字“阴阳之变万物之统也”后小字曰：“以言若乐声调，能令四时和，而阴阳变，则能生万物，是阴阳即夫妇也。”⑤案“能令四时和”，广雅书局本作“能今四时和”，则误“令”为“今”。

第十六卷《五宗世家第二十九》中大字“程姬有所辟”后小字曰：“《说文》云：‘姅，女污也。’”⑥案“姅女污也”，广雅书局本作“姅女汗也”，则误“污”为“汗”。同卷《三王系家第三十》中大字“尊卑相踰”后小字曰：“谓诸侯王

---

① 司马贞撰，王璐、赵望秦整理：《史记索隐》，陕西师范大学出版社 2018 年版，第 173 页。

② 司马贞撰，王璐、赵望秦整理：《史记索隐》，陕西师范大学出版社 2018 年版，第 189 页。

③ 司马贞撰，王璐、赵望秦整理：《史记索隐》，陕西师范大学出版社 2018 年版，第 191 页。

④ 案，此“土感反”乃是“【黑且】”字的注音，检承袭《唐韵》音系的《广韵》一书，“【黑且】”为定母或透母，而“上”为常母，故而“【黑且】”字的反切上字肯定为同为透母的“土”，而非为常母的“上”。

⑤ 司马贞撰，王璐、赵望秦整理：《史记索隐》，陕西师范大学出版社 2018 年版，第 227 页。

⑥ 司马贞撰，王璐、赵望秦整理：《史记索隐》，陕西师范大学出版社 2018 年版，第 248 页。

⑦ 司马贞撰，王璐、赵望秦整理：《史记索隐》，陕西师范大学出版社 2018 年版，第 250 页。

子已为列侯，而今又家皇子为列侯，是尊卑相踰越矣。”[7]案“谓诸侯王子已为列侯”，广雅书局本作“谓诸侯王于已为列侯”，则误“子”为“于”。

第十七卷《老子韩非列传第三》中大字“洸洋”后小字曰：“音汪羊二音，又音晃养。”[1]案“音汪羊二音”，广雅书局本作“音汪洋二音”，则误“羊”为“洋”。

第十八卷《仲尼弟子列传第七》中大字“蘧伯玉”后小字曰：“按《大戴礼》又云：‘外宽而内直，自娱于隐括之中，直己而不直人，汲汲于仁，以善存亡，盖蘧伯玉之行也。’”[2]案“直己而不直人”，广雅书局本作“直己而不直入”，则误“人”为“入”；又大字“冉孺字子鲁”后小字曰：“《家语》：字子鲁，鲁人。作‘冉儒’。”[3]案“作冉儒”，广雅书局本作“作冉孺”，则误“儒”为“孺”。同卷《苏秦列传第九》中大字“苏秦东周雒阳人也”后小字曰：“苏秦，字季子，盖苏忿生之后，己姓也。谯周云：‘秦兄弟五人，秦最少。兄代，代弟厉及辟、鹄，并为游说之士。’”[4]案“谯周云”，广雅书局本作“谁周云”，则误“谯”为“谁”；又大字“请别白黑所以异阴阳”后小字曰：“按《战国策》云：‘请屏左右，白言所以异阴阳。’其说异此。然言‘别白黑’者，苏秦言已今论赵国之利，必使分明，有如白黑分别，阴阳殊异也。”[5]案“阴阳殊异也”，广雅书局本作“阴阳殊与也”，则误“异”为“与”；又大字“宛冯”后小字曰：“徐广云：‘荥阳有冯池。’谓宛人于冯池铸剑，故号‘宛冯’。”[6]案“荥阳有冯池”，广雅书局本作“荣阳有冯池”，则误“荥”为“荣”。同卷《张仪列传第十》中大字“什谷之口”后小字曰：“一本作‘寻谷’。”[7]案“一本作寻谷”，广雅书局本作“一木作寻谷”，则误“本”为“木”。

第十九卷《孟子荀卿列传第十四》中大字“注‘为云梯之械’”，[8]案“注为

① 司马贞撰，王璐、赵望秦整理：《史记索隐》，陕西师范大学出版社2018年版，第259页。
② 司马贞撰，王璐、赵望秦整理：《史记索隐》，陕西师范大学出版社2018年版，第268页。
③ 司马贞撰，王璐、赵望秦整理：《史记索隐》，陕西师范大学出版社2018年版，第272页。
④ 司马贞撰，王璐、赵望秦整理：《史记索隐》，陕西师范大学出版社2018年版，第277页。
⑤ 司马贞撰，王璐、赵望秦整理：《史记索隐》，陕西师范大学出版社2018年版，第279页。
⑥ 司马贞撰，王璐、赵望秦整理：《史记索隐》，陕西师范大学出版社2018年版，第280页。
⑦ 司马贞撰，王璐、赵望秦整理：《史记索隐》，陕西师范大学出版社2018年版，第286页。
⑧ 司马贞撰，王璐、赵望秦整理：《史记索隐》，陕西师范大学出版社2018年版，第296页。

云梯之械”，广雅书局本作“汪为云梯之械”，则误“注”为“汪”。

第二十卷《乐毅列传第二十》中大字“其相栗腹”后小字曰：“栗，姓；腹，名也。”[①]案“栗姓”，广雅书局本作“粟姓”，则误“栗”为“粟”。同卷《屈原贾生列传第二十四》中大字“楚人命鸮曰服”后小字曰：“按邓展云：‘似鹊而大。’晋灼云：‘《巴蜀异物志》云：有鸟小鸡，体有文色，土俗因形，名之曰服。’”[②]案“名之曰服”，广雅书局本作“名之白服”，则误“曰”为“白”；又大字“梁怀王太傅”后小字曰：“梁怀王，名楫，文帝子。”[③]案“文帝子”，广雅书局本作“文帝名”，则误“子”为“名”。

第二十一卷《刺客列传第二十六》中大字“专诸”后小字曰：“‘专’字亦作‘剸’，音同。《左传》作‘鱄设诸’。”[④]案“专字亦作剸”，广雅书局本作“专字文作剸”，则误“亦”作“文”。同卷《李斯列传第二十七》中大字“铄金百溢”后小字曰：“《尔雅》：‘铄，美也。’言百溢之美金在于地，虽有盗跖之行亦不取者，为其财多而罪重也，故下云‘搏必随手刑，盗跖不搏’也。”[⑤]案“虽有盗跖之行亦不取者”，广雅书局本作“虽有姿跖之行亦不取者”，则误“盗”为“姿”。

第二十二卷《樊郦滕灌列传第三十五》中大字“连尹”后小字曰：“苏林曰：‘楚官也。’按《左传》，连敖、连尹、襄老是。”[⑥]案“楚官也”，广雅书局本作“楚宫也”，则误“官”为“宫”；又大字“留公族高密”后小字曰：“留，县。令称公，族其名也。”[⑦]案“令称公”，广雅书局本作“今称公”，则误“令”为“今”。

第二十三卷《万石张叔列传第四十三》中大字“注‘赵同坐酎金’”，[⑧]案“赵同坐酎金”，广雅书局本作“赵同坐酧金”，则误“酎”为“酧”。

---

① 司马贞撰，王璐、赵望秦整理：《史记索隐》，陕西师范大学出版社 2018 年版，第 308 页。
② 司马贞撰，王璐、赵望秦整理：《史记索隐》，陕西师范大学出版社 2018 年版，第 320 页。
③ 司马贞撰，王璐、赵望秦整理：《史记索隐》，陕西师范大学出版社 2018 年版，第 323 页。
④ 司马贞撰，王璐、赵望秦整理：《史记索隐》，陕西师范大学出版社 2018 年版，第 327 页。
⑤ 司马贞撰，王璐、赵望秦整理：《史记索隐》，陕西师范大学出版社 2018 年版，第 335 页。
⑥ 司马贞撰，王璐、赵望秦整理：《史记索隐》，陕西师范大学出版社 2018 年版，第 348 页。
⑦ 司马贞撰，王璐、赵望秦整理：《史记索隐》，陕西师范大学出版社 2018 年版，第 349 页。
⑧ 司马贞撰，王璐、赵望秦整理：《史记索隐》，陕西师范大学出版社 2018 年版，第 363 页。

第二十四卷《扁鹊仓公列传第四十五》中大字“俞跗”后小字曰：“音臾附。下又音趺。”①案“下又音趺”，广雅书局本作“下又音跌”，则误“趺”为“跌”。同卷《魏其武安侯列传第四十七》中大字“呫嗫耳语”后小字曰：“呫，邹音蚩辄反；嗫，音汝辄反。”②案“呫邹音蚩辄反”，广雅书局本作“咕邹音蚩辄反”，则误“呫”为“咕”。

第二十五卷《南越列传第五十三》中大字“藏其先武帝玺”后小字曰：“李奇云：‘去其僭号。’”③案“去其僭号”，广雅书局本作“云其僭号”，则误“去”为“云”。

第二十六卷《司马相如列传第五十七》中大字“樗枣”后小字曰：“上音弋井反。樗枣似柿也。”④案“上音弋井反”，广雅书局本作“上音戈井反”，则误“弋”为“戈”；⑤又大字“玄猨素雌，蜼玃飞蠝”后小字曰：“张揖曰：‘蜼似猕猴，卬鼻而长尾。玃似猕猴而大。飞蠝，飞鼠也。其状如兔而鼠首，以其背飞。’郭璞曰：‘蠝，飞鼠也。毛紫赤色。飞且生，一名飞生。蜼，音遗。蠝，音诔。玄猨，猨之雄者色也。素雌，猨之雌者色也。’”⑥案“飞且生”，广雅书局本作“飞日生”，则误“且”为“日”；又大字“姣冶闲都”后小字曰：“郭璞云：‘姣，好也。都，雅也。’”⑦案“郭璞云”，广雅书局本作“郭　云”，则误“璞”为“　”；又大字“棹指桥以偃蹇”后小字曰：“棹，音徒吊反。指，音居桀反。桥，音矫。张揖曰：‘指矫，随风指靡。偃蹇，高皃。’应劭云：‘旌旗屈挠之皃。’”⑧案“应劭云”，广雅书局本作“应功云”，则误“劭”为“功”。

---

① 司马贞撰，王璐、赵望秦整理：《史记索隐》，陕西师范大学出版社 2018 年版，第 366 页。

② 司马贞撰，王璐、赵望秦整理：《史记索隐》，陕西师范大学出版社 2018 年版，第 371 页。

③ 司马贞撰，王璐、赵望秦整理：《史记索隐》，陕西师范大学出版社 2018 年版，第 391 页。

④司马贞撰，王璐、赵望秦整理：《史记索隐》，陕西师范大学出版社 2018 年版，第 406 页。

⑤ 案，此“弋井反”乃是“樗”字的注音，检承袭《唐韵》音系的《广韵》一书，“樗”为以母，而“戈”为见母，故而“樗”字的反切上字肯定为同为以母的“弋”，而非为见母的“戈”。

⑥ 司马贞撰，王璐、赵望秦整理：《史记索隐》，陕西师范大学出版社 2018 年版，第 408 页。

⑦ 司马贞撰，王璐、赵望秦整理：《史记索隐》，陕西师范大学出版社 2018 年版，第 410 页。

⑧ 司马贞撰，王璐、赵望秦整理：《史记索隐》，陕西师范大学出版社 2018 年版，第 416 页。

⑨ 司马贞撰，王璐、赵望秦整理：《史记索隐》，陕西师范大学出版社 2018 年版，第 422 页。

第二十七卷《循吏列传第五十九》中大字“自刎”，⑨案“自刎”，广雅书局本作“勿刎”，则误“自”为“勿”。

第二十八卷《太史公自序传》中大字“司马氏代典周史”后小字曰：“按：司马，夏官卿，不掌国，自是先代兼为史。”①案“夏官卿”，广雅书局本作“夏官乡”，则误“卿”为“乡”。

第三十卷《补史记序》：“贞业谢颛门，人非博古，而家传是学。”②案“贞业谢颛门”，广雅书局本作“负业谢颛门”，则误“贞”为“负”。

上述 48 例，便是广雅书局本《史记索隐》较之其底本汲古阁本《史记索隐》所新出现的明显讹误，而这些讹误大都是由于字形相近而导致的。当然，至广雅书局刻印《史记索隐》的光绪十九年（1893），汲古阁本《史记索隐》的初印本已经历了二百多年时间的洗礼，而其诸后印本本身的印刷质量就远不及初印本那般清晰分明，或许广雅书局本中这诸多因字形相近而导致的新的讹误，是因为其时用以校勘的汲古阁本《史记索隐》中的某些字句残损难辨也未可知。然而无可否认，上述诸例皆是十分容易分辨出的讹误，只要对其内容稍加留意，即可确定何为正字，作为以校对精审而闻名的广雅书局，在《史记索隐》的校勘上实在不能算是完美。但是考虑到广雅书局在光绪十五年（1889）张之洞离任粤督后，由于各种人事的变动而大大影响了它的校勘与刻书事业，再加之天下动荡，局势混乱，且各种新学与洋务渐次兴起，在这样的社会背景下，作为开启中国社会近代化进程先河的广州广雅书局在翻刻《史记索隐》时，能够仅与其底本产生 0.14% 的差异，也可谓是汲古阁本《史记索隐》较好的一个翻刻本了。

（王璐，现为陕西师范大学文学院博士生；赵望秦，现任陕西师范大学文学院教授、博士生导师。）

---

① 司马贞撰，王璐、赵望秦整理：《史记索隐》，陕西师范大学出版社 2018 年版，第 447 页。

② 司马贞撰，王璐、赵望秦整理：《史记索隐》，陕西师范大学出版社 2018 年版，第 492 页。

《史记》文本研究

夫不通礼义之旨，至于君不君，臣不臣，父不父，子不子。夫君不君则犯，臣不臣则诛，父不父则无道，子不子则不孝。此四行者，天下之大过也。以天下之大过予之，则受而弗敢辞。

《伍子胥列传》的汉代背景及对司马迁的影响

任 刚

伍子胥并不是他那个时代最重要的人物，甚至连之一也算不上。但是《伍子胥列传》无疑是《史记》春秋时期最重要的人物传记，也是《史记》里的重要传记。其生动性、力量感在《史记》中也少有。司马迁不为占《左传》篇幅仅次于晋文公的子产作传，而为相比之下并不是很重要的伍子胥立传，并着意刻画为一个复仇典型，这是为什么？学界对《伍子胥列传》的材料来源的探讨，主要集中于先秦的史书和子书，而对汉代文献关注不多。笔者经过对相关文献梳理发现，仅仅关注《伍子胥列传》的先秦文献背景，不足以说明其的成书，本文想在已有研究的基础上，以复仇为例，对该传的汉初文献背景做一些探讨，并考察《伍子胥列传》的成书。

笔者以为，虽然《伍子胥列传》的主要材料经过战国中后期的层累创造，① 已经相当完善，甚至其主要框架也来自《左传》；但从根本来说，《伍子胥列传》

① 徐中舒认为春秋时代有两种史官，即太史与瞽矇。以瞽矇传诵为主，而以太史记录的春秋帮助记诵，因而就称为瞽史。“史不失书，蒙不失诵”，即史官所记录的简短历史，如《春秋》之类，还要通过瞽矇以口头传诵的方式，逐渐补充丰富起来。徐先生认为，瞽矇传诵的历史，经后人记录下来，就称为“语”。《国语》《左传》等，都是在这样的基础上成书的。（参看《左传的作者及其成书年代》，《中国史学史论集》（一），上海人民出版社 1980 年版，第 71 页。）按照徐先生的看法，有关伍子胥的事开始也以口述史的形式流传。《左传》成书时间目前主要有三种看法：徐中舒认为在前 375—前 351 之间，赵光贤认为最迟在前 430 年（《〈左传〉编撰考》），杨伯峻认为在前 403 年魏斯为侯之后（《春秋左传注 · 前言》）。就按赵光贤的推算，《左传》成书距伍子胥自杀，至少 50 多年的时间。在这段时间里，伍子胥的种种故事，瞽蒙们在原来的基础上，不断积累、再创造，也是一个层累的创造过程。《左传》《国语》也当只选择了其中一部分。

与汉初人对伍子胥复仇的认识、故事的进一步丰富有极大关系。此传从立意到主题，都来自汉代，其精神实质是汉代的。在此背景下，司马迁选择了伍子胥作为春秋时期人物传记的代表，并经过再创作而成书。

一、秦末、汉初的复仇氛围

为父复仇实质是一种反暴。残暴的反人性，决定了反暴的正义性。反暴是人类社会进步的基本动力。“尊尊”“亲亲”传统影响巨大，父为子天，《礼记·曲礼上》“父之仇，弗与共戴天”，①是中华民族对残暴的基本态度。

为了说明问题，我们先简单回顾一下伍子胥复仇的时代背景。《左传》昭公十三年（楚灵王十二年，前 529）详载了楚灵王与侍者的对话、②定公四年郧公弟怀的复仇意识，这都发生于楚国，而且就是伍子胥家族遭难前后的事情。《论语·颜渊》“齐景公问政于孔子”孔子对曰：“君君、臣臣、父父、子子”，景公曰“善哉！信如君不君，臣不臣，父不父，子不子，虽有粟，吾得而食诸！”司马迁《孔子世家》写于鲁昭公二十五年（前 517），③伍子胥父兄被杀在鲁昭公二十年，其间相差仅五年。“以直报怨”是孔子一贯的主张。④他们的对话绝非空穴来风。

战国中后期是伍子胥故事发酵的第一个时期。人们似乎已经不知道君臣之礼为何物。诸子多有论述。如《孟子·梁惠王下》回答齐宣王汤放桀之问；《离娄下》的君臣关系；而《尽心下》仿佛量身定做，尤其切题，孟子曰：“吾今而后知杀人亲之重也。杀人之父，人亦杀其父；杀人之兄，人亦杀其兄。然则非自

---

①（清）阮元，校刻，《十三经注疏》，中华书局 1980 年版，第 1250 页。

②（清）阮元，校刻，《十三经注疏》，中华书局 1980 年版，第 2069 页。昭公十三年，王闻群公子之死也，自投于车下，曰：“人之爱其子也，亦如余乎？”侍者曰：“甚焉。小人老而无子，知挤于沟壑矣。”王曰：“余杀人子多矣，能无及此乎？”右尹子革曰：“请待于郊，以听国人。”王曰：“众怒不可犯也。”曰：“若入于大都而乞师于诸侯。”王曰：“皆叛矣。”曰：“若亡于诸侯，以听大国之图君也。”王曰：“大福不再，只取辱焉。”

③ 司马迁：《史记》，中华书局 2013 年版，第 2304 页。本文引用皆出此书。

④（清）阮元，校刻，《十三经注疏》，中华书局 1980 年版，第 2513 页。

杀之也，一间耳。”[①]总之，我们有理由相信，强调、渲染伍子胥复仇符合道义之说，最晚在战国中期就已经形成。

但是细味《左传》定公四年楚人郢的记载，似乎对伍子胥复仇有所保留。特别是在郧公弟怀要杀楚昭王为父复仇的关键时刻，郧公阻止并说的礼教语：

> 郧公辛之弟怀将弑王，曰：“平王杀吾父，我杀其子，不亦可乎？”辛曰：“君讨臣，谁敢仇之？君命，天也，若死天命，将谁仇？《诗》曰：‘柔亦不茹，刚亦不吐，不侮矜寡，不畏强御。’唯仁者能之。违强陵弱，非勇也。乘人之约，非仁也。灭宗废祀，非孝也。动无令名，非知也。必犯是，余将杀女。”斗辛与其弟巢以王奔随。

同时身体力行的记载，大大冲淡了复仇的气氛。这在一定程度上反映了春秋后期“礼”对人们的影响，有的人将它抛弃，有的人还在坚守。这也在一定程度上反映了战国中后期人们对伍子胥复仇的复杂心理。

秦末汉初就是一个快意恩仇的时代。荆轲、张良皆曾想通过杀秦始皇建立不世功名；陈涉以反暴秦为成就王侯将相梦的条件；二十岁的项羽对着秦始皇发出“彼可取而代也”的强音。反暴与功名的结合最有力量，最能激发人的潜能，使得空前强大的秦王朝，在陈涉造反后不到三年就土崩瓦解。秦汉之际的历史，实际上就是一段空前的、席卷全国的以反暴建功名的历史。在汉人看来，汉的建立，是正义战胜了邪恶，是人类理想的实现，顺乎天而应乎人，充满自豪。因此，肯定陈涉的首难是“大风起兮云飞扬”，刘邦最骄傲的是“威加海内兮归故乡”！

在汉初注重典籍、著述的背景下，伍子胥故事在《左传》之后，又一次集中。在《新书》《淮南子》《春秋繁露》《盐铁论》《法言》《说苑》《新序》等典籍中，我们可以看出汉人对伍子胥事迹的热衷程度。贾谊《新书》卷七《耳痹》，近七百字，叙述了伍子胥的一生。这样的全面，在战国中后期是没有的。《新书·耳痹》：“楚平王有臣曰伍子胥，王杀其父而无罪，奔走而之吴，曰：‘父死而不死，则非父之子也；死而非补，则过计也；与吾死而不一明，不若举天

① （清）阮元，校刻，《十三经注疏》，中华书局 1980 年版，第 2774 页。

地以成名。'"[1]作者设身处地，体会到了伍子胥在遭遇灭家之灾后的心理，并做了理性地分析，仿佛是《伍子胥传·赞》的前奏。贾谊的话有两点值得重视：第一，把伍子胥复仇与天地相联系，立论的高度前所未有；第二，标举伍子胥的"成名"意识（这里的"成名"，与《左传》昭公二十年伍尚赴死时对子胥说的"父不可弃，名不可废"之"名"不同），认为伍子胥只有复仇才能扬名，才能伸张正义。这是之前没有的，是汉初对伍子胥故事认识的升华。贾谊的态度固然与传统认识有关，同时也与秦汉以来人们将反暴与建功名相联系有关。

一般以为，《穀梁传》《公羊传》著于竹帛在汉代。《穀梁传》《公羊传》定公四年，把伍子胥复仇当作主要事件之一予以理论的分析。二者几乎是异口同声："子胥父诛于楚也，挟弓持矢而干阖庐。阖庐曰：'大之甚，勇之甚！'为是欲兴师而伐楚"[2]，"大之甚，勇之甚！"含义之丰，评价之高，前所未见。《公羊传》尤其态度鲜明地宣扬大复仇观，如鲁庄公四年（前690）释经"纪侯大去其国"时，盛赞齐襄公灭纪国有九世复仇之义："远祖者几世乎？九世矣。九世犹可以复仇乎？虽百世可也。"[3]虽局限在国与国之间，但可看成是对伍子胥复仇的肯定："父不受（应当）诛，子复仇可也。"[4]可见汉人的一贯立场。汉代复仇之风甚烈，侠客名高声远，"侠客之义又曷可少哉！"[5]岂止是司马迁一人的看法？司马迁受董仲舒公羊学影响深，对有关思想营养的吸纳，自然又甚。

二、汉初伍子胥的复仇材料

下面特别以睡虎地77号文景时期汉简的有关记载，来具体说明汉初伍子胥故事与战国的不同。这批汉简，从J94到J134全面系统地"记载了楚王将杀伍奢，又听信奸人之言，派使者招伍子胥兄弟二人，伍子胥不从王命，逃亡中先向北后向南，得船人相助，逃入吴国，得吴王信任，治吴兴吴，后率吴师入郢，

① 阎振益、钟夏：《新书校注·耳痺》，中华书局2000年版，第269页。

② （清）阮元，校刻，《十三经注疏》，中华书局1980年版，第2444页，第2337页。

③ （清）阮元，校刻，《十三经注疏》，中华书局1980年版，第2226页。

④ （清）阮元，校刻，《十三经注疏》，中华书局1980年版，第2337页。

⑤ 司马迁：《史记》，中华书局2013年版，第3839页。

楚昭王率众逃亡，并令人与伍子胥交涉等情节。”[①]这些记载就全面系统而言，在贾谊之上。值得重点指出的有如下几点：

出逃。如顺序按照J136、J137、J138、J135排列，也可以看出楚平王派使者杀伍子胥、伍尚以及伍子胥出亡的情节，伍子胥变成主角，而且J135载有拒捕情节：“五（伍）子胥介胄执弓矢以见使者，曰：‘介胄之士……”[②]。这个情节是汉代才有的。由《左传》昭公二十年的听王命而逃，到成为主谋、拒捕的变化，不仅仅是情节丰富的问题，更是伍子胥形象更加高大的问题，背后的原因就是汉人反抗、复仇意识高于战国中后期。

遇江上老人。此情节始见于《吕氏春秋·孟冬纪·异宝》。[③]《异宝》重在江上老人不取酬，伍子胥一生感念不忘。云梦睡虎地77号残简的记载，[④]显然是在《异宝》基础上的汉代版本，增加了“[船人□曰：纵]楚之贼者，我也；出而不能报楚者，子也。”（J104），能不能渡你过去是我的事情，报不报得了杀父之仇是你的事情。江上老人不取报酬，激励伍子胥去复仇就是汉代版本于战国版本最大的不同。

见公子光。见公子光首见《吕氏春秋·孝行览·首时》，在人引荐下两见公

---

① 熊北生：《云梦睡虎地77号西汉墓出土简牍的清理与编联》，《出土文献研究》2010年第9期。

② 曹方向：《云梦睡虎地77号西汉墓“伍子胥故事残简”简序问题刍议》，《江汉考古》2014第3期：122—123。

③《诸子集成》，中国书店1986年版，第101页。“（伍子胥）过于荆，至江上，欲涉，见一丈人，刺小船，方将渔，从而请焉。丈人度之，绝江。问其名族，则不肯告，解其剑以予丈人，曰：‘此千金之剑也，愿献之丈人。’丈人不肯受，曰：‘荆国之法，得五员者，爵执圭，禄万檐，金千镒。昔者子胥过，吾犹不取，今我何以子之千金剑为乎？’五员过于吴，使人求之江上，则不能得也。每食必祭之，祝曰：‘江上之丈人！’天地至大矣，至众矣，将奚不有为也？而无以为。为矣，而无以为之。名不可得而闻，身不可得而见，其惟江上之丈人乎！”

④ 曹方向：《云梦睡虎地77号西汉墓“伍子胥故事残简”简序问题刍议》，《江汉考古》，2013（3），124页。其排序为：……行到河上，谓船人曰：“渡我。吾先人有良剑，其堤之千【J101】……”“[船人□曰：纵]楚之贼者，我也。出而不能报楚者，子也。【J104】……”船人对曰：“楚平王令曰，有能得五（伍）子胥，予之田百万亩与千金田【J102】……”□乎子食而疾行促者及五子胥有复问船人【J103】。与《越绝书.越绝荆平王内传第二》同。

子光。[①]云梦睡虎地 77 号汉墓残简则言，伍子胥因“楚之良人类君子也”而很快被引见，而后陈述自己的冤情，[②]没有丝毫《首时》的调侃性质，与战国版本大不同。

被尊为师。《吕氏春秋·孟夏纪·尊师》载吴王阖庐以伍子胥为师。云梦睡虎地 77 号汉墓残简有伍子胥治吴兴吴的情节：J106“……□曰卫士卒诸侯执斧桎以下无敢不听五”，J107“……□令而治国不出三年尽得吴国之众吴因兴”。从吴王对伍子胥委以重任，不出三年吴国就强大起来的叙述，可以看出，汉代对伍子胥故事补充的细致程度。这些文字虽不见于《伍子胥传》，但意思是有的。

楚昭王向伍子胥求和。残简 J108（……王已死其后子曰昭公昭公将率千人以亡）、J130（……□胥胥勇且智君必纳之昭公乃令人告伍子胥曰昔者吾）、J129（……有智今子率众而报我亦甚矣然而寡）、J128（……丘虚宗庙社稷乎吾请与子中分国矣）、J127（……□贵为名名成则昌必人之矣五子胥报于使者）、J109（……之矣杀其父而臣子非是君之臣也父死焉子食焉非）[③]断断续续透出楚昭王逃亡、想以中分楚国为条件召回伍子胥及遭拒等信息。这固然可以看作一时的权宜之计，但从语气中似乎反映出楚昭王对伍子胥复仇合理性的认可。

上述睡虎地 77 号文景时期汉墓中伍子胥的故事与战国版本的不同，表现了两个时代复仇氛围的差异。这也是司马迁为伍子胥作传的背景。

---

①《诸子集成》，中国书店 1986 年版，第 144 页。“伍子胥欲见吴王而不得，客有言之于王子光者，见之而恶其貌，不听其说而辞之。客请之王子光，王子光曰：‘其貌适吾所甚恶也。’客以闻伍子胥，伍子胥曰：‘此易故也。愿令王子居于堂上，重帷而见手，请因说之。’王子许。伍子胥说之半，王子光举帷，搏其手而与之坐；说毕，王子光大说。伍子胥以为有吴国者，必王子光也，退而耕于野。……向北耕，非忘其父之仇也，待时也。”

②“J134：……□□□走而夷及□子乎杀吾良□遂南走至。J133：……□之吴有楚之良人类君子也徒□ J132：……曰其疾求之勿失市政□令求伍子胥。J131……起曰昔者楚平王杀臣父而非其罪也君。”熊北生：《云梦睡虎地 77 号西汉墓出土简牍的清理与编联》，《出土文献研究》2010 年第 9 期。详见云梦睡虎地 77 号西汉墓出土简牍 J134、J133、J132. J131、J105、J106、J107。

③熊北生：《云梦睡虎地 77 号西汉墓出土简牍的清理与编联》，《出土文献研究》2010 年第 9 期。

三、司马迁的再创作

在这种文献背景下，司马迁进行了再创作，做成《伍子胥列传》。笔者认为，与其素材相比，司马迁最大的创新是写成中国历史上第一篇复仇大传《伍子胥列传》，其核心点是塑造了伍子胥形象。司马迁再创作分为如下几个方面。

第一，将伍子胥其人其事放在礼崩乐坏的背景下，从会通天人古今的高度进行审视。司马父子有极强的政治、文化使命感，以五百大运自期，想让《史记》成为《春秋》那样的礼义之大宗，气魄之大，罕有其匹。为此，他借鉴《左传》叙写伍子胥的手法，将伍子胥其人其事放在春秋末年礼崩乐坏的背景下审视，同时也放在天人古今的高度予以考察。社会存在靠秩序。春秋之乱，乱在秩序，“君不君，臣不臣”。这在《史记》里多有表现。伍子胥故事是展现春秋末年礼崩乐坏最典型、最生动、最有力的例证。司马迁认为，亡国、弑君、天下大乱的根本原因在君，乱自上作。《吴太伯世家》《楚世家》《伍子胥列传》分别有“孔子相鲁”（鲁定公十年，阖闾十五年，楚昭王十六年，前500）的记载。赵翼《陔余丛考》以为“以其系天下之重轻也”①很有眼光。孔子一生试图救世，而狂澜难挽。笔者认为，这里的“孔子相鲁”，就是对乱自上作、礼崩乐坏的历史文化背景的提示，此其一。其二，司马迁把伍子胥的复仇上升为“天道”，深切著明地从人心、人性的深度，剖析了礼崩乐坏产生的根基，更加清楚地看出其天人古今的意义。这既具体生动地展现了历史文化背景，也使本事更显突出，而且有极强的历史穿透力，因而比《国语》《左传》等，有更加明确的目的性和针对性。这也是《史记》的特点所在。

第二，更加注重对伍子胥隐忍就功名的个性及心理的挖掘、概括。对于伍子胥个性的认识，历来有共识，如《庄子・至乐》称为“烈士”等；也有从心理角度予以分析的，如《左传》昭公二十年、《吕氏春秋・首时》、《新书・耳痺》等；如前所述，将反暴与建立功名统一，也是秦楚之际乃至司马迁时代的

① 赵翼：《陔余丛考卷五》，河北人民出版社 1990 年版，第 83 页。

意识倾向。但是，没有像司马迁那样用“怨毒”二字做集中系统明畅的表达。司马迁确实抓住了人心、人性的关键之处，从平凡之中，挖掘不平凡。“怨毒”常见于现实生活，由此引起的历史悲剧不知有多少，然而，人世几回伤往事，对“怨毒”有真正认识的能有几人？如果我们从个性心理学的“需要”理论对此略做分析，就可以更加深刻、清楚地看出司马迁的高度和深度。“需要”是现代个性心理学的一个基本概念，强调个性的心理需要是行为的基本动力。“需要”能调集人的心理能量，并在大脑中形成优势兴奋中心，成为行为的内驱力，如价值观、人生观等。重要的“需要”得不到满足，人将不人。对伍子胥的性格，司马迁做了新的概括：“刚戾忍诟，能成大事”，当这种性格遇上“怨毒”的时候，就铸成了《史记》中隐忍就功名的伍子胥。不报仇，毋宁死！不救国，毋宁死！使得伍子胥能弃小义、雪大耻，救国无望，愤而自杀。《伍子胥传·赞》完全立足于伍子胥故事，站在心理分析的角度，对其怨毒心理及个性进行分析，并由具体而及于一般，使得《史记》的伍子胥比以前典籍里的更有立体感，更有力量，更有深度。这也是司马迁研究历史人物的一贯手法。李长之较早从心灵史、精神史的角度对《史记》做了高度评价，《司马迁的人格与风格》第七章《司马迁的精神宝藏之内容——浪漫的自然主义》之八说：“我觉得最难得的是，司马迁的历史，实在已由广度而进入深度。正像法国史学家考尔夫（Korff）那人所谓，历史的意义不在探求外延，而更在探求内在，司马迁的历史已能够探求到人类的心灵。所以，他的历史，乃不唯超过了政治史，而且更超过了文化史，乃是一种精神史，心灵史了。”“所以我们在他的书里，可以听到人类心灵真正的呼声”。①“最难得”“人类心灵真正的呼声”概括尽了《史记》的特点。

第三，司马迁有意识地放大、突出“怨毒之于人甚矣哉”的“应然”。《史记》有各种各样的怨毒，伍子胥故事是典型之一。司马迁使得本来惊心动魄的伍子胥怨毒，越发变本加厉。之所以如此，就是司马迁将其放在历史文化背景上，借助了时代的底力，将伍子胥的故事艺术化，放大以凸现，以达到预期的效果。

---

① 李长之：《司马迁的人格和风格》，三联书店 1984 年版，第 204 页，第 18 页。

伍子胥带太子建儿子胜出逃，不见于记载，可以看作司马迁根据有关史料和实际情况的合理发挥。《史记会注考证》：“《吕览·异宝篇》以为子胥去楚时事，且不言与胜俱。”①太子建出奔，从《左传》昭公二十年记载看，虽属仓促，但毕竟事先已得到消息，带儿子出逃是必然的。伍子胥出奔，始亦必投奔太子建。太子建遭难，伍子胥必带胜奔吴，因此，《左传》哀公十六年（前479）说：“其（按，指太子建）子曰胜，在吴。”正常情况应当如此。所以《伍子胥列传》说伍子胥在宋见到了太子建，遇华氏之乱又一起去了郑国，太子建阴谋败露前，两人大约一直在一起。伍子胥带胜一起逃吴，也在情理之中。司马迁合理发挥，突出了伍子胥背着胜，历万难不弃，可见其忠心与复仇计划的坚定和长远。此外如伍子胥逃吴国时独身步走、未至吴而疾、道乞食等，表现了伍子胥的坚韧；死后吴人怜之，立祠于江上，因命曰胥山②，表现了伍子胥的冤死，反衬了夫差的昏庸。这些都不见于记载，出自司马迁有意、合理的想象、加工。

最典型的是“鞭尸三百”。司马迁将“鞭墓”增饰为“鞭尸三百，然后已”，这是司马迁的放大，也是他一贯的手法。这就像《战国策·秦策三·秦攻邯郸》载范雎“开罪于楚、魏，遁逃来奔”，《韩非子·难言》有了“折肋于魏”的具体记载，而《范雎蔡泽列传》中又加了“更溺雎”一样。窃以为《史记》中类似的“有违史实”的记载，多应作如是观。这类记载有一个共同的特点，就是为了强调某一经验教训，对某些史实故意夸大或者细节化（这无损于史实，而有益于警示）。这种增饰也并非始于太史公，如鲁宣公十三年郑襄公肉袒牵羊降楚庄王，庄王撤兵，《左传》“退三十里而许之平”，《公羊传》则细节化“庄王手自旗，左右麾军引兵去。”鲁僖公三十三年秦晋崤之战，秦全军覆没，《左传》作“败秦师于崤”，《公羊传》《谷梁传》具体化为“匹马只（倚）轮无反者”。这样生发的例子还有很多，是古代通用的一种手法。对此，李长之的观点对我们有启发：“中国的历史家，一方面要懂得天道，一方面是要知道并非是记录‘实然’的史实，而是发挥‘应然’的理想，司马迁在前者是得自《易》教，在后

① ［日］泷川资言：《史记会注考证·伍子胥列传》，北岳文艺出版社1999年版，第3324页。

② 司马迁：《史记·正义》，第2637页：“其庙不干子胥事，太史误矣，张注又非。”梁玉绳《史记志疑》，第1201—1202页引《日知录》亦辨太湖之胥山、胥门与伍子胥无涉。

者就是得自《春秋》。"[①]从心理需要的角度看，伍子胥那样的烈火性格，掘坟鞭尸是"应然"。况且，中外历史确实不乏撒骨扬灰之事。

此外，有力度的还有诸如伍子胥"贯弓执矢向使者"、伍子胥与申包胥的对话、太宰嚭的谗言、临死前的仰天叹等，都不见记载，都属此类"应然"。伍子胥逃亡时对付使者的细节，云梦睡虎地 77 号文景时期的汉墓 J138 有"……杀之伍子胥介胄执弓矢以见使者曰介胄之士"[②]的记载，约是汉人的发挥。这个发挥固然有力量，但相对而言，有礼有节，比较温和。《伍子胥列传》的"贯弓执矢向使者，使者不敢进"的细节，使行文顿生万钧之力：在以国家之力杀一人的任人宰割的恐怖氛围中，终于有一个人敢拿起武器来对抗，这是怎样的无畏和勇敢！体现了司马迁的情感和性格，也体现出司马迁高超的艺术构思技巧。《左传》定公四年载伍子胥与申包胥的对话简洁如下："初，伍员与申包胥友。其亡也，谓申包胥曰：'我必复楚国。'申包胥曰：'勉之！子能复之，我必能兴之'"[③] 36 字。《伍子胥列传》则增加为如下："申包胥亡于山中，使人谓子胥曰：'子之报仇，其以甚乎！吾闻之，人众者胜天，天定亦能破人。今子故平王之臣，亲北面而事之，今至于僇死人，此岂其无天道之极乎！'伍子胥曰：'为我谢申包胥曰，吾日莫途远，吾故倒行而逆施之'"[④] 87 字。真正毫无保留的痛快淋漓，冲天的由怨毒构成的能量被释放出来，自古既定的君臣关系轰然坍塌，这样的对话在后世也少有，可谓历史乐章中的强音。如上述，较早将伍子胥的复仇与天地联系的是贾谊，但在这里表现得更深切著明。司马迁把"天道"与"人道"一体化。"无天道之极"，就是无人道之极。"无天道之极"的不是别人，正是楚平王（君）；正是君导致了臣（伍子胥）的"倒行而逆施之"。伍子胥的借国报仇，本来极端。经过司马迁这样的渲染，达到了空前绝后的高度，自觉地强调了极端："无天道之极"。又如太宰嚭的谗言和伍子胥的仰天叹。太宰嚭的谗言

---

① 李长之：《司马迁的人格及风格》，三联书店 1984 年版，第 61 页。

② 熊北生：《云梦睡虎地 77 号西汉墓出土简牍的清理与编联》，《出土文献研究》2010 年第 9 期。

③（清）阮元，校刻，《十三经注疏》，中华书局 1980 年版，第 2137 页。

④ 司马迁：《史记》，中华书局 2013 年版，第 2633 页。

是伍子胥仰天叹的铺垫：正直被视为深祸，至忠被诬为大奸，充分展现了历代谗人卑怯狠毒的心性本色。如前所述，《吴语》中伍子胥临死前的叹息，也沉痛无奈。但是司马迁没有采用，而是做了随物赋形的发挥。相较而言，司马迁的发挥有了新的高度，伍子胥仰天叹曰："嗟乎！谗臣嚭为乱矣，王乃反诛我。我令若父霸。自若未立时，诸公子争立，我以死争之于先王，几不得立。若既得立，欲分吴国予我，我顾不敢望也。然今若听谀臣言以杀长者。"[①]该叹一是针对进谗言的伯嚭，一是针对昏聩的夫差，将五个"我"字夹在"谗臣嚭"与两个"若（夫差）"之间，其形傲岸睥睨，仿佛天道的象征，其声如洪钟巨响，响彻历史长空，将千秋的悲愤与怨毒，一口吐尽。真是"大之甚，勇之甚！"直接痛快，更符合人物性格的逻辑发展。这与司马迁站在天人古今的高度，广泛、系统、深入地研究了伍子胥的一生有关。《伍子胥列传》也因此成为历代研究伍子胥的底本材料。

此外，在对史料素材的整合上，司马迁除了有意识的放大之外，还有淡化或舍弃的一面。最突出的例子便是入郢后的"以班处宫"，这是《左传》《公羊传》《谷梁传》都有明确记载的，有的还很具体。而《伍子胥列传》对这条材料坚决摒弃，原因有三：一者此时伍子胥一心在复仇上，"以班处宫"不符合他此时此地的心性；二者《左传》明书领头干这些事的是夫概、子山这些人，没有伍子胥；三者，如果写进这一条，有损伍子胥形象，有悖于司马迁为伍子胥立传的初衷。

亚里士多德说："诗人的职责不在于描述已经发生的事，而在于描述可能发生的事，即根据或然律或必然律可能发生的事。"[②]从上述司马迁发挥的"可能发生的事"中，我们可以看出《史记》如何由历史转化成文学。也许，文学比历史包含了更大的真理性。

第四，涂上浓郁的悲剧命运的色彩。广义地讲，人生本来就有着既定的套路。这对一般人而言本无所谓，但对特殊人物就完全不寻常了。伍子胥的一生，总是跳不出昏君的套子。他可以挣脱，甚至肆无忌惮地反抗、回击楚平王，成功地证明了自己的力量。他也幸运地遇到了能信任、欣赏他的吴王阖庐，有了

① 司马迁：《史记》，中华书局 2013 年版，第 2636 页。

② 亚里士多德，陈中梅译：《诗学》，商务印书馆 1996 年版，第 81 页。

施展平生抱负的平台。但是就像孙悟空跳不出如来佛的掌心一样，伍子胥最终没有跳出昏君的套路，而且这个昏君夫差，还是他一手扶植起来的。昏君——明君——昏君，这样就形成一个否定之否定的命运结构。而且，好像如影随形一样，楚平王身边有个费无极，夫差身边则出现了一个伯嚭。前者害得他家破人亡，后者把他送上了断头台。这两个谗人害他的原因都是因为他的正直和才干。这样，伍子胥就无论如何也逃不出中国社会为他造就的套路，这就是一个宿命。从一定意义上说，这也是中国士人世世代代重复的、难以脱免的宿命——每个士人生来就要进入的宿命。应该说司马迁明确地意识到了这一点，并试图做一些挣脱的努力，就在伍子胥悲剧发生不久，司马迁精心安排了范蠡的几乎完美的人生，此外，还有乐毅、范雎、蔡泽等的选择。也许中国士人最好的出路就是老子提倡的“功成、名遂、身退，天之道”①。但这需要彻底跳出去的力量，而伍子胥没有这个力量。他是个多情的人，他的牵挂太多，他不仅牵挂自己的儿子，也牵挂杀他的人。夫差赐他属镂之剑，他还为夫差的死后着想，怕夫差死后连棺材也没有，要人在他的坟头栽上容易成材的大梓树，以便将来为夫差盛尸；不仅如此，他还要亲眼看越军进入吴国的城门！坚守人间，不离不弃，伍子胥的爱恨纠结如此。伍子胥的悲剧命运有其必然性。司马迁使得本来就有的悲剧色彩，显得更加浓重。

司马迁对伍子胥故事素材史料的会通、创新，是司马迁“厥协六经异传，整齐百家杂语”的典型案例。由此可窥见整个《史记》传记的成书过程。

一切历史都是当代史。《太史公自序》：“夫不通礼义之旨，至于君不君，臣不臣，父不父，子不子。夫君不君则犯，臣不臣则诛，父不父则无道，子不子则不孝。此四行者，天下之大过也。以天下之大过予之，则受而弗敢辞。”②伍子胥形象包含着“礼义之旨”，显示着“绍明世”的作用。伍子胥的形象也因此有了世界意义。

（任刚，西安工程大学人文社会科学学院教授、硕士生导师。）

---

①《诸子集成》，中国书店1986年版，第7页。

②司马迁：《史记》，中华书局2013年版，第3976页。

《史记述赞》文本比较研究

朱枝富

《史记述赞》（以下简称《述赞》）的文本问题，是研究的基本问题。《述赞》在长期的流传过程中，在文字上出现了这样那样的问题，也是无法避免得了的。那么，我们进行不同版本的对照和比较研究，从中解剖了一些明显的问题，寻求正确的答案，就显得非常必要。

《述赞》，目前比较通行的是中华书局出版的《史记》修订本①，将“三家注”合刊，附于每篇篇末。我们将其与《索隐》单行本②对照比较，发现其中有不少的异同之处。按照常理来说，《索隐》单行本是原本流传，应当比较准确；《史记》修订本是合刊本，是改编后流传，讹误可能更多一些。但比较来看，并不尽然，倒是《史记》修订本的准确率相对要高一些。故此，我们将其不同之处进行一一对比分析，比较优劣，择善而从，从而使《述赞》的文本更具科学性和合理性。

这里需要说明的是，对于历史文献的研究，历来有两种方向。一种是追溯研究，一直向前追溯到源头，研究原本的本来面貌。在目前来看，这其实是做不到的，因为缺少源头性的版本，无论是《索隐》单行本还是《史记》修订本，现在出版的，都已经转了几个弯，经过了多次不同版本的转换，虽不说面目全非，但其中的一些讹误，也不知从什么地方、什么时候就开始错了下去，是无法弄清来龙去脉、寻其根源的。即使是追根寻源，所得出的一些结论，也是一些猜

①（汉）司马迁撰；（宋）裴骃集解，（唐）司马贞索隐，（唐）张守节正义，顾硕刚领衔点校；赵生群主持修订《史记》修订本，中华书局 2014 年版。

②（唐）司马贞《史记索隐》，陕西师范大学出版总社 2018 年版。

想、推测和判断，不能完全为据。因此，我们进行研究的，是第二种情况，就是应用研究，根据不同的版本流传，研究其优劣、当否，寻求最为合理的文字表达，从而形成比较科学、合理的文本，以奉献给读者。只有这样，才是非常有意义的。

综观《史记》修订本、《索隐》单行本两种版本的异同之处，大致上有五种情况：

一是同义而异词，含义基本相同，但所用的文字不一样。如何选择？我们判别的依据，是根据《史记》的历史记载，看看哪一种情况更加符合《史记》原意，如“炮格”与“炮烙”，两词都能说通，而《史记》中用“炮格”二字。

二是正字和异体字的区别。正字和异体字在古代文言中是两个含义相同的文字，新中国建立以来，不断推行文字改革，2013 年，国务院公布了《通用规范汉字表》，确定了通用规范汉字，对异体字予以摒弃，一律改用正字。如“修”与“脩”、“纠”与“糺”等，现在一律用正字“修”“纠”。

三是因字形相近而讹。很明显地看出，在两个版本的文字异同中，有不少的字是讹字，或者是不成文辞，无法解读，如燕王刘旦，“旦”字讹为“且”字；卫满王朝的都城“王险”，误为“玉险”，等等。

四是在流传中形成了两种版本，所要表达的含义不一样，如《吕太后本纪》中的两句话，《史记》修订本作“及正轩掖，潜用福威”，而《索隐》单行本作“及正轩掖，尚私食其”，前者是说吕雉当了皇后，暗自作威作福；后者是说吕雉当了皇后，与审食其有私情。那么，究竟哪一种版本才是原本流传？现在恐怕很难弄得清楚了。按照常理来说，应是以《索隐》单行本为正，但这只是猜测而已，因为两者都无法以原来的版本为依据了。

五是《史记》的篇名，有的略有不同。如《绛侯周勃列传》，《索隐》单行本作《绛侯列传》；《伍子胥列传》，《索隐》单行本作《伍员列传》，等等。篇章的顺序，有的也不同，如《卫将军骠骑列传》，“通行本”列于《匈奴列传》后，而《索隐》单行本则列于《李将军列传》后，提前了两个篇次，改为分类编排。

下面，我们进行逐一分析，比较其异同，提出一些看法和主张。在行文中，以《史记》修订本为版本依据，适当参照《索隐》单行本，个别文字酌情处理。

1. 五帝本纪第一

其号放勋

号，《索隐》单行本作“名”。“号”与“名”，在古代并没有分得非常清楚，一般都是指人的名称。放勋，一般认为是帝尧的名。张大可《史记通解》曰：“放勋：人名。”

明敭（扬）仄陋

明敭（扬），《索隐》单行本作“明剔”。明剔，不成词，“剔”与“敭（扬）”字形相近，疑为讹字。敭，为“扬”的异体字。仄陋，《索隐》单行本作“侧陋”。仄，古通“侧”。“侧”为正字，“仄”为通假字。

2. 夏本纪第二

動（动）履四时

動（动）履，《索隐》单行本作“勳（勋）履”。勳，为“勋”的异体字。动履，指不停地奔波。动，与“静”相对，指行动、操劳。而“勋履”，不成词，疑“勳（勋）”为“動（动）”之讹字。

3. 殷本纪第三

旋师泰卷

泰卷，《索隐》单行本作“秦卷”。泰卷，古地名，即今山东定陶。而“秦卷”，则不知作何解释，疑“秦”字为“泰”字之讹，两者字形十分相似。

炮格兴焉

炮格，《索隐》单行本作“炮烙”。炮格，也叫“炮烙”，为商末纣王所创的酷刑，将铜柱横搁在炭火上面，涂上油，下加火烧热，令罪犯过“独木桥”，在铜柱上行走，坠入炭火中烧死。“炮格”与“炮烙”，两词含义相同，一般认为“格”为正字。《史记·殷本纪》（以下引用《史记》篇名，省略《史记》二字）作“炮格”。

黄钺斯杖

杖，《索隐》单行本作“仗”。杖，本为名词，如拐杖，此用作动词，执、拿着。仗，动词，执、拿着。两者含义相同。而现今之“杖”，一般用作名词，如拐杖；“仗”一般用作动词，如仗剑。故此，此句两者皆通，而以“仗”字为佳。

4. 周本纪第四

龙漦作Ã

龙漦，《索隐》单行本作“漦”，不知有何出处，作何解释，实在是太过生僻，无法弄清，或许就是讹字。

5. 秦始皇本纪第六

恩报君父

恩报，《索隐》单行本作“思报”，《史记》修订本已在“校勘记”中说明。作“恩”与作“思”，两者均能解通，但有所差别。作“恩报君父”，是欲报君父之恩；作“思报君父”，即一心想着要为君父报仇。“君父”，是对扶苏的尊称。再深入研究，所谓“报君父之恩”，对于子婴来说，“君父”并没有什么特别的恩宠，只是一般意义上的养育之恩；所谓“思为君父报仇”，倒是具有实实在在的意义，因为父亲扶苏是被赵高谋害而死。再者，从字形来看，“恩”“思”两字非常相似，很容易出错。故此，反复推敲，此处作“思”字的可能性比较大。故此句宜为“思报君父”。

6. 高祖本纪第八

蛇分径空

蛇，《索隐》单行本作“虵”。虵（shé），为“蛇”的异体字。现用正体字“蛇”字。

氾水即位

氾水，《索隐》单行本作“汜水”。根据国务院《通用规范汉字表》，“氾”字用作姓氏人名时，读作“fán”，仍用“氾”字；其余读作“fàn”，为“泛”的异体字，“泛”为正字。那么，氾水，作为古水名，仍宜作“氾水”，而不作“泛水”。而“汜（sì）水”，则是源出今河南方山，在荥阳市境内注入黄河。考其刘邦称帝，是在今山东定陶的氾水之滨，而不在河南方山，故作“汜水”为误。

7. 吕太后本纪第九

潜用福威

指吕后暗地里滥用权势，作威作福。《索隐》单行本作“尚私食其”。据《史记》修订本注说，黄本、彭本、殿本，均作“尚私食其”。此指吕后与审食其私通，有奸情，红杏出墙。食其（yìjī），即审食其，是刘邦的同乡，曾以舍人的身份照顾刘邦的妻子儿女，渐为吕雉亲信。后被封为辟阳侯，得幸于吕后。吕后当政后，任为左丞相，不管理政务，只在宫殿内监视，百官奏事，都要通过他裁决。如此说，是写吕后的阴事，指吕后有外遇，人品有污。两者比较，各有特点。“潜用福威”是从总体上来叙写，残害戚姬、杀害赵王、斩杀韩信、醢杀彭越，似乎都在其中，具有较强的概括力；尚私食其，就其一点来说事，也是抓住要害，揭其隐私，具有较强的杀伤力。故两者皆可。

性挟猜疑

性，《索隐》单行本作“情”。两字含义相近，略有区别，性，指人的本性、习性。情，指人的思想情感。此句意为吕后生性喜欢多疑，其中亦有情感的成分。两字皆通，而用“性”字为佳。

苍狗为灾

灾，《史记》修订本作“菑”，《索隐》单行本作“災”。菑，本读“zī”，指初耕的田地，又读“zāi”，古同“灾”。災，为“灾”的异体字。故此，改为“灾”字。

8. 孝文本纪第十

兆遇大横

横，《索隐》单行本作“撗”。撗（héng），为古文用字，同“横”，为同义字。现今一般用“横”字。

按：《淮南衡山列传》中“淮南多横”，《索隐》单行本亦作“撗”，于此同解。

9. 孝景本纪第十一

提局成舋（衅）

舋（衅），《索隐》单行本作“亹”。衅，指感情上的裂痕。亹（xìn），古同“衅”。两字的含义一致。现今一般用“衅”字。

按：《述赞》中还有四处均用“舋”字，分别是：《齐太公世家》“舋（衅）钟虫流”、《卫康叔世家》“舋（衅）生伋朔”、《张耳陈余列传》“隙末成舋（衅）”、《吴王濞列传》“舋（衅）成提局”。看来，司马贞是很喜欢用“舋”字的，可能当时就是流行“舋”字。此四句均同上解。

10. 三代世表第一

三代世表

世表，《索隐》单行本作“年表”。观看司马迁的《三代世表》，并非以“年”

来记事列表，故作“世表”为是，作“年表”有误。

简狄生商

简狄，《索隐》单行本作“简夷”。是“简狄”另有称呼，叫作“简夷”？或是有版本流传？或是“狄”与“夷”为同义而相讹？疑因古代“夷”“狄”二字相通，故将“简狄”讹为“简夷”。作为人名，宜作“简狄”。

祚流岐昌

岐，《索隐》单行本作“歧”，并注曰：“四库本作‘岐’，是。蔡本、《史记》修订本俱作‘岐’。”已经说得很明确，“岐”字为正，“歧”字为讹。

11. 汉兴以来诸侯王年表第五

汉兴以来

以，《索隐》单行本作“已”。两字在古代通用，均可作为介词。而现今，则区别比较严格，不可混用。作为介词，宜用“以”字。

按：后面的《建元已来侯者年表第八》，《索隐》单行本作“以”；《汉兴以来将相名臣年表第十》，《索隐》单行本作“已”。也是两字通用，说明同上。

爰览兴亡

览，《索隐》单行本作“鉴”。据《史记》修订本，黄本、彭本、柯本、凌本、殿本均作“鉴”。故可知，“览”与“鉴”，两字相通，都是指观览、借鉴的意思。两者相比较而言，宜用“鉴”字。

12. 高祖功臣侯者年表第六

永监前脩（修）

脩（修），《索隐》单行本作“修”。脩（xiū），为“修”的异体字。现用“修”字。

13. 惠景闲侯者年表

条侯出讨

出讨，《索隐》单行本作“出封”。出讨，出兵征讨；出封，因出讨而被封侯。《索隐》单行本出注说：“四库本作‘讨’，是。蔡本、《史记》修订本俱作‘讨’。”其实，“出封”二字亦可解通，只是转弯太多，没有“出讨”的含义直接。故此以“讨”字为是，以“封”字为讹字。

咸开青社

咸，《索隐》单行本作“或”。两者字形相似，容易致讹，而所用皆通，则含义不同。用“咸”字，是承上两句而来，指他们都被封于东方，都开青社；作“或”，则此句相对独立，说明有的是开青社，有的则不是，还有开赤社、黄社，等等。而下句是“俱受丹旌”，则是说不管开什么社，都是被授予丹旗。故此，用“或”字的含义更为广泛。

吴便有声

吴便，《索隐》单行本作“吴芮”。虽然两者都能成立，但含义不一样。吴芮所封的侯爵为长沙王，最为长久，五代为王，第五代吴著为长沙王 22 年后，于汉文帝后元七年（前 157）去世。后因无子，被废除。长沙王国虽然只有 45 年，却是汉朝建立以后存在时间最长的异姓王国。而吴便，即是吴浅，吴芮的第三个儿子，封为便侯，到武帝元鼎五年（前 112）被削爵。两者的区别是，一个是为王，一个是为侯，而本表是写“惠景闲侯者”，故从切题的角度来看，是以“吴便”为是。而司马迁的“序言”说：“太史公读列封至便侯曰：‘有以也夫！长沙王者，著令甲，称其忠焉。昔高祖定天下，功臣非同姓疆土而王者八国。至孝惠帝时，唯独长沙全，禅五世，以无嗣绝，竟无过，为藩守职，信矣。故其泽流枝庶，毋功而侯者数人。’”又是把封王和封侯合在一起，主要是通过写吴浅而称赞其父吴芮，故此，作“吴芮”，更是符合司马迁此表的“序言”之义。

14. 建元以来侯者年表第八

褚氏补诸

褚氏，《索隐》单行本作“楮氏”。考其字义，褚（chǔ），姓。楮（chǔ），树名。褚氏，即褚少孙，作“褚”字无疑。《索隐》单行本出注说：“四库本作‘褚’，是。蔡本、《史记》修订本俱作‘褚’。”“楮”为讹字。

15. 建元已来王子侯者年表第九

藩翰克盛

藩翰，《索隐》单行本作“蕃翰”。藩翰，比喻捍卫王室的诸侯王。蕃（fān），通“藩”，篱落，屏障；古代分封的侯国。两字在古代含义相同，而“藩”为正字。

16. 汉兴以来将相名臣年表第十

条侯总戎

总戎,《索隐》单行本作“揔戎”。揔(zǒng),古同“总”,总领,总揽。两字为同义字,现今单用“总”字;“揔”字一般废弃不用。

丙、魏立志

丙,《索隐》单行本作“邴”。邴(bǐng),姓。而“丙”,也是姓,与“邴”为同源同宗。“丙”与“邴”,是两姓,而非一姓通用,但有时混用。故丙吉,一作“邴吉”,而现今一般作“丙吉”。

表述非功

非功,《索隐》单行本作“非工”。非功,即无功,没有功劳,意即天汉以后所补续的内容不及司马迁,有“狗尾续貂”之意。非工,即不够工整,意即补写的内容没有司马迁工稳,仍然是肯定司马迁,而非议补续者,但非议的程度有所不同,“非工”相对要轻一些。纵观司马贞在《自序》中对补续者的评价,认为是“惜哉残缺,非才妄续”,而此处作“非功”的可能性比较大。再深入分析,此篇用的是“中东”韵,前面“六奇献功”,已用“功”字,为避免重复,故将这句用“工”字,可以看作是“功”字的替代字。

17. 律书第三

爰命伶纶

伶纶,《史记》修订本作“伶伦”。作为人名,“伦”“纶”两字通用,《说苑·修文》作“伶伦”,《汉书·律历志》作“泠纶”,《汉书·古今人表》作“泠沦氏”,一人多名,现今一般称为“伶伦”。

自微知著

知,《索隐》单行本作“至”。至,为连词,与句首“自”字相关联。自微至著,即从微小到显著,与下句“测化穷神”为承接关系。而“自微知著”,即从细微征兆中知道事物的实质和发展的趋势。此句用“知”或“至”,两者皆通,但所表述的含义略有不同,宜以用“知”字为上。因为下句是说“测化穷神”,即能够穷究事物的神妙,了解事物的变化。如此,则是在事情发生的起始,就能预测到未来的情况,何至于等到事情发展到显著的时候呢!

18. 封禅书第六

仙闾、肃然

肃然，《索隐》单行本作“萧然”。汉武帝刘彻在登封泰山的同时禅地，是在肃然山，位于泰山东北麓，即今山东莱芜市西北。不闻肃然山又称为“萧然山”；而萧然山，是在浙江萧山区城厢街道西面，与封禅的文义不合。再者，“萧然”作为形容词，是一片萧条、冷落、荒凉的样子，也完全不符合文义，故知“萧”字为讹字。

19. 河渠书第七

填阏攸垦

填阏，《索隐》单行本作“填淤”。填阏（è），指淤泥。阏，通“淤”，指河沟中沉积的泥沙。“淤”为正字；阏，为通假字，宜用“淤”字。

20. 平准书第八

都内充殷

充殷，《索隐》单行本作“克殷”。充殷，充实，富足。克殷，即能够富裕的意思。两者皆可，相比较而言，充殷，是已经富裕起来；克殷，是正走在富裕的路上。而以“充殷”的含义为好。因为汉武帝采取了一系列的财政措施，使得国家充裕起来，是“民不益赋而天下用饶”，解决了内兴外攘的燃眉之急。而“克”与“充”，两者字形相似，或许是在流传中发生讹变。故宜用“充”字。

21. 吴太伯世家第一

太伯世家

世家，《索隐》单行本作“系家”。系家，即“世家”，司马贞因避唐太宗李世民的名讳，而将“世”字改为“系”字。“系”字实际上是通假字，应用“世”字。

22. 齐太公世家第二

实秉阴谋

实，《索隐》单行本作“寔”。寔（shí），同“实”，为“实”的异体字。古代两字皆可，而现今则用正字“实”字。

按：《东越列传》“实因秦余”，与此同例，《索隐》单行本作“寔”。可参看此说明。

厚货轻收

厚货，《索隐》单行本作“原货”。厚货，指丰厚的货物。原货，不知所表达为何意，疑“原”字因字形相近而为讹字。

按：厚货，为“厚贷”之讹，与“轻收”相对。原文的“货”字，为货物，用作动词，指销售，而田氏出租，并非是销售，而是借贷。贷，贷出，租出，借出，与史实相符。“货”与“贷”，因字形极为相似而讹。

23. 鲁周公世家第三

北面躬如

躬如，《史记》修订本作“匑如”；《索隐》单行本作“躬如”。匑（gōng），恭谨的样子，义同“躬”。两字同义，古代通用，现今一般用“躬”字。现依《索隐》单行本。

24. 晋世家第九

晋世家

晋世家，《索隐》单行本作《晋唐叔系家》，增加了“唐叔”二字。唐叔，是周成王之弟，封于夏虚，建都于翼（今山西翼城东南），国号唐，故称为“唐叔”。作《晋唐叔世家》亦可，但据司马迁的《太史公自序》，以及此句前后文的称呼，宜作为《晋世家》，“唐叔”二字可以省略。

25. 楚世家第十

顷襄、考烈

顷襄，《索隐》单行本作“倾襄”。楚国顷襄王熊横，楚怀王之子，没有听说叫“倾襄王”的，不知何据？“倾”字疑为讹字。

26. 越王勾践世家第十一

越王勾践

《索隐》单行本作“越勾践”，少了“王”字。“越勾践”也能说得通，而现在一般通称“越王勾践”，很少有称“越勾践”的。

越祖少康

少康，《索隐》单行本作“少庸”。少康，为越国先祖，是夏朝复兴的首领，史称“少康中兴”，而不闻“少康”又称为“少庸”，疑“庸”字为讹字。

檇（槜）李之役

檇（槜）李，《索隐》单行本作“擕（携）李”。擕（xié），为“携”的异体字。槜（zuì）李，古地名，在今浙江嘉兴县西，吴越古战场，不闻称为“携李”。故“携”为讹字。

灭于无彊（强）

无彊（强），《索隐》单行本作“无疆”。彊，为“强”的异体字。无强，人名，越国的亡国之君。而“无疆”，犹言“无限”，或是指没有疆土，均与文义不符。故“疆”为讹字，两字因字形相近而讹。

27. 郑世家第十二

祭足专命

祭足，《索隐》单行本作“祭祝”。祭（zhài）足，人名，字仲，又称祭仲，郑庄公时大夫，为郑国权臣。而“祭祝”，一般为祭祀之事。《史记》修订本注曰：“祭足，原作‘祭祝’。”并据黄本、彭本、柯本、凌本、殿本，将其改为“祭足”。故知，“祭祝”为原文之讹，《史记》修订本改之。

伯服生囚

伯服，《索隐》单行本作“伯儵”。伯服，人名，周朝的大夫。《左传》作“伯服”，司马迁作“伯犕（bèi）”。犕，古“服”字。伯儵（shū），是黄帝的后裔，南燕国的始祖。儵，为“倏”的异体字。作“伯倏”，与文义不符，疑为“伯犕”之误。

叔瞻尸聘

尸聘，《索隐》单行本作“尸政”。尸聘，是委婉的说法，即将叔瞻的尸体送给晋国，等同于是叔瞻用尸体去拜访晋国。尸政，可解为将尸体送给晋国，而干预晋国的政治。两者皆能说通，相比较而言，“尸聘”的说法更为合理。当时的郑国相对于晋国，是弱小之国，何能有干政之说？充其量，只是有所影响而已。

28. 赵世家第十三

岸贾矫诛

岸贾，《索隐》单行本作“岸霸”。岸贾，为屠岸贾，是晋国的大夫，制造了赵氏灭门的惨案。而“岸霸”，不知是何意，难道是“岸”字代指屠岸贾，而“霸”字说明屠岸贾横行霸道？而此句的下句是“韩厥立武”，则“岸贾”则指屠岸贾，以省略的人名相对，“霸”为讹字。

29. 魏世家第十四

杨干就戮

杨干，《索隐》单行本作“杨于”，并注曰：“四库本作‘干’，是。蔡本、《史记》修订本俱作‘干’。”已经说明“于”为讹字。杨干，人名，晋悼公之弟，因坐车扰乱了军阵，被晋国国卿魏绛杀之。“于”与“干”，因字形相近而讹。

30. 田敬仲完世家第十六

田敬仲完

田敬仲完，《索隐》单行本作“田敬叔”。田完，本名陈完，字敬仲，也有认为“敬仲”是谥号。司马迁称为“田敬仲完”，是既称名，又称字（或谥号），而司马贞作“田敬叔”，是称字，但将“仲”字演绎为“叔”字。“仲”字可以理解为“叔”字，但“敬仲”并不称为“敬叔”。故此，称为“田敬叔”，却是不妥。

松柏苍苍

松柏，《索隐》单行本作“松栢”。栢，为“柏”字的异体字，现用“柏”字。既然《索隐》单行本用“栢”字，那么，《史记》修订本的“柏”字，是否就是由异体字改为正字，还是原文就是用“柏”字？两者皆有可能。

31. 楚元王世家第二十

王于彭城

于，《索隐》单行本作“失”。两者含义正好相反。王于彭城，连同上句“既灭韩信”，是说韩信被消灭，刘交封为楚王，都于彭城；而“王失彭城”，如果将“王”字理解为韩信，则是不妥，韩信已经被消灭了，不存在了，还谈什么“失”与“不失”？如果理解为刘交，则刘交并没有失去彭城，本《世家》载：“（刘交）即位二十三年卒，子夷王郢立。”如果说是刘交的子孙，则是到了吴楚七国之乱的时候，与文义不合，因为下句“穆生置醴”，是写刘交礼敬穆生之事，故此句仍是写刘交，而不存在失国之事。故可以断定，“失”为讹字。

32. 齐悼惠王世家第二十二

齐悼惠王

《索隐》单行本作“齐悼惠”，无“王”字。两者皆可，但据《自序》，司马迁作“齐悼惠王”，故疑《索隐》单行本为脱字。因为一般称刘肥为“悼惠王”，而不称为“悼惠”。

33. 曹相国世家第二十四

东讨田既

田既，《索隐》单行本作“田溉”。《史记》修订本注说：“原作‘田溉’。”并据黄本、彭本、柯本、凌本、殿本改为“田既”。本《世家》《高祖功臣侯者年表》《田儋列传》，均作“田既”。溉，疑为讹字，因为作“溉”，不押韵；作“既”，押韵，司马贞不可能将本来押韵的字改为不押韵的字，抑或司马贞所见《史记》本即作“田溉”？《索隐》单行本作“田溉”有误，而《史记》修订本已改之。

34. 留侯世家第二十五

辩推八难

辩推，《索隐》单行本作“辩称”。推，辩证推理，即是推论。辩称，是并列词组，即辩论，称为。从文义来看，此句“辩推八难”，是张良与郦食其提出的分封观点相辩论，列举八种难以做到的事情来批评郦食其的错误观点，申论自己的主张，以驳难对方，故称为“八难”。故两说皆可，而用“辩称”二字，更为吻合文义。

35. 陈丞相世家第二十六

刺船露裸

裸，《史记》修订本作“躶”；《索隐》单行本作“倮”。躶，为“裸”的异体字。倮（luǒ），赤体，光身，义同“裸”。现代一般用“裸”字。

36. 绛侯周勃世家第二十七

绛侯周勃

《索隐》单行本作“绛侯”，没有“周勃”二字。两者皆可。作“绛侯”，比较简洁，与“留侯世家”的表述相一致，“五功臣世家”也都没有称名；而《太史公自序》作“绛侯周勃世家”，故为通行的《史记》篇名。

陈豨伏诛

陈豨，《索隐》单行本作“陈狶”。狶（xī），古同“豨（xī）”，大猪。而作为人名，可能在古代文言中两字通用，而现今一般写作“陈豨”，不用“狶”字。

37. 三王世家第三十

旦社惟玄

旦,《索隐》单行本作“且”，疑是因字形相近而讹，因为汉武帝的第三个儿子叫作“刘旦”，封为燕王，而不作“刘且”。“旦”与“且”，两字因形近而讹。

宵人不迩

迩,《索隐》单行本作“通”。不通，不与“宵人”相通，意思亦可，也能说通，而究其来源,《三王世家》作“毋迩宵人”。此句“宵人不迩”，即从“毋迩宵人”变化而来，故宜为“迩”字，“通”为讹字。

38. 伯夷列传第一

报施纠纷

纠纷,《索隐》单行本作“糺纷”。糺，为“纠”的异体字，现用“纠”字。

不附青云

附,《索隐》单行本作“负”。不附青云，意为不依附显贵之人。不负青云，意为不负青云之志。两者含义不同。《伯夷列传》载：“非附青云之士，恶能施于后世哉？”是说要依附显贵之人，才能显名，与此“不附青云”文义相合。而“不负青云”，联系前句，是说那些清贫而高洁的人，不负青云之志，文义亦好，但与阐述司马迁的观点却有差距，故不取。

39. 伍子胥列传第六

伍子胥

子胥,《索隐》单行本作“员”。伍子胥，名员。两者一称字，一称名。古代一般称字不称名，称字，含有尊敬的成分。故以称“伍子胥”为佳。

伐楚逐北

逐北,《索隐》单行本作“遂北”。伐楚逐北，意即伍子胥攻打楚国，追逐逃跑的敌人。而“伐楚遂北”，可理解为，攻打楚国，但被打败了。两者含义正好相反，而“伐楚逐北”，吻合历史事实，故“遂”为讹字。

40. 仲尼弟子列传第七

道在陬乡

陬乡,《史记》修订本作“郰乡”;《索隐》单行本作“陬乡”。郰（zōu），为

“鄹（zōu）”的异体字，古地名，在今山东曲阜东南，孔子的家乡，后来一般通行“陬”字。陬，本义为山的角落。故此采用《索隐》单行本的“陬”字。

41. 樗里子甘茂列传第十一

甘茂并相

并，《史记》修订本作“並”；《索隐》单行本作“竝”。两者均为“并”的异体字，现改之。

42. 穰侯列传第十二

摧齐挠楚

摧，《索隐》单行本作“推”。“摧齐”，摧毁齐国。推，推倒，推移，与文义不合，疑为讹字，亦可作通假字来理解，即通“摧”。故此，宜用“摧”字。

43. 白起王翦列传第十三

楚陷李信

陷，《索隐》单行本作“陥”。陥（xiàn），与“陷”同义，现在一般用“陷”字，不用“陥”字。

44. 平原君虞卿列传第十六

盟定毛遂

盟定，《索隐》单行本作“盟宅”。盟定，含义比较明确，即订盟，订立盟约。而“盟宅”，含意不明，难道是盟于宅中？宅，疑为讹字。两字因字形相近而讹。

45. 范睢蔡泽列传第十九

托载而西

托载，《索隐》单行本作“托戴”。托载，搭乘，搭载。托戴，不成词，疑为讹字，因字形相近而讹，退一步讲，也是作通“载”解。

46. 乐毅列传第二十

间、乘继将

乘，《索隐》单行本作“垂”。燕国有将领乐乘，史有明载，与乐毅、乐间父子同族。而“乐垂”，不知出于何处？疑“垂”字为讹字，两字因字形相近而讹。

47. 张耳陈余列传第二十九

隙末成舋（衅）

隙，《索隐》单行本作“隟”。隟（xì），其义同“隙”，嫌隙、感情裂痕的意思，为“隙”的俗字。现用“隙”字，“隟”字废弃不用。

48. 魏豹彭越列传第三十

征兵不往

《索隐》单行本作“德之乃王”。两相比较，“征兵不往”，说明彭越有想法，不听从刘邦的调度和安排，成为彭越“菹醢”的直接起因，与下句“菹醢何伤”衔接非常紧密。当然，“征兵不往”，并不能说明彭越就是叛逆，而“菹醢”之，也是有些冤屈。德之乃王，是说刘邦感激彭越在敌后骚扰项羽的功劳，封其为王，而要想除掉彭越，就菹醢之，含有非常强烈的感慨。两者所要表达的思想观点和思想感情不一样。故从文义上来看，“德之乃王”义长。至于两种版本为什么出现了不同的句式，则不得而知。

49. 淮阴侯列传第三十二

拔帜传餐

餐，《索隐》单行本作“飧”。飧（sūn），指晚饭，亦泛指熟食、饭食。传餐，即“破赵会食”，先发给口粮，等到消灭赵军后再会餐。现在一般用“餐”字，“飧”为古字，废弃不用。

50. 田儋列传第三十四

海岛传声

海岛，《索隐》单行本作“海隝”。隝（wù），为“坞”的异体字，指防卫用的小堡。两者皆可，而“海岛”，是比较通行的说法，用之为佳。

51. 张丞相列传第三十六

其他娖娖

其他，《索隐》单行本作“其佗”。佗（tuō），指别的，其他的，通“他”，为通假字。此宜用正字，用“他”字。

52. 郦生陆贾列传第三十七

尉佗慑怖

尉佗，《索隐》单行本作“尉他”。尉佗，在《史记》中又作“尉他”。可能两字字形相近，很容易相混，索性两取之，既称“尉佗”，也称“尉他”，已既成历史事实。但要考校究竟是称为“尉佗”，还是“尉他”？“尉他”与“尉佗”

的读音相同，都是读作“tuó”。故宜称为“尉佗”，而“他”字，在此处做通“佗”来解。

53. 傅靳蒯成列传第三十八

人臣扼腕

扼腕，《史记》修订本作“搤腕”。扼腕，用手握腕，表示情绪激动、振奋。搤（è），为“扼”的异体字，现从《索隐》单行本，用正字。

按：《儒林列传》中的“四方扼腕”，也是如此，亦作如此解读。

54. 季布栾布列传第四十

犯禁见虏

犯禁，《索隐》单行本作“犯楚”。而“犯楚”，难道是栾布冒犯楚国？而史无所载啊！“楚”字与“禁”字字形相似，为讹字无疑。

赴鼎非冤

冤，《史记》修订本作“寃”。寃（yuān），古同“冤”，为“冤”的异体字。现用正字，与《索隐》单行本同。

55. 袁盎晁错列传第四十一

袁盎晁错

晁错，《索隐》单行本作“朝错”。“晁”“朝”同音，在古代混用，朝，为通假字。《史记》作“晁错”。现今一般作“晁错”，而不作“朝错”。

却席翳赖

却席，《史记》修订本作“卻席”。卻（què），为“却”的异体字。现用正字，与《索隐》单行本同。

按：《李将军列传》中的“解鞍却敌”，亦是如此，可作同样理解。

56. 张释之冯唐列传第四十二

味哉论将

味哉，《索隐》单行本作“昧哉”。昧，糊涂的意思。昧哉，意即真是糊涂啊！可是，冯唐论将，意味深长，是聪明得很。味哉，有味道。本《列传》赞语说：“冯公之论将率，有味哉！有味哉！”为本句所本。故“昧哉”不成立，“昧”为讹字。

57. 万石张叔列传第四十三

万石孝谨

孝谨，《索隐》单行本作“谨孝”，含义一致。两者通用，而现在一般称“孝谨”，不称“谨孝”。

58. 扁鹊仓公列传第四十五

始候赵简

候，《索隐》单行本作“侯”。候，占候，占验，这里有“预言”的意思。而“侯”，在此处不知何意，难道是封赵简为侯？不妥矣，为讹字无疑。

59. 韩长孺列传第四十八

安国忠厚

忠厚，《索隐》单行本作“忠愿”。忠厚，忠诚，厚道。而“忠愿”，则不成词，“愿”字疑为讹字。

死灰更燃

燃，《史记》修订本作“然”，是用通假字。这里从《索隐》单行本，作“燃”，用正字。

生虏失防

失防，《索隐》单行本作“失访”。失防，放松警惕，失去防备，让敌人乘虚而入。失访，是医学术语，指失去联系，与本文不搭。访，疑为讹字。

60. 李将军列传第四十九

猿臂善射

猿，《索隐》单行本作“猨”。猨，为“猿”的异体字，现一般用“猿”字。

61. 卫将军骠骑列传第五十一

此传的顺序，《史记》修订本列于《匈奴列传》后，为“第五十一”；《索隐》单行本列于《李将军列传》后，为“第五十”。两者皆有道理，列于《匈奴列传》后，是将《李将军列传》《卫将军骠骑列传》一前一后，都关联于《匈奴列传》，右李广而左卫青、霍去病；列于《李将军列传》后，是将李广与卫青、霍去病并列，并将《匈奴列传》归类于“民族列传”系列，与后面的《南越列传》《东越列传》《朝鲜列传》《西南夷列传》合为一体。而目前通行的是将《卫将军骠骑列传》列于《匈奴列传》后，与《太史公自序》的篇次相吻合。

按：《索隐》单行本将《匈奴列传》归于“民族列传”系列，而将《平津侯主父列传》也依次提前，原为“第五十二”，改为“第五十一”。这样做，更加分门别类，具有一定的道理。

62. 平津侯主父列传第五十二

宠备荣爵

宠备，《索隐》单行本作“备宠”。宠备，指受到的恩宠无以复加。备宠，即备受宠幸。两者含义相近，皆可。此句的“荣爵”一词，意即具有显贵的爵位，为动宾结构，故前词宜作“备宠”，词性结构一致。故《索隐》单行本所作，更为妥当。

63. 南越列传第五十三

樛后内朝

樛后，《索隐》单行本作“嫪后”。樛（jiū），木名，作为姓，则非常罕见，出于邯郸。嫪（lào），有爱惜、怜惜的意思，作为姓，有嫪毐。《史记》作“樛”。故从《史记》，作“樛”。嫪，疑为讹字。

卒从剿弃

剿弃，即剿而弃之，剿灭，弃置。《索隐》单行本作“剿棄”，“棄”为异体字。又，据《史记》修订本注说，黄本、彭本、柯本、凌本、殿本作“剿绝”，含义相同。

64. 东越列传第五十四

东越列传

东越，《索隐》单行本作“闽越”。两者皆可。闽越，即闽越国，是居住在福建的一支少数民族。而东越，则是东越国，又称为“东瓯”，在今浙南、闽北一带。两者是两个概念。而司马迁在《东越列传》中则是写到了这两个国家。而究其实，是以闽越为主。而“东越”，则是泛指，指位于汉朝东部，涵盖闽越、瓯越两个国家的区域，故此，作“东越”为是。

65. 朝鲜列传第五十五

王险置都

王险，《索隐》单行本作“玉险”，并注曰：“四库本作‘王’，是。蔡本、《史记》修订本俱作‘王’。”王险，古城名，即今朝鲜共和国平壤市，不作“玉险”，“玉”为讹字无疑。

66. 西南夷列传第五十六

西南外徼

外徼，《索隐》单行本作“外儌”。外徼（jiào）：指汉朝边界以外的地区。徼，边界。儌，为“侥”的异体字，没有边界的意思。《索隐》单行本注曰：“四库本作‘徼’，是。蔡本、《史记》修订本俱作‘徼’。”故“儌”为讹字。

劳浸、靡莫

劳浸，《史记》修订本作“劳𣽊”，疑为“浸”的异体字；《索隐》单行本作“劳寑”。劳浸，一作“劳深”，不闻有作“劳寑”。寑，疑为讹字。

邛、笮称雄

笮，《史记》修订本作“筰”，《索隐》单行本作“莋”。筰（zuó），为“笮”异体字；莋（zuó），与“筰”同，为同义词。现今用正字“笮”字。

67. 循吏列传第五十九

良史述焉

良史，《索隐》单行本作“良所”。两者皆可。“良所述焉”，良，指代良史，即优秀的史官。所述焉，指循吏是良史所记载的对象。而“良史述焉”，含义更为清晰，故宜用“良史”二字。

68. 汲郑列传第六十

积薪兴叹

兴叹，《索隐》单行本作“兴欲”。兴叹，指汲黯对汉武帝用人后来居上发出感叹。兴欲，不知究指何义。欲，疑为讹字。

69. 大宛列传第六十三

葱岭无尘

葱岭，《史记》修订本作“蔥岭”。“蔥”，为“葱”的异体字。《索隐》单行本作“荵”，疑为异体字。现用正字“葱”字。

70. 滑稽列传第六十六

淳于索绝

绝，断的意思。《索隐》单行本作“纪”，并注曰：“四库本作‘绝’，是。蔡本、《史记》修订本俱作‘绝’。”说明“纪”为讹字。

伟哉方朔

方朔，《索隐》单行本作“金朔”。方朔，即东方朔，性格诙谐，言词敏捷，滑稽多智，是汉武帝时的文学家。而“金朔”，不知有何出处？金，疑为讹字。

71. 货殖列传第六十九

倮参朝请

倮，《索隐》单行本作“𠈮”，为异体字。倮（luǒ），人名，即乌氏倮，是秦国边鄙之地的大畜牧主。现用正字“倮”字。

72. 太史公自序第七十

史公自序

自序，《索隐》单行本作“自序传”，多一“传”字。自序，就是自传的意思，再用一“传”字，真乃画蛇添足矣，宜去之。《史记》修订本为是。

现将以上分析，列表说明如下：

《史记》修订本与《索隐》单行本

《述赞》异同文字对照表

序号	篇名	《史记》修订本	《索隐》单行本	说明
1	五帝本纪	其号放勋	名	放勋，宜作为人名解释。
		明敭（扬）仄陋	剔　侧	作“明扬”是，“明剔”不词，“剔”疑为讹字；“仄”通“侧”，“侧”为正字。
2	夏本纪	動（动）履四时	勳（勋）	作“动”是，“勋”疑为讹字。
3	殷本纪	旋师泰卷	秦	作“泰”是，“秦”疑为讹字。
		炮格兴焉	烙	两词通用，宜作“炮格”。
		黄钺斯杖	仗	两字皆通，以“仗”字为佳。
4	周本纪	龙漦作禧	漦	作“漦”是，“漦”疑为讹字。
5	秦始皇本纪	恩报君父	思	两字皆可，但有差别，以用“思”字为佳。
6	高祖本纪	蛇分径空	虵	“蛇”为正字，“虵”为异体字。
		氾水即位	汜	作“氾水”是，作“汜水”非。

续表

序号	篇名	《史记》修订本	《索隐》单行本	说明
7	吕太后本纪	潜用福威	尚私食其	两者皆有道理，各有特点，以“潜用福威”为上。
		性挟猜疑	情	两字皆可，以“性”字为佳。
		苍狗为菑	災	“菑”同灾，“災”为异体字，现用“灾”字。
8	孝文本纪	兆遇大横	撗	“撗”同“横”，现用“横”字。
9	孝景本纪	釁（衅）提局成	亹	“釁”同“衅”，现用“衅”字
10	三代世表	三代世表	年	作“世表”是，作“年表”误。
		简狄生商	夷	“简狄”不称“简夷”，“夷”为讹字。
		祚流岐昌	歧	作“岐”字是，作“歧”字误。
11	汉兴以来诸侯王年表	汉兴以来	已	古代“以”“已”通用，现用“以”字。
		爰览兴亡	鉴	两字相通，宜用“鉴”字。
12	高祖功臣侯者年表	永监前脩	修	“修”为正字，“脩”为异体字。
13	惠景间侯者年表	条侯出讨	封	作“讨”是，“封”为讹字。
		咸开青社	或	两者皆可，用“或”含义更为广泛。
		吴便有声	芮	两者皆可，作“吴便”，切题，吻合“侯者”；作“吴芮”，符合司马迁本义。
14	建元以来侯者年表	建元已来	以	（见“11”说明）
		褚氏补诸	楮	作“褚”是，“楮”为讹字。
15	建元已来王子侯者年表	藩翰克胜	蕃	两字皆通，“藩”为正字，“蕃”为同义字。

续表

序号	篇名	《史记》修订本	《索隐》单行本	说明
16	汉兴以来将相名臣年表	汉兴以来	已	（见“11”说明）
		条侯总戎	揔	“总”为正字，“揔”义同“总”。
		丙、魏立志	邴	两字皆姓，同源同宗，宜作“丙”字。
		表述非功	工	“工”为“功”的替代字，功劳之意。
17	律书	爰命伶伦	纶	两字通用，作“伦”为佳。
		自微知著	至	两字皆可，作“知”为上。
18	封禅书	仙闾、肃然	萧	作“肃”是，“萧”为讹字。
19	河渠书	填阏攸垦	淤	“阏”为通假字，“淤”为正字。
20	平准书	都内充股	克	两字皆可，作“充”为好。
21	吴太伯世家	世家	系	作“世”是，“系”为避讳字，实为通假字。“三十世家”均是如此。
22	齐太公世家	实秉阴谋	寔	“实”为正字，“寔”为异体字。
		釁（衅）钟虫流	舋	（见“9”说明）
		厚货轻收	原	作“货”是，“原”疑为讹字。
23	鲁周公世家	北面匔如	躬	两字同义，现用“躬”字。
同 9	卫康叔世家	釁（衅）生伋、朔	舋	（见“9”说明）
24	晋世家	晋	晋唐叔	“唐叔”二字可以省略。
25	楚世家	顷襄、考烈	倾	作“顷”是，“倾”为讹字。
26	越王勾践世家	越王	越	作“越王”是，宜有“王”字。
		越祖少康	庸	作“康”是，“庸”为讹字。
		檇（槜）李之役	攜（携）	作“槜”是，“携”为讹字。
		灭于无彊（强）	疆	作“强”是，“疆”为讹字。

续表

序号	篇名	《史记》修订本	《索隐》单行本	说明
27	郑世家	祭足专命	祝	作“足”是，“祝”为讹字。
		伯服生囚	儵	作“服”是，“儵”为讹字。
		叔瞻尸聘	政	两字皆可，作“聘”更为合理。
28	赵世家	岸贾矫诛	霸	作“贾”是，“霸”为讹字。
29	魏世家	杨干就戮	于	作“干”是，“于”为讹字。
30	田敬仲完世家	田敬仲完	叔	作“仲”是，“叔”为讹字。
		松柏苍苍	栢	“柏”为正字，“栢”为异体字。
31	楚元王世家	王于彭城	失	作“于”是，“失”为讹字。
32	齐悼惠王世家	齐悼惠王	齐悼惠	两者皆可，宜有“王”字，《史记》修订本是。
33	曹相国世家	东讨田既	溉	作“既”是，“溉”为讹字。
34	留侯世家	辩推八难	称	两字皆可，作“称”更为吻合文义。
35	陈丞相世家	刺船露躶	倮	“躶”为异体字，“倮”义同“裸”，现用“裸”字。
36	绛侯周勃世家	绛侯周勃	绛侯	两者皆可，作“绛侯”更为简洁。
		陈豨伏诛	狶	两字同义，现用“豨”字。
37	三王世家	旦社惟玄	且	作“旦”是，“且”为讹字。
		胥人不迩	通	作“迩”是，“通”为讹字。
38	伯夷列传	报施纠纷	糺	“纠”为正字，“糺”为异体字。
		不附青云	负	作“附”是，作“负”不符文义。
39	伍子胥列传	伍子胥	员	两者皆可，“员”为名，“子胥”为字，称字，含有尊敬成分。
		伐楚逐北	遂	作“逐”是，“遂”为讹字。
40	仲尼弟子列传	道在郰（鄹）乡	陬	两字皆可，现通行“陬”字。
41	樗里子甘茂列传	甘茂並相	竝	两字皆为异体字，现用“并”字。

续表

序号	篇名	《史记》修订本	《索隐》单行本	说明
42	穰侯列传	摧齐挠楚	推	作“摧”是，作“推”不符文义。
43	白起王翦列传	楚陷李信	陷	作“陷”是，“陷”为古字，现弃用。
44	平原君虞卿列传	盟定毛遂	宅	作“定”是，“宅”为讹字。
45	范雎蔡泽列传	托载而西	戴	作“载”是，“戴”为讹字。
46	乐毅列传	间、乘继将	垂	作“乘”是，“垂”为讹字。
47	张耳陈余列传	隙末成衅（衅）	𨻶	作“隙”是，“𨻶”为俗字，现弃用。
48	魏豹彭越列传	征兵不往	德之乃王	两者皆可，“德”句义长。
49	淮阴侯列传	拔帜传餐	飡	作“餐”是，“飡”为古字，现弃用。
50	田儋列传	海岛传声	隝（坞）	两者皆可，作“岛”义长。
51	张丞相列传	其他娓娓	佗	作“他”是，“佗”为通假字。
52	郦生陆贾列传	尉佗慑怖	他	作“佗”是，“他”为通假字。
53	傅靳蒯成列传	人臣扼腕	搤	作“扼”是，“搤”为异体字。
54	季布栾布列传	犯禁见虏	楚	作“禁”是，“楚”为讹字。
		赴鼎非冤	寃	作“冤”是，“寃”为异体字。
55	袁盎晁错列传	晁错	朝错	两者皆可，现今通行“晁”字。
		卻席翳赖	却	作“却”是，“卻”为异体字，现用“却”字。
		晁错建策	朝	见“55”标题说明
56	张释之冯唐列传	味哉论将	昧	作“味”是，“昧”为讹字。
57	万石张叔列传	万石孝谨	谨孝	两词同义，“孝谨”为通行词。
58	扁鹊仓公列传	始候赵简	侯	作“候”是，“侯”为讹字。

续表

序号	篇名	《史记》修订本	《索隐》单行本	说明
同9	吴王濞列传	釁（衅）成提局	舋	见“9”说明。
59	韩长孺列传	安国忠厚	愿	作“厚”是，“愿”为讹字。
		死灰更然	燃	“燃”为正字，“然”为通假字。
		生虏失防	访	作“防”是，“访”为讹字。
60	李将军列传	猿臂善射	猨	两字皆可，“猿”为正字，“猨”为异体字。
		解鞍卻敌	却	见“55”说明。
61	卫将军骠骑列传	列《匈奴列传》后	列《李将军传》后	两者皆可，两种排列顺序，各有所长。
62	平津侯主父列传	宠备荣爵	备宠	两者含义相近。作“备宠”为佳。
63	南越列传	樛后内朝	嫪	作“樛”是，“嫪”为讹字。
		卒从剿弃	棄	作“弃”是，“棄”为异体字。
64	东越列传	东越	闽越	两者皆可，“东越”含义比“闽越”更为广泛。
同22		实因秦余	寔	见“22”说明。
65	朝鲜列传	王险置都	玉	作“王”是，“玉”为讹字。
66	西南夷列传	西南外徼	儌（侥）	作“徼”是，“儌（侥）”为讹字。
		劳濅（浸）、靡莫	寖	“濅”为异体字，“寖”为讹字，现用“浸”字。
		邛、筰（笮）称雄	莋	两字同义，“筰”为异体字，现用“笮”字。
同8	淮南衡山列传	淮南多横	撗	见“8”说明
67	循吏列传	良史述焉	所	两字皆可，作“史”为上。
68	汲郑列传	积薪兴叹	欲	作“叹”是，“欲”为讹文。
同53	儒林列传	四方扼腕	扼	见“53”说明。

续表

序号	篇名	《史记》修订本	《索隐》单行本	说明
69	大宛列传	蒠（葱）岭无尘	菍	两字皆为异体字，现用正字“葱”字。
70	滑稽列传	淳于索绝	纪	作“绝”是，“纪”为讹字。
		伟哉方朔	金	作“方”是，“金”为讹字。
71	货殖列传	倮参朝请	倮	作“倮”是，“倮”为异体字。
72	太史公自序	自序	自序传	作“自序”是，“传”为讹字。
合	77 篇	105 组（不含相重部分）		

再将此表进行深化研究，进行统计分析，又形成下表：

《史记》修订本与《索隐》单行本

《述赞》文字异同统计表

序号	异同字		讹误		两者皆通			
	《史记》修订本	《索隐》单行本	《史记》修订本	《索隐》单行本	皆通	《史记》修订本为优	《索隐》单行本为优	其他
1	号	名	√					
	勬	剔		√				
	仄	侧	√					
2	動	勳		√				
3	泰	秦		√				
	格	烙			√	√		
	杖	仗			√		√	
4	縩	綵		√				
5	恩	思			√		√	

续表

序号	异同字		讹误		两者皆通			
	《史记》修订本	《索隐》单行本	《史记》修订本	《索隐》单行本	皆通	《史记》修订本为优	《索隐》单行本为优	其他
6	蛇	虵			√	√		
	汜	氾		√				
7	潜用威福	尚私食其			√	√		
	性	情			√	√		
	菑	災			√		√	
8	横	撗			√	√		
9	舋	璺			√	√		
10	世	年		√				
	狄	夷		√				
	岐	歧		√				
11	以	已			√	√		
	览	鉴			√		√	
12	脩	修			√		√	
13	讨	封		√				
	咸	或			√		√	
	便	芮			√		√	
14	褚	楮		√				
15	藩	蕃			√	√		
16	总	揔			√	√		
	丙	邴			√	√		
	功	工			√		√	

续表

序号	异同字		讹误		两者皆通			
	《史记》修订本	《索隐》单行本	《史记》修订本	《索隐》单行本	皆通	《史记》修订本为优	《索隐》单行本为优	其他
17	伦	纶			√	√		
	知	至			√	√		
18	肃	萧		√				
19	阏	淤	√					
20	充	克			√	√		
21	世	系		√				
22	实	寔			√	√		
23	躳	躬			√		√	
24	晋	晋唐叔			√	√		
25	顷	倾		√				
26	越王	越			√	√		
	康	庸		√				
	檇	攜		√				
	彊	疆		√				
27	足	祝		√				
	服	儵		√				
	聘	政			√	√		
28	贾	霸		√				
29	干	于		√				
30	仲	叔		√				
	柏	栢			√	√		
31	于	失		√				

续表

序号	异同字		讹误		两者皆通			
	《史记》修订本	《索隐》单行本	《史记》修订本	《索隐》单行本	皆通	《史记》修订本为优	《索隐》单行本为优	其他
32	王				√	√		
33	既	溉		√				
34	推	称			√		√	
35	躶	倮			√			√
36		周勃			√	√		
	豨	狶			√	√		
37	旦	且		√				
	迩	通		√				
38	纠	糺			√	√		
	附	负		√				
39	子胥	员			√	√		
	逐	遂		√				
40	郰	陬			√		√	
41	並	竝			√			√
42	摧	推		√				
43	陷	陥			√	√		
44	定	宅		√				
45	载	戴		√				
46	乘	垂		√				
47	隙	隟			√	√		
48	征兵不往	德之乃王			√		√	
49	餐	飧			√	√		

续表

序号	异同字		讹误		两者皆通			
	《史记》修订本	《索隐》单行本	《史记》修订本	《索隐》单行本	皆通	《史记》修订本为优	《索隐》单行本为优	其他
50	岛	隝			√	√		
51	他	佗		√				
52	佗	他		√				
53	掟	扼			√		√	
54	禁	楚		√				
	寃	冤			√		√	
55	鼂	朝			√	√		
	卻	却			√		√	
56	味	昧		√				
57	孝谨	谨孝			√	√		
58	候	侯		√				
59	厚	愿		√				
	然	燃	√					
	防	访		√				
60	猿	猨			√	√		
61	顺序				√			
62	宠备	备宠			√		√	
63	樛	嫪		√				
	弃	棄			√	√		
64	东越	闽越			√	√		
65	王	玉		√				

续表

序号	异同字		讹误		两者皆通			
	《史记》修订本	《索隐》单行本	《史记》修订本	《索隐》单行本	皆通	《史记》修订本为优	《索隐》单行本为优	其他
66	徼	儌		√				
	浸	寖			√			√
	筰	莋			√			√
67	史	所			√	√		
68	叹	欲		√				
69	蔥	葱			√			√
70	绝	纪		√				
	方	金		√				
71	倮	保			√	√		
72	自序	自序传		√				
合计	105 组		4	45	56	34	16	5

说明：此表序号和正文的阐述、对照表的序号一致，可对照参阅。

根据以上分析和列表统计，将《史记》修订本与《索隐》单行本相比较，有异同之处的为 72 篇（不含异同相重的篇数），占总篇数的 55%，其中有 105 处的文字有异同情况（不含重复部分）。再做具体分析，在 105 处的文字异同中，《史记》修订本有讹误的是 4 处，占总数的 4%；《索隐》单行本有讹误的是 45 处，占总数的 43%；两者皆通的为 56 处，占总数的 53%。在 56 处两者皆通中，《史记》修订本为优的是 34 处，占 61%；《索隐》单行本为优的是 16 处，占 28%；其他的是 5 处，占 9%。由此可见，《史记》修订本发生讹误的相对比较少，《索隐》单行本发生讹误的相对比较多。

对照比较研究的结果就是这样。但要说明的是：一是将通假字列为讹误字。通假字说白了，就是错别字、讹误字。当然，有些通假字在古代文言中与正字是相通的，但在现代则予以严格区分。如“他”与“佗”，在古代是通用的，在现代则区分比较严格，不可混同。二是将异体字作为同义字，列在“两者皆通”的范围内。因为异体字在古代文言中与正体字是两个不同的文字，但含义相同，而在现代文字整理中，将其中的有些字废弃，不再使用，而用正体字替代。三是所谓“两者皆可”，只是相对而言，两个字都可以使用，但还是要考量其中哪一个字更为合适。这其中有多种情况，有的是正字与异体字的异同，有的是两者都是异体字；有的是一为异体字，一为同义字。四是《索隐》单行本的讹误之处比较多，并不反映版本的优劣问题。这其中有一些特殊情况，就是有些讹误字是根据原文流传，再版时没有更改，而在注释中已经做了说明，认为《史记》修订本修改后是正确的。当然，讹误字太多，也说明在流传中的致错率是相当高的。

通过比较研究，从中寻求比较正确的文字，形成比较科学的文本，是非常重要的，也是非常有意义的。仅以此研究献给《史记》的研究者和爱好者。这也同样说明，《史记》的文本，也可以照此办理，进行对照研究，比较异同，择善而从，并进行异体字、通假字、通行字的现代处理，从而形成比较规范的适合现代阅读的简体正字文本，如此，其功大矣。

（朱枝富，江苏省海外发展协会常务副秘书长，中国史记研究会常务理事。）

《史记述赞》文本问题研究

朱承玲

文本问题，是《史记述赞》(以下简称《述赞》) 研究中的一个基本问题。在上一篇中，我们将《史记》修订本与《索隐》单行本的《述赞》文字进行了对比分析，比较其讹误情况和优劣情况，择善而从；在此基础上，我们要研究的，是进行繁体字文本向简体正字文本的转换问题。繁简字的转换，自不必说了，对于异体字、通假字、古今字，我们进行了系统的检索，同时对文本的讹误问题也进行了辩证分析，从而加深了阅读和理解。

一、关于《述赞》的异体字、通假字、古今字

古代文献都是以繁体字的面貌出现，而对于面广量大的读者来说，他们阅读的现代文本，也就是用现代文字、现代语法、现代表现方式形成的文章。而对于古代竖排的繁体文本来说，越来越多的人对其望而生畏，将其束之高阁，真正成为“古董”，而逐渐沉淀、埋没。作为古代文献研究者，整理、研究和“挽救”古代文献，成为一项十分重要的工作。在研究方向上，在向着“两极”方向进行，一是向着历史的方向进行追溯研究，研究文本的来龙去脉以及原始面貌，恢复历史之真；二是向着未来的方向进行转化研究，将古代文献融入人们的现代生活中，也就是将竖排繁体文本转换为横排简体文本。这也是一项非常严肃的工作，来不得半点马虎。我们现在做的《述赞》文本研究工作，就是这样一项工作。这项工作主要有三个方面。一是异体字的处理，将异体字一律改为正体字。这其中是有难度的，因为对于其中一些特殊异体字的处理，需要进行认真的分辨和研究。如“閒”，相对于“间”来说，就是异体字，而相对于

“闲”来说，就是繁体字，而在古代文献中，有表示“闲”的意思，也有表示“间”的意思，就需要进行细分和应用。再如“乾”字，读作“gān”时，就简化为“干”字，如干湿；读作“qián”时，就仍用“乾”字，如乾坤。二是通假字，有些字在现在看来是通假字，即白字、别字，而在古代则是含义相同的字、通用的字，后来逐步发展，则有所区分，如“禽”与“擒”、“虏”与“掳”等；还有些字是因为避讳等问题，形成了通假字，如“世”与“系”、“同”与“谈”、“庄”与“严”等，现今应当恢复其本来面貌；有些字介于正字与通假字之间，用正字解释也能说通，而从通假的角度来解释更为合理，为了追求文意的完美，也宜作为通假字来处理。如《吕不韦列传》中的“徙蜀惩谤”，将“谤”作为通假字“傍”来理解，更加符合文义。三是古今字，还有一些字，在古代正常使用，但逐渐被淘汰，在现代则基本废弃不用，则宜用现代通用的文字予以替代。如“秏”与“耗”，是两个字，而“秏”字现今基本废而不用，而一般用“耗”字；“菑”与“灾”，“菑”字古同“灾”，现在还有谁用“菑”字来表示“灾”呢？临菑，现在都是通行“临淄”，若写成“临菑”，则肯定会被以为写错了。故此，我们对《述赞》中的异体字、通假字、古今字进行系统检索，列表如下：

《述赞》异体字、通假字、古今字对照表

序号	篇名	原文文句	异体	通假	古今	改正文句
1	五帝本纪	遂禽蚩尤			擒	遂擒蚩尤
		其号放勳	勋			其号放勋
		明敭仄陋	扬	侧		明扬侧陋
2	夏本纪	玄圭锡兹		赐		玄圭赐兹
3	殷本纪	简狄吞乙		鳦	蛋	简狄吞乙（不做改动）
4	周本纪	穨、带挂祸	颓			颓、带挂祸
5	秦本纪	柏翳佐舜			伯益	伯益佐舜
		皁斿是旌	皂		游	皂游是旌
		蜚廉事纣			飞	飞廉事纣

续表

序号	篇名	原文文句	异体	通假	古今	改正文句
6	秦始皇本纪	南遊勒石	游			南游勒石
		災生噬虎	灾			灾生噬虎
		欲振穨纲	颓			欲振颓纲
7	项羽本纪	云鬱沛谷	郁			云郁沛谷
		勳开鲁甸	勋			勋开鲁甸
		常迁上游		曾		曾迁上游
		嗟彼盖代		世		嗟彼盖世
8	高祖本纪	啸命豪傑	杰			啸命豪杰
		奋发材雄			才	奋发才雄
		彤云鬱砀	郁			彤云郁砀
9	吕太后本纪	潛用福威	潜			潜用福威
		大臣葅醢	菹			大臣菹醢
		支擘芟夷	孽			支孽芟夷
		苍狗为菑	灾			苍狗为灾
10	孝文本纪	除帑削谤		孥		除孥削谤
11	孝景本纪	因脩静默	修			因修静默
		勉人於农			于	
		坐见枭剠	黥			坐见枭黥
		立翦牟贼		蟊	剪	立剪蟊贼
12	孝武本纪	疲秏中土			耗	疲耗中土
13	三代世表	脩己吞薏	修			修己吞薏
		姜嫄履跡	迹		原	姜原履迹
		诸侯日彊	强			诸侯日强

续表

序号	篇名	原文文句	异体	通假	古今	改正文句
14	十二诸侯年表	终於孔子			于	终于孔子
		恶不揜过	掩			恶不掩过
		义取同恥	耻			义取同耻
15	六国年表	楚彊南服	强			楚强南服
		六国后隳			毁	六国后毁
16	秦楚之际月表	汹汹天下	汹汹			汹汹天下
17	汉兴以来 诸侯王年表	爱览兴亡			鉴	爱鉴兴亡
18	高祖功臣 侯者年表	风云潛契	潜			风云潜契
		纪勳书爵	勋			纪勋书爵
		永监前脩	修	鉴		永鉴前修
		良慙固蔕	惭蒂			良惭固蒂
19	惠景间 侯者年表	建陵勳荣	勋			建陵勋荣
20	建元以来 侯者年表	孝武之代		世		孝武之世
		勳宠不殊	勋			勋宠不殊
21	建元已来 王子侯者年表	建元已后	以			建元以后
		振振在詠	咏			振振在咏
		扞城御侮	捍			捍城御侮
22	汉兴以来 将相名臣年表	啸命羣雄	群			啸命群雄
		三傑既得	杰			三杰既得
23	律书	爰命伶纶			伦	爰命伶伦
24	天官书	盈缩匪愆	愆		非	盈缩非愆
		云谁欲諰			罔	云谁欲罔
25	封禅书	扬休勒誌	志		记	扬休勒记

续表

序号	篇名	原文文句	异体	通假	古今	改正文句
26	河渠书	随山濬川	浚			随山浚川
		填阏攸墨			淤	填淤攸墨
		宣房在詠	咏			宣房在咏
27	吴太伯世家	甬东之恥	耻			甬东之耻
		空慙伍胥	惭			空惭伍胥
28	鲁周公世家	武王既没	殁			武王既没（不做改动）
		北面躳如			躬	北面躬如
		褒贬备书	褒			褒贬备书
29	燕召公世家	思报临菑		淄		思报临淄
30	管蔡世家	穆侯虏齐			掳	穆侯掳齐
31	陈杞世家	东楼纂系		缵世	继	东楼继世
		前并后虏			掳	前并后掳
32	卫康叔世家	成锡其器		赐		成赐其器
		暨武能脩	修			暨武能修
		乘轩使鹤	鹤			乘轩使鹤
		失於君角			于	失于君角
33	宋微子世家	或敍彝伦	叙			或叙彝伦
34	晋世家	卒封於唐			于	卒封于唐
		曲沃是彊	强			曲沃是强
35	楚世家	周封於楚			于	周封于楚
36	越王勾践世家	与吴争彊	强			与吴争强
		会稽之恥	耻			会稽之耻
		卒复讎寇	仇			卒复仇寇
		灭于无彊	强			灭于无强

续表

序号	篇名	原文文句	异体	通假	古今	改正文句
37	郑世家	《缁衣》在詠	咏			《缁衣》在咏
		釐、简之后			僖	僖、简之后
38	晋世家	简梦翟犬		狄		简梦狄犬
39	魏世家	系载忠正		世		世载忠正
		武实彊盛	强			武实强盛
		卬亦外聘			昂	昂亦外聘
		虏于秦政		掳		掳于秦政
40	韩世家	秦败脩鱼	修			秦败修鱼
41	田敬仲完世家	终然凤皇			凰	终然凤凰
		弟列康庄		第		第列康庄
42	孔子世家	邹人掎足		倚		邹人倚足
43	陈涉世家	天下匈匈		汹汹		天下汹汹
44	外戚世家	《易》敍《乾》《坤》	叙			《易》叙《乾》《坤》
		庆流娀、嫄			原	庆流娀、原
		自兹已降		以		自兹以降
45	楚元王世家	王於彭城			于	王于彭城
46	荆燕世家	绝閒周殷	间			绝间周殷
		勳由击陈	勋			勋由击陈
		田生遊说	游			田生游说
47	齐悼惠王世家	树屏自彊	强			树屏自强
48	曹相国世家	北禽夏说			擒	北擒夏说
		清淨不事	净			清净不事
49	留侯世家	申徒作扞	捍			申徒作捍
		灞上扶危			霸	霸上扶危

续表

序号	篇名	原文文句	异体	通假	古今	改正文句
49	留侯世家	固陵静乱			靖	固陵靖乱
		人称三傑	杰			人称三杰
50	陈丞相世家	刺船露躶	裸			刺船露裸
51	绛侯周勃世家	推功伏德		服		推功服德
52	梁孝王世家	徙封於梁			于	徙封于梁
		旌旂警跸	旗			旌旗警跸
		功扞吴楚	捍			功捍吴楚
53	五宗世家	河閒儒服	间			河间儒服
		中山禔福	祈			中山祈福
54	三王世家	三王封系		世		三王封世
		天子冲挹	冲	抑		天子冲抑
		旦社惟玄			唯	旦社唯玄
		荤粥远边			匈奴	匈奴远边
		明哉监戒		鉴诫		明哉鉴诫
55	伯夷列传	盜且聚群	盗			盗且聚群
56	管晏列传	人望存焉		民		民望存焉
57	老子韩非列传	清淨无为	净			清净无为
58	司马穰苴列传	我卒既彊	强			我卒既强
59	伍子胥列传	鞭尸雪恥	耻			鞭尸雪耻
60	仲尼弟子列传	道在郰乡	鄹		陬	道在陬乡
		依仁遊艺	游			依仁游艺
61	苏秦列传	合从离衡		纵横		合纵离横
		家人扶服		匍匐		家人匍匐
62	张仪列传	连衡齐、魏		横		连横齐、魏

续表

序号	篇名	原文文句	异体	通假	古今	改正文句
63	樗里子甘茂列传	甘茂並相	并			甘茂并相
64	穰侯列传	再列封疆		裂		再裂封疆
65	白起王翦列传	长平遂阬	坑			长平遂坑
66	孟子荀卿列传	驺衍谈空			邹	邹衍谈空
67	孟尝君列传	既彊其国	强			既强其国
		鸡鸣狗盗	盗			鸡鸣狗盗
		魏子冯煖			谖	魏子冯谖
68	平原君虞卿列传	兵解李同		谈		兵解李谈
		著书见意	现			著书现意
69	魏公子列传	遂卻晋鄙	却			遂却晋鄙
70	春申君列传	无妄成烖	灾			无妄成灾
71	范雎蔡泽列传	讬载而西	托			托载而西
		范雎招攜	携			范雎招携
72	乐毅列传	燕王受閒	间			燕王受间
73	廉颇蔺相如列传	清飚凛凛	飙			清飙凛凛
74	田单列传	反閒先行	间			反间先行
		羣鸟或众	群惑			群鸟惑众
75	屈原贾生列传	谗者益章	彰			谗者益彰
		赋《骚》见志		现		赋《骚》现志
		空悲弔湘	吊			空悲吊湘
76	吕不韦列传	徙蜀惩谤		傍		徙蜀惩傍
77	刺客列传	报主涂廁	厕			报主涂厕
78	蒙恬列传	劳人是僭	愍	民		劳人是愍
79	张耳陈余列传	耳围钜鹿	巨			耳围巨鹿

续表

序号	篇名	原文文句	异体	通假	古今	改正文句
80	魏豹彭越列传	葅醢何伤	菹			菹醢何伤
81	黥布列传	聚盗江上	盗			聚盗江上
82	淮阴侯列传	沈沙决水	决	沉		沉沙决水
		伪遊可叹	游			伪游可叹
83	韩信卢绾列传	韩襄遗孽	孽			韩襄遗孽
		穨当归国	颓			颓当归国
		龙頟有功	额			龙额有功
		羣臣莫同	群			群臣莫同
84	樊郦滕灌列传	郦况卖交	况			郦况卖交
85	张丞相列传	孙臣始绌		黜		孙臣始黜
86	郦生陆贾列传	趣鼎何惧		趋		趋鼎何惧
87	傅靳蒯成列传	人臣挖腕	扼			人臣扼腕
88	刘敬叔孙通列传	厦藉众干	借			厦借众干
89	季布栾布列传	十万致距		拒		十万致拒
		犯禁见虏		掳		犯禁见掳
		赴鼎非寃	冤			赴鼎非冤
90	袁盎晁错列传	郤席翳赖	却		是	却席是赖
		朝错建策			晁	晁错建策
91	张释之冯唐列传	张季未偶		遇		张季未遇
		盜环悟上	盗			盗环悟上
92	扁鹊仓公列传	上池祕术	秘			上池秘术
93	吴王濞列传	王濞倍德		背		王濞背德
		富因採山	采			富因采山
		憍矜贰志			骄二	骄矜二志

续表

序号	篇名	原文文句	异体	通假	古今	改正文句
94	魏其武安侯列传	睥睨两宫			辟	辟睨两宫
95	韩长孺列传	死灰更然		燃		死灰更燃
96	李将军列传	猨臂善射	猿			猿臂善射
		解鞍敌卻	却			解鞍敌却
97	匈奴列传	獫狁、薰粥			匈奴	獫狁、匈奴
		虽空帑藏			府	虽空府藏
98	卫将军骠骑列传	再静边方		靖		再靖边方
99	南越列传	羣雄莫制	群			群雄莫制
		尉他去帝		佗		尉佗去帝
100	东越列传	句践之裔		勾		勾践之裔
101	朝鲜列传	涉何誷上			罔	涉何罔上
102	西南夷列传	劳寖、靡莫	浸			劳浸、靡莫
		邛、筰称雄	笮			邛、笮称雄
103	司马相如列传	《子虚》过吒		诧		《子虚》过诧
104	淮南衡山列传	斗粟成詠	咏			斗粟成咏
105	循吏列传	赦父非僁	愆			赦父非愆
106	汲郑列传	天子伏焉		服		天子服焉
107	儒林列传	四方扼腕	扼			四方扼腕
108	大宛列传	元因博望			原	原因博望
		蔥岭无尘	葱			葱岭无尘
109	游侠列传	免讐于更	仇			免仇于更
110	日者列传	著於《墨子》			于	著于《墨子》
111	龟策列传	其繇后续	籀		辞	其辞后续
		神能讬梦	托			神能托梦

续表

序号	篇名	原文文句	异体	通假	古今	改正文句
112	太史公自序	寔纂先德		实缵	继	是继先德
		周遊历览	游			周游历览
		事覈词简	核			事核词简
合计	112 篇	202 句	125	53	51	共 229 字

根据以上列表情况统计，在 130 篇《述赞》中，有 112 篇中有文字异同情况，占总篇数的 86%；有 202 句有文字异同情况，占总句数 1660 句的 12.1%。其中异体字 125 字，通假字 53 字，古今字 51 字，三者合计为 229 字，占总字数 6640 字的 3.4%。

在这三种文字的处理中，绝大部分都能看得非常明白，无需作过多的解释和说明，而其中有些文字的处理需要做具体的说明。现选择其中的部分内容简要分析如下：

1. 五帝本纪第一

明敭仄陋

按：敭，为“扬”的异体字。明扬，举用，选拔。仄，通“侧”。侧陋，指微贱的地位。《索隐》单行本作“侧漏”。

2. 殷本纪第三

简狄呑乙

按：乙，通“鳦（yǐ）”，即燕子，黑色，又称“玄鸟”，这里指燕子蛋。吞乙，即吞下玄鸟蛋。用通假字“乙”字，不明所以，比较费解；用正字“鳦”字，更是生冷得要命；用“蛋”字，不符合简体文本的要求，权衡再三，还是仍用“乙”字，从理解中得之。

3. 秦本纪第五

柏翳佐舜

按：柏翳（bó yì）：古代人名，即伯益，一作伯翳、柏益，又称“大费”，是大业的儿子。“柏翳”二字比较生冷，改为现今通行的“伯益”二字。

皁斿是旌

按：斿，是个生冷字，有两种读音，两种解释，一是读作“ yóu ”，古同“游”，遨游，从容行走；二是读作“liú”，古同“旒”，旌旗的飘带。此处的“皁斿”，应为“皂旒”，而“旒”字也是比较生冷，就简化成“皂游”了。其实作“皂游”是不妥的。如果改为“皂旗”，则是非常吻合文义，但如此改动，不符合简体文本要求，故这里从俗，也作“皂游”。

4. 项羽本纪第七

嗟彼盖代

按：盖代，即是“盖世”，是引用项羽《垓下歌》“力拔山兮气盖世”中的“盖世”二字。司马贞生活在唐代，要避唐太宗李世民的名讳，故将“世”字改为“代”字。在《述赞》中避“世”字、“民”字的字例很多。这里不做列举。现将避讳字作通假字处理，恢复其本来面目，仍用“世”字。

5. 孝景本纪第十一

勉人於农

按：於，有多种读法，读作“yú”时，同“于”，与“于”的含义相同，它既不是“于”的异体字，两个都是正体字，也不是“于”的通假字，因为两字表达的意思相同，而在《述赞》中也有混用的现象，如《田敬仲完世家》的“田完避难，奔于大姜”，即用“于”字；而现今只有读作“wū”，用于文言叹词以及作为地名时，仍用“於”字，其余的一般都用“于”字，这里也都改为“于”字。

6. 封禅书第六

扬休勒誌

按：勒誌，刻石纪念的意思。誌，为“志”的异体字，而“志”字，其中有“记”的意思，即记载、标记等。而在现今，两个字的分工非常明显，用作“记”之意的，不在写成“志”字，似乎用“志”字倒成为别字了，故将“志”“记”作为古今字处理，改为“记”字。

7. 陈杞世家第六

东楼纂系

按：“纂系”二字比较费解。纂系：即是继承世系的意思，引申为世代继承。纂，古同“缵”，继承。系，世系，世代。从文字的角度考虑，缵，某种意义上比“纂”字还要生冷，现代基本上将其放进了“冷库”，而“缵”与“继”同义，现今一般用“继”字。系，即是“世”字之意，前面所说，是因为避讳而用之。因此，此句作“东楼纂系”，含义则非常明白。

8. 郑世家第十二

釐、简之后

按：釐，即郑釐公，郑国第十八任君主。“釐”字有两读，读作“lí”时，为“厘”的异体字；读作“xī”时，古同“僖”，用作姓氏、谥号。通观古代帝王的谥号，为“僖（釐）”字的是：“小心畏忌曰‘僖’；质渊受谏曰‘僖’；有罚而还曰‘僖’；刚克曰‘僖’；有过曰‘僖’；慈惠爱亲曰‘僖’；小心恭慎曰‘僖’；乐闻善言曰‘僖’；恭慎无过曰‘僖’。”作为谥号，“釐”与“僖”合为一体的。再看“僖”字，只是读作“xī”，即喜字，因以为谥，故从人。即使是在《史记》中，也是通用的，如郑釐公，也作“郑僖公”。故此，在文字处理上，“釐”字作为谥号，不宜改为简体字的“厘”字，而应作“僖”，也应读作“xī”。推而广之，古代所有帝王用谥号为“釐”字的，都宜改作“僖”字。

9. 留侯世家第二十五

固陵静乱

按：静乱，是指平定变乱，使之安定宁静。这是使动用法，将“静”字作“安静”来解释。而“静乱”的真正含义，是平定乱事。现在一般用“靖”，作“靖乱”，“靖”字作为动词使用，即平定的意思。故此，宜用“靖”字替代“静”字，更有利于理解文义。

10. 三王世家第三十

荤粥远边

按：荤粥，是古代对北方匈奴的别称。《索隐》注曰：“匈奴别名也。唐虞以上曰‘山戎’，亦曰‘熏粥’，夏曰‘淳维’，殷曰‘鬼方’，周曰‘猃狁’，汉曰‘匈奴’。”既然汉朝的时候已经成为“匈奴”，一直沿用至今，其他的名词都逐渐被废，而生于唐朝的司马贞，为什么还用这么生冷的名字，是卖弄水平，是沿袭旧称，还是喜好“古董”？其实，此两字，本应用“匈奴”二字，故宜改之。

11. 孟尝君列传第十五

魏子、冯煖

按：冯欢，是非常复杂的一个人名，本《列传》称为“冯讙（huān）”，“讙”是“欢”的异体字。此《述赞》称为“冯煖”，“煖”字两读，读作“nuǎn”，为“暖”的异体字；读作“xuān”，同“煊”，温暖的意思。而《战国策·齐策》又作“冯谖”，谖（xuān），欺诈的意思。真是五花八门。目前比较通行的，是作“冯谖”，故改之。

12. 吕不韦列传第二十五

徙蜀惩谤

按：惩谤，指惩处依傍吕不韦的人。谤，可用本字解，即诽谤秦王嬴政，但在《史记》中反映不够直接，吕不韦的“粉丝”并没有多少诽谤的言论，而是依傍吕不韦，是吕不韦的“铁粉”，当然也是“脑残粉”。故“谤”，作通“傍”解，指依傍、依附。从历史事实来说，鼎盛时的吕不韦，有门客三千人、家僮万人。据《秦始皇本纪》记载，吕不韦自杀而死后，被其宾客偷偷安葬在洛阳北邙山。秦始皇予以严惩，对于他的家臣，参加哭吊的，如果是晋人（吕不韦是卫国人，经营“奇货”在赵国，经商遍及三晋之地，故视三晋均是吕不韦的“老家”），就赶出秦国之境；如是秦国人，俸禄在六百石以上的，就剥夺其爵位，迁到房陵；俸禄在五百石以下而未参与哭吊的，也被迁到房陵，但不剥夺爵位。故将“谤”作通“傍”来解读，则是非常确切和适当的。

13. 张耳陈余列传第二十九

耳围钜鹿

按：钜，在表示“大”的意思时，为“巨”的异体字，简化为“巨”。此处之“钜”，即表示“大”。故宜用“巨”字。现代作为地名，亦用“巨鹿”二字。鹿，古代与“陆”字相通。《钜鹿县志》曰：“许氏《说文》：‘钜，大也。’古者‘鹿’‘陆’通用，则钜鹿、大陆，一也。”故此，宜将“钜鹿”改为“巨鹿”。人们习惯了用“巨鹿”二字，并且予以固化，而“鹿”字则不做改动。

14. 淮阴侯列传第三十二

沈沙决水

按：这句里有两个字需要处理，一是“沈”字，在古代有两读，读作“chén”时，其意同“沉”。沈沙，即是“沉沙”，把砂石沉下去。两字在古代为同义字，而在现代看来，则是通假字，如果现今用“沈”字来作“沉”字使用，不作为错别字才怪呢！故此，宜改为“沉沙”。二是“决水”，“决”为“决”的异体字，宜改之，自不必多说了。

15. 刘敬叔孙通列传第三十九

厦藉众干

按：藉，有两读，读作“jiè”时，为假托、凭借、依靠的意思，为“借”的异体字；而表达其他意思，读作“jí”时，仍用“藉”字。此句“厦借众干”，意即万丈高楼大厦，要靠横梁立柱来支撑。此“藉”字，即是凭借的意思，故宜改为“借”字。

16. 龟策列传第六十八

其繇后续

按：此句的句意为五帝、三王时的卜辞则是后人为之。繇，有多种读法，其中有读作“zhòu”，作通“籀（zhòu）”解，指籀文，即古时占卜的文辞。无论是正字，还是通假字，都是非常生冷，对于现代读者来说，无疑是“天书”。而“籀”字作为卜辞，则与“辞”字含义相同，故用“辞”字来替代。

以上列举了16篇17条予以说明，实际上是代表了各自不同的类型。其实，在《述赞》的文字处理上，要说明的内容还是很多，由于篇幅关系，不再细说了。

这里还要说明的，就是在述赞解码中，还是采取了比较谨慎的态度，只有将国家明文规定的异体字全部改成正体字，而对于通假字和古今字，则基本上还是保留了原字，这样尽量保持原文的面貌。这样做，可称为“《述赞》简体文本”。但我们从理解和研究的角度，则要弄得非常清楚。如果再进一步，作“《述赞》简体正字文本”，则是将通假字全部改变过来，古今字进行酌情处理。这两种文本具有不同的地方，这也是要弄清楚的。

二、关于《述赞》文本的校正

从总体上来说，《述赞》文本需要校正的文字不多，但校正的工作量还是不少的。这主要有三方面的情况：一是与历史事实不符，无法解释得通，如“子圉篡嫡”，楚国找不到“子圉”其人，而“子围”倒是基本符合文义；二是文字有讹误，如“孔子之胄”，“胄”为后代的意思，下句是“出于商国”，很明显

“胄”字就是“先”字的讹误；三是现有文字也能解释得通顺，但容易产生疑义，如“五牛扬旌”，“五牛”指五彩之牛，但也很容易理解为五头牛，而改为“千牛”，则与历史事实相吻合，也不存在理解上的分歧问题。现将《述赞》的所有文字进行分析，将需要校正的内容列表如下：

《述赞》文本文字讹误校正一览表

序号	篇名	原文文句	校正字	改正文句	说明
1	齐太公世家	厚货轻收	贷	厚贷轻收	“货”“贷”形似，易讹，“贷”符史实
		沨沨余烈	泱泱	泱泱余烈	张冠李戴，“泱泱”为赞齐之辞
2	燕召公世家	惠罗宠姬	臣	惠罗宠臣	史为“宠臣”，“姬”乃姓，易误解
3	晋世家	河、汾是荒	王	河、汾是王	“荒”字无法解释，作“王”吻合史实
4	楚世家	子圉篡嫡	围	子围篡嫡	“子圉”查无史据，“子围”吻合史实
5	韩世家	景、赵俱侯	既封	景既封侯	“赵”字不宜出现，也概括不全，宜改
		魏会区鼠	赵	赵会区鼠	“魏”字误，为“赵”字无疑
6	孔子世家	孔子之胄	先	孔子之先	“胄”字误，为“先”字无疑
7	陈涉世家	周文西拒	攻	周文西攻	“拒”字不妥，宜用“攻”字
8	齐悼惠王世家	胶东、济北	淄川	胶东、淄川	“济北”与上句重复，宜用“淄川”
		雄渠、辟光	刘昂	刘昂、辟光	“雄渠”与“胶东”重复，改为“刘昂”
		忠孝者昌	长	忠孝者长	“昌”字不符史实，宜为“长”字

续表

序号	篇名	原文文句	校正字	改正文句	说明
9	陈丞相世家	宰肉先均	甚	宰肉甚均	“先”字易引起误解，宜用“甚”字
10	白起王翦列传	拔齐、破荆	赵	拔赵、破荆	“拔赵”为王翦，“拔齐”为“王贲”
11	廉颇蔺相如列传	屈节推工	功	屈节推功	“工”为“功”字之替代，宜改之
		颇、牧之功	用	颇、牧之用	因与上“功”字韵脚重复而改
12	田单列传	五牛扬旌	千	千牛扬旌	“五牛”易引起误解，宜用“千牛”
13	鲁仲连邹阳列传	齐将挫辩	魏	魏将挫辩	“齐”字误，“魏”字是
14	万石张叔列传	郎中数马	误书	郎中误书	“数马”张冠李戴，“误书”是
		内史匍匐	行趋	内史行趋	“匍匐”太过夸张，“趋行”为是
15	循吏列传	叔孙、郑产	孙叔	孙叔、郑产	“叔孙”误，“孙叔”是
16	汲郑列传	淮南卧理	阳	淮阳卧理	“淮南”误，“淮阳”是
17	酷吏列传	乳兽扬威	虎	乳虎扬威	“兽”与“鹰”不相对，“虎”相对
合计	17篇	23句	30字		

现根据列表内容，逐一作阐述说明：

1. 齐太公世家第二

厚货轻收

按：此句意为田乞收取租税时用小斗，出货时用大斗，让利于民，以收拢民心。货，用作动词，本指销售，买卖，买进，卖出。而田氏出租，并非是销售，而是借贷。《田敬仲完世家》曰：“田釐子乞事齐景公为大夫，其收赋税于民，以小斗受之，其禀予民以大斗，行阴德于民。” 禀，给予。可知，货，乃是“贷”字之讹。贷，即贷出，租出，借出，与史实相符。“货”与“贷”，字形极为相似，故易致讹。

沨沨余烈

按：沨沨，用来形容姜尚遗留下来的功业，不是很妥当，疑是“泱泱”之讹。泱泱，形容气势宏大的样子，有“泱泱大国”的说法。《吴太伯世家》有吴使季札出使鲁国，请观周乐，其中有歌齐，曰：“美哉，泱泱乎，大风也哉。表东海者，其太公乎？国未可量也。”歌魏，曰：“美哉，沨沨乎，大而宽，俭而易，行以德辅，此则盟主也。”故知“沨沨”与“泱泱”各有所指。泱泱，是季札对齐国的评价；沨沨，是季札对魏国的评价。此处“沨沨余烈”是言齐国，当宜用“泱泱”二字。《齐太公世家》载：“以太公之圣，建国本，桓公之盛，修善政，以为诸侯会盟，称伯，不亦宜乎？洋洋哉，固大国之风也！” 司马迁作“洋洋”，与“泱泱”含义相近，是以今词训古。故此，“沨沨”二字，宜改为“泱泱”。

2. 燕召公世家第四

惠罗宠姬

按：宠姬，疑为“宠臣”之误。《战国策》记载：“燕惠公欲杀公卿立幸臣，公卿诛幸臣，公恐，出奔齐。”是说当时燕惠公有很多宠幸的人，燕惠公想要去掉大夫们而立宠臣姬宋为大夫，同年冬天，燕国大夫们共同诛杀姬宋，燕惠公害怕，于是逃亡到齐国。《燕召公世家》曰：“（燕惠公）六年，惠公多宠姬，公欲去诸大夫而立宠姬宋，大夫共诛姬宋，惠公惧，奔齐。”燕惠公是要“去诸大夫而立宠［臣］姬宋”，而不是要立宠姬。故此，在司马迁的这段话中，“多宠姬”，即是“多宠臣”。“立宠姬宋”，即是“立宠臣姬宋”。姬，此指姬姓的大臣，而不是指姬妾。而“宠姬”，而一般都理解为宠幸姬妾。故此，此句宜将“宠姬”改为“宠臣”，含义清晰。但“姬”字为韵脚，不宜改动，而在理解上切忌望文生义，做出错误的理解。

3. 晋世家第九

河、汾是荒

按：这句“河、汾是荒”，比较费解，按照上下文义，上句“桐珪既削”，叔虞封于唐，唐处河、汾之东，怎么就荒芜了呢？在情理上说不通，总不至于有了主人，反而田地荒芜了。或许，可以作为倒装句理解，原来周公攻下唐国，无人管理，田地荒芜，现在封给叔虞，情况发生了变化，不再荒芜，“是荒”解为“无荒”？但也不太妥当，“是荒”，很明确是“荒芜”之义。再者，就是上面所解，叔虞封唐后，到了孙子孝侯手上，迁都到翼邑，所以唐邑荒芜，“是荒”解为“又荒”？感觉也不是很妥当。左思右想，反复思考，上句是“桐珪既削”，说明君子无戏言，周成王削桐叶为珪，封叔虞为诸侯王，接着此句就是“河、汾是封”，将叔虞封于唐地，也就是河、汾之地，即两河交汇的地方。而“封”字不押韵，用“王”字，意即将叔虞封到河、汾之地为诸侯王，则文从义顺。

4. 楚世家第十

子圉篡嫡

按：这句“子圉篡嫡”，翻遍史料，都没有找到楚国有子圉这个人，更没有什么篡嫡之事；而晋国有子圉，后来立为怀公，但他是晋惠公唯一的儿子，说不上是“篡嫡”，司马贞也不至于把晋国的事情写到楚国来。《韩非子》中有“子圉见孔子于商太宰”，子圉把孔子引荐给商太宰，事后又阻挠商太宰的引见，也与此文义不合。那么，就有一种可能，就是“子圉”二字有讹误。在楚国争夺王位的，有子围，倒是非常符合“篡嫡”条件的。据史载，周景王四年（前541），楚令尹子围将出访郑国，未出境，得知楚王生病，遂不去郑，还问王疾，乘机将其杀死，并杀死楚王二子幕及平夏，自立为王，是为灵王。“围”字与“圉”字的字形也非常相近，故疑为讹字，故将此句作为“子围篡嫡”来理解。而作“子围”来解释，则与下句“商臣杀父”为倒装句，楚穆王在前，楚灵王在后。

5. 韩世家第十五

景、赵俱侯

按：此句“景、赵俱侯”，指韩景侯与赵襄子同时都被封为诸侯。这样的表述有所不妥：一是此《述赞》是写韩国，只宜写韩国封侯，而不宜写到赵国封侯；二是如果要写，仅写赵，而不写魏，也是不妥当的。韩、赵、魏三家一同被封为诸侯。《晋世家》载：“周威烈王赐赵、韩、魏皆命为诸侯。”三家要么不写，要么都写。权衡比较，以不写“赵”之封侯为宜，此句如为“景既封侯”，

“既”字与下句“又”字关联，则要胜之一筹。

魏会区鼠

按：此句“魏会区鼠”，《史记》修订本曰：“魏，疑当作‘赵’。”《史记》所记载的，都是韩国与赵国会于区鼠。区鼠，古地名。《韩世家》曰：宣惠王十一年，“与赵会区鼠。”《赵世家》曰：武灵王“四年，与韩会于区鼠”。《六国年表·赵表》载，武灵王四年，“与韩会区鼠。”故韩国与赵国会区鼠无疑，故宜将“魏”字改为“赵”字，以与历史事实相吻合。

6. 孔子世家第十七

孔子之胄

按：胄，指帝王或贵族的子孙，是指后代而言，而此处，则是指孔子的先人、先祖，故下句写“出于商国”。胄，疑为“先”字之误。《史记》修订本曰：“胄，黄本、彭本、柯本、凌本、殿本作‘先’。”故宜改之。

7. 陈涉世家第十八

周文西拒

按：西拒，指在西边抵抗敌人。从周文的实际情形来说，应当是“西攻”比较准确。《陈涉世家》载：“（周文）自言习兵，陈王与之将军印，西击秦。行，收兵至关，车千乘，卒数十万，至戏，军焉。”他率领数十万大军，一路西进，一直打到关中，至于戏地，可谓“势如破竹”，用“西攻”二字比较吻合当时情形。但此句是韵脚，不宜改变韵脚，故不改正文，而宜作此理解。

8. 齐悼惠王世家第二十二

胶东、济北

此句指胶东王刘雄渠与济北王刘兴居。“济北”二字疑有讹误。因为上句“称乱贻殃”，就已经写了刘兴居因为兄长没有当上汉帝，自己在消灭诸吕中为他人做了嫁衣裳，非常压抑，心怀不满，乘机举兵作乱，遗下祸患。而这里不可能重复出现。此两字疑为“淄川”，淄川王刘贤，与胶东王同时起事而身败名裂。《齐悼惠王世家》载：“淄川王贤，齐悼惠王子，以武城侯文帝十六年为淄川王。十一年，与吴楚反，汉击破，杀贤。”故此，此句疑为“胶东、淄川”。

雄渠、辟光

按：雄渠，即胶东王刘雄渠，与上句“胶东”二字相重，胶东王即是刘雄渠，不宜重出。司马贞不可能如此粗疏。则这两个字也不考虑押韵的问题。此两句四个词组，可能是写参加叛乱的四个诸侯国，上句“胶东、淄川”，那么，还有胶西王刘昂没有写到，故如将“雄渠”改为“刘昂”，则此句为：“刘昂、辟光”，则文不相重，比较妥当。这样改动，文顺理通。

忠孝者昌

按：此句说“忠孝者昌”，固然有道理，但观其齐之七国，没有什么后代昌盛之说。参与谋反的四国，都被废除，以国为郡；被胁迫的齐国，“齐懿王立二十二年卒，子次景立，是为厉王”。厉王与姐姐通奸，事发，自杀，无后而国入于汉。还有坚决不参与谋反的济北王刘志，迁为淄川王，倒是传世很久；还有城阳王，也是传世很久，但是说不上是“昌”。如果说是“忠孝者长”，倒是非常相像。“昌”与“长”，都在同一个韵律。故此，此句宜改之，比较符合历史事实。

9. 陈丞相世家第二十六

宰肉先均

按：此句“先”字，是为了与下句的“后”字相对应而用之，语义有些勉强，容易引起误解，因为陈平分肉，并不是开始时分得均匀，后来就分得不均匀了。《陈丞相世家》载：“里中社，平为宰，分肉食甚均。”用“甚”字，则非常妥当。

10. 白起王翦列传第十三

拔齐、破荆

按：此句写白起与王翦的功劳。白起，主要是攻打楚国；王翦，主要是攻打和消灭赵国。《白起王翦列传》曰：“始皇十一年，翦将攻赵阏与，破之，拔九城，十八年，翦将攻赵。岁余，遂拔赵，赵王降，尽定赵地为郡。”而“拔齐”，则是王翦的儿子王贲，前 221 年，秦王命王贲率领秦军伐齐，突然从北面来攻，齐国措手不及，土崩瓦解。齐王建出城投降，齐国灭亡。而王贲，后面有“贲、离继出”，写其功劳。故此，此句“拔齐”为拔赵之误，宜改之。否则，含混不清，容易产生误解。

11. 廉颇蔺相如列传第二十一

屈节推工

按：此句意为蔺相如以国家利益为重，主动退让，不与老将廉颇相争。推工，犹言“推让”，推让功绩，谦逊自处。《廉颇蔺相如列传》载：“相如每朝时，常称病，不欲与廉颇争列。已而相如出，望见廉颇，相如引车避匿。”此句是押韵句，“推让”也可以用“推功”替代，而“功”字，已在后句“颇、牧之功”中用之，故此句成了“推工”，实在是文不达意。再三考虑，此句宜用“功”字，为“屈节推功”。推功，意为不看重功劳，故而谦让廉颇。

颇、牧之功

按：此句的“功”字，因上句改为“屈节推功”，而不宜重复，故需要改动韵脚。《廉颇蔺相如列传》载：“赵乃以李牧为大将军，击秦军于宜安，大破秦军，走秦将桓齮。封李牧为武安君。居三年，秦攻番吾，李牧击破秦军，南距韩、魏。”可见，将“颇、牧之功”改为“颇、牧之用”，即赵国边境能够安定，是重用了李牧等将领的结果。既符合文义，也符合历史事实。故此，宜改之。

12. 田单列传第二十二

五牛扬旌

按：五牛，《史记》修订本曰：“疑当作‘千牛’。”“五牛”二字，是指五彩之牛，但很容易被误解，认为是五头牛。故而认为原文有误。《田单列传》载：“田单乃收城中得千余牛，为绛缯衣，画以五彩龙文，束兵刃于其角，而灌脂束苇于尾，烧其端。凿城数十穴，夜纵牛，壮士五千人随其后。牛尾热，怒而奔燕军，燕军夜大惊。牛尾炬火光明炫耀，燕军视之皆龙文，所触尽死伤。”作“千牛”，含义更为准确，故宜改之。

13. 鲁仲连邹阳列传第二十三

齐将挫辩

按：魏将辛垣衍受魏王派遣，出使赵国，劝说赵王尊奉秦昭王为帝，被鲁仲连说服，返回魏国。齐将，为“魏将”之讹，实指辛垣衍，是战国末期魏国的客籍将军。故宜改之。

14. 万石张叔列传第四十三

郎中数马

按：郎中，即郎中令石建。“数马”二字疑为有误。《万石张叔列传》载：“建为郎中令，书奏事，事下，建读之，曰：‘误书！马者，与尾当五，今乃四，不足一。上谴死矣！’甚惶恐。”石建是误将“馬（马）”字漏掉一点，是“误书”，而非“数马”；而真正数马的，是石奋的四儿子石庆。《万石张叔列传》载：“万石君少子庆为太仆，御出，上问车中几马，庆以策数马毕，举手曰：‘六马。’庆于诸子中最为简易矣，然犹如此。”故此，此句“数马”二字是张冠李戴，应改为“误书”二字，与历史事实相吻合。

内史匍匐

按：内史，指石庆。匍匐，爬行的意思。此二字用得甚为夸张，不妥。《万石张叔列传》载：“万石君徙居陵里。内史庆醉归，入外门不下车。万石君闻之，不食。庆恐，肉袒请罪，不许。举宗及兄建肉袒，……庆及诸子弟入里门，趋至家。”所谓“趋”，是古代的一种礼节，小步快走，表示恭敬，并非是“匍匐”，爬着前行。考虑到此句是用入声字做韵脚，故将此句改为“内史行趋”，行趋，即“趋行”的倒置，这样比较吻合史实。

15. 循吏列传第五十九

叔孙、郑产

叔孙，是“孙叔”之误。《循吏列传》写到孙叔敖，而没有写到“叔孙”之类的人物。叔孙，是孙叔敖的省称。孙叔敖，名敖，字孙叔，故称为“孙叔敖”。因为《述赞》是韵文，四字为句，故称字。而作“叔孙”，误矣。

16. 汲郑列传第六十

淮南卧理

按：淮南，位于安徽省中北部，淮河之滨。此疑为“淮阳”之讹。淮阳，古郡名，在今河南淮阳县一带。武帝拜黯为淮阳太守，《汲郑列传》载：“上以为淮阳，楚地之郊，乃召拜黯为淮阳太守。”“上曰：……‘顾淮阳吏民不相得，吾徒得君之重，卧而治之。’”“黯居郡如故治，淮阳政清。”“令黯以诸侯相秩居淮阳。”说的都是“淮阳”，故此，宜将“淮南”改为“淮阳”。

17. 酷吏列传第六十二

乳兽扬威

按：宁成，是酷吏，时人送给他的绰号是“乳虎”。《酷吏列传》载：“上乃拜成为关都尉。岁余，关东吏隶、郡国出入关者，号曰‘宁见乳虎，无值宁成之怒’。”意即宁可看到幼崽哺乳的母虎，也不要遇到宁成发怒。虎是百兽之王，凶猛无比，而在哺乳期间，更是凶狠数倍。司马贞将“乳虎”改为“乳兽”。

兽，是泛指，在形容宁成暴酷的程度上似乎减弱了一些。此句与下句“苍鹰侧视”相对，下句用“鹰”字，此句则宜用“虎”字，而司马贞改为“兽”字，且与“苍鹰”二字不相对，不知是出于何种考虑，是觉得宁成配不上称为“老虎”？还是其他什么原因？仍宜按照司马迁的表述，将“乳兽”改为“乳虎”。

根据以上列表统计并逐一阐述，《述赞》文本校正的有关问题，需要研究的有 17 篇、23 句，校正的文字为 30 字。当然，这是从文字的准确性角度来考虑问题的，还需要注意的，就是有些校正的文字是韵脚，不能轻易改动，但需要做如此的理解，如“惠罗宠臣”等；有些校正文字，是根据历史事实来校正的，没有版本依据，是否需要改到文本中去，也需要慎重考虑，如“郎中误书”“乳虎扬威”等，从严谨的角度，可以不改，但从追求正确的角度，则可以改动，这在于如何裁量和选择以及对古代文献所采取的态度。

在此书的正文中，关于校正的文字，并没有改到正文中去，而是用“按”的形式表现出来，以便于阅读和理解。

三、关于句式的倒置

句式的倒置，在《述赞》中是比较普遍的现象。《述赞》是用韵文写成，读起来朗朗上口，但理解起来则是困难多多，这也是数百年来不能普遍流传的重要原因。《述赞》文句的倒置，存在着四种现象：一是上下句之间倒置，其中绝大部分是考虑上下句的工对和押韵，将前面的史实叙述放在后，后面的史事叙述放在前，如《夏本纪》“五子作歌，太康失政”，是因为太康失政，五子才作歌诉说哀怨，再如《惠景间侯者年表》的“条侯出讨，壮武奉迎”，前句是在汉景帝时，后句则是在汉文帝时；二是一句中两个词组的倒置，如《汉兴以来诸侯王年表》中的“鲁恭、梁孝”“济北、城阳”，按照时间顺序，则是“梁孝、鲁恭”“城阳、济北”；三是宾语前置，形成倒置句，如《殷本纪》的“黄钺斯杖”“白旗是悬”，“斯”“是”作为助词，表示宾语前置，“杖”“悬”为动词谓语，两句应是“斯杖黄钺”“是悬白旗”；四是在一个词组中，为了押韵，也形成了倒置情况，如《高祖本纪》的“奋发材雄”，实际上是“雄材发奋”，《田敬仲完世家》的“代五其昌”，实际上是“五代其昌”。

以上是分类分析，而实际上，有很多句和词的倒置情况是交织在一起的，可以说是颠三倒四，稍不留神，就容易理解错误。如《平原君虞卿列传》的“兵解李同，盟定毛遂”，首先是双句颠倒，应是毛遂在前，李同在后；其次是每句的两个词组颠倒，“毛遂”“李同”为主语，应置于句首；再次是词组的两个字又是颠倒，“兵解”应是“解兵”，“盟定”应是“定盟”。再如《十二诸侯年表》的“八代兴妫”，可以作八代人兴起了妫氏，但不符合历史实际，而是要倒过来理解，将“八代”与“兴妫”颠倒，再将“兴妫”一词的两字颠倒，为“妫兴八代”，就对了，指田氏取代姜齐经历了八代，而后灭亡。

司马贞为了上下两句工对以及符合韵律，可谓煞费苦心，造出了许多生硬的词句，而把这个难题又交给后人，等于是出了试卷，由后人去考试，如何能交出满意的答卷，就需要开动脑筋，融会贯通。现将《述赞》中的倒置问题全部勾勒出来，列表如下：

《史记述赞》文本倒置情况一览表

序号	篇名	倒置原文	两句相倒	单句相倒	词组相倒	倒置改文
1	五帝本纪	贤哉二君		√		二君贤哉
2	夏本纪	五子作歌，太康失政	√			太康失政，五子作歌
3	殷本纪	继相臣扈		√		臣扈继相
		黄钺斯杖		√		斯杖黄钺
		白旗是悬		√		是悬白旗
		哀哉琼室		√		琼室哀哉
4	秦本纪	皂游是旌		√		是旌皂游
		石椁斯营		√		斯营石椁
		妖除丰特			√	除妖丰特
5	秦始皇本纪	阿房云构		√		云构阿房
		下乏中佐，上乃庸主	√			上乃庸主，下乏中佐
6	项羽本纪	亡秦鹿走		√	√	鹿走秦亡

续表

序号	篇名	倒置原文	两句相倒	单句相倒	词组相倒	倒置改文
7	高祖本纪	奋发材雄		√	√	雄材发奋
8	吕太后本纪	天下示私		√		示私天下
		祸盈斯验		√		斯验祸盈
9	孝景本纪	率下以德		√		以德率下
		制度斯创		√		斯创制度
		惜哉明君		√		明君惜哉
		朝亲五利，夕拜文成	√		√	朝拜文成，夕亲五利
10	孝武本纪	疲耗中土，事彼边兵	√			事彼边兵，疲耗中土
11	三代世表	风余周、召		√	√	周、召余风
		刑措成、康		√		成、康刑措
12	十二诸侯年表	绝笔获麟		√		获麟绝笔
		八代兴妫		√	√	妫兴八代
		壮哉嬴氏		√		嬴氏壮哉
13	汉兴以来诸侯王年表	鲁恭、梁孝		√		梁孝、鲁恭
		济北、城阳		√		城阳、济北
		忠烈斯彰		√		斯彰忠烈
14	惠景间侯者年表	条侯出讨，壮武奉迎	√			壮武奉迎，条侯出讨
		新市死事，建陵勋荣	√			建陵勋荣，新市死事
15	建元以来侯者年表	博陆上宰，平津巨儒	√			平津巨儒，博陆上宰
		金章且佩		√		且佩金章
		紫绶纡行			√	紫绶行纡
		惜哉绝笔		√		绝笔惜哉

续表

序号	篇名	倒置原文	两句相倒	单句相倒	词组相倒	倒置改文
16	建元已来王子侯者年表	分邑广封		√		广封分邑
		百足不僵，一人有庆	√			一人有庆，百足不僵
17	汉兴以来将相名臣年表	丙、魏立志，汤、尧饰躬	√		√	尧、汤饰躬，魏、丙立志
18	乐书	舜曰《箫韶》，融称《属续》	√			融称《属续》，舜曰《箫韶》
		雄雌是听		√	√	是听雌雄
		厚薄伊均		√		伊均厚薄
		乐器斯因		√		斯因乐器
		大哉虚受		√		虚受大哉
19	天官书	天官既书，太史攸掌	√	√		攸掌太史，既书天官
		至哉玄监		√		玄监至哉
20	封禅书	古今盛典，皇王能事	√			皇王能事，古今盛典
		扬休勒志		√		勒志扬休
21	河渠书	鸿沟既划		√		既划鸿沟
		龙骨斯穿		√		斯穿龙骨
		填阏攸垦		√		攸垦填阏
		宣房在咏		√		在咏宣房
22	平准书	平准之立		√		之立平准
23	吴太伯世家	王僚见杀，贼由专诸	√		√	由专诸贼，王僚见杀
24	齐太公世家	悼、简遘祸，田、阚非俦	√			田、阚非俦，悼、简遘祸
25	燕召公世家	甘棠是思		√		是思甘棠
		文公从赵，苏秦骋辞	√			苏秦骋辞，文公从赵
		齐宣我欺			√	齐宣欺我

续表

序号	篇名	倒置原文	两句相倒	单句相倒	词组相倒	倒置改文
26	管蔡世家	流言是作		√		是作流言
		献舞执楚，遇息礼薄	√			遇息礼薄，献舞执楚
		穆侯虏齐，荡舟乖谑	√			荡舟乖谑，穆侯虏齐
27	陈杞世家	阏路篡逆，夏姬淫嬖	√			夏姬淫嬖，阏路篡逆
		勾践勃兴，田和吞噬	√			田和吞噬，勾践勃兴
28	卫康叔世家	皮冠射鸿，乘轩使鹤	√			乘轩使鹤，皮冠射鸿
29	宋微子世家	一囚一去		√		一去一囚
30	晋世家	桐珪既削		√		既削桐珪
		河、汾是荒		√		是荒河、汾
31	楚世家	子圉篡嫡，商臣杀父	√			商臣杀父，子圉篡嫡
		天祸未悔		√		未悔天祸
32	越王勾践世家	折节下士，致胆思尝	√	√		思尝致胆，折节下士
33	魏世家	大梁东徙，长安北侦	√	√		长安北侦，东徙大梁
		卯既无功，昂亦外聘	√			昂亦外聘，卯既无功
34	田敬仲完世家	代五其昌			√	五代其昌
		祭急燕、赵		√	√	燕、赵急祭
35	陈涉世家	鬼怪是凭，鸿鹄自许	√	√		鸿鹄自许，是凭鬼怪
36	外戚世家	德著任、姒，庆流娀、嫄	√			庆流娀、嫄，德著任、姒
		斯道克存		√		克存斯道
		内无常主，后嗣不繁	√			后嗣不繁，内无常主
37	楚元王世家	穆生置醴		√		置醴穆生
38	荆燕世家	始迎黥布，绝间周殷	√			绝间周殷，始迎黥布
39	齐悼惠王世家	功大策长		√		策长功大

续表

序号	篇名	倒置原文	两句相倒	单句相倒	词组相倒	倒置改文
40	萧相国世家	关中既守		√		既守关中
		转输是赖		√		是赖转输
41	曹相国世家	执珪、执帛，攻城略地	√	√		攻城略地，执帛、执珪
		衍氏既诛		√		既诛衍氏
		市、狱勿扰		√		勿扰市、狱
42	留侯世家	赤松愿游		√		愿游赤松
		白驹难绊		√		难绊白驹
43	陈丞相世家	腹心难假		√		难假腹心
44	绛侯周勃世家	事居送往		√		送往事居
		继相条侯		√		条侯继相
		惜哉贤将		√		贤将惜哉
45	五宗世家	阙于早薨，河间儒服	√			河间儒服，阙于早薨
46	三王世家	褚氏后补，册书存焉	√			册书存焉，褚氏后补
		明哉监戒		√		监戒明哉
47	老子韩非列传	终亡李斯		√		李斯终亡
48	孙子吴起列传	美人既斩		√		既斩美人
		良将得焉		√		得焉良将
		惨礉事楚		√		事楚惨礉
49	伍子胥列传	抉眼弃德		√		弃德抉眼
50	商君列传	政必改革，礼岂因循	√			礼岂因循，政必改革
51	苏秦列传	揣摩既就，《阴符》伏读	√	√		伏读《阴符》，揣摩既就
52	穰侯列传	摧齐、挠楚，破魏、围梁	√	√		破魏、挠楚，围梁、摧齐

续表

序号	篇名	倒置原文	两句相倒	单句相倒	词组相倒	倒置改文
53	白起王翦列传	拔齐破荆		√		破荆拔齐
		长平遂坑		√		遂坑长平
54	孟尝君列传	既强其国，实高其门	√			实高其门，既强其国
		见重平原		√		平原见重
55	平原君虞卿列传	兵解李同，盟定毛遂	√	√	√	毛遂定盟，李同解兵
56	魏公子列传	邻国相倾		√		相倾邻国
		颇知朱亥，尽礼侯嬴	√			尽礼侯嬴，颇知朱亥
		毛、薛见重		√		见重毛、薛
57	廉颇蔺相如列传	和璧聘返		√		聘返和璧
		渑池好通		√		好通渑池
		负荆知惧，屈节推工	√			屈节推工，负荆知惧
		安边定策		√		定策安边
58	鲁仲连邹阳列传	齐将挫辩		√		挫辩齐将
59	吕不韦列传	不韦钓奇，委质子楚	√	√		子楚委质，不韦钓奇
		徙蜀惩谤，悬金作语	√			悬金作语，徙蜀惩谤
		筹策既成		√		既成筹策
		富贵斯取		√		斯取富贵
60	刺客列传	定吴篡位		√		篡位定吴
		彰弟哭市，报主涂厕	√	√		涂厕报主，哭市彰弟
61	蒙恬列传	长城首筑		√		首筑长城
		万里安边		√		安边万里
62	张耳陈余列传	耳围巨鹿		√	√	巨鹿围耳
63	黥布列传	贲赫见毁		√		见毁贲赫

续表

序号	篇名	倒置原文	两句相倒	单句相倒	词组相倒	倒置改文
64	淮阴侯列传	策拜登坛		√		登坛策拜
		沉沙决水，拔帜传餐	√	√		传餐拔帜，沉沙决水
65	韩信卢绾列传	旧燕是王		√		是王旧燕
66	张丞相列传	申屠面折，周子廷争	√			周子廷争，申屠面折
67	樊郦滕灌列传	郦况卖交，舞阳内援	√			舞阳内援，郦况卖交
68	郦生陆贾列传	相说国安，书成主悟	√		√	成书悟主，说相安国
69	傅靳蒯成列传	我军常冠		√		常冠我军
		主上称“忠”，人臣扼腕	√			人臣扼腕，主上称“忠”
70	刘敬叔孙通列传	皇帝始贵，车驾西都	√			车驾西都，皇帝始贵
71	季布栾布列传	百金然诺		√		然诺百金
		十万致距		√		致距十万
		股肱是与		√	√	与是股肱
72	张释之冯唐列传	见识袁盎		√		袁盎见识
		冯公白首，味哉论将	√	√		论将味哉，冯公白首
		子仁坐事，刺举有声	√			刺举有声，子仁坐事
73	吴王濞列传	婴命始监			√	命婴始监
		错诛未塞			√	诛错未塞
74	魏其武安侯列传	意气杯酒		√		杯酒意气
		冤哉二公		√		二公冤哉
75	韩长孺列传	生虏失防		√		失防生虏
76	李将军列传	惜哉名将		√		名将惜哉
77	卫将军骠骑列传	宠荣斯僭		√		斯僭宠荣
78	平津侯主父列传	宠备荣爵			√	备宠荣爵

续表

序号	篇名	倒置原文	两句相倒	单句相倒	词组相倒	倒置改文
79	东越列传	既席汉宠，实因秦余	√			实因秦余，既席汉宠
		闽中是居		√		是居闽中
		王摇之立		√		之立王摇
80	朝鲜列传	朝鲜是王		√		是王朝鲜
		王险置都		√		置都王险
		狐疑二将		√		二将狐疑
81	西南夷列传	汉因大夏，乃命唐蒙	√			乃命唐蒙，汉因大夏
82	司马相如列传	惜哉封禅，遗文卓尔	√	√		遗文卓尔，封禅惜哉
83	淮南衡山列传	斗粟成咏		√		成咏斗粟
		倾国殒命		√		殒命倾国
84	汲郑列传	积薪兴叹		√		兴叹积薪
85	酷吏列传	奸伪斯炽，惨酷爰始	√	√		爰始惨酷，斯炽奸伪
86	大宛列传	大宛之迹，元因博望	√			元因博望，大宛之迹
		条枝西入		√		西入条枝
		天马内向			√	天马向内
		旷哉绝域		√		绝域旷哉
87	游侠列传	伟哉翁伯		√		翁伯伟哉
		人貌荣名		√		荣名人貌
88	佞幸列传	新声都尉		√		都尉新声
		挟弹王孙		√		王孙挟弹
89	龟策列传	三王异龟，五帝殊卜	√			五帝殊卜，三王异龟
		或长或短，若瓦若玉	√			若瓦若玉，或长或短
90	货殖列传	货殖之利，工商是营	√	√		是营工商，货殖之利

续表

序号	篇名	倒置原文	两句相倒	单句相倒	词组相倒	倒置改文
91	太史公自序	惜哉残缺		√		残缺惜哉
合计	91 篇	171 句（其中双句 57 句，单句 114 句）	57	121	21	

综上所述，《述赞》中存在倒置情况的有 91 篇，占总篇数的 70%；有 171 句，占总句数 1660 句的 10.3%；其中双句倒置的为 57 句，单句倒置的为 121 句，词组倒置的有 21 个。

由此可见，倒置现象是《述赞》中的一个普遍现象，在阅读时需要十分留心和注意，否则，则无法领会文中的真正含义，甚至产生误解。而此书正文的处理，则是保持原文不动。因为变动了，虽然符合历史史实的要求，但不符合韵律的要求。故此，此项研究只是为便于读者的阅读和理解而作。

（朱承玲，江苏省海外发展协会办公室副主任。）

《史记述赞》疑难问题研究

沈　燕

《史记述赞》，是司马贞用韵语写成，每句都是四字，是用来诠释、评价《史记》各篇，系统阅读和解释下来，有不少的句式非常费解。这主要体现在三个方面：一是沿用了《史记》中比较难解的词语，有些词语，不知道司马贞本身有没有弄得清楚，转写到《述赞》中，增加了《述赞》的理解难度，如“下献九主”，“九主”是《史记》中的词语，在理解上众说纷纭，究竟是指什么？需要认真的思考；二是不少词句写得模棱两可，可以有多种解释，表达多种观点，那么，司马贞要表达的究竟是什么样的观点，则需要进行认真的思考，才能得出正确的结论；三是为了韵文的需要，有些内容并不是一句话四个字就能表达的，但是硬要删削成四个字，特别是那些有韵脚的句式，更是削足适履，选用了不少深奥的词语，如《平津侯主父列传》中的“死非时蠹”，既要与前句“生食五鼎”相对应，又要与韵脚相吻合，至于究竟要表达什么样的意思，恐怕神仙都不能完全弄清楚，只能弄个八九不离十。

这里，我们将其中比较难以理解的句式摘录出来，试做分析和剖解，主要是从三个方面入手：一是进行正确解读和辨析，击中要害问题，排除那些歪读歪解；二是对于一些模棱两可的句式，力求真正读懂弄通，提出通俗易懂的文字解释；三是对于文中一些不够妥当的观点进行校正分析，予以点评和剖析，提出相对正确的观点。本文共选择了 49 篇中的 77 句话进行辩解分析，提出一些心得和见解，以供读者参考和专家指教。

1. 殷本纪第三

下献九主

按：下，与上句“上开三面”的“上”对应，均指商汤。句意为商汤立九主神位，予以祭祀。《殷本纪》载："伊尹处士，汤使人聘迎之，五反，然后肯往从汤，言素王及九主之事。"这里的"献九主"，非指伊尹献言，而是指商汤的行为，即虔诚地祭祀天皇先祖，祈求福佑，希望商朝长治久安。那么，九主，究竟是指什么？历来主要有三说：一是据《殷本纪》之《集解》引刘向《别录》，称法君、专君、授君、劳君、等君、寄君、破君、国君、三岁杜君为"九主"；二是据《索隐》，称三皇、五帝、夏禹为"九主"；三是据马王堆汉墓黄老道家帛书《伊尹》，称法君、专授之君、劳君、半君、寄主、破邦之主（二人）、灭社之主（二人）为"九主"。三种说法可能各有道理，但仔细推敲，宜以《索隐》之说为是。商汤即位后，尊奉上古杰出的帝王，以之为榜样，实现国家至治。而其他的两种说法，恐怕是一种猎奇，作为登上王位的成汤，还去祭祀什么"破君"之类，怎么会有这种破事儿，不是有失身份？恐怕就是无稽之谈！

2. 秦本纪第五

里奚致霸

按：按照此句字面的理解，是百里奚成就了霸业，实际上是秦穆公重用百里奚，成就了霸业。直接称"里奚致霸"，其实不妥，主要是两个方面：一是成就霸业，是秦穆公的行为，是秦穆公重用众多谋臣所带来的结果，并不是百里奚使得秦国称霸，主语有误；二是百里奚主张施行仁德之政，他倡导文明教化，实行"重施于民"政策，让人民得到更多的好处，内修国政，外图霸业。司马贞用"致霸"来概括百里奚的功绩，其实，百里奚并不主张成就霸业，而是主张施行仁德。成就霸业，是实行仁政所得到的积极效果。这句的含义是秦穆公重用贤才而称霸西戎。司马贞是用百里奚与下句的商鞅相对。其实，如果要论功绩，还是直接写"穆公致霸"更为准确，也更加突出重点，前面点了非子、襄公，这里不得不说是穆公的功业。如此，更为准确，一矢中的。

卫鞅任刻

按：商鞅早年学习法家、兵家、杂家思想，后由魏入秦，说服秦孝公变法图强。在政治上，商鞅改革了秦国的户籍、法律、军功爵位、土地制度、行政区划、税收、度量衡以及民风民俗；在经济上，商鞅主张重农抑商、奖励耕织；在军事上，商鞅作为统帅，率军收复了河西地区（今山西、陕西两省间黄河南段以西地区）部分失地。商鞅在秦国辅政约二十年，使秦国大治，史称"商鞅变法”，为后来秦国统一六国奠定了基础。在变法改革过程中商鞅制定了严酷的刑法，打击旧贵族，招致了普遍的怨恨，商鞅本人也遭到旧贵族势力的报复，遭受车裂的酷刑。商鞅变法，是功大于过，而司马贞用“任刻”二字来概括，是过多地看重了商鞅变法中的负面影响，有失偏颇。

厥后吞并

按：人们一看到“吞并”二字，就会联想到秦王嬴政或秦始皇。固然，秦始皇在秦国统一中功不可没，他在李斯、尉缭等人的协助下，制定了“灭诸侯，成帝业，为天下一统”的策略，消灭六国，统一天下，结束了中国自春秋以来长达 500 多年的诸侯割据纷争局面，建立了中国历史上第一个中央集权国家。《秦本纪》曰：“秦王政立二十六年，初并天下为三十六郡，号为‘始皇帝’。”而在这篇《秦本纪》中，则主要指秦昭王以及庄襄王的重大功绩。他们执掌秦国，使秦国发展和强大，在与山东六国的力量对比上，发生了重大的变化，为秦始皇的统一奠定了强大的基础，否则，后之秦始皇以一国之力而消灭山东六国，从何谈起？而秦始皇的功绩，则在下篇《秦始皇本纪》中予以反映。我们在理解这句时，应当注意到这一情况。

卒成凶慝

按：司马贞的这句“卒成凶慝”，想要说的意思是秦国用暴力夺取政权，祸福相因，使得秦朝很快就灭亡了，但在遣词造句上，似乎不够贴切。前句说秦朝吞并天下，后句说终于灭亡了，好像是因为吞并天下而导致灭亡，给人们一种心灰意冷的感觉，于情于理，均不妥矣。秦朝的灭亡，是由多方面的原因造成的，首先应充分肯定其统一天下的重大历史功绩。而秦朝的灭亡，是在下篇《秦始皇本纪》中叙述。故此，最后一句，宜从正面来叙说，如为“卒成统一”，则含义更好。

3. 秦始皇本纪第六

上乃庸主

按：庸主，即是平庸之主，一般都理解为指秦王子婴。其实，应当指秦二世胡亥，甚至包括秦始皇在内。《秦始皇本纪》附录汉孝明帝评贾谊、司马迁论秦二世亡天下之得失曰：“河决不可复壅，鱼烂不可复全。贾谊、司马迁曰：‘向使婴有庸主之才，仅得中佐，山东虽乱，秦之地可全而有，宗庙之祀未当绝也。’

秦之积衰，天下土崩瓦解，虽有周旦之才，无所复陈其巧，而以责一日之孤，误哉！俗传秦始皇起罪恶，胡亥极，得其理矣。复责小子，云‘秦地可全’，所谓‘不通时变’者也。……吾读《秦纪》，至于子婴车裂赵高，未尝不健其决，怜其志。婴死生之义备矣。”故此，此“庸主”如果说是指子婴，则是代人受过。他被推为秦王后，并不“庸”，设计杀掉了祸乱秦国的丞相赵高，在当时的处境下，没有非常的勇气，是做不到这一点的。秦朝发展到子婴为王时，已无可救药，无论是谁，都无回天之力，他注定了要当亡国之君。这里，司马贞申明《秦始皇本纪》中的观点，实际上是沿袭了具有文人气质的贾谊的轻率说法，所谓说话不经过大脑，是经不起推敲的。

4. 项羽本纪第七

卿子无罪

按：卿子，即卿子冠军宋义，是楚怀王熊心所封的上将军，其人军事才能并没有怎么表现出来，而预见和谋划倒是有几分。他奉命率领楚军救援被秦将章邯围困在巨鹿城的赵王歇，在安阳逗留四十六天不进，与时任次将军的项羽发生了严重的冲突。按照当时的情势，宋义与项羽二人“道”不同，不相为谋，其势不具存矣。宋义主张应先让秦、赵交战，秦胜，其军必疲，可趁机取之；赵胜，则从而攻之，即“鹬蚌相争，渔翁得利”之法，而项羽以为宋义胆怯，便杀之，自为上将军，起兵救赵。司马贞用“无罪”二字，认为宋义的谋略是正确的，项羽杀之，其罪在项羽。其实，宋义与项羽的谋略不同，宋义是用“术”，欲玩“太极”，而以术胜；项羽是用“心”，欲凭“拳头”，而以力胜。后来的实践证明，项羽杀宋义而进兵，救巨鹿，击破秦军主力，使反秦形势一片大好，是正确的。如果按照宋义的主张，则未必能如此，可能是一种两败俱伤的“毒计”。故此，“无罪”二字，固然说得有几分道理，但并不妥当，当时项羽杀宋义，是箭在弦上，不得不发，应是项羽无罪，而不是宋义无罪，司马贞是在为宋义辩护，鸣冤，说明了司马贞思想的保守性，看不到项羽在杀宋义后所取得的功劳。

亚父推诚

按：亚父，即范增，是项羽的主要谋士，被项羽尊称为“亚夫”。推诚，是指以诚心相待。此句也是批评项羽的，说范增忠诚，而项羽不用范增，不听从范增的谋略。这就是项羽的不是了。诚然，范增固然是一心向项，但有的谋略和主张却不符合项羽的心意，也不符合当时的形势。如范增在鸿门宴上主张杀掉刘邦，如果简单地认为当时将刘邦杀掉，就天下太平了，就没有后来的楚汉相争了，项羽可以放倒枕头睡大觉了，这其实是一种幼稚的想法。当时的形势，项羽入关时，虽然有几十万大军，但真正属于项羽的核心部队，也就几万人，如果把刘邦杀掉，姑且不说刘邦的军队要拼个鱼死网破，就项羽统领下的部队，也会因此而寒心，将弃项羽而去，一旦闹僵起来，项羽能收得了场吗？再说，项羽把自己的名声看得非常重要，如果使用阴谋的手段杀掉刘邦，就要背上一世的骂名，项羽才不会干这样的蠢事呢？故此，范增的这个主意，实在是一个馊主意，是一种小人主意。因此，并不能因为范增是忠诚，而就将他出走的原因都归结到项羽身上，而对项羽予以批评质疑。

臣迫故主

按：这句话有两种解释，一是继续说项羽逼迫义帝迁徙之事，是项羽派人把义帝杀了。臣，指项羽。迫，追杀。故主，指义帝。《项羽本纪》载：“（项羽）使人徙义帝，曰：‘古之帝者地方千里，必居上游。’乃使使徙义帝长沙郴县。趣义帝行，其群臣稍稍背叛之，乃阴令衡山、临江王击杀之江中。”二是指项羽分封之事，项羽主持分封，分封张耳为赵王，而将原赵王歇封为代王。臣，指张耳，为原来的赵王歇之臣。迫，逼迫。故主，旧君，旧主。《项羽本纪》载：“（项羽）徙赵王歇为代王。赵相张耳素贤，又从入关，故立耳为常山王，王赵地，都襄国。”项羽让张耳王原赵王之地，而使赵王让其地，另王代地，此句即指此，结果引发了一系列矛盾。这两种解释，以哪一种解释为佳？作第一种解释，与上句“常迁上游”衔接非常紧密，但两句话只说了一个事情，与其他的句式不太相同，其他的句式都是一句话说一个事情。作第二种解释，从内容的角度来看，则是更加丰富了，但主语更换，变成张耳，虽然也是说项羽分封之事，但转弯太多，故不取，以第一种解释为佳。

5. 高祖本纪第八

咸阳筑宫

按：这一句有两种解释，一是指刘邦称帝后，在长安城建造宫殿。咸阳，这里代指刘邦建都关中的长安城。筑宫，指建造皇宫，即未央宫。二是指为刘邦在咸阳原修建陵墓，即长陵。筑宫，指修筑地宫。刘邦称帝后的第二年开始营建长陵，其地在咸阳原的最高点，即秦咸阳宫的旧址之上。长陵与长安城隔渭河遥相对峙，南北相距二十七里，北倚九山，泾、渭二水横贯陵区。长陵东西并列着两座陵墓，高祖陵在西，吕后陵在东。陵园略呈方形，是仿照西汉都城长安建造的。如作此理解，也是比较吻合文义，但反复考虑，并结合上文“氾水即位”，刘邦即位后定都关中，接着就是建造皇宫，萧何担任相国，主持营建，甚为壮丽，是汉朝建立后更为紧要的事情，故此句所说，即是指此。《高祖本纪》载：“萧丞相营作未央宫，立东阙、北阙、前殿、武库、太仓。……宫阙壮甚。”故虽说是“咸阳筑宫”，其实是以古地名指代新地名，即以咸阳指代长安，作此解更为妥当。

6. 吕太后本纪第九

支孽芟夷

按：此句有两种解释，一种是指吕后掌握汉朝政权后，残酷地杀害刘氏宗亲。支孽，旁生的树枝，比喻旁出的宗族、子嗣。芟夷，本指除草，引申为铲除，杀戮。《吕太后本纪》载：“高后用事，春秋高，听诸吕，擅废帝更立，又比杀三赵王，灭梁、赵、燕以王诸吕，分齐为四。”另一种解释，是针对诸吕而言，指诛除诸吕之事，吕禄、吕产等被杀，以及“遣人分部悉捕诸吕男女，无少长者皆斩之”。据史载，吕太后死后，诸吕惶惶不安，害怕遭到伤害和排挤。于是，在上将军吕禄家中秘密集合，共谋作乱之事，以便彻底夺取刘氏江山。而刘氏一边，齐王刘襄为保刘氏江山，决定起兵讨伐诸吕；太尉周勃、右丞相陈平等私下密谋策划，设计让上将军吕禄交出兵权，周勃命朱虚侯刘章率兵千人以进宫护卫皇帝为名，伺机捕杀了统率南军的相国吕产，后又捕杀吕禄，并分派人手去捕杀诸吕，诸吕不分男女老幼全部被处死，吕氏集团被彻底消灭。两解所反映的历史事实完全相反，究竟哪一种解释比较合理？从前后文来看，还是前一种解释比较合理。此是承前 “诸吕用事，天下示私”而来，一气而下，写吕后当政的残酷无情。

7. 孝景本纪第十一

惜哉明君

按：此句承上两句“如何太尉，后卒下狱”而来，说明汉景帝也是糊涂之君，对待有大功之臣，竟是如此行为。而这里称为“明君”，具有一定的讽刺意味，是认为景帝根本不是什么“明君”。前代论者，也有非议景帝者，如苏辙在《历代论》中说：“汉之贤君，皆曰文、景。文帝宽仁大度，有高帝之风。景帝忌克少恩，无人君之量，其实非文帝比也。帝之为太子也，吴王濞世子来朝，与帝博而争道，帝怒以博局提杀之。濞之叛逆，势激于此。张释之，文帝之名臣也，以劾奏之恨，斥死淮南。邓通，文帝之幸臣也，以吮痈之怨，困迫至死。晁错始与帝谋削诸侯，帝违众而用之，及七国反，袁盎一说，谲而斩之东市，曾不之恤。周亚夫为大将，折吴、楚之锐锋，不数月而平大难，及其为相，守正不阿，恶其悻悻不屈，遂以无罪杀之。梁王武，母弟也，骄而纵之，几致其死。临江王荣，太子也，以母失爱，至使酷吏杀之。……如景帝之失道非一也，而犹称‘贤君’，岂非躬行恭俭、罪不及民故耶？此可以为不恭俭者戒也。”其说有一定的道理。可见，汉景帝根本不是什么“明君”，具有阴忍的德行，宜称为“忍君”。司马贞此论，具有不同一般的见识。

8. 孝武本纪第十二

几欲齐衡

按：齐衡，等同、不相上下的意思。对汉武帝的评价，历来也是褒少贬多，认为汉武帝所作所行，几乎要亡国了。司马光作《资治通鉴》，评论说：“孝武穷奢极欲，繁刑重敛，内侈宫室，外事四夷，信惑神怪，巡游无度，使百姓疲敝，起为盗贼，其所以异于秦始皇者无几矣。然秦以之亡，汉以之兴者，孝武能尊先王之道，知所统守，受忠直之言，恶人欺蔽，好贤不倦，诛赏严明，晚而改过，顾托得人。此其所以有亡秦之失而免亡秦之祸乎！”司马光评论的重心，仍然是看重其积弊的一面，因为有积极的一面，故而没有重蹈亡秦覆辙。其实，汉武帝的功绩应当充分肯定，是中国古代一位不可多得的具有雄才大略的君王，如果看不到这一点，就不是科学的评价，失之偏颇。

9. 六国年表第三

八代兴妫

按：这句话与上句“三卿分晋”为对句，上句很好理解，而这句则比较费解。八代，一般指三皇五帝，按照字面解释，是三皇五帝兴于妫水，可又不符合历史事实，与“兴妫”怎么也对不上，兴于妫水的乃是舜帝；八代也可以理解为上古八姓，但“八姓”也不是完全兴于妫水，只有妫姓才是；而妫姓的后代建国，有陈国以及代姜而起的田氏齐国。陈国早已“拜拜”，如果说是齐国，则是“八代兴齐”，直观地看，是通过八代的努力，才使妫氏兴盛起来，可检点历史事实，却又不是，陈完奔齐，称为“田氏”，经过了五代，就夺取了姜齐政权。是否姜姓齐国经历了八代，被田氏篡夺了政权？也不是。这些都是文不对题。苦思冥想，一个晚上都不得其解，而这一问题一直在脑海里盘旋，晚上入睡后，一觉醒来，忽然想到，田氏篡齐是否经历了八代？或许表达的就是这个意思。起来后，翻看有关资料，果然是田氏篡齐后经历了八代，然后灭亡，大有豁然开朗的兴奋之情。而兴妫，开始考虑是兴起了妫氏，也是与历史事实联系不上，而倒过来理解，是妫氏兴起后，才吻合文义。这样，原来的“八代兴妫”，则是“妫兴八代”的倒装句。看来，要精确理解《述赞》中的有关内容，也实在是不容易啊！这种为了与上句形成对句而再三颠倒，好像捉迷藏似的，可以说是《述赞》中典型的“弯弯绕”的例句。

10. 建元以来侯者年表第八

天下多虞

按：多虞，即多忧患、多灾难。对于汉武帝的评价，司马贞用“多虞”二字，挑明了，就是持否定的态度，认为汉武帝时期灾祸不断。这种评价，是有失偏颇的。汉武帝时期，是中华民族一个蓬勃发展的时期，这时汉运一统，府库充盈，汉武帝依靠着雄厚的经济实力，“遂出师北讨强胡，南诛劲越”，开边拓土，扩大了疆土，解除了匈奴的威胁，其功大矣！刘彻是一位具有雄才大略的政治家！当然，我们也要看到汉武帝发动战争所带来的消极影响，但这丝毫不影响对汉武帝的正确评价。如果一味斥之，则是没有从主流的角度来看问题，是攻其一点，不及其余，甚至是睁着眼睛说瞎话。我们应当充分地认识到这一点。

11. 历书第四

消息母子

按：这句话比较费解，“消息”与“母子”，是两个互不相搭的中心词，需要转几个弯才能得到正确的理解。消息，犹言“消长”，不同于现今的“信息”之类的理解，而是相对应的两个动词，犹言“消长”，此消彼长，互为更替，指历数增减、盛衰等方面的变化。母子，开始怎么也想不通，与“历法”二字有什么关联？而与前面的“消息”连起来分析，则是“繁衍”的意思，是阐述万物的繁衍生息。两个中心词所表达的意思，就是通过历法，探求天下万物生死、繁衍的规律。故此，反复思考，才有了比较清晰的理解。

12. 陈杞世家第六

或兴或替

按：或兴或替，有两种解释。一是指当年西周的封国，有的兴起，有的灭亡。兴，兴起。替，替代，代指消亡。二是就陈、杞而言。上句为“二国衰微”，指陈国、杞国逐渐走向衰败。此句则是写陈国、杞国衰败后的情况。或兴，指杞国灭亡后，大禹的后裔越王勾践兴起；或替，指陈国灭亡后，田氏代齐，接替陈国而兴起。从文义来说，则以此解为是；而从含蕴丰富来说，则以上解为是。

13. 宋微子世家第八

不顾其身

按：按照上下文，上句“一囚一去”，是写箕子、微子，纣王无道，箕子被囚，微子逃亡。此句“不顾其身”，如顺承上句，则是写箕子、微子不顾其身。这样的解释固然有道理，但观《宋微子世家》，起首便是写微子、箕子、王子比干“三仁”的事迹，赞语中引孔子之语说：“微子去之，箕子为之奴，比干谏而死，殷有‘三仁’焉’。”可知司马迁将“三仁”并列叙写。司马贞在《述赞》开头也说“殷有‘三仁’”，故不应只写箕子、微子，还应写比干。故此，此句不作顺承句理解，而作并列句理解，此句是写比干“不顾其身”，为了国家的治安，而不顾及自己的生命，强谏而被杀。由于四字一句用词的限制，此句前省略了主语“比干”二字。也由此得知，司马贞写“三仁”，采用明暗两条线的写法，明写箕子、微子，而暗写比干。这在理解中是需要注意的。

卒传冢嗣

按：这句意即终于建国传位，享国久远。那么，究竟是指微子，还是箕子？应当说两者均能解释得通。纣王暴虐，微子数谏不听，于是抱着祭器投奔周国，后来武王灭商，被封，成为宋国的开国君王。箕子也是数谏纣王而不听，索性一走了之，奔向与商朝有一定族缘关系的朝鲜，创立了箕氏侯国。但仔细推敲，还是应当理解为写箕子为实。上面两句“《颂》美《有客》，《书》称‘作宾’”，显然是写微子来朝，助祭周之祖庙，周以客礼待之，称为贵宾。 这两句“卒传家嗣，或叙彝伦”则是写箕子，建国传位，享国久远，并向周武王陈述帝王治理国家必须遵守的治国之道。这四句是分承上面的“一囚一去”句而言。

有君无臣

按：此句指宋襄公在泓水之战中被打败，是因为他一意孤行，没有听从臣子的意见，不肯对楚成王的军队“半渡而击之”，结果导致惨败。对于宋襄公因“仁义之举”而招致失败，历来评价不一。当时的大臣目夷说：“打仗胜了就是功劳，说些空洞的道理又有什么用呢！真的按襄公说的去做，就当奴隶服侍别人算了，何必还打仗呢？”《公羊传》对此事的评价是：“君子大其不鼓不成列，临大事而不忘大礼，有君而无臣，以为虽文王之战，亦不过此也。”司马迁在《宋微子世家》“赞语”中说：宋襄公在泓水吃了败仗之后，有的君子认为他值得赞扬，感叹当时中原地区的国家缺少礼义，所以表彰他，因为宋襄公具有礼让精神。但是，这种礼让，把自己让没了，也差点把国家让没了。毛泽东在《论持久战》中说：“我们不是宋襄公，不要那种蠢猪式的仁义道德。”其实，战争的正义，是指发动战争的初衷和目的，并不是指具体的作战方式方法。这种蠢猪式的战法，只能是任人屠戮，会死更多的人，实际上是大不仁义。

14. 楚世家第十

凭奸自怙

按：此句，究竟所指什么，也是比较费解，是泛指，还是专指？从前后文来看，似是专指，所指应是上句楚穆王以下、下句楚昭王以上一段时间内的楚国君王。这其间有楚庄王、楚共王、楚康王、楚灵王、楚平王等，经过反复比较和思考，觉得能够任用奸佞，惹下塌天大祸的，则是楚平王比较近之，故用楚平王来解之，指楚平王听从奸佞之言，自娶太子之妻，残害伍子胥父兄，自以为得计，结果惹下塌天大祸，差点葬送了楚国。

15. 魏世家第十四

长安北侦

按：此句意为秦国对魏国虎视眈眈，无时不在窥视魏国。上句“大梁东徙”，写魏国迁都，是因为要摆脱秦国对魏都夏邑的威胁，谋求更为长远的发展。此句，则是补充写明魏国迁都的原因。长安，在当时并没有此名，当时称为“咸阳”，汉高祖五年（前202）置长安县，才有此名。故此处用“长安”不是很妥当，宜用“咸阳”。而司马贞所考虑的是用“长安”来与“大梁”相对，用汉名指代秦名，但在史实上则有所欠缺。北侦，是相对于“东徙”而言，秦国与魏国，总体上是西与东的位置，而不是南与北的位置，但司马贞避免用字上的重复，故称为“北侦”，实在是非常勉强。而用“侦”字，也是文不达意，但考虑到押韵的关系，只能是用“侦”字让读者去猜谜了。这句虽然与上句为工对，但过于重视形式，牵强附会，是此“述赞”中的败笔。

16. 田敬仲完世家第十六

弟列康、庄

按：这句“弟列康、庄”如何理解？颇费了一番功夫。按照《史记》修订本、《索隐》单行本的标示法，“康、庄”应是人名，为专用名称。那么，康，可指齐康公，姜齐的最后一任国王。而“庄”字究竟是指谁？查其姜齐，有齐庄公，还有齐后庄公，但他们都太早，似乎与田齐不搭，应当予以排除；再看田齐方面，只有田庄子，也似乎文不对题；再看相关的其他国家，似乎也没有比较吻合的理解。而从此《述赞》的顺序来看，前为“祭急燕、赵”，写齐威王；后为“秦假东帝”，写齐湣王；中间只有齐宣王，而能与此句“康”字吻合的，则是齐康公的灭亡、姜齐的绝祀，说明田齐的兴盛，而“庄”字作偏义字理解，用作韵脚，不表示任何意思。句意为姜氏齐康公被田氏齐威王取而代之，姜齐彻底消亡。作这样的解释，对于“庄”字没有着落，总是感到不安。而在《孟子荀卿列传》中，又有“康庄虽列，莫见收功”的话，难道两处所表达的是同一意思？这里所指的是齐威王给邹衍及稷下学子们创造了宽厚的条件，建造府第于康庄大道。《孟子荀卿列传》曰：“自驺衍与齐之稷下先生，如淳于髡、慎到、环渊、接子、田骈、驺奭之徒，各著书言治乱之事，以干世主，岂可胜道哉！……于是，齐王嘉之，自如淳于髡以下，皆命曰‘列大夫’，为开第康庄之衢，高门大屋，尊宠之。”那么，《述赞·田敬仲完世家》是否也是表达的同样的意思呢？如果是，则此句是列弟于康庄大道，“弟”字为“第”的通假字，府第的意思。康庄，宽阔平坦，犹言“康庄大道”。而“康庄”，《尔雅·释宫》曰：“五达，谓之‘康’；六达，谓之‘庄’。”作为路名来解释，两字之间无需用顿号，因为康庄大道是泛指，不可能分为“康道”与“庄道”。反复权衡，作此解要相对稳妥一些，故采之。

17. 孔子世家第十七

邹人掎足

按：此句“邹人掎足”比较费解，如何能够解释得上下通顺，又符合史实，是一件比较困难的事情。此句一般解为孔防叔奔鲁，以之为立足之地。邹，即是指“鲁”。掎足，犹言“立足”，指在鲁地扎根。这样，与上下文比较吻合。还有两种解释，一是宋国发生哗乱，孔父嘉遭难，子木金父奔鲁，成为孔子的先人；孔父嘉的弟弟宣靖留在宋邑，以先父食邑地“邹”为姓。奔鲁者孔，留邑者邹。邹，就是孔父嘉的弟弟所在之地。此句即是孔父嘉的弟弟与邹人相融合。二是“邹”通“陬”，指陬邑，是孔子的出生地，句意是孔防叔的后代在陬邑扎根。陬邑也是鲁之邑名。几种说法相比较，还是以“邹”代“鲁”的解释比较合乎情理。

18. 楚元王世家第二十

穆生置醴

按：此句指刘交礼敬穆生，设宴时为其专设甜酒。《汉书·楚元王传》曰：“初，元王敬礼申公等，穆生不嗜酒，元王每置酒，常为穆生设醴。”由此看出，刘交礼贤名士，对穆生的尊重和照顾无微不至，连在宴请摆酒这样的细节上都能体现出来。此句明写刘交礼贤敬士，而暗里则是批评其孙刘戊的怠慢人才，而导致败亡。《汉书·楚元王传》曰：“及王戊即位，常设，后忘设焉。穆生退曰：‘可以逝矣！醴酒不设，王之意怠，不去，楚人将钳我于市。’称疾卧。申公、白生强起之曰：‘独不念先王之德与？今王一旦失小礼，何足至此！’穆生曰：‘……先王之所以礼吾三人者，为道之存故也；今而忽之，是忘道也。忘道之人，胡可与久处！岂为区区之礼哉？’遂谢病去。”

19. 曹相国世家第二十四

功无与二

按：这里的“功”，是指战功，即攻城野战之功。从这个意义上来说，曹参的战功是无与伦比的，诸将都是如此认为。至于刘邦让萧何之功第一，含有一种主观色彩。因为萧何与曹参的两种功劳是无法比较的，是无法衡量的，只在于人们的主观感觉。司马贞在这里用“功无与二”，可能含有认为曹参之功在萧何之上的意思，但这不是定评，也有可能是一句感慨句，认为曹参的功劳很大，讥讽刘邦右萧何而左曹参的做法。

20. 陈丞相世家第二十六

推陵让勃

按：此句意为陈平善于推脱和谦让，将右丞相之尊位让于王陵与周勃。推陵，很容易被理解为与“让勃”一致，将“推”与“让”作为同义复词来理解，从史实的角度来看，此解不妥。周勃为右丞相，陈平确实是推让而致；而王陵担任右丞相，看不出陈平有推让的迹象，因为曹参去世后，汉惠帝刘盈就是任命王陵为右丞相。故此，“推”字宜解作推脱、推责，正因为陈平同意立诸吕为王，王陵才势孤力单，而被削去实职，悲愤而死。

21. 三王世家第三十

褚氏后补

按：此句很容易被理解为《三王世家》为褚少孙所补作。其实不是。据《汉书》记载，司马迁死后，《史记》在流传过程中散失了十篇，仅存目录。褚少孙做了补充、修葺工作。张晏注解《汉书·司马迁传》曰：“迁没之后，亡《景纪》《武纪》《礼书》《乐书》《兵书》《汉兴以来将相年表》《日者列传》《三王世家》《龟策列传》《傅靳列传》。元成之间褚先生补缺，作《武帝纪》《三王世家》《龟策》《日者传》，言辞鄙陋，非迁本意也。”其实，张晏所说不准确，《三王世家》并非缺失，也并非全文为褚少孙所补，司马迁以封册文代为原作，褚少孙采集遗事作为附补，也已标明“褚先生曰”，不可将《三王世家》视为缺失。

请立齐、燕

按：此句表述不妥。武帝三子究竟立为何王，并非由臣下提出具体建议，而是臣下提供地图资料，由武帝圈定。《三王世家》曰：“制曰：‘立皇子闳为齐王，旦为燕王，胥为广陵王。’”这些都是武帝独断于心，非臣下所能为。如立齐王，本《世家》褚补记载：“闳且立为王时，其母病，武帝自临问之。曰：‘子当为王，欲安所置之？’王夫人曰：‘陛下在，妾又何等可言者。’帝曰：‘虽然，意所欲，欲于何所王之？’王夫人曰：‘愿置之洛阳。’武帝曰：‘洛阳有武库、敖仓，天下冲厄，汉国之大都也。先帝以来，无子王于洛阳者。去洛阳，余尽可。’王夫人不应。武帝曰：‘关东之国无大于齐者。……’王夫人以手击头，谢曰：

‘幸甚。’”故此，此句的真正含义只能是“请立为王”，而非是请立为具体的什么地方的王。这两者是有区别的。

22. 伯夷列传第一

与善徒云

按：《伯夷列传》曰：“或曰：‘天道无亲，常与善人。’”是此句所本。司马贞为了讲求押韵，在句末用一“云”字，则将此句变成肯定句，与司马迁的观点大相径庭。他在《索隐》中曰：“太史公惑于不轨而逸乐，公正而遇灾害，为天道之非而又是邪？深惑之也。盖天道玄远，聪听暂遗，或穷通数会，不由行事，所以行善未必福，行恶未必祸，故先达皆犹昧之也。”司马迁在“天道无亲，常与善人”前用“或曰”二字，是表明“有的说”，并不代表他的观点，而后面用“余甚惑焉，傥所谓天道，是邪非邪？”则是对这两句话提出质疑，表示否定。如果这句改成疑问句，作“与善徒欤”或“与善徒耶”，则与司马迁的观点略为接近，可惜的是“欤”字并不押韵，而“云”字则是表示肯定的助词，其含义相背矣！

吉凶倚伏

按：此句“吉凶倚伏”本之于老子的“祸兮福之所倚，福兮祸之所伏”，贾谊《鵩鸟赋》做了充分的阐述，以老庄的齐生死、等祸福的思想来自我解脱，曰：“祸兮福所倚，福兮祸所伏；忧喜聚门兮，吉凶同域。”而司马迁在《伯夷列传》中所阐述的，并不是这一思想，而是祸福无常，借以批判“天道”的不合理。所以，此句用于此《列传》的《述赞》，并不准确。

得自前闻

按：此句与前句“子罕言命”，有不同的解释。一是认为两句都作孔子来解，是孔子“罕言命”，孔子“得自前闻”，这样的解释虽然能通，但与《伯夷列传》的文义非常游离，故不取。二是两句都作司马迁来解，是司马迁很少谈及天命，即使是谈了也是取自“前闻”，此说固然可通，但“罕言命”，实实在在是出于孔子，似乎不可移到司马迁头上，故也不取。三是将两句分说孔子、司马迁两人，“子罕言命”是指孔子；“得自前闻”的主语暗换，并不指孔子，而是指司马迁，认为虽然孔子谈到天道、天命，但他不信“天道”“天命”之说，虽然说及，也只是根据前人的说法，司马迁是持批判态度的。此说比较接近司马迁原意，故宜取之。

不附青云

按：此句一般理解为司马贞称赞许由、卞随、务光等隐士，他们并没有依附显贵之人而出名。但是，他们虽然志行高洁，而没世无名，与司马迁所要表达的附骥扬名观点正好相反。司马迁在《伯夷列传》曰："'君子疾没世而名不称焉。'……伯夷、叔齐虽贤，得夫子而名益彰；颜渊虽笃学，附骥尾而行益显。岩穴之士，趋舍有时，若此类名湮灭而不称，悲夫！"在《太史公自序》中说："扬名于后世，以显父母，此孝之大者。"司马迁则是主张扬名的啊！看来，司马贞并没有很好地把握司马迁的思想精髓。

23. 孙子吴起列传第五

筹策庞涓

按：此句有两解。一是孙膑被膑，运筹谋划，算计庞涓，将其打败。其主语是孙膑。二是作倒装句理解，即为了押韵，将主语"庞涓"二字置后，即为"庞涓筹策"，意即孙膑的被处膑刑，是庞涓的暗中谋划。"筹策"二字为算计的意思。根据上下文，上句是"其孙膑脚"，已经写了孙膑被砍去膝盖骨之事，此句则是写孙膑为齐国谋划，在桂陵之役和马陵之役中打败魏国，消灭庞涓。故此，此句宜作前解。

24. 伍子胥列传第六

抉眼弃德

按：此句由两个词组合成，为两个主语，即吴王"弃德"、子胥"抉眼"，且为倒装句，先是吴王听信奸臣之言，不信忠臣伍子胥，背信弃德；而后是吴王赐剑，让子胥自杀，子胥"抉眼"，预言吴国将要被楚国灭亡。句意为吴王背德，重用奸佞，赐剑令子胥自裁，子胥悲痛万分，挖出双眼，挂于吴东门，要看着吴国灭亡！

25. 仲尼弟子列传第七

合志同方

按：此句有广义和狭义两解。从广义上来解释，孔子弟子受孔子思想熏陶，志向相同，意趣相投。从狭义上来理解，孔子与曾皙的志趣相一致。据《论语·先进篇》载，有一次，子路、曾皙、冉有、公西华一同陪孔子闲坐。孔子让他们各谈其志。曾皙最后谈了自己的志向，说："暮春三月，春天的衣服穿在身上，陪着五六位成年人，六七个小孩，在沂水里洗洗澡，在舞雩台上吹吹风，唱着歌儿走回家。"孔子听后，长叹一声说："我的想法和你一样啊！"两相比较，还是从广义的角度来解释比较好，因为此《述赞》中没有写到仲尼具体弟子的行为。

空臣素王

按：此句有三解。一是将"空臣"与"素王"作并列词组来解，都是指孔子。空臣，是说孔子虽然没有封地，没有民众，是一位没有权势而有深远影响的臣子；素王，是对孔子的尊称，称孔子是无冕之王，具有相当强的号召力和影响力。二是将孔子与佛教领袖释迦牟尼并列，给予至高无上的荣誉和赞美。空臣，即是"空王"的意思，因为后面的"素王"已有"王"字，故将"空王"改为"空臣"，是对佛教领袖释迦牟尼的尊称。空王，是佛教语，佛说世界一切皆空，故称为"空王"。三是将"臣"字用作动词，联系此句的上文，是"惜哉不霸"，是说孔子具有如此的学识水平，却没有能够辅佐君主称霸，换句话来说，君王白白地以孔子为臣，而没有能够使国家强盛，真是可惜啊！联系前后文，似以第三解为佳。

26. 穰侯列传第十二

应变无方

按：此句当指魏冉应对秦武王突然死亡的及时处置。《穰侯列传》载："武王卒，诸弟争立，唯魏冉力为能立昭王。昭王即位，以冉为将军，卫咸阳。诛季君之乱，而逐武王后出之魏，昭王诸兄弟不善者皆灭之，威振秦国。"司马光《通鉴》曰："魏冉援立秦昭王，除其灾害，荐白起为将，南取鄢、郢，东属地于齐，使天下诸侯稽首而事秦。秦益强大者，魏冉之功也！"如果魏冉是"应变无方"，能够让嬴稷登位吗？能够在嬴稷登位后迅速平定"季君之乱"吗？能够在从政生涯中四登相位，立下赫赫战功吗？回答是否定的。故此，"无方"宜作"无妨"来解释。无妨，即没有妨碍，没有滞碍，意即能够随机应变，能够迅速处理突如其来的复杂情况。当然，称为"有方"，有方略，也似乎更为妥当。而此句还有相反的解释，即穰侯魏冉面对突然的变化，没有应对的方略，与本《述赞》最后两句"一夫开说，忧愤而亡"相呼应，是说魏冉面对范雎的挑战，束手无策，最后是黯然出关，忧愤而死。这样说固然有道理，但从总体上来说，却是没有道理。此句的前句为“穰侯智识”，是对魏冉的充分肯定，怎么接着就来了一句彻底的否定呢？没有这样的道理。这一句是肯定之辞，毋庸置疑。无方，疑作“无妨”来解释。

27. 白起王翦列传第十三

拔齐破荆

按：这句在理解上存在歧义。上句“递为秦将”，可理解为白起与王翦相继为秦将，是总写。此句“拔齐破荆”，是写白起与王翦的总体功劳。有的则做另外的解释，以为是“破荆拔齐”的倒装句，灭楚为王翦，灭齐为王贲，就认为上句“递为秦将”是指王翦、王贲父子相继为将。这样理解不妥，是望文生义，与全文主旨不合。此两句是承上“白起、王翦，俱善用兵”而来，“递为秦将”的主语只能是指白起、王翦，这是毫无疑问的。再说，下面还有“贲、离继出”，故此句不能理解为王翦、王贲父子。那么，弄清了这一问题，对于“破荆拔齐”也有两种理解。一是作广义的理解，即是总写白起、王翦一生的战功；二是作狭义的理解，突出白起、王翦建功的重点事件。司马迁在《太史公自序》中说：“南拔鄢郢，北摧长平，遂围邯郸，武安为率；破荆灭赵，王翦之计。”白起主要是攻破楚国郢都和打赢长平之战；王翦主要是灭赵和灭楚。这两句主要写白起的攻楚、王翦的灭赵，下面四句主要写白起的长平之战、王翦的攻灭楚国。这样理解比较妥当。

贲、离继出

按：此句“贲、离继出”，本来是指王贲、王离相继为秦将，而下句“三代无名”，主要是写王离，三代，是指第三代，是代指王离，是说将门到了第三代，就失去了名望，变成强弩之末，不能功成名就。故此句主要是指王翦之子王贲，“贲、离”为偏正词，当作“贲”字来理解。故此，此句与下句准确地说，是“王贲继出，王离无名”。

28. 范雎蔡泽列传第十九

一言成蹊

按：此句连同上句“势利倾夺”，虽然是承上两句“纲成辩智，范雎招携”而来，并不单指范雎或蔡泽，而是作者的感慨句，兼写范雎、蔡泽二人。意即在那种“势利倾夺”的时代，居然还有这种进贤让位的举动。先是范雎荐举蔡泽，因为范雎的一番推荐，蔡泽就荣登相位；后来蔡泽被人谗毁，也毅然辞去相位，荣宠终身。《范雎蔡泽列传》曰：“应侯因谢病请归相印。昭王强起应侯，应侯遂称病笃。范雎免相，昭王新说蔡泽计画，遂拜为秦相，东收周室。蔡泽相秦数月，人或恶之，惧诛，乃谢病归相印，号为‘纲成君’。居秦十余年，事昭王、孝文王、庄襄王，卒事始皇帝。”可见，范雎、蔡泽两人都能够急流勇退，走出一条明哲保身的路子。

29. 乐毅列传第二十

芳规不渝

按：此句是说乐毅的美德风范永远流传。可从史实的角度来看，似乎不足为据。《乐毅列传》曰：“其明年，乐乘、廉颇为赵围燕，燕重礼以和，乃解。后五岁，赵孝成王卒。襄王使乐乘代廉颇。廉颇攻乐乘，乐乘走，廉颇亡入魏。其后十六年而秦灭赵。”上句说是“间、乘继将”，将乐间、乐乘视为乐毅的后人，乐间成为赵国将领的事迹不详，而乐乘只是乐间的宗人，为赵将后，曾率兵攻打燕国，而乐毅则是往来于赵国、燕国之间，与燕国重新交好。可见，乐毅之遗风不存矣。此句有失实之处。

30. 廉颇蔺相如列传第二十一

壮气熊熊

按：此句意即廉颇率军勇猛出战，为赵国立下赫赫战功，具有大将风度。而此句也可理解为是指蔺相如。蔺相如在为赵使秦，和氏璧得以归赵，以及渑池之会，气压秦王，是何等的“壮气”！而从下句“各竭诚义”来看，此句及上句分明是既写蔺相如，也写廉颇，故下句用一“各”字。故此句宜解为是写廉颇。壮气熊熊，也非常吻合廉颇将军的英雄本色。也许有人认为，以上两句均是指蔺相如和廉颇。仔细推敲，两人还是有区别的，尤其是上句“清飙凛凛”，以指蔺相如为宜。故此，上句指蔺相如，下句指廉颇，作如是解，则妥矣。

递为雌雄

按：此句意指廉颇、蔺相如相继成为赵国的“中流砥柱”。有的将“雌雄”理解为相互竞争，逞强争胜，指廉颇不服蔺相如为上卿之事，而要与其一决雌雄，争位比次。廉颇固然有此事，但从叙述的顺序来看，此解似为不妥。下文写“和璧”“渑池”，而廉颇争胜在此之后。此“为雌雄”，是相对于“各竭诚义”而言，是指蔺相如、廉颇两人为赵国呕心沥血，不遗余力地献智尽力。“雌雄”，是偏正词组，单指“雄”字，递为雌雄，即是相继为雄。

31. 吕不韦列传第二十五

华阳立嗣

按：此句“华阳立嗣”，非指华阳夫人确立子楚为国君继承人，而是秦王安国君立华阳夫人的养子子楚为国君继承人。“华阳”一词不能作为主语来理解。

邯郸献女

按：此句“邯郸献女”，为“于邯郸献女”，即吕不韦在邯郸向子楚献上绝色女子；或为“献邯郸女”，即吕不韦向子楚献上邯郸的绝色女子。含义大致相同，当以前解为优，说明“献女”是子楚在赵国为人质之时。

及封河南

按：河南，以在黄河之南而得名。而作为郡县之名，并非秦时而有之。西汉时设河南郡，为河南得名的开始。《索隐》曰：“《秦本纪》‘庄襄王元年初置三川郡’，《地理志》‘高祖更名河南’。此秦代而曰‘河南’者，《史记》后作，据汉郡而言之耳。”观本《列传》几处用到“河南”二字，实指黄河以南之地，而非河南郡。

32. 刺客列传第二十六

定吴篡位

按：此句“定吴篡位”，意即公子光夺取王位后，使吴国安定了下来。“篡位”在前，“定吴”在后。所谓“定吴”，主要是指吴国的王位又回到吴王寿梦长子诸樊的子孙手上，理顺了承继关系。此事说来话长。吴王寿梦有四个儿子，四子季札最为贤能，寿梦便想传位给季札，可季札不答应。于是，寿梦让长子诸樊代为继位。诸樊去世，留下遗命，把君位传给其弟余祭，目的是想按次序以兄传弟，而后把王位传给季札，以满足先王寿梦的遗愿。余祭死后，又传位给其弟余眛；余眛将死，也想传位于其弟季札，可季札就是不答应。问题出来了，余眛将王位传给谁呢？吴人认为，既然季札不愿当王，余眛成为兄弟中最后一个当王的人，死后应该由他的儿子继位。于是，余眛之子僚立为吴王。而老大诸樊的儿子公子光却不这么认为。他认为，既然叔父季札不愿当王，我的父亲是先王寿梦的长子，最先当王，我应当继承王位，怎么可能由余昧之子继承王位呢？于理不顺啊！于是，他志在夺取王位，才有了专诸刺杀吴王僚的事情。公子光为吴王，似乎是理顺了王位承继关系，故认为是“定吴”。只是这“定吴”有些不光彩，是以刺杀来上位的。

彰弟哭市

按：此句写聂荣为彰显弟弟聂政的侠义行为，在街市上伏尸痛哭，不避其诛。此句采用了明暗两条线的写作方法，明写聂政之姊聂荣，怕弟弟的名声被埋没而前来认尸；暗写刺客聂政，成功地刺杀侠累，而怕连累其姊，自毁其容。时人评论说：“非独政能也，乃其姊亦烈女也。向使政诚知其姊无濡忍之志，不重暴骸之难，必绝险千里以列其名，姊弟俱戮于韩市者，亦未必敢以身许严仲子也。”

懦夫增气

按：此句承上句“暴秦夺魄”而来，荆轲刺杀秦王，使得残暴凶狠的秦王嬴政丧魂落魄。此句用“懦夫”二字，是指高渐离。高渐离改名更姓，潜逃打杂，似乎是怯懦，从后来的行为来看，他并不是内心怯懦，而是躲过灾难，隐忍待时。后来他身份暴露，秦始皇让人弄瞎他的双眼，让他进宫击筑。而高渐离念念不忘的，仍是刺杀秦王，便将筑中灌铅，增加重量，趁秦王不备，掷筑行刺，结果未遂，被秦始皇击杀。此用“懦夫”二字，是与上句“暴秦”相对，但不是很妥当，即使是用“匹夫”二字，似乎也要好一些。当然，这句话还有一解，就是将“懦夫”作宽泛解释，指一般懦弱的人。连同前句“暴秦夺魄”，是说荆轲刺杀秦王虽然没有成功，但也使得秦王丧魂落魄，而使受到暴秦欺虐又忍气吞声的人非常解气。只写荆轲刺秦当时的情景，这样的解释可能更好。但相对而言，将“懦夫”作高渐离来理解，在含义上更深了一层，故似可取之。

33. 李斯列传第二十七

置酒咸阳

按：此句“置酒咸阳”，一般理解为秦始皇置酒于咸阳宫，设宴招待群臣，李斯驳斥齐人淳于越分封的建议，提出了一整套巩固中央集权的计划。细考文义，其实不是，此句与下句“人臣极位”十分关联，当指李斯在都城咸阳的府邸私宴，故此句主语仍然是李斯，而不是秦始皇。咸阳，本义为咸阳都城，也可指咸阳宫，即秦始皇宫殿，这里则是代指李斯在咸阳都城的私人府邸，其意为李斯置酒于咸阳府邸。《李斯列传》载："三川守李由告归咸阳，李斯置酒于家，百官长皆前为寿，门廷车骑以千数。"此句即写此事。

国丧身诛

按：此句"国丧身诛"，是说由于废嫡立庶，所立非人，使得秦国灭亡，李斯参与其中，也被处以极刑而死。有的将"身诛"理解为是赵高被秦王子婴诛杀。观其前后文，此处宜指李斯，前面写其功成名就，位高权重，此处写其堕入深渊，万劫不复。而理解为赵高被杀，则是与前面写李斯首尾不相顾，游离"李斯"这一大主题，故不取。

本同末异

按：此句"本同末异"，有的理解为开头相同而结果不同，以为是赵高像拥立秦二世一样拥立了子婴，而拥立的结果却完全不同。赵高逼死了二世，子婴却族灭了赵高。故将"本"作本始、开始解，"末"作结局解。此解固然有一定的道理，但还是与李斯关联不够，非正解。反复思考，此句仍然是写李斯，是司马贞隐括《李斯列传》的"赞语"，即"人皆以斯极忠而被五刑死，察其本，乃与俗议之异"，赞同司马迁对于李斯的评价。作这样的理解，则此《述赞》首尾相顾，浑然一体。如果最后四句是写赵高，则是前面写李斯之功，后面写赵高亡秦，则是为李斯脱罪。此非也。秦之亡，李斯仍然是首罪。李斯手握重权，如果当时据理力争，不听赵高邪说，仍然坚持始皇遗命，拥立扶苏，赵高的奸谋焉能得逞？秦国焉能如此迅速灭亡，自己也焉能身首分离？

34. 魏豹彭越列传第三十

菹醢何伤

按：此句"菹醢何伤"，是说彭越后来以反叛罪被处死，又有什么值得悲伤的呢？何伤，还有一种解释，就是当作"何妨"解，句意是彭越即使是被刘邦杀了，又有什么关系呢？因为彭越确实没有造反，他的被杀，丝毫不影响他的功德和人们对他的推崇。但从字面上解释，还是以上解为主解。

35. 黥布列传第三十一

卒致无妄

按：此句"卒致无妄"，是说英布遭受无妄之灾，有为英布开脱的意思。英布被贲赫告发，如果确实没有反心，身正不怕影子斜，又有何妨？而英布却有欲反之心，只是没有发露，贲赫的告发，只是一个引子而已。据《黥布列传》载，高祖十一年（前 196），吕后诛杀淮阴侯韩信，英布恐。同年夏，梁王彭越又被诛杀，英布接到用彭越人肉做成的肉羹，更是心惊肉跳，便暗聚兵马，以备不测。而后，“淮南王布见赫以罪亡，上变，固已疑其言国阴事；汉使又来，颇有所验，遂族赫家，发兵反。……布之初反，谓其将曰：‘上老矣，厌兵，必不能来。使诸将，诸将独患淮阴、彭越，今皆已死，余不足畏也。’故遂反”。可见，英布之反，非“无妄”矣！

36. 樊郦滕灌列传第三十五

云蒸龙变

按：此句连同上句“圣贤影响”，其所本，即司马迁在《伯夷列传》中说：“‘云从龙，风从虎，圣人作而万物睹。’伯夷、叔齐虽贤，得夫子而名益彰；颜渊虽笃学，附骥尾而行益显。……闾巷之人，欲砥行立名者，非附青云之士，恶能施于后世哉！”也即《樊郦滕灌列传》“赞语”所说：“方其鼓刀屠狗卖缯之时，岂自知附骥之尾，垂名汉廷，德流子孙哉？”是说樊哙、郦商、夏侯婴、灌婴等人，开始时都很微贱，而后跟随刘邦，才建立了大功，名垂后世，风云人物的影响力和作用实在是太大了。

郦况卖交

按：郦寄卖友，首先记载在《樊郦滕灌列传》中，说：“大臣欲诛诸吕，吕禄为将军，军于北军，太尉勃不得入北军，于是乃使人劫郦商，令其子况绐吕禄，吕禄信之，故与出游，而太尉勃乃得入据北军，遂诛诸吕。……天下称郦况卖交也。”司马迁是如实记载了当时流传的说法，可见当时世人对郦寄的做法颇有微词，至少认为郦寄的做法对不起好朋友。不过人们都没有想到，郦寄面对的是父与友二者的选择。父亲郦商、朋友吕禄，都是他生命中十分重要的人，如今只能存其一，相信做选择的时候郦寄是十分痛苦的。其实，这本为一大壮举，却变成一桩丑事。而司马贞沿袭了这一观点，有些不分青红皂白，是非混淆。而班固撰《汉书》，则是纠正了这一说法。他认为，郦寄的父亲本是汉室开国功臣，而且又被周勃等人劫持，他的行为，虽使朋友吕禄被杀，却安定了国家，顾全了君臣父子的伦理大义，是可以理解的。故此，郦寄的行为，不应受到批评，而应受到表扬，古人不是有大义灭亲的说法吗？郦寄则是“大义灭友”矣！

舞阳内援

按：“内援”二字，含义不甚明确。樊哙一生，辅佐刘邦的事迹很多，如鸿门宴上拥盾入军门，秦王宫里劝说刘邦封秦府库；刘邦病重时劝刘邦与大臣商讨国事，等等。前句是“郦况卖交”，只写一件事情，而对安定刘氏政权具有巨大作用，而此句“舞阳内援”，也只宜做一件事情来理解，与平定诸吕之乱相比，樊哙力主刘邦在病重的危急关头，与大臣商议国事，而防止赵高之流假传圣旨，在皇位继承人的问题上做手脚，以保持皇权稳定，这与上句所说的平定诸吕非常相称。故此，将“内援”二字作如此解释。具体事实是，刘邦晚年宠幸宦官，不问国事，是樊哙打破了这一僵局。《樊郦滕灌列传》载：“高祖尝病甚，恶见人，卧禁中，诏户者无得入群臣。群臣绛、灌等莫敢入。十余日，哙乃排闼直入，大臣随之。上独枕一宦者卧。哙等见上流涕曰：‘……陛下病甚，大臣震恐，不见臣等计事，顾独与一宦者绝乎？且陛下独不见赵高之事乎？’高帝笑而起。”樊哙以亲戚的身份，直接与刘邦对话，并直言相劝，起到了别的大臣无法起到的作用。

滕、灌更王

按：“更王”二字，含义不明，容易误解。《四库全书考证》卷二四曰：“滕公夏侯婴及灌婴俱未封王，此‘更王’二字疑误。”这里把“更王”二字当作相继为王来理解。夏侯婴、灌婴二人确实没有为王，故认为有讹误。其实，“更王”二字，宜理解为相继侍奉君王。因为在《樊郦滕灌列传》所记载的四人中，只有夏侯婴、灌婴在刘邦去世后，继续侍奉汉朝，历经高祖、惠帝、吕后、文帝四代帝王，所以值得大书一笔。当然，“更王”二字，用得不够妥帖，需要从理解中得之。如果将“更王”二字改为“更侍”，则是好理解多了。

37. 张丞相列传第三十六

相国阿衡

按：此句连同上句“御史亚相”究竟作如何解释？存在着不同的见解：一是作为司马贞的议论来解释，阐述御史大夫、丞相的重要地位和作用，因为此传就是作为汉朝丞相、御使大夫的合传，故此抒发议论，但是放在《述赞》的中间，似乎不太像，或许，是司马贞别出心裁所致？前后叙写人物，中间插上两句议论，也是未可知。二是叙写任敖的事迹，因为从前后文来看，前面写张苍，后面写周昌、申屠嘉，中间恰好就是写任敖的位置。但是，细细思考，也不太像。上句“御史亚相”，固然可以说得通，但非常勉强。据载，任敖是沛郡人，年轻时在沛县监狱作小吏。二世初年，刘邦弃职亡命，受到官府的追究，夫人吕雉被牵连逮捕，狱中受到不善待遇，任敖大怒，出手击伤主持吕雉狱事的官吏。任敖后来也随刘邦起兵，封为广阿侯，任为上党郡守，吕后当政后，念及往日旧事，任命任敖为御史大夫，以副首相主管司法政务。但是，下句“相国阿衡”，却无论如何说不通了，难道任敖发挥了丞相伊尹的作用？而任敖的事迹非常有限，不就是当年照顾了吕后，而不让其受辱这么一点芝麻大的事情吗？不就是当个御史大夫，也是凭着人情关系，并不是他有什么真本事啊！而与丞相一职，则无论如何扯不上关系。那么，还有一种解释，“御史”一句指任敖，“丞相”一句指张苍，或者指张苍、申屠嘉？似乎也不妥，有些颠三倒四，前扯后拉。故此，这两句还是作为承前启后的议论句来处理。

38. 袁盎晁错列传第四十一

亦多附会

按：“附会”一词，司马迁在《袁盎晁错列传》“赞语”中说：“袁盎虽不好学，亦善傅会。”意思是说袁盎虽然不好学，可是他善于领会贯通，是从正面来说，是含有褒义的。而如今，“附会”一词则是贬义词，一般认为是牵强附会，东扯西拉。而袁盎的附会，多半是引证解释，有些是想当然，如诛杀晁错，他认为杀掉晁错，叛乱就会停止，事实并不是如此。也正因为他“不好学”，才会这样。故此，这里仍作贬义词来解释。

揽辔见重

按：“见重”二字，与《袁盎晁错列传》的文义不合，用得不太准确。司马迁叙述袁盎阻止文帝驰马下山这件事后，只是用“上乃止”三字，究竟是看重袁盎，还是勉强接受袁盎的建议，不得而知。而在后面，有总括性的叙述，是“然袁盎亦以数直谏，不得久居中，调为陇西都尉”，可见，文帝在总体上是不喜欢袁盎的直谏的，“见重”二字，有所偏废。

却席翳赖

按：此句指袁盎非常注重名分，将皇后与慎夫人的席位分开，得到皇上的肯定和慎夫人的赏赐。却席，指退掉慎夫人的正位之席。“翳赖”二字，有两种解法。一种是“翳”当作“是”解，“赖”当作“得益”解，句意则是袁盎让慎夫人与皇后有尊卑之分，得到皇上采纳，自己也从中得益，即得到赏赐。另一种是将“翳”作通“宜”来解，即适宜、应是，“赖”作信赖、信任解，引申为肯定。句意是袁盎让慎夫人与皇后有尊卑之分，则是正确的做法，是可以信任、值得肯定的。两解皆可，宜采用第一种解法为是。

尊主卑臣

按：此句意指晁错主张削藩，使皇上尊贵，诸侯卑微，结果招来杀身之祸。“卑臣”二字，有两种解法。一是将“臣”解为被削地的诸侯王。晁错主张削藩，使他们卑微、难堪，故起而反之。一种是将“臣”解为晁错自己，“卑”解为卑微，引申为危险，此句意即主上尊贵了，而晁错自己却惹来麻烦了。此解亦可，而与下句“家危”二字略有重复，故不取，而取第一种解法。

39. 吴王濞列传第四十六

衅成提局

按：此句意为汉太子刘启与吴太子刘贤对局引发争端，刘启击杀吴太子，成了吴楚反叛的祸根。吴楚叛乱，固然有当年吴太子被杀的因素。但是，这只是个起因，并不就是真正形成于此，而其实是因削藩而起，以及刘濞的野心膨胀，多种因素促成了他的反叛。《吴王濞列传》中说得很明白：“汉廷臣方议削吴。吴王濞恐削地无已，因以此发谋，欲举事。”故此句的措辞略有不妥之处。

40. 魏其武安侯列传第四十七

冤哉二公

按：二公，指窦婴和灌夫。对于他们的被杀，司马贞发出感慨，认为是天大的冤屈。他们的被杀，固然有冤屈的成分，但归根结底，他们本身也不是碧玉无瑕。俗语说，苍蝇不叮无缝的蛋，蛋的本身有了裂痕，让苍蝇有了可乘之机。对此，司马迁评论说：“魏其诚不知时变，灌夫无术而不逊，两人相翼，乃成祸乱。”相对而言，司马迁的评论比较客观，比较符合历史事实。

41. 卫将军骠骑列传第五十一

取乱彝章

按：此句“取乱彝章”，是对卫青的受宠和尚主的批评，认为卫青与平阳公主结为夫妻，分明是搞乱了伦理纲常。这实在是吹毛求疵，没有抓住要害问题，有失妥当。虽然卫青在鼎盛时期炙手可热，一门四封侯，贵盛一时，但这并不是他的本愿，他曾经在封侯时说：“臣幸得待罪行间，赖陛下神灵，军大捷，皆诸校尉力战之功也。陛下幸已益封臣青。臣青子在襁褓中，未有勤劳，上幸列地封为三侯，非臣待罪行间所以劝士力战之意也。伉等三人何敢受封！”他本身是一个非常低调的人，自始至终安于作为臣子的本分，没有任何过分的举动，即使是有人劝他招才养士，他也一概回绝，认为“人臣奉法遵职而已”；娶平阳公主，也是不得已而为之，是平阳公主愿意这么做，而不是卫青积极主动，只是被动服从而已。所谓“乱”，是司马贞的想象之辞、不实之词，实在是有损卫青的清誉。

42. 平津侯主父列传第五十二

死非时蠹

按：此句“死非时蠹”，比较费解，其意大致为主父偃死后，遭到别人的指责、毁谤。上句“生食五鼎”，“生食”为主谓词组，“食”为动词宾语，“五鼎”为补语；此句如作与此结构相同的解释，则“非”字作动词谓语，指非议、诽谤、诬陷。时蠹，则指那些诽谤主父偃的人。《平津侯主父列传》载：“齐王自杀，上闻大怒，以为主父劫其王令自杀，乃征，下吏治。主父服受诸侯金，实不劫王令自杀。上欲勿诛，是时公孙弘为御史大夫，乃言曰：‘齐王自杀无后，国除为郡，入汉，主父偃本首恶，陛下不诛主父偃，无以谢天下。’乃遂族主父偃。”看来，所谓“时蠹”，则是指当时国家的蛀虫，显然，这里不指主父偃，而是指公孙弘之流。主父偃虽然有受金的行为，但确实没有逼迫齐王自杀，故罪不至死，而公孙弘一句话，却把主父偃送上了断头台。可知，主父偃的死，是遭到公孙弘的非议、诽谤，公孙弘借刀杀人，是国家的蛀虫啊！此句还有其他的解释，都不太理想，这里不取。

43. 朝鲜列传第五十五

兆祸自斯

按：按照行文结构，此句与下句“狐疑二将”为上下句，是倒装句，意即二将狐疑，是灾祸的征兆。如此理解，还存在一些问题。其一，“祸”字究竟作何理解，是指卫氏朝鲜的亡国之祸，还是指荀彘、杨仆二将后来的被杀之祸？如果作二将被杀之祸理解，则此两句为倒装句是成立的。但是，从本篇的主体内容来看，无疑是指卫氏朝鲜的亡国之祸，则此两句作倒装句来理解，则是不妥的，不能说明根本问题。其二，卫氏朝鲜亡国祸端、根源究竟是什么？还是需要认真推敲的。从司马迁撰写《朝鲜列传》的内容来看，其根源应是上面两句的内容，即是右渠的盲目自大，不肯尊奉汉朝，正处于强盛时期的汉武帝岂能容忍？而汉使涉何从中横插一杠子，临走时杀死朝鲜的将军，又谎报军情；朝鲜得知真情后，又杀掉涉何，爽是爽矣，但真正是大祸临头了，因为卫满朝鲜与汉朝不在一个等量级啊！汉武帝能够容忍这样的事情发生？故此，这才是真正的祸端。司马迁在“赞语”中说：“右渠负固，国以绝祀。涉何诬功，为兵发首”，正是这句的注脚。其三，根据以上分析，则可知，此句与下句为前后相承的陈述句，而并非倒装句。此句是总结上句，“斯”字代指上两句的内容，而不是代指下句的内容。当然，由于荀彘、杨仆二将相互猜忌，犹豫不决，甚至内斗，使得右渠的投降没有成功，一波三折，横生枝节，也是其亡国的重要原因，但不是根本的原因。故此，此句与下句宜做如下理解：卫氏朝鲜灭亡的根源，就出在右渠的妄自尊大而不朝以及涉何的谎报实情而被杀上，荀彘、杨仆二位将领之间的互相猜疑而出错，也是其灭亡的重要因素。

纷纭无状

按：“无状”二字，含义不明，可以有多种解释。一是指整个攻打朝鲜之事，复杂得一塌糊涂，没法理出头绪来。二是指朝鲜王右渠为所欲为，遇到事关存亡的大事，没有章程，出尔反尔，导致灭亡。三是指汉朝派出的使臣、将军，处事无方，甚至心术不正，涉何无端杀人，又虚报实情，而后被杀，卫山、公孙遂作为钦差大臣，卫山没有完成任务，公孙遂轻信他言，乱捕大将，把事情弄得更加复杂，而被武帝处置。杨仆、荀彘，二将争功，把汉朝的脸面全都丢尽了，结果都没有好的下场。四是单指杨仆、荀彘二将争功之事。五是汉武帝处理派兵攻打汉朝的事情，反复无常，滥行君威，诛杀朝臣。以上的解释都可以成立，但反复推敲，当以第三种解释为佳。因为这句是总结性叙说，概述他们都没有建立功绩。朝鲜是攻下来了，但他们却身败名裂了。

44. 淮南衡山列传第五十八

兄弟不和

按：兄弟不和，究竟做何解释？可作通解，即指刘长几代人都是如此；也可作专解，即专指衡山王刘赐的儿子不和。两解都有道理。作通解，将这两句作为总括来理解，是前面八句的结论，而在事实上，几代人都是“兄弟不和”，包括刘长的两个儿子刘安与刘赐，以及刘安的两个儿子太子刘迁与庶子刘不害、刘赐两个儿子太子刘爽与弟弟刘孝。作专解，上两句是写刘安，此两句顺承而来，写刘赐，也是顺理成章。反复考虑，还是作通解更好一些，涵盖的内容更为广泛，也完全符合司马迁在《淮南衡山列传》中所记载的历史事实。据载，刘长的子孙，几代人都不相和睦。刘安和刘赐两兄弟在礼节上相互责怪抱怨，关系疏远。刘赐闻知刘安制造用于叛逆谋反的器具，也倾心结交宾客来防范他，深恐被他吞并。至于他们的儿子，也是钩心斗角，互相算计。如刘赐的太子刘爽与弟弟刘孝不和，刘孝常在父亲刘赐前谗害刘爽，导致刘赐欲废太子而立刘孝。刘爽大怒，立刻派人告发了刘赐准备谋反之事。故此，宜作通解来解释。

45. 汲郑列传第六十

积薪兴叹

按：关于汲黯的“积薪”之叹，《汲郑列传》载：“故黯时丞相史皆与黯同列，或尊用过之。黯褊心，不能无少望，见上，前言曰：‘陛下用群臣如积薪耳，后来者居上。’上默然。”一般认为是汲黯比较保守，心胸比较狭隘，看不得新人成长，持有批评之意。其实，对这一问题要从两方面看。一方面，汉武帝不拘一格用人，重用了大量的新人，使得汉朝的事业能够推进下去，这是应当值得肯定的。另一方面，也折射出汉武帝用人的偏颇，如汲黯这样的“社稷臣”，则一直得不到升迁，得不到重用，这不得不说是汉武帝用人的一种缺失。故此，“积薪”之叹，有着一定的积极意义；而汲黯所叹，也不完全是从个人的角度来看问题，而是从国家的利益来思考问题。对于这一点，我们不应当予以忽视。

46. 酷吏列传第六十二

“苍鹰”侧视

按：侧视，本是指郅都严酷，列侯宗室见到他如见到鬼一样，不敢拿正眼看他。而这里的“苍鹰侧视”，则似乎主语是郅都，他看到列侯宗室，自是和旁人不一样，似乎都看成是他的猎物，不拿正眼瞧他们一下。如果作倒置句“侧视苍鹰”来理解，也可通，但还是作主谓句来理解，文义较好，与上句“乳兽扬威”作对句。

47. 滑稽列传第六十六

“三章”纪之

按：“三章”纪之，实际上是三章之外再纪之。本《滑稽列传》载：“褚先生曰：……窃不逊让，复作故事滑稽之语六章，编之于左。可以览观扬意，以示后世好事者读之，以游心骇耳，以附益上方太史公之三章。”而单从句式上来理解，则是容易产生误解。

48. 龟策列传第六十八

或长或短

按：此句“或长或短”，指占卜所用的蓍草有长有短。也有理解为筮短龟长，用筮占所显示的道理短，用龟卜所显示的道理长。《左传·僖公四年》曰：“初，晋献公欲以骊姬为夫人，卜之不吉，筮之吉，公曰‘从筮’。卜人曰：‘筮短龟长，不如从长。’”孔颖达《疏》曰：“卜人欲令公舍筮从卜，故云‘筮短龟长’，卜筮实无长短。”也就是说，当用蓍草与龟甲占卜，两者结果不一样，卜人认为筮短龟长，应当从卜。而晋献公则信从了筮占，故为不吉，遂有后来的五世之乱。

若瓦若玉

按：若瓦若玉，是指所用的龟甲如瓦片，似宝玉。也可理解为少数民族占卜所用的器具不同，有的用瓦片、有的用玉石。《龟策列传》载：“蛮夷氐羌虽无君臣之序，亦有决疑之卜。或以金石，或以草木，国不同俗。然皆可以战伐攻击，推兵求胜，各信其神，以知来事。”从前后文来理解，上句当是言蓍草，此句当是言龟甲，同承上文“三王异龟，五帝殊卜”二句而来，分说蓍草和龟甲二事。这样理解，比较吻合文义。

49.《货殖列传》第六十九

倚市邪赢

按：此句“倚市邪赢”，指经营商业切忌使用奸诈的手段获取盈利。倚市，即“倚市门”，指经营商业。《货殖列传》曰：“夫用贫求富，农不如工，工不如商，刺绣文不如倚市门。此言末业，贫者之资也。”有的将“倚市”理解为倚门卖笑，将此句理解为用自己的身体做本钱而得到赢利。这是不妥的。“倚市”固然有娼妓卖笑之解，但用在这里则不妥当。这里与“刺绣文”相对，是前句“工不如商”的具体阐述，是代指经营商业。泷川资言《史记会注考证》曰：“刺绣文，工之事；倚市门，商之事。”此为正解。其他的歪解曲说，不足说矣！

（沈燕，江苏省海外发展协会办公室秘书。）

《史记》人物研究

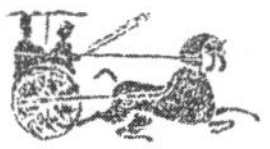

秦失其鹿，豪杰竞逐，项羽既得而失之，其咎在烹韩生，而范增之谋不用。假令羽既距项伯之邪说，斩沛公于鸿门，都咸阳以号令诸侯，则天下无敌矣。

历阳侯范增论

薛从军

目前国内专题研究范增的文章并不多见。较早论范增的，当推汉高祖刘邦的“有一范增而不用”的评论。此后历代诗文多有涉及范增其人的，各个朝代的史书也多有记载历史人物对范增简短的评述，但大部分是零散的，不是专论。苏轼有一篇《范增论》算是较早专文论述了，他认为范增是人杰；洪迈《容斋随笔》卷九有一篇《范增非人杰》，认为范增不是人杰。此后明代湛若水《泉翁大全》卷之三十三有专文论及鸿门宴上范增之事；清代王鸣盛在《十七史商榷》对范增也有评论。

当代古代史研究专家钱穆、吕思勉等学者和史记研究专家韩兆琦、张大可等，在他们的专著里对范增论述也多有涉及。目前对范增研究大致如此。本文拟从政治文化层面对范增做一专论。

一、范增其事

《史记》关于范增的事，有六件。这六件事能基本反映范增的性格和特质。

其一，见项梁，说项梁立楚王孙心为王，以便号召天下。

居鄛人范增，年七十，素居家，好奇计，往说项梁曰：“陈胜败固当。夫秦灭六国，楚最无罪。自怀王入秦不反，楚人怜之至今，故楚南公曰‘楚虽三户，亡秦必楚’也。今陈胜首事，不立楚后而自立，其势不长。今君起江东，楚蜂午之将皆争附君者，以君世世楚将，为能复立楚之后也。”于是项梁然其言，乃求楚怀王孙心民间，为人牧羊，立以为楚怀王，从民所望也。陈婴为楚上柱国，封五县，与怀王都盱台。项梁自号为武信君。①

这里交代范增（前 278—前 204）是居鄛（今巢湖）人，已经 70 岁了，一向居住在家，好奇计。看来范增在家乡很有声望，喜欢帮助人，而且帮助成功，否则“奇计”就无从谈起。居鄛属楚，范增也是楚人，“以君世世楚将，为能复立楚之后也”。灭秦复楚应该是他的大志，故又建议立楚王后代心为王，且有号召力。楚国地域最广，人口最多，推翻秦王朝呼声最高，决心也最大。范增这一建议很快被项梁采纳，他参加了灭秦复楚的大军，这一年是秦二世二年，即公元前 208 年。此时范增身份不明。

“不立楚后而自立，其势不长”，此话有根据。此前，陈胜自立号张楚，称陈王。广陵人召平“乃渡江矫陈王命，拜梁为楚王上柱国”。“当时是，秦嘉以立景驹为楚王，军彭城东，欲拒项梁。”陈胜自立而死，“景驹走死梁地”，这都是“势不长”。

其二，在项梁兵败战死之后，范增被楚王孙心任命为末将。

初，宋义所遇齐使者高陵君显在楚军，见楚王曰：“宋义论武信君之军必败，居数日，军果败。兵未战而先见败征，此可谓知兵矣。”王召宋义与计事而大说之，因置以为上将军，项羽为鲁公，为次将，范增为末将，救赵。②

项梁因为打胜仗而骄，轻敌，以致战败而亡。宋义因为能预见战败，被楚王孙心任命为上将。项羽为次将，范增为末将，此二将受宋义统领。这一年是公元前 207 年。我们应该注意到范增一开始就是统领部队的将，而不是谋士身份。三位大将三支部队，应该各有营垒。开军事会议，三人会面，其余时间应在各个部队，互有一段距离。

其三，劝项羽急击刘邦，不要失去机会。

---

① 司马迁：《史记》，中华书局 1959 年版，第 300 页。

② 司马迁：《史记》，中华书局 1959 年版，第 304 页。

> 行略定秦地。函谷关有兵守关，不得入。又闻沛公已破咸阳，项羽大怒，使当阳君等击关。项羽遂入，至于戏西。沛公军霸上，未得与项羽相见。沛公左司马曹无伤使人言于项羽曰："沛公欲王关中，使子婴为相，珍宝尽有之。"项羽大怒，曰："旦日飨士卒，为击破沛公军！"当是时，项羽兵四十万，在新丰鸿门，沛公兵十万，在霸上。范增说项羽曰："沛公居山东时，贪于财货，好美姬。今入关，财物无所取，妇女无所幸，此其志不在小。吾令人望其气，皆为龙虎，成五采，此天子气也。急击勿失。"①

项羽是听了曹无伤的告密，准备第二天一早就攻打刘邦，范增此时说项羽增加了项羽攻打刘邦的动因。此时，范增与项羽最近，兼有两重身份：带兵将领、军事参谋。

其四，鸿门宴上要杀刘邦而未杀成，这一段写得最详细。

项羽听了项伯的劝告，放弃了原本攻打刘邦的计划，改为接待刘邦。放弃计划，显然没有与范增商讨；因为是夜里发生的变化，范增应该在另一座军营，对此浑然不知。不过，从鸿门宴座位安排看，范增的地位还是较高的，次于项伯，被称为"亚父"。项羽是孤儿，从季父项梁。项梁死，从项伯。范增与项梁是同辈，而且有奇计，又是楚人，故称"亚父"，应是尊称。

因为是亚父，故能在项羽面前发火、发怒："唉！竖子不足与谋。夺项王天下者，必沛公也，吾属今为之虏矣。"这种发火，应该是真心维护项羽，但项羽却毫无反应。

对于项伯和范增两个人，项羽更相信项伯，因为是项氏家族。鸿门宴的座位便可证明。当范增与项伯意见相左时，项羽采纳项伯的意见，鸿门宴事便是证明。范增因为是亚父，身份较高，就不与项羽相商，单边行动，叫项庄舞剑刺杀刘邦。项羽虽然没有反应，但也没有支持。鸿门宴一事反映项羽优柔寡断，随意改变计划的一面；也反映范增了解项羽为人不忍，但他自己却过于急躁，缺乏周密的计划安排。

---

① 司马迁：《史记》，中华书局 1959 年版，第 315—316 页。

其五，参与项羽分封王侯。

项王使人致命怀王。怀王曰："如约。"乃尊怀王为义帝。项王欲自王，先王诸将相。谓曰："天下初发难时，假立诸侯后以伐秦。然身被坚执锐首事，暴露于野三年，灭秦定天下者，皆将相诸君与籍之力也。义帝虽无功，故当分其地而王之。"诸将皆曰："善。"乃分天下，立诸将为侯王。项王、范增疑沛公之有天下，业已讲解，又恶负约，恐诸侯叛之，乃阴谋曰："巴、蜀道险，秦之迁人皆居蜀。"乃曰："巴、蜀亦关中地也。"故立沛公为汉王，王巴、蜀、汉中，都南郑。而三分关中，王秦降将以距塞汉王。项王乃立章邯为雍王，王咸阳以西，都废丘。长史欣者，故为栎阳狱掾，尝有德于项梁；都尉董翳者，本劝章邯降楚。故立司马欣为塞王，王咸阳以东至河，都栎阳；立董翳为翟王，王上郡，都高奴。

秦王朝已被推翻了，项羽不考虑怎样一统天下，却是想称楚王，这符合最初的计划——光复楚国。这也可能是范增原定的计划。在项羽、范增看来，秦采用郡县制和中央集权制，非但没有巩固政权，反而迅速灭亡。周天子用分封制，却能延续几百年。故采用分封诸王。各路军将也都希望封王，这种做法也迎合了诸将的心理。

项羽自己想称王，就分封诸将为王为侯，当然是私心，不过，似乎也很公平，诸将没有异议。很显然，范增参与了项羽分封诸王事。"项王、范增疑沛公之有天下，业已讲解，又恶负约，恐诸侯叛之，乃阴谋"，所谓"讲解"，就是和解。在鸿门宴上，双方已经和解了。但项羽、范增最不放心的还是刘邦，这才有"阴谋"。刘邦被封汉王这件事，应该是项羽范增共同策划的。

其六，陈平用反间计，使范增离走，发病而死。

汉之三年，项王数侵夺汉甬道，汉王食乏，恐，请和，割荥阳以西为汉。

项王欲听之。历阳侯范增曰："汉易与耳，今释弗取，后必悔之。"项王乃与范增急围荥阳。汉王患之，乃用陈平计间项王。项王使者来，为太牢具，举欲进之。见使者，详惊愕曰："吾以为亚父使者，乃反项王使者。"更持去，以恶食食项王使者。使者归报项王，项王乃疑范增与汉有私，稍夺之权。范增大怒，曰："天下事大定矣，君王自为之。原赐骸骨归卒伍。"项王许之。行未至彭城，疽发背而死。①

项羽不是政治家，见到刘邦"食乏，恐"而求和，似有不忍，"欲听之"。范增认为"汉易与耳，今释弗取，后必悔之"，于是"急围荥阳"。但是陈平用离间计，让项羽逐走了范增。从此项羽走向衰败之路，范增的结局是"疽发背而死"。

这段文字出现了"历阳侯范增"。此前分封诸王侯，未见范增封为历阳侯。范增的历阳侯是什么时候封的呢？从《史记》写作惯例看，应该在分封王之后追封的。"项王自立为西楚霸王，王九郡，都彭城。"项羽立自己为西楚霸王，却忘记给范增分封，也许后来发现，加以追封。此前称范增，称亚父，没有称历阳侯。可见，"历阳侯"是在分封诸王之后加封的，也可见范增在灭秦复楚的功劳。

二、范增是有远略的将领

历阳侯范增是怎样的人呢？历来认为范增只是谋士、军师。其实这只是范增的一部分。

范增是握有兵权的将领，又是卓有远见的谋略家。

说他是将领，他被楚王孙心封为末将，与宋义、项羽一道带兵救赵，三位将军等级不同，项羽范增都受宋义领导。这是一。后来宋义被项羽杀死，项羽被封为上将军，《史记》只说"当阳君、蒲将军皆属项羽"，并未说范增属项羽。范增的军衔不清楚，没有交代。但范增仍是带兵将军，这是确定的。二是项羽在分封诸王时，自称西楚霸王，似是统领各路诸王军马，此时范增被封历阳侯，也有军马，当然属于项羽管辖，与项羽相近，此时的谋士作用更大。

当汉兵粮食缺乏、恐惧、求和之时，范增建议攻打，"项王乃与范增急围荥阳"，可见，范增还是带兵之将。遗憾的是项羽中反间计。"稍夺之权"，当然指

---

① 司马迁：《史记》，中华书局 1959 年版，第 325 页。

夺其兵权，这才引起范增大怒。范增诚心帮助项羽，却不被信任。他料定项羽必败，自然出走。可见范增是有兵权的将领。

说他是卓有远见的战略家，表现有三：

一是立楚王孙心为楚怀王，具有号召力。清代王鸣盛说："六国之亡久矣，起兵诛暴秦，不患无名，何必立楚后？制人者变为制于人，范增谬计，既误项氏，亦误怀王。"（《十七史商榷》）王鸣盛的观点是不对的。

首先，立楚王孙心，号令天下，诸将都听从。无论是项梁、宋义、项羽、范增、沛公都听从，而且遵从怀王约定。部队有了统一的指挥，故灭秦非常迅速。如果没有怀王，各地为政，必然混乱，灭秦恐怕就不那么迅速了。

此前，陈胜打着"张楚"旗帜，天下云集响应；现在立楚王孙心为楚王，应该具有一定的号召力。至少对楚地人来说，有了一个旗子。封建社会，"王"常常具有一定的象征意义，即国家意义，立楚王，就表明楚国的存在，要灭秦复楚。

当时人们的社会心理仍处在封建制（分封制）的阶段，认为中央集权制是秦的罪过。钱穆说："故以废封建为秦罪"，"故群情怀古，仍不免恋恋于封建之旧传统"，"而当时山东豪杰一呼百应，亦为恢复封建之迷梦所驱"。[①]所谓"立以为楚怀王，从民所望也"就是这个心理的反映，的确具有号召力。范增本是楚人，立楚王，就是想灭秦复楚，这或许就是范增的战略意图。

这个战略意义，从项羽杀义帝后，诸将"叛之"就凸现出来了。正如苏轼所说："项氏之兴也，以立楚怀王孙心；而诸侯之叛之也，以弑义帝。"事实也如此。《史记·项羽本纪》："趣义帝行，其群臣稍稍背叛之"。《史记·高祖本纪》：

> 新城三老董公遮说汉王以义帝死故。汉王闻之，袒而大哭。遂为义帝发丧，临三日。发使者告诸侯曰："天下共立义帝，北面事之。今项羽放杀义帝于江南，大逆无道。寡人亲为发丧，诸侯皆缟素。悉发关内兵，收三河士，南浮江汉以下，原从诸侯王击楚之杀义帝者。"[②]

可见义帝是一面旗帜，汉王迅速利用这一面旗帜反击项羽。

---

① 钱穆：《秦汉史》，"生活·读书·新知"三联书店 2005 年版，第 36—37 页。

② 司马迁：《史记》，中华书局 1959 年版，第 370 页。

《容斋随笔》卷九“楚怀王”条对义帝作了充分肯定：

> 项梁之死，王并吕臣、项羽军，自将之，羽不敢争。见宋义论兵事，即以为上将军，而羽乃为次将。择诸将入关，羽怨秦，奋势愿与沛公西，王以羽慓悍祸贼，不许，独遣沛公，羽不敢违。及秦既亡，羽使人还报王，王曰：“如约。”令沛公王关中。此数者，皆能自制命，非碌碌孱主受令于强臣者，故终不能全于项氏。然遣将救赵灭秦，至于有天下，皆出其手。太史公作《史记》，当为之立本纪，继于秦后，迨其亡，则次以汉高祖可也。①

义帝既然有如此作用，那么立楚王就是一个远略之谋。只是项羽破坏了这个远略，也使项羽陷入不义之中而不能自拔。司马迁说：“及羽背关怀楚，放逐义帝而自立，怨王侯叛己，难矣。自矜功伐，奋其私智而不师古，谓霸王之业，欲以力征经营天下，五年卒亡其国，身死东城，尚不觉寤而不自责，过矣。”②“所谓不师古”，就是立义帝，采用分封制。可见，立义帝就是远大战略。

二是发现刘邦志气不小，将来夺天下的必定是刘邦。范增善于察言观色，并且能冷静思考，他说：“沛公居山东时，贪于财货，好美姬。今入关，财物无所取，妇女无所幸，此其志不在小。”应该说这一断定符合后来的实际。至于说“吾令人望其气，皆为龙虎，成五采，此天子气也”，那是说话的一种策略，或者假托之词，目的是要项羽“急击勿失”。

问题是鸿门宴该不该杀刘邦呢？范增从战略高度看，认为应该及早除掉刘邦，否则夺天下必是刘邦。正因为这样认识，所以才有“项庄舞剑意在沛公”。对此事议论者颇多，明湛若水的评论比较中肯。《泉翁大全》卷之三十三：

> 沛公会羽于鸿门，范增欲击沛公而杀之。后之儒者以是病增曰：“必杀其所忌，安知祸将不出于其所不足忌者？”夫当是之时，与项羽争衡于天下者，非沛公乎？楚、汉不可以两立，楚不灭汉，汉必灭楚，如两虎相遇，其不可以俱生亦明矣。夫兵，利器也，有相胜之道，有

① 洪迈：《容斋随笔》，内蒙古文化出版社 2007 年版，第 81 页，第 84 页。

② 司马迁：《史记》，中华书局 1959 年版，第 339 页。

克敌之势。故不克敌者不足以为兵，不相胜者不足以为敌。今不加于所敌，不胜于所忌，而欲求王，得乎？“然则增之欲击沛公，当欤？”曰：“非也。”“然则后儒之病增者，当欤？”曰：“非也。”其病增者是也，其所以病增者非也。沛公会羽于鸿门，羽许与沛公成而盟矣。春秋讥要盟，恶劫盟。要盟不义也，劫盟亦不义也。是时羽与沛公酌卮酒为好，而击之，非劫盟而何？夫不义莫大于劫盟，劫盟而负不义于天下，将何以自立乎？夫伯者，犹将假仁义而为之，绝仁与义，吾未见其能伯也。

在鸿门宴上杀刘邦是不对的。刘邦与项羽同为推翻暴秦的军队，如果真的杀了刘邦，则必然引起同盟军的愤怒，失去民心。范增战略高度虽然不错，但时机未选择好，过于急躁。实际上鸿门宴是项羽刘邦双方和解。此点不能作为刘项争夺的高潮，这是双方暂时和解之时，是新矛盾的起始。刘项争夺的高潮应该在荥阳之战。

三是在刘邦穷途末路之时，即“汉王食乏，恐，请和，割荥阳以西为汉。项王欲听之”时，范增认为这是打败刘邦的最好时机，不应答应他们求和。说：“汉易与耳，今释弗取，后必悔之。”“项王乃与范增急围荥阳。”这是刘项相争的高潮，如果项羽听信范增之策，夺天下必是项羽。应该说范增战略眼光是不错的。

可惜在这关键的时刻，项羽中了陈平的反间计，不相信范增，使范增离走。虽然陈平设离间计，但项羽对范增的信任程度是不够的，才使离间计获得成功。正如苏轼《范增论》所言：“其弑义帝，则疑增之本也，岂必待陈平哉？物必先腐也，而后虫生之；人必先疑也，而后谗入之。陈平虽智，安能间无疑之主哉？”①从此，项羽一败再败，以致四面楚歌，自刎乌江。

范增的谋略足以使对手感到威胁。鸿门宴，荥阳之围，刘邦也差点难以走脱。正因为好奇计，使对手处于十分危险的境遇，这才使对手用反间计。所以，范增的谋略价值是不应否定的。

但是范增也有缺点，他过于急躁，好发脾气。项羽年轻，容易发怒，独断独

① 姚鼐：《古文辞类纂》卷四，光绪李承渊重刻本。

行，也容易上敌人当。这些，范增应该了如指掌。当项羽稍夺兵权时，应该冷静思考这是为什么。不去思考，却发脾气，似乎有失长者与谋士的身份。范增与项羽年龄差距较大，一个七十好几，一个三十多一点，二人代沟很深，沟通不易，而且各自的个性都有毛病，这可能是他们产生分歧的一个原因。

三、范增与项羽的分歧

范增与项羽后来分道扬镳，其根源是什么？

（一）源于对待义帝的态度上

义帝，就是楚王孙心。范增建议，项梁采纳立为楚王。这是一面号召的旗子。后来推翻暴秦，项羽分封诸王，“使人致命怀王。怀王曰：‘如约。’乃尊怀王为义帝”。尊为义帝，也是项羽做的，范增显然赞同。但是项羽“详尊怀王为义帝，实不用其命”，范增显然不能接受。

后来“使人徙义帝”“乃阴令衡山、临江王击杀之江中”。这件事，范增显然不知情，因为“诸侯罢戏下，各就国”，范增是历阳侯，一定回到历阳侯国去了。项羽杀义帝，是秘密进行的，从“阴令”可知。范增立楚王，尊义帝，目的是光复楚国，号令天下，绝不会要杀义帝。逐义帝，杀义帝，授人以柄。刘邦声讨项羽列出罪状有十条，其中有：“项羽出逐义帝彭城，自都之，夺韩王地，并王梁楚，多自予，罪八。项羽使人阴弑义帝江南，罪九。夫为人臣而弑其主，杀已降，为政不平，主约不信，天下所不容，大逆无道，罪十也。”

那么项羽为什么要逐义帝乃至杀义帝呢？他认为楚王在进军路线安排上有所偏向。《高祖本纪第八》：

> （1）赵数请救，怀王乃以宋义为上将军，项羽为次将，范增为末将，北救赵。令沛公西略地入关。与诸将约，先入定关中者王之。当是时，秦兵强，常乘胜逐北，诸将莫利先入关。独项羽怨秦破项梁军，奋，原与沛公西入关。怀王诸老将皆曰：“项羽为人僄悍猾贼。项羽尝攻襄城，襄城无遗类，皆阬之，诸所过无不残灭。且楚数进取，前陈

王、项梁皆败。不如更遣长者扶义而西，告谕秦父兄。秦父兄苦其主久矣，今诚得长者往，毋侵暴，宜可下。今项羽僄悍，今不可遣。独沛公素宽大长者，可遣。”卒不许项羽，而遣沛公西略地，收陈王、项梁散卒。①

（2）项羽遂西，屠烧咸阳秦宫室，所过无不残破。秦人大失望，然恐，不敢不服耳。

项羽使人还报怀王。怀王曰：“如约。”项羽怨怀王不肯令与沛公俱西入关，而北救赵，后天下约。乃曰：“怀王者，吾家项梁所立耳，非有功伐，何以得主约？本定天下，诸将及籍也。”乃详尊怀王为义帝，实不用其命。②

其一，因为项羽名声不好，残暴，长者不赞同项羽西入秦，认为刘邦是大长者，可遣。楚王心赞同长者意见。结果项羽遇到劲敌，而刘邦一路较顺利，先入咸阳，按照楚王如约，则刘邦应该为王。可是项羽不服气，有强大部队，所以说“何以得主约”？就是否定楚王的约定。项羽最恼恨的就是楚王让自己北进而使自己后至咸阳。

其二，项羽觉得义帝对自己号令天下有碍。项羽自己要做老大，可是上面还有一个太上皇，这怎么行呢？说：“怀王者，吾家项梁所立耳，非有功伐，何以得主约？”

范增立楚王，尊义帝，是远略之谋；项羽佯尊、逐义帝，最后杀义帝，是失去道义之举。两人在对待义帝态度上迥然不同，是他们分歧、矛盾的起点。正如苏轼所说：“增始劝项梁立义帝，诸侯以此服从，中道而弑之，非增之意也。夫岂独非其意，将必力争而不听也。不用其言，而杀其所立，羽之疑增，必自是始矣。”③司马迁说：“秦失其道，豪桀并扰；项梁业之，子羽接之；杀庆救赵，诸侯立之；诛婴背怀，天下非之。作项羽本纪第七。”④“诛婴背怀，天下非之”，

① 司马迁：《史记》，中华书局1959年版，第356—357页。

② 司马迁：《史记》，中华书局1959年版，第365页。

③ 姚鼐：《古文辞类纂》卷四，光绪李承渊重刻本。

④ 司马迁：《史记》，中华书局1959年版，第3302页。

已经失去诸侯乃至老百姓的信任了。

但是范增是士人，忠于自己的主子，忠臣不事二主，所以虽有分歧，但并不离开，不投奔刘邦，尽管有韩信陈平为之先例，但仍帮助项羽出谋划策，希望项羽一统天下。

范增失去项羽信任，项羽也失去范增的信任，范增不得不走。项羽可杀宋义，可杀义帝，可屠城，可坑秦卒，那也就可杀范增。范增是士人错投主子的悲剧性人物，项羽是不会使用贤士的悲剧人物。

（二）对待刘邦的态度是项羽与范增分歧的根本点

范增对刘邦的态度始终如一，即，要杀掉刘邦，必置刘邦于死地。而项羽对刘邦的态度摇摆不一，或杀、或和解，处在犹豫徘徊之中。范增一开始就判定刘邦夺项王天下，于是要攻击刘邦，要在宴会上杀刘邦。项羽则开始要攻打，但听项伯一席话就改变了主张，开始和解；对范增的暗示，全然不睬。刘邦在荥阳被围之时，已经穷途末路了，要求和解，项羽准备和解，范增劝说攻击，不要失去时机；然而项羽中了反间计，夺了范增兵权，从而失去项、范合围的态势，也失去了高参的兵力合理的部署，才使刘邦走脱。项羽对待刘邦的优柔寡断，使得战局发生逆转。

（三）范增始终没有获得项羽的信任，项羽很多军事行为不与范增商议而单边行动

纵观《史记》，项羽几乎没有采纳范增任何一项建议。一开始范增就建议攻打刘邦军，项羽似乎旦日就要进军了，但项伯一句话，就停止进军；鸿门宴上，范增“举所佩玉玦以示之者三，项王默然不应”，又不被采纳，范增只好单边行动，要项庄舞剑，但未获成功。当刘邦军队“食乏，恐”之时，范增建议攻打，又未被采纳项范合围的方法，反而“稍夺之权”，被逐走。

项羽一些重大的军事行动，都没有和范增商量，如杀宋义：

> 项羽晨朝上将军宋义，即其帐中斩宋义头，出令军中曰：“宋义与齐谋反楚，楚王阴令羽诛之。”当是时，诸将皆慑服，莫敢枝梧。皆

> 曰："首立楚者，将军家也。今将军诛乱。"乃相与共立羽为假上将军。使人追宋义子，及之齐，杀之。使桓楚报命于怀王。怀王因使项羽为上将军，当阳君、蒲将军皆属项羽。①

范增为末将，当另有营垒。项羽杀宋义，没有和任何人商议，完全是单边行为。再看坑秦卒：

> 到新安。诸侯吏卒异时故繇使屯戍过秦中，秦中吏卒遇之多无状，及秦军降诸侯，诸侯吏卒乘胜多奴虏使之，轻折辱秦吏卒。秦吏卒多窃言曰："章将军等诈吾属降诸侯，今能入关破秦，大善；即不能，诸侯虏吾属而东，秦必尽诛吾父母妻子。"诸将微闻其计，以告项羽。项羽乃召黥布、蒲将军计曰："秦吏卒尚众，其心不服，至关中不听，事必危，不如击杀之，而独与章邯、长史欣、都尉翳入秦。"于是楚军夜击阬秦卒二十余万人新安城南。②

这样重大的事，"项羽乃召黥布、蒲将军计曰"，不与范增商议。

逐楚王孙心，弑义帝、烧秦宫等行为都未见到与范增商议。项羽为什么会这样做呢？因为他个性刚愎自用，认为自己能征惯战。由此也可见范增并未被项羽信任，这是范增的悲剧，也是项羽悲剧的一个重要原因。

有人指责范增"及羽夺王之地，迁王于郴，已而弑之，增不能引君臣大谊，争之以死"，"羽之伐赵，杀上将宋义，增为末将，坐而视之。坑秦降卒，杀秦降王，烧秦宫室，增皆亲见之，未尝闻一言也"③。这是不了解范增是带兵的将军，他另有营垒，项羽单边行动，根本没有征求范增意见，也未见范增参与其事。范增是处在不被信任的位置。这种指责是没有道理的。

陈平说："项王不能信人，其所任爱，非诸项即妻之昆弟，虽有奇士不能用，平乃去楚。"④韩信说："臣事项王，官不过郎中，位不过执戟，言不听，画不用，

---

① 司马迁：《史记》，中华书局 1959 年版，第 305 页。

② 司马迁：《史记》，中华书局 1959 年版，第 310 页。

③ 洪迈：《容斋随笔》，内蒙古文化出版社 2007 年版，第 81 页，第 84 页。

④ 司马迁：《史记》，中华书局 1959 年版，第 2054 页。

故倍楚而归汉。”“项王喑噁叱咤，千人皆废，然不能任属贤将，此特匹夫之勇耳。”[①]郦食其说齐王，也说项羽非项氏莫得用事。历史学家吕思勉说：“盖项氏故楚世家，其用人犹沿封建之世卑不逾尊、疏不逾戚之旧，汉高起于氓庶，则不然也。”[②]由此看来，项羽不信任范增也就不奇怪了！

四、范增形象的文化意义

司马迁写范增，有哪些文化意义呢？

卢卡奇说：“政治天才的伟大之处在于能在什么程度上使个人圈子放射到达社会圈子上，伟大的政治家的个人生活范围和时代生活范围具有同一圆心。”[③]范增从社会心理角度，从先王的分封制度看，反对自立为王，认为应立楚王后代为王，便于号令天下，也能最大限度满足楚人乃至六国人的愿望，有益于统一天下。范增将灭秦的举动放射到大楚社会圈子，范增的政治范围与整个时代生活范围具有同一个圆心，所以各路诸侯纷纷响应，这就是师出有名。而项羽不是政治家，是能征惯战的大将，他从项氏复仇小圈子来处理这灭秦举动，以自己私利来画圆，自立为楚王，逐义帝，杀义帝，坑秦卒，烧秦宫，都是复仇之举动，都是从项氏仇恨着眼，是小圈。故司马迁说：“奋其私智而不师古，谓霸王之业。”范增与项羽一开始的战略意图就不相同。从政治文化层面来说，他们分手是必然的。范增的政治文化意义不仅如此，还有：

（一）国君不信任忠臣，不采纳忠谏，会导致忠臣、国君，乃至国家的灭亡

范增的悲剧与项羽的悲剧都是楚国的悲剧。范增继屈原之后又一楚国忠臣的悲剧。屈原忠于楚王，多次向楚王建议，不被楚怀王和楚顷襄王采纳，以致被逐，被流放，最后投汨罗江自沉。范增主动向项梁建议，立楚王心，精心辅助

① 司马迁：《史记》，中华书局 1959 年版，第 2612 页。

② 吕思勉：《秦汉史》，中国友谊出版公司 2009 年版，第 39 页。

③ 伍天冀、杜红卫编译：《政治的智慧》，警官教育出版社 1992 年版，第 116 页。

项羽，希望楚国一统天下。可是意见不被项羽采纳，最后被夺取兵权，自动离走而死。范增对楚国一片忠心如同屈原一样。范增不同于屈原的是，屈原是由于奸佞之人挑拨而被逐，项羽身边并没有奸佞之人挑拨，而是项羽自身刚愎自用、不信任范增。外在的是陈平离间计，加速了范增与项羽的分手。

追之前朝：比干之于商纣，商鞅之于秦王，伍子胥之于吴王，屈原之于楚王，加之司马迁之于汉武帝，其忠义直谏之士大都如此，其政治文化意义就更明显了。

（二）贤士要择主而事，贤君要纳忠言，要重用贤士

考察韩信、陈平两个人。韩信是领兵的大将，有奇谋；陈平是高级谋士，有奇计。范增兼有二者之长，既能领兵，又有奇计。这三人原都在项羽部下，韩信屡次献策，不被采用，不得不投奔刘邦；陈平也未被项羽重用，因事惧怕项羽杀自己，也奔到刘邦那里。只有范增还在，称为“亚父”，似乎很尊重。三个谋臣，两个逃到刘邦那里被重用，一个虽未逃，但始终不被重用，徒有“亚父”虚名耳。明代瞿佑撰《归田诗话》卷下《哀姑苏》：“虎斗龙争既不能，鸡鸣狗盗亦何曾？陈平韩信皆归汉，只欠彭城老范增。”作者意思是范增应该像韩信陈平一样早归汉，就不会出现被逐而死的结局。

所以，范增形象的意义在于：有才能的士人要选择好主子，所谓“良臣择主而事，良禽择木而栖”。古人有诗：“马援不受井蛙囚，范增已被重瞳误。良禽择木乃下栖，不用漂流叹迟莫。”①

另一面，贤明的君主要会使用自己手下的人才，不善于用人，就会失败。陆游《项羽》：“八尺将军千里骓，拔山扛鼎不妨奇。范增力尽无施处，路到乌江君自知。”②

汉高祖有一段话，颇发人深省：

> 高祖置酒雒阳南宫。高祖曰：“列侯诸将无敢隐朕，皆言其情。吾所以有天下者何？项氏之所以失天下者何？”高起、王陵对曰：“陛下

① （清）钱谦益：《列朝诗集》甲集前编第十，清顺治九年刻本。

② 陆游：《陆游诗全集》卷四。

慢而侮人，项羽仁而爱人。然陛下使人攻城略地，所降下者因以予之，与天下同利也。项羽妒贤嫉能，有功者害之，贤者疑之，战胜而不予人功，得地而不予人利，此所以失天下也。”高祖曰：“公知其一，未知其二。夫运筹策帷帐之中，决胜于千里之外，吾不如子房。镇国家，抚百姓，给馈饷，不绝粮道，吾不如萧何。连百万之军，战必胜，攻必取，吾不如韩信。此三者，皆人杰也，吾能用之，此吾所以取天下也。项羽有一范增而不能用，此其所以为我擒也。”①

作为项羽的对手汉高祖也承认“项羽有一范增而不能用，此其所以为我擒也”。汉高祖所论应该不错，作为天子，应该善于用人，项羽只会自己打来打去，不会用谋士，不会用将领，这就是他失败的一个重要原因。汉高祖则不然，善于用人，这是他成功的一个重要原因。

《晋书》卷四八（列传第一八）有一段评论：“秦失其鹿，豪杰竞逐，项羽既得而失之，其咎在烹韩生，而范增之谋不用。假令羽既距项伯之邪说，斩沛公于鸿门，都咸阳以号令诸侯，则天下无敌矣。”可见，范增形象的政治文化意义了。

（薛从军，安徽和县一中特级教师。）

① 司马迁：《史记》，中华书局1959年版，第380—381页。

从《史记》看吕太后悲剧命运下的性格双重性[①]

邱瑞瑞

《吕太后本纪》记述了刘邦死后，吕后为了自己揽权、专权、固权而大肆培植吕氏势力，残酷打击刘氏宗室和刘邦的元老功臣，以致激起刘氏宗室和刘邦元老功臣联合，在她薨逝之后，一举诛灭吕氏集团的斗争。[②]从表面来看，作者刻画了一个心思狠毒、狭隘的女性上位者形象。但是，在结尾处，作者却笔锋一转，肯定了吕后执政期间政治经济措施以及社会生产发展状况："高后女主称制，政不出房户，天下晏然。刑罚罕用，罪人是希。民务稼穑，衣食滋殖。"[③]这是《史记》惯用的写作手法，将人物美丑与功绩分开。如果囿于固定的眼光来看待吕后，只看到吕后狭隘的一面，未免有失偏颇。换一种角度，在看过吕后的经历，体会过她的心路历程，会发现吕后鲜为人知的一面，隐藏在其性格深处，被权力的表象所遮蔽而难以挖掘。

一、善良仁慈的母亲与残忍恶毒的皇后

吕后和高祖的婚姻起源于吕后的父亲。吕后的父亲喜好给人相面，他发现高祖天生有贵人相，于是将自己的女儿许配给了当时只是亭长的刘邦为妻，吕后的母亲因此而生气。《高祖本纪》中，吕媪怒吕公曰："公始常欲奇此女，与贵人。沛令善公，求之不与，何自妄许刘季？"[④]可见吕父从一开始就希望自己的

---

① 本文发表于《青年文学家》2021 年第 1 期。

② 司马迁撰，韩兆琦评注：《史记》，岳麓书社 2012 年版，第 234 页。

③ 司马迁撰，韩兆琦评注：《史记》，岳麓书社 2012 年版，第 233 页。

④ 司马迁撰，韩兆琦评注：《史记》，岳麓书社 2012 年版，第 194 页。

女儿能够出人头地，沛县县令想要求娶，吕公都没有答应。可以看出，吕后也是受过教育，有着自己想法的女性，但是她之所以能够嫁给当时地位低下、比自己年长且已经有一个儿子的刘邦为妻，恐怕不仅仅只是父母之命，吕后此时想必也是心悦刘邦的，所以她才甘愿在刘邦不在家时，一个女人带着两个孩子看家，干农活。

《史记·高祖本纪》中记载："高祖为亭长时，常告归之田。吕后与两子居田中耨，有一老父过请饮，吕后因哺之。"[①]吕后和孩子在田间劳作时，有一过往的老翁讨水喝，她不仅给了水，还让老翁吃饭。从这个行为我们不难看出吕后的仁慈善良。此时的吕后只是一个等着丈夫归家的贤惠妻子，能够给孩子做出榜样的善良母亲。

在家庭中，无论是作为丈夫还是父亲，刘邦都是非常不合格的。作为一个丈夫，刘邦"好酒及色"[②]。刘邦非常好色，喜爱各种女人，称帝之前，除吕后外，身边就有各色女人，称帝之后更甚。婚后，他留在家里的时间很少，他心中怀有天下，起义前，他不是收集人马，就是因秦始皇的"东南有天子气"[③]害怕而藏匿，并且经常移动，隐藏之地多是山川湖泽，很是隐蔽。而且每次只有吕后才能带人找到他。如果不是出于对丈夫和家庭的爱，哪个女人能够忍受丈夫的四处躲藏，并且能够有勇气翻山越岭去寻找丈夫，给他传递消息，吕后这时候全身心地为家庭的付出和坚守，也为后来被丈夫长期忽视而性格大变埋下了伏笔。

吕后和高祖一共育有一子一女，汉惠帝和鲁元公主。作为父亲，高祖在自己孩子成长过程中的很长时间是缺失的。当亭长时他就经常外出，楚汉大战后，他更是一心关注战事，带兵打仗，无暇顾及妻儿。《项羽本纪》中记载，楚汉大战中，"楚骑追汉王，汉王急，推堕孝惠、鲁元车下，滕公常下收载之。如是者三"[④]。逃命时，刘邦为了自己跑得快，甚至两次将汉惠帝和鲁元公主推下马车，

---

① 司马迁撰，韩兆琦评注：《史记》，岳麓书社 2012 年版，第 195 页。

② 司马迁撰，韩兆琦评注：《史记》，岳麓书社 2012 年版，第 194 页。

③ 司马迁撰，韩兆琦评注：《史记》，岳麓书社 2012 年版，第 195 页。

④ 司马迁撰，韩兆琦评注：《史记》，岳麓书社 2012 年版，第 185 页。

父亲的形象轰然倒塌。所以，父亲在两个孩子成长过程中俨然已经失去了意义。而吕后则是一直陪伴在儿女身边，她非常爱护自己的孩子，尽管表现得并不明显，但是，仍能从她的言行中感受出来她这份深沉的母爱。

这份母爱体现在刘盈身上。刘邦称帝之后，一心宠爱姬妾，吕后年长，容色渐衰，一直处于被忽视冷落的状态，很少能见到自己的丈夫。不得丈夫之心的吕后将自己生命的重心转移到了自己孩子的身上，她更加地疼爱自己这个因父爱缺失而一直仁弱的孩子，在那个母凭子贵的年代，刘盈就是吕后所有的希望，在她看来，刘盈当太子是注定的事情，她不允许这件事情有丝毫的差错。可是当时的刘邦一心宠爱戚姬，生下赵隐王如意，甚至一度要废掉刘盈的太子之位。“孝惠为人仁弱，高祖以为不类我，常欲废太子，立戚姬子如意，如意类我。戚姬幸，常从上之关东，日夜啼泣，欲立其子代太子。吕后年长，常留守，希见上，益疏。如意立为赵王后，几代太子者数矣。”[①]就因为刘盈的性格不像自己，高祖就想要废掉刘盈的太子之位。再加上自己的宠妾戚姬在一旁日夜啼泣，刘邦更是坚定自己的想法，哪怕当时吕雉已经是皇后，可是一个年老色衰又经常不在自己身边的皇后怎么能抵得过日夜陪在自己身边宠妾的苦苦哀求，答案昭然若揭，就连大臣的进谏，也抵不过刘邦要废太子的决心。“吕后恐，不知所为。”[②]我们可以看出吕后内心深处的恐惧，一向坚强的吕后也有脆弱害怕的时候。幸得留侯张良出谋划策，让她请出了看不惯刘邦的傲慢流氓脾性，亦不为汉臣的四大贤士出山相助，刘盈的太子之位才得以保住。“赖大臣争之，及留侯策，太子得毋废。”[③]虽寥寥几句，可是其中过程的艰辛是想象不到的，尤其是作为一个女人。如此可悲，吕雉相当于被自己的丈夫背叛，连废掉自己亲生儿子的太子之位都可以如此简单，更何况，在刘邦夺取江山的过程中，吕雉也为此付出了自己的青春，为刘邦百般筹谋，吕雉将自己的半生都奉献给了刘邦，可是刘邦却完全不念旧情，这为以后吕后将戚夫人作成人彘埋下了祸根。

同样，吕后的母爱在鲁元公主身上也得到了体现。孝惠二年，楚元王刘交、

---

① 司马迁撰，韩兆琦评注：《史记》，岳麓书社 2012 年版，第 221 页。

② 司马迁撰，韩兆琦评注：《史记》，岳麓书社 2012 年版，第 860 页。

③ 司马迁撰，韩兆琦评注：《史记》，岳麓书社 2012 年版，第 221 页。

齐悼惠王刘肥来朝觐见时，因孝惠弟以齐王为兄，按家人的礼节请为上座，结果“太后怒，乃令酌两卮鸩，置前，令齐王起为寿”①。吕后大怒，准备了毒酒，让齐王喝下，幸得孝惠帝阻拦，齐王才可装醉离开。齐王害怕吕后记恨自己，非常焦虑，齐国内史献策，齐王可将一个郡的封地献给吕后唯一的女儿鲁元公主，以此作为公主的汤沐邑，供公主收取赋税，这样太后一定会高兴。齐王照做，并且尊公主为王太后。果不其然，“吕后喜，许之。乃置酒齐邸，乐饮，罢，归齐王”②。连齐国内史都能看出吕后对儿女的看重，提醒齐王讨好吕后可以从鲁元公主着手，事实确实如此，吕后非常高兴，释放了齐王。

可是吕雉最终还是不复当年的良善，从一个善良的家庭主妇转变成异常残忍的皇后，究其原因，虽然不乏自己的私心和野心，但最重要的还是，在她跟随高祖一步一步走上巅峰的过程中，为了保护自己和儿女被逼无奈的选择。在经历废太子事件之后，吕后最怨恨的就是戚夫人及她的儿子，因为她们的存在极大地威胁到了刘盈。所以，高祖驾崩之后，长期压抑自己嫉妒与仇恨之火的吕后，终于失去了理智的控制，她将戚夫人囚禁在永巷，并且在用毒酒杀死赵王之后，“断戚夫人手足，去眼，煇耳，饮瘖药，使居厕中，命曰‘人彘’”③。将一个原本活生生的女人整成这副样子，不管是谁都会心生怜悯，可吕后不仅做了，而且还叫来了自己的儿子刘盈来观看。一方面是想宣泄自己的怨愤；另一方面，是想将儿子拉回自己的阵营。可是自己的儿子不仅不理解，还说出“此非人所为”④这样令吕后伤心至极的话语，之后大病一场。此时吕后的母爱已经趋于变态，她不惜让自己的儿子看见自己狠毒的一面，也要让他理解自己。可惜她的做法过于激烈，让自己与儿子的距离越来越远。

这样异常嚣张的母爱在任何人看来，也许都会感觉到不理解，甚至是荒谬。可是在当初戚姬日夜啼泣导致的废太子事件的那段时间中，吕后走过了常人无法想象的心路历程。一方面，与自己共患难的丈夫，全身心地偏向了自己的宠

① 司马迁撰，韩兆琦评注：《史记》，岳麓书社 2012 年版，第 222 页。
② 司马迁撰，韩兆琦评注：《史记》，岳麓书社 2012 年版，第 222 页。
③ 司马迁撰，韩兆琦评注：《史记》，岳麓书社 2012 年版，第 222 页。
④ 司马迁撰，韩兆琦评注：《史记》，岳麓书社 2012 年版，第 222 页。

妾与其所生的儿子，作为一个女人，她的心酸无人体会。另一方面，她在害怕，一旦戚姬得逞，她和儿女的命运也许比将戚夫人做为人彘更加可怕也未可知。皇位这个最高位置的争夺，关乎天下的大事，远比想象中的要惨烈。所以在事件尘埃落定，高祖驾崩之后，她就开始了反击，也许方式惨绝人寰，但这也是被压抑太久，人性扭曲变态之后的产物。

二、果敢刚毅与阴险狡诈

《史记》中有记载，“吕后为人刚毅，佐高祖定天下，所诛大臣多吕后力”①。从一开始，吕后的刚毅性格就有所显露。

“高祖以亭长为县送徒郦山，徒多道王。自度比至皆亡之。到丰西泽中，止饮，夜乃解纵所送徒，曰：‘公等皆去，吾亦从此逝矣！’徒中壮士愿从者十余人。”②做亭长时，刘邦押送徒役去郦山，这些徒役是送去给秦始皇修建地下宫殿的。其中大部分人因为徭役太重而丧命，所以为了逃避徭役，一部分人在半路逃走了。高祖估计等到了郦山也就会都逃光了，所以走到丰西大泽中时，就停下趁着夜晚把所有的役徒都放了，反倒感动了其中一部分人，其中有十几个人愿意跟随刘邦。刘邦的这一行为虽然大气，却触犯了秦法，于是他带着这些人离开，并隐藏起来。刘邦的一走了之，带给吕雉的却是灾难，她为此替刘邦下狱。秦朝的监狱十分艰苦，吕雉一介妇道人家，狱卒的虐待，环境的恶劣，遭受的苦难可想而知。但吕雉毫无怨言，至少《史记》和《汉书》中对此没有记载，并且在出狱之后，依旧跋山涉水地去为刘邦送衣，送食，传递信息。

另一件锻造吕后刚毅性情的事件莫过于在楚国的军营中做了两年多的人质。《高祖本纪》中记载项羽“大破汉军，多杀士卒，睢水为之不流，乃取汉王父母妻子于沛，置之军中以为质”③。吕雉与刘邦的父亲在项羽大破汉军之后被抓去做人质，这次灾难长达二十八个月。在人质生涯中，她每天都要面临死亡的威

① 司马迁撰，韩兆琦评注：《史记》，岳麓书社 2012 年版，第 221 页。

② 司马迁撰，韩兆琦评注：《史记》，岳麓书社 2012 年版，第 195 页。

③ 司马迁撰，韩兆琦评注：《史记》，岳麓书社 2012 年版，第 205 页。

胁，但她从未想过放弃，或者背叛自己的丈夫。更何况在这期间发生了一件令吕雉难以忘怀的痛苦经历，更加磨炼了吕后刚毅的性情。“彭越数反梁地，绝楚粮食，项王患之。为高俎，置太公其上，告汉王曰：‘今不急下，吾烹太公。’”[①]汉四年，在汉军、楚军隔着广武涧对峙数月后，项王以刘邦父亲的性命威胁刘邦，逼迫刘邦投降。结果，汉王回道：“吾与项羽俱北面受命怀王，曰‘约为兄弟’。吾翁即若翁，必欲烹而翁，则幸分我一杯羹。”[②]无论刘邦当初是以一种怎样的心态说出：“我的父亲就是你的父亲，如果你真的要煮了他，希望你能分给我一杯肉汤”这样一番话，想必吕雉都会有一种同病相怜的悲哀。同样作为人质，刘邦可以轻易放弃自己父亲，更何况是在男权社会下自己这样一个微不足道的女子呢，做人质的这些日子里，死里逃生的生活教会的忍辱负重，无一不体现了吕雉这个坚强的女子在逆境中超乎常人的刚毅性格，同时，也为她后来政治生涯的胆识和魄力做了铺垫。也正是这种经历，使她后面一步一步地成为帝王刘邦身后合格的女人。

在刘邦称帝之后，吕后为了帮他肃清朝政而诛杀异姓王。刘邦的朋友卢绾曾说：“往年春，汉族淮阴，夏，诛彭越，皆吕后计。今上病，属任吕后。吕后妇人，专欲以事诛异姓王者及大功臣。”[③]汉高祖五年，项羽兵败自刎，刘邦在韩信、黥布、彭越等人的拥立下，在定陶登基，登上皇位。为了联合彭越等人，调动兵力去消灭项羽，刘邦将关东大片土地分封给他们，而在称帝之后，刘邦对这些异姓王猜忌之心甚重，恐功高盖主，所以这些异姓王成了他的心腹大患。吕后深知丈夫的忧虑，为丈夫出谋划策，最终除掉刘邦的眼中钉，在整个过程中，吕后的果敢刚毅展露无遗。

而吕后的狡诈阴险的一面也正体现在了她除掉异姓王的过程中。首先是她诓骗韩信：“吕后欲召，恐其党不就。乃与萧相国谋，诈令人从上所来，言豨已得死，列侯群臣皆贺。相国绐信曰：‘虽疾，强入贺。’信入，吕后使武士缚信，斩之长乐钟室。信方斩，曰：‘吾悔不用蒯通之计，乃为儿女子所诈，岂非天哉！’

① 司马迁撰，韩兆琦评注：《史记》，岳麓书社 2012 年版，第 186 页。

② 司马迁撰，韩兆琦评注：《史记》，岳麓书社 2012 年版，第 186 页。

③ 司马迁撰，韩兆琦评注：《史记》，岳麓书社 2012 年版，第 1289 页。

遂夷信三族。”[①]吕后和萧何谋划，骗韩信说陈豨已被俘获处死，群臣皆来祝贺，结果韩信进宫之后，吕后命令武士把韩信捆起来，在长乐宫的钟室杀掉，并且诛杀了韩信三族。其次在对处理彭越的事情上，吕后同样展示出其狡诈、残忍的一面，彭越是刘邦战胜项羽集团中对刘邦帮助最大的功臣，但却被自家舍人诬告谋杀，所以刘邦对彭越的处理是：“上赦以为庶人，传处蜀青衣。”[②]将彭越废为平民百姓，流放到蜀地青衣县。“西至郑，逢吕后从长安来，欲之洛阳，道见彭王。彭王为吕后泣涕，自言无罪，愿处故昌邑。吕后许诺，与俱东至洛阳。吕后白上曰：‘彭王壮士，今徙之蜀，此自遗患，不如遂诛之。妾谨与俱来。’”[③]彭越在路上碰巧遇到吕后从长安来，打算前往洛阳，彭越对着吕后哭泣，分辩罪行，希望回到故乡昌邑。吕后答应下来，表示愿意帮助他，就和他一块向东去洛阳。结果回去之后，吕后便跟高祖谋划想要除掉彭王这个祸患，于是，吕后让彭越的门客告他再次阴谋造反，廷尉王恬开呈报请诛灭彭越家族，皇上批准，最终诛杀彭越，灭其家族，封国被废除。

在诛杀异姓王，巩固汉王室这方面，作为大汉的皇后，吕后是功不可没的。或许吕后这些行为对于臣子来说是阴险、毒辣，可是对于一个深爱刘邦的妻子来说，最重要的不是义气，而是丈夫的安危，以及丈夫朝堂的稳定，所以吕后不仅做了，而且还是以一种为别人所不齿的诓骗手段，即使被天下认为是蛇蝎毒妇也在所不惜。

三、深谋远虑与心胸狭隘

作为《史记》中唯一一个用记载帝王的本纪来书写的称制的女主，吕后确实是一个合格的女性政治家，她具备着政治家所拥有的长远的眼光，在刘邦称帝的道路上，吕后做出的贡献是不可小觑的。

在刘邦为了躲避秦始皇的追踪而隐藏于山林之中的时候，吕后已经开始为刘

---

① 司马迁撰，韩兆琦评注：《史记》，岳麓书社 2012 年版，第 1282 页。

② 司马迁撰，韩兆琦评注：《史记》，岳麓书社 2012 年版，第 1259 页。

③ 司马迁撰，韩兆琦评注：《史记》，岳麓书社 2012 年版，第 1259 页。

邦造势，宣扬刘邦头上有祥云笼罩，为刘邦披上神秘的外衣，神化刘邦的身份。因为在当时人们认为只有帝王的头上才会有祥云笼罩。沛中子弟相信了这种传闻，才纷纷依附刘邦，愿意追随刘邦起义征战。能够运用群众的迷信心理和舆论力量，来达到其政治目的，不正是体现了吕后的长远眼光及其异于常人的政治决策力。吕后在政治上所表现出来的深谋远虑和运筹帷幄充分体现出了一个女性政治家的眼光和气魄。

作为一介村妇尚且如此，更何况之后她一路陪伴刘邦，见惯了战争中的尔虞我诈。刘邦称帝之后，作为皇后的吕雉在政权中浸淫多年，谋略及眼光更甚从前。高祖病重时，吕后害怕自己的儿子凭借一己之力难以守住刘氏的江山，为了汉王朝的安定及长远发展，她在病榻之前询问高祖百年之后丞相的人选。“吕后问：‘陛下百岁后，萧相国即死，令谁代之？’上曰：‘曹参可。’问其次，上曰：‘王陵可，然陵少戆，陈平可以助之。陈平智有余，然难以独任。周勃重厚少文，然安刘氏者必勃也，可令为太尉。’吕后复问其次，上曰：‘此后亦非而所知也。’”[①]连续的三个问题将吕后对刘氏江山的深谋远虑刻画得淋漓尽致。当然，高祖薨逝之后，吕后也做到了重用萧何、曹参、王陵、陈平这些辅佐大臣，并对跟随刘邦的一百多名功臣进行表彰，根据这些人功劳的大小评定位次，并没有因为他们是高祖的心腹而猜忌，反而继续执行高祖生前管理国家的政策。正是吕后敏锐的政治洞察力和长远的政治眼光，知人善任，才保证了高祖薨逝之后汉王朝的稳定。

不光是内政，在外交方面，吕后也体现出其胸襟气度和长远眼光。刘邦去世之后，匈奴的冒顿单于写给吕后一封信：“孤偾之君，生于沮泽之中，长于平野牛马之域，数至边境，愿游中国。陛下独立，孤偾独居。两主不乐，无以自娱，愿以所有，易其所无。”[②]冒顿单于趁着刘邦刚去世，竟然叫吕后嫁给他，这显然是一种挑衅和侮辱，《季布栾布列传》中记载看完信后，“吕后大怒，召诸将议之。上将军樊哙曰：‘臣愿得十万众，横行匈奴中。’诸将皆阿吕后意，曰‘然’。季布曰：‘樊哙可斩也！夫高帝将兵四十余万众，困于平城，今哙奈何以

① 司马迁撰，韩兆琦评注：《史记》，岳麓书社 2012 年版，第 215 页。

② 班固：《汉书·匈奴传》，岳麓出版社 2009 年版，第 1063 页。

十万众横行匈奴中，面欺！且秦以事于胡，陈胜等起。于今创痍未瘳，哙又面谀，欲摇动天下。’是时殿上皆恐，太后罢朝，遂不复议击匈奴事”[①]。当时，朝堂之上请战之声不绝，但是吕后听了中郎将对双方力量和时局的分析之后，最终选择听从了季布的正确意见，维护大汉和匈奴之间的和平，忍辱负重，保持冷静，继续与匈奴和亲。汉朝与匈奴之间避免了一场战争灾祸，对于政权还未稳定的汉朝来说，休养生息无疑是最好的解决方式。

吕后有着政治家的谋略，对刘氏政权深谋远虑，大力谋划，但作为一个女性，她又容易将感情因素带入政治事件的处理中去，导致她自私狭隘，缺乏大局意识。刘邦去世之后，吕后以母亲的亲疏区别对待刘氏子孙，并且为了将政权牢牢握在自己手中而诛杀部分刘氏后代。赵王刘友“以诸吕女为受后，弗爱，爱他姬，诸吕女妒，怒去，馋之于太后，诬以罪过，曰‘吕氏安得王！太后百岁后，吾必击之’”[②]，结果“太后怒，以故召赵王。赵王至，置邸不见，令卫围守之，弗与食。其群臣或窃馈，辄捕论之。……赵王幽死”[③]。吕后未曾查清缘由，仅凭一面之词，轻信诸吕女，当然，也有可能她一直在等这样一个机会，想要处死刘氏子孙，所以顺水推舟将赵王幽禁至死。对于继任赵王刘恢，吕后也放心不下：“太后以吕产女为赵王后。王后从官皆诸吕，擅权，微伺赵王，赵王不得自恣。王有所爱姬，王后使人鸩杀之。”[④]宠爱之人被杀，刘恢悲伤过度，自刎而死。太后听闻，认为赵王为了女人连宗庙祭祀的礼仪都不要了，于是将其子嗣的继承权废除。同年九月，“燕灵王建薨，有美人子，太后使人杀之，无后，国除”[⑤]。于是，刘邦的九子，被吕后害死的四人，三子一孙。

最令人心痛的是，吕后独揽大权，将权力集中在吕氏手中，为了自己的高贵血统不被污染，吕后竟自私地将自己的外孙女，即鲁元太后的女儿嫁给自己的亲生儿子刘盈，毁掉了一个花季少女的一生，并且给刘盈的一生留下了不可磨灭的伤痛。更甚，“宣平侯女为孝惠皇后时，无子，佯为有身，取美人子名之，

---

① 司马迁撰，韩兆琦评注：《史记》，岳麓书社 2012 年版，第 1355 页。

② 司马迁撰，韩兆琦评注：《史记》，岳麓书社 2012 年版，第 225 页。

③ 司马迁撰，韩兆琦评注：《史记》，岳麓书社 2012 年版，第 225 页。

④ 司马迁撰，韩兆琦评注：《史记》，岳麓书社 2012 年版，第 225 页。

⑤ 司马迁撰，韩兆琦评注：《史记》，岳麓书社 2012 年版，第 225 页。

杀其母，立所名子为太子”[①]。由于皇后年幼无子，竟抱来后宫妃子所生的孩子，佯装自己所生，杀其母，立其为太子，最终吕后临朝听政，成为历史上司马迁笔下第一位称制的女主。

也许司马迁痛苦的个人境遇影响了作者的关注点，大凡《史记》中的人物往往具有浓重的悲剧色彩。[②]吕后的悲剧命运归根到底是不合理的封建制度造成的，残酷的现实，统治阶层的争权夺利不断地刺激着她的人性和欲望，压迫并吞噬着那个善良的农妇。功利心和道德的背道而驰更使她在成功之后，背上了沉重的枷锁，苦苦煎熬。“己丑，日食，昼晦。太后恶之，心不乐，乃谓左右曰：‘此为我也。’”[③]她意识到自己的所作所为是邪恶的，所以天降异象，她第一时间认为是自己作恶太多，可见她并没有完全泯灭人性，可是现实又逼得她一步一步地继续争夺，杀戮。

对于吕后这样一个传奇的女性，我们不能用陈旧的眼光来看待，须跳出前人束缚给她的面纱。客观地审视她作为一个女人的生命历程，她对于爱的炙热追求，无论是对刘邦的男女之爱，倾注在儿女身上的母爱，还是对家族的热爱，都最终被现实所异化。可以说，她的一生是被个人经历所压抑、异化了的悲剧，中途无数次的挣扎、反抗，最后都以失败幻灭告终。[④]命运赋予她的结局悲壮而苍凉。

（邱瑞瑞，延安大学文学院中国古代文学专业硕士研究生。）

---

① 司马迁撰，韩兆琦评注：《史记》，岳麓书社 2012 年版，第 224 页。

② 王璐：《试从〈史记〉看吕后性格的善恶双重性》，《秦汉研究（第三辑）》，陕西人民出版社 2009 年版。

③ 司马迁撰，韩兆琦评注：《史记》，岳麓书社 2012 年版，第 225 页。

④ 孙佰玲：《女性生命悲剧的形象展示——〈史记 · 吕太后本纪〉新解读》，《汕头大学学报》（人文社会科学版）2004 年第 5 期。

《史记》曹参人物形象论

翟凤茹

引 言

楚汉相争无疑是历史上最引人注目的战争之一。两大军事集团人才辈出，在谋略和征战两方面一较高下，都表现出了其精彩之处。尤其是刘邦集团，一提到刘邦集团，脑海中就会浮现出一大批的英雄人物，其中萧何、韩信、张良为人们所熟知。历来学者也多把目光集中在萧何、韩信身上，他们的光芒照耀了整个刘邦集团。而隐藏在这种光辉下的曹参，在世人的心目中则没有那么突出。曹参作为刘邦集团重要的武将之一，为刘邦建国安邦立下了汗马功劳，在楚汉相争中起着举足轻重的作用。他征战沙场的智勇双全，治国理政的经世之才，使得汉初社会稳定、百姓安宁，为日后汉朝的繁荣发展奠定了基础。

一、司马迁眼中的曹参

在《史记》的《曹相国世家》中，司马迁从曹参随刘邦征战沙场、为相治国理政两个方面叙述了曹参的功劳。曹参从刘邦作为沛公开始起事时，就以中涓的身份相随。萧何、曹参两人为刘邦出谋划策、驰骋沙场，立下了汗马功劳。在开国功臣的排序中，刘邦将萧何排在了第一位，曹参第二位。足以看出二人在刘邦心中的地位。

曹参，早年为秦朝沛县狱掾，在当时已有些名气“居县为豪吏也”。秦朝的暴政引起广大民众的不满，曹参虽然官小但志向大，在风起云涌的乱世局面中，也想要发挥自己的才干，推翻秦王朝。他深知想要推翻秦王朝靠自己的一己之力是做不到的。于是同萧何选取适合的英主，择良主而辅。从萧何、曹参的选择来看，他们是明智的，他们看中了刘邦的野心，以及刘邦胆识过人、宽仁大度、敢于担当的性格。曹参因其既善识人，又选对了主人，使得本该碌碌无为的县吏，成了建立汉朝的功臣，成就了自己的丰功伟绩。

刘邦集团内部人才济济，武将就有 17 人。韩信、周勃、灌婴等都是刘邦手下赫赫有名的将军。因韩信的赫赫功名导致曹参的功劳没有那么显著，司马迁也因对韩信冤死的痛惜之情而对曹参、萧何有所不满。司马迁在《曹相国世家》中写道："曹相国参攻城野战之功所以能多若此者，以与淮阴侯俱。及信已灭，而列侯成功，唯独参擅其名。"把曹参征战沙场的功劳都归结在韩信身上，曹参之所以有功劳，是因为跟随韩信作战，因韩信的指挥得当、智勇双全为刘邦建立汉朝做出了伟大贡献。曹参能够在开国元勋中凸显出来，完全是因为韩信被刘邦冤杀。曹参真的在战场上没有功劳吗？在我看来不是，曹参的光芒只是被韩信给遮盖了，他能够一路跟随刘邦建国立业，成为继萧何之后的第二任相国，有其自身的聪明才智、治世之能力。

在《曹相国世家》中，司马迁对曹参战场杀敌的事例写得简洁明了，按照其人生经历平铺直叙，并没有过多的评价与细节描写，曹参作战的具体事例也没有涉及，从中很难看出曹参在沙场上的才能。在《萧相国世家》中，通过群臣之言叙述了曹参战功之卓越："平阳侯曹参身被七十创，攻城略地，功最多，宜第一。"从群臣的言论中，曹参身经百战，受伤无数，理当功劳第一。由此可见，曹参在战场上立下了汗马功劳，按理来说应该有许多可歌可泣的英雄事迹，但司马迁却并没有记载，曹参沙场征战的事迹如同记流水账一样，毫无波澜之处，没能吸引人们的注意力，导致大家对曹参的功劳忽略不计，对曹参的评价也是褒贬不一。

司马迁凭借其"不虚美，不隐恶"的实录精神，虽然对萧何和曹参在韩信问题上有部分的不满，但还是将其并列放在了世家行列。从《萧相国世家》和《曹相国世家》中隐隐约约还是可以看出司马迁对他们二人的讽刺。"淮阴、黥布等皆以诛灭，而何之勋烂焉"（《萧相国世家》）、"及信已灭，而列侯成功，唯独参擅其名"（《曹相国世家》）。司马迁在认可其功劳之外，还暗讽了二人的功勋卓著是因为韩信、黥布被诛，才显露了二人的功劳。虽然他们在某些方面没有做到尽善尽美，但是他们对汉朝的建立是功不可没的。不能由于他们的某些人格缺陷而忽略他们辅助刘邦建国的功劳。

司马迁眼中的曹参和刘邦心目中的曹参显然是不一样的,他在后世人们心目中也是褒贬不一的。后世文人看待曹参重点放在了他为相时“萧规曹随”的清静无为政策上，他的高瞻远瞩、远见卓识使得国家稳定，百姓安宁，充分体现了曹参在治国方面的才能。本文将重点放在了曹参为将时的人物形象上，让曹参的英勇武将形象重新浮现在世人面前。

二、曹参的武将形象

曹参作为一名武将，驰骋沙场是其必不可少的责任。孙子曰：“夫将者，国之辅也，辅周则国必强，辅隙则国必弱。”将军，作为军队的最高领袖，战争的具体实施者，是决定战争胜败的关键因素，更是保障国家稳定昌盛、百姓安居乐业的重要力量。将军都普遍具有“智、信、仁、勇、严”的基本军事素养，曹参作为刘邦集团的一名将军，这些基本素养他应该都是具备的。从曹参追随汉高祖刘邦起事以来，一路破敌无数，为刘邦出生入死，立下了赫赫战功。曹参被誉为沙场之骁将的称号是不为过的。

智勇双全，能征善战。由于战场的残酷性和复杂性，将军作为作战的首要领导人，“勇”“智”成为其必须具备的军事素养，也是历代兵家重点强调的特质。只有拥有“勇”才能在战争的严酷性中生存下来；只有拥有“智”才能在战争的复杂性中脱颖而出。在成者为王、败者为寇的惨烈结局中，还能够自强不息的生存着的将军无疑都具备智勇双全的军事品质。曹参就是其中的一位，他早期以中涓的身份跟随沛公刘邦起事时，“将击胡陵、方与，攻秦监公军，大破之”，“攻定陶，取临济。南救雍丘。击李由军，破之，杀李由，虏秦侯一人”，“从攻阳武，下轩辕、缑氏，绝河津，还击赵贲军尸北，破之”等等。早期由于他参加的战役过多，导致作者没法具体地写某一场战争。从作者反复运用“击”“破”“攻”“取”等字眼中不难看出曹参的“智”和“勇”。只有充分发挥了智谋，才能不断地攻取下一座座城池；只有做到了勇猛，才敢在战场上冲锋陷阵，最终取得胜利。曹参的“智”和“勇”在战场上充分体现出来了。

治军有方，善于带兵。军队是由将军和士卒组成的。《尉缭子·攻权》曰：“将帅者，心也。群下者，肢节也。其心动以诚，则肢节必力；其心动以疑，则肢节必背。”可见将军与士卒的关系是紧密相连的。只有将军治军有方、士卒积极配合才能以最大优势获得战争的胜利。在《曹相国世家》中，虽然没有明确地表明曹参的治军才能，但是在字里行间，在细枝末节中也可以体现出曹参治军严谨，言出必信，以军威服众，以其仁爱之心对待士卒，与士卒们同甘共苦，出生入死。正是因为这样，在汉高祖刘邦建国之初，讨论功勋排位时，群臣才会在高祖面前推荐曹参“平阳侯曹参身被七十创，攻城略地，功最多，宜第一”。他管理下的军队，南征北战，一路过关斩将。定三秦，攻下辩，围章平，取咸阳这些都从侧面表现出曹参的治军才能。

忠君爱国，公而忘私。历代以来，闻名于世的将军们都恪守着“君使臣以礼，臣事君以忠”的准则。忠君爱国成为衡量功臣们的优秀品质之一。曹参的平生经历充分诠释了这八个字。他从早年跟随沛公起事开始，到高祖刘邦建立汉朝，曹参从始至终一直追随高祖，听从刘邦的指令。曹参升迁为假左丞相时，高祖刘邦让曹参跟随韩信征战沙场，一方面是让二人联合作战，强上加强；另一方面也是让曹参暗中监视韩信，以免韩信反叛，功高盖主。从中可以看出高祖刘邦对曹参的信任与倚重。萧何与曹参因在建国初功勋排位上，萧何排第一，曹参排第二，导致二人之间的关系出现了嫌隙。但萧何在去世时却推荐曹参为丞相，曹参为相时也采取了“萧规曹随”的清静无为政策，可见二人之间的默契，在关键时刻都以国家利益为首位，体现了他们公而忘私的优秀素养。

从曹参的职位变化中我们也可以感受到他的赫赫战功，体现出他的将军风范。曹参从秦时一位小小的县吏，升迁到汉朝时的丞相，是因为他建国有功，立下了一个个功劳。高祖刘邦正是看到了他的功劳，才一步步升迁其官职。从“赐爵七大夫”“迁为五大夫”“封为执帛，号曰建成君”“迁为执珪”“封为建成侯”“迁为将军”到“拜为假左丞相”，一路高升，与曹参的功绩是分不开的。他在中后期追随韩信，与韩信共同作战。两人联合更是功劳显著，“击魏王于曲阳，追至武垣，生得魏王豹。取平阳，得魏王母妻子，尽定魏地，凡五十二城”，“参以右丞相属韩信，攻破齐历下军，遂取临菑。还定济北郡，攻著、漯阴、平原、鬲、卢”。韩信与曹参二人作战对击败项羽也起到关键作用。许多学者将作战功劳都归结于韩信的指挥得当，忽略了曹参的积极配合作战，曹参的配合以及作战经验也是战争胜利的重要因素。虽然在韩信被诛的问题上有些惋惜，但不能因此而埋没曹参作为将军所立下的功劳。在韩信特别出彩的将军形象下，曹参的将军形象就显得没有那么引人注目，但是仅凭韩信一人，没有曹参的积极配合与合作，也许不会那么顺利地完成作战任务。这也是曹参为将的可贵之处，不争不抢，以国家利益为首。

在《曹相国世家》中，司马迁总结了曹参的战功：他总共攻下二国、一百二十二个县，擒得王二人、相三人、将军六人，大莫敖、郡守、司马、侯、御史各一人。这显赫的战功可见曹参骁勇善战的将军形象。吴见思的《史记论文〈史记评议〉》评司马迁写曹参战功这段：“至前半写战功处，屡用‘取之’、‘破之’、‘击之’、‘攻之’等字，叠顿回应，作章法，峭利森严，咄咄逼人。秦以前无此体，汉以后亦无此笔，真是千古绝调。”以独特的笔法写出了一位英勇善战的英雄形象。

除此之外，曹参能够从始至终追随刘邦而不被猜忌，不被灭族，最可贵之处就是他内敛、沉稳、不张扬的性格。他能够将自己置于君主所能够驾驭的范围之内，不做张扬的事，不争夺虚名，全力做好自己的分内之事。正是他的不张扬，使他取得了刘邦的信任与倚重。这也导致了他经常被埋没在韩信的光环之下，成为一个默默无闻的将军。

三、曹参在汉初的地位

项羽死后，高祖刘邦建立汉朝，高祖刘邦封长子刘肥为齐王，封曹参为齐相国。“以齐相国击陈豨将张春军，破之。黥布反，参以齐相国从悼惠王将兵车骑十二万人，与高祖会击黥布军，大破之。南至蕲，还定竹邑、相、萧、留”，身为齐相国的曹参依然在国家危难之际带兵打仗，平反战乱。曹参的国家观念在心中根深蒂固，他的将军形象在建国后依然能够凸显出来。

在高祖刘邦建国后，分封领土之前，有一位谋士为高祖分析全国的地理优势：“秦，形胜之国，带河山之险，县隔千里，持戟百万，秦得百二焉。地势便利，其以下兵于诸侯，譬犹居高屋之上建瓴水也。夫齐，东有琅邪、即墨之饶，南有泰山之固，西有浊河之限，北有渤海之利。地方二千里，持戟百万，县隔千里之外，齐得十二焉。故此东西秦也。非亲子弟，莫可使王齐矣。”由此可见，齐国的地理位置相当重要，做齐王的人必然是高祖刘邦心中最信任的人，故派长子刘肥担任齐王。但长子刘肥年轻经验不足，需要一位资深的相国来辅助。高祖刘邦选中了齐相国——曹参。刘邦实际上是把齐国交给了曹参，能把如此险要的地理位置交给曹参管理，可见曹参在刘邦心目中的地位。齐国七十城，是一个富饶的地方，曹参治理得井井有条，并没有辜负刘邦的信任。刘邦对曹参的信任与倚重，曹参对刘邦的忠诚，二人之间的默契使得齐国得到了良好的发展。

在萧何病中时，惠帝前往探视萧何的病情，“因问曰：‘君即百岁后，谁可代君者？’对曰：‘知臣莫如主。’孝惠曰：‘曹参何如？’何顿首曰：‘帝得之矣，臣死不恨矣！’”在萧何和惠帝的心目中，能够取代萧何作为第二任相国的人，曹参是首要且唯一的选择，可见曹参的功劳与能力都是卓著的。萧何和惠帝两人心知肚明，对曹参也是相当信任的。曹参在汉朝的地位也是举足轻重的，虽然萧何和曹参之间有点嫌隙，但二人都是一路跟随刘邦打天下的核心领导人物，两人惺惺相惜，共同进退，以国家利益为重，在关键时刻永远会想到对方。“惠帝二年，萧何卒。参闻之，告舍人趣治行，‘吾将入相’。居无何，使者果召参。”曹参对自己在汉朝的地位还是相当自信的。他在担任齐国相国时，采取黄老之术，清静无为的政策，这个政策刚好符合汉初的基本国情，百姓对战争已经极度厌倦，急需休养生息。于是曹参的政策得到了百姓们的极度赞扬。社会稳定，百姓安宁，正是因为曹参的正确决策。这些都被惠帝看在眼里，故惠帝也特别信任他，把国家最重要的位置交付给他。曹参也自信满满，深知自己的职责，“萧规曹随”的政策使得汉朝有了一个稳定的发展环境，这其中不难看出曹参的远见卓识，他的高瞻远瞩给国家创造了有利的条件，也为后来汉帝国的繁荣发展奠定了坚实的基础。

曹参辅佐齐王刘肥治理齐国时，“参尽召长老诸生，问所以安集百姓，如齐故诸儒以百数，言人人殊，参未知所定”。曹参召集当地有声望、有文化的诸儒，询问他们关于如何治理齐国的政策。可是众说纷纭，意见不一。最后听说有一位德高望重的研究黄老之术的盖公，于是“闻胶西有盖公，善治黄、老言，使人厚币请之。既见盖公，盖公为言治道贵清静而民自定，推此类具言之”。盖公认为在经历了秦朝的暴政后，最好的政策就是清静无为，无为而作。只有使社会稳定发展了，人民自然就会安居乐业。曹参听取了他的意见，事实证明了他的决定是正确的，国家步入了稳定的发展道路。这件事情可以看出曹参的周听不蔽、从善如流的良好品质。他善于听取别人的意见，果断选择对国家有利的政策施行，这也是曹参的可贵之处。

本文从两方面论述了曹参的形象，一方面是智勇双全，骁勇善战的将军形象；另一方面是高瞻远瞩、远见卓识的相国形象。在为将和为相两方面曹参做得都非常出色，他的将军形象虽然没有韩信那么高大，但是他的功劳却是不可埋没的。他埋没在韩信光芒背后的智勇双全、治军有方、忠君爱国的优秀品质，经我们仔细研读之后，会发现他的将军形象也深得人心。他为相时宽容有度、高瞻远瞩的才能也使得他赢得了“萧规曹随”的美誉。这些都是值得后人称颂的地方，我们抛开韩信被诛的问题，任何人都不是十全十美的，他的一生虽然并没有做到尽善尽美，但在为将为相上他都做到了以国家利益、以人民利益为主的原则。身为将军时，他南征北战、出生入死，辅助刘邦赢得了天下；身为相国时，他的远见卓识、治国有方的政策为汉朝带来了稳定发展，同时也对汉帝国的繁荣发展创造了良好的社会环境。

（翟凤茹，延安大学文学院中国古代文学专业硕士研究生。）

《史记》思想文化研究

上古时期的各种神灵就是古人祭祀的对象，先是对自然神灵的祭祀，再发展到对祖先神灵祭祀等。没有神灵，没有对神灵的畏惧和崇拜，就谈不上祭祀。

西汉歌诗中的国家祭祀仪式与身份认同
——以《郊祀歌》为中心的考察①

段永升

汉人对天神的信仰、崇祀以及出于对其统治权合法性解释的需要，从而形成了君命天授、天人合一、天人感应等思想观念。西汉的文学创作正是在这样的思想文化背景下形成的。西汉的祭祀乐歌《郊祀歌》脱胎于楚文化，是为国家祭祀而制作的，具有完整的仪式性和身份认同的社会政治功能。而古代帝王对天地神灵的祭祀有着悠久的历史和传统，《郊祀歌》的制作既是对这一传统的继承，又有其顺应时代发展的创造与革新。

一、上古帝王的祭祀传统

中国古代的祭祀传统从原始社会就开始了。祭祀首先必须有祭祀的对象，也必须有祭祀的原因。上古时期的各种神灵就是古人祭祀的对象，先是对自然神灵的祭祀，再发展到对祖先神灵的祭祀等。没有神灵，没有对神灵的畏惧和崇拜，就谈不上祭祀。"祭祀是在神灵产生之后（人类所）采取的不得已的应对措施。从人类与神灵的关系来说，人类是被动的一方。神灵，能力大于人不知多少倍，且无处不在，既惹不起又躲不开。""祭祀神灵是因为神灵掌握人的命运，它们是高于人的，因而与神的沟通，主要的态度是归顺，是服从，是尊奉；其

---

① 本文为 2013 年度国家社科基金重大项目"中外《史记》文学研究资料整理与研究"（项目编号 13&ZD111）成果，陕西省教育厅专项科研计划项目"西汉帝陵与陕西旅游文化发展研究"（项目编号 17JK0814）成果。本文以《西汉国家祭祀仪式与身份认同——以〈郊祀歌〉为中心的考察》为题发表于《唐都学刊》2021 年第 3 期。

目的是希望神灵高兴、顺心，对人类开恩，至少不制造麻烦。”[①]这是人类祭祀行为产生的深层心理原因。

君王祭祀天地神灵的礼仪，从黄帝时代以来就已经形成了传统。杜佑《通典》载：“黄帝封禅天地，少昊载时以象天，颛顼乃命南正重司天以属神，……高辛顺天之义，帝尧命羲和敬顺昊天，故郊以明天道也。明谓明之以示人。所从来尚矣。”[②]这说明从黄帝时代开始，已经有了君王祭祀天地神灵的封禅大典了，而且少昊、颛顼、高辛和尧等后世帝王，也都继承了这一郊祭传统。对于“封禅”的记载，最早见于《管子・封禅篇》：

> 管仲曰：“古者封泰山，禅梁父者，七十二家，而夷吾所记者，十有二焉，昔无怀氏封泰山，禅云云。虙羲封泰山，禅云云。神农封泰山，禅云云。炎帝封泰山，禅云云。黄帝封泰山，禅亭亭。颛顼封泰山，禅云云。帝喾封泰山，禅云云。尧封泰山，禅云云。舜封泰山，禅云云。禹封泰山，禅会稽。汤封泰山，禅云云。周成王封泰山，禅社首。皆受命然后得封禅。”[③]

从引文中可知，上古帝王举行封禅大典的有七十二人，足见以帝王身份祭祀天地神灵已成为传统。所谓“封禅”，《史记正义》云：“此泰山上筑土为坛以祭天，报天之功，故曰封。此泰山下小山上除地，报地之功，故曰禅。言禅者，神之也。”[④]上古帝王“封”的对象只有泰山，而“禅”的对象则有梁父、云云、亭亭、会稽、社首等。这是因为泰山在东方，又最为高峻，古人认为泰山离天神最近，因此在泰山祭祀天神，神灵最容易感知到。封禅的目的在于报天地之功。因为在他们的内心有这样一个逻辑，那就是：自己能够称王称帝，全靠天地神灵的护佑。因此，封禅是每个受命帝王都应该恭恭敬敬做的一件大事。正如司马迁《史记・封禅书》开篇所云：

---

① 刘晔原、郑惠坚：《中国古代的祭祀》，商务印书馆 1996 年版，第 6—7 页。

② 杜佑撰，王文锦等校注：《通典》，中华书局 1988 年版，第 1161 页。

③ 黎翔凤撰，梁运华整理：《管子校注》，中华书局 2004 年版，第 952—953 页。

④ 司马迁：《史记》，中华书局 1959 年版，第 1355 页。

自古受命帝王，曷尝不封禅？盖有无其应而用事者矣，未有睹符瑞见而不臻乎泰山者也。虽受命而功不至，至梁父矣而德不洽，洽矣而日有不暇给，是以即事用希。……每世之隆，则封禅答焉，及衰而息。厥旷远者千有余载，近者数百载，故其仪阙然堙灭，其详不可得而记闻云。①

自古以来，受命帝王无不举行封禅大典，报天地之功，以求得神灵庇佑。有的帝王甚至在没有瑞应出现时，也举行封禅大典。但后世帝王，或因“功不至”，或因“德不洽”，或因“（德）洽矣而日有不暇给”，封禅大典便举行的很少了。

这种祭祀传统延及汉代，已有一千多年的时间了，虽然少了许多，但却从未断绝过，只是其具体仪式不可得知而已。《史记》引《五经通义》亦云：“易姓而王，致太平，必封泰山，禅梁父，何天命以为王，使理群生，告太平于天，报群神之功。”②可见，自古“易姓而王”者之所以为王，是因为“天命以为王”。这种君命天授的观念是古代帝王重祭祀、重封禅的重要心理和思想依据。以帝王之身祭祀天地神灵，既是受命之君对其帝王身份合法性的确认，又可以通过这种仪式让天下臣民增强对其身份的认同感，从而获得神灵和臣民的双重支持和保护，维护自己的统治地位。

二、西汉国家祭祀演变与《郊祀歌》制作

到了西汉时期，统治阶级对礼乐祭祀制度的重要性更有着充分的自觉。既然天人之间关系如此密切，那么如何取悦天神，使其常降福瑞于人间呢？因此，出于政权稳固的需求，汉代统治者对天地神灵顶礼膜拜。如英国汉学家鲁惟一所云：“这种崇拜的动机是幸福主义的，为的是致福避祸。人们似乎无意向神灵表达作为回馈的感激之情，无论该福分是不期而遇还是祈祷所致。最接近这种本能的行为或许体现在两个方面：一是在名义上向祖先神所做的事死如事生的献

① 司马迁：《史记》，中华书局 1959 年版，第 1355 页。

② 司马迁：《史记》，中华书局 1959 年版，第 1355 页。

祭，二是皇帝偶尔向赋予其尘世统治权的天所作的献祭。”[①]鲁惟一的说法有一定的合理性，但不完全符合汉代的实际情况。汉代统治者极其重视对天神以及祖先神的崇祀，其祭拜行为是惯常性的，并非“偶尔”。汉代统治者娱神、敬神是通过一整套完备的礼乐制度来实现的。

早在高祖刘邦登基之初，就召集文臣制定礼仪，从天人感应、君权神授的角度来宣扬自己政权的合法性。如班固《汉书·礼乐志》所云：

> 《六经》之道同归，而《礼》《乐》之用为急。治身者斯须忘礼，则暴嫚入之矣；为国者一朝失礼，则荒乱及之矣。人函天地阴阳之气，有喜怒哀乐之情。天禀其性而不能节也，圣人能为之节而不能绝也，故象天地而制礼乐，所以通神明，立人伦，正情性，节万事者也。[②]

在西汉统治阶级看来，人包含天地阴阳之气，有喜怒哀乐之情，礼、乐的制定乃效法天地，其功用则是“通神明，立人伦，正情性，节万事”，以至于自己的统治能够长治久安。从这个层面来说，汉代帝王制定礼仪，目的是维护现实统治秩序，有着明确的现实功利性。在此基础上，高祖刘邦又命叔孙通制作宗庙祭祀用乐，从神学角度来宣扬皇权的绝对权威。《汉书·礼乐志》载：“汉兴，乐家有制氏，以雅乐声律世世在大乐官，但能纪其铿鎗鼓舞，而不能言其义。高祖时，叔孙通因秦乐人制宗庙乐。”[③]宗庙祭祀乐歌是最能体现西汉国家祭祀思想的歌诗。这方面的创作以汉武帝时期所作的《郊祀歌》为代表。

《郊祀歌》十九章，非一人一时之作，产生的时间跨度比较长。“所谓郊祀，即为祭祀天地之意，郊谓大祀，祀谓群祀，两者为同义复词，并无殊别”。[④]《郊祀歌》既然是用于祭祀的乐歌，在音律上自然以雅正为美，是正大、庄严、高妙的“黄钟大吕”之音。这些祭祀乐歌以雅正、典重的乐舞与神灵交通，深刻

① 鲁惟一（Michael Loewe）著，王浩译：《汉代的信仰、神化和理性》，北京大学出版社2009年版，第18页。

② 班固：《汉书》，中华书局1962年版，第1027页。

③ 班固：《汉书》，中华书局1962年版，第1043页。

④ 叶岗：《汉〈郊祀歌〉与谶纬之学》，《文学评论》1996年第4期。

地体现了汉武帝时期对国家祭祀的重视程度。

《郊祀歌》是汉武帝时期为配合郊祀之礼而制作的一组歌诗。汉武帝立乐府、采诗夜诵等事件都与之密切相关。《汉书·礼乐志》载：

> 至武帝定郊祀之礼，祠太一于甘泉，就乾位也；祭后土于汾阴，泽中方丘也。乃立乐府，采诗夜诵，有赵、代、秦、楚之讴。以李延年为协律都尉，多举司马相如等数十人造为诗赋，略论律吕，以合八音之调，作十九章之歌。①

由此看来，汉武帝制作《郊祀歌》的目的就是用于郊祀，是其郊祀之礼的一项重要内容。《郊祀歌》既为郊祀之礼而作，那么我们不禁要问，汉武帝为何如此重视郊祀之礼？因为，礼乐制度是汉武帝加强中央集权的一个重要手段。汉初的统治者，为了国家的长治久安，汲取了秦亡的教训，轻徭薄赋，与民休息，以黄老道家的清静无为思想为旨归，治政理国，国力虽得到了较好的恢复，但同时也积累了复杂深厚的社会矛盾。诸侯王势力尾大不掉，威胁着中央的统治。汉景帝二年（前 155），御史大夫晁错上疏，提议削弱诸侯王势力、加强中央集权。汉景帝采用晁错的建议，于次年冬天下诏削夺吴、楚等诸侯王的封地。以吴王刘濞为首的七个刘姓宗室诸侯由于不满朝廷削减其权力，以“清君侧”为名，联兵反叛，后被朝廷和梁王联手平定。

汉武帝即位后，亟待解决的问题就是巩固君权，加强中央集权。武帝加强中央集权除了在政治上削弱诸侯王势力之外，还注重运用礼乐文化手段，以统一思想。因为从西汉初期以来，各诸侯国都有各自所祠祀之神灵。《汉书·郊祀志上》载：

> 后四岁，天下已定，诏御史令丰治枌榆社，常以时，春以羊彘祠之。令祝立蚩尤之祠于长安。长安置祠祀官、女巫。其梁巫祠天、地、天社、天水、房中、堂上之属；晋巫祠五帝、东君、云中君、巫社、巫祠、族人炊之属；秦巫祠杜主、巫保、族累之属；荆巫祠堂下、巫

① 班固：《汉书》，中华书局 1962 年版，第 1045 页。

先、司命、施糜之属；九天巫祠九天：皆以岁时祠宫中。其河巫祠河于临晋，而南山巫祠南山、秦中。秦中者，二世皇帝也。各有时日。①

可以看出，汉初以来各诸侯国奉祠的神灵都各不相同，说明其信仰不同，文化心理各异。这对大一统的汉朝政权来说，是个不容忽视的重要问题。而定郊祀之礼，尊太一为天下之尊神，象征天子权威，以礼乐祭祀的神学手段来推尊并神化中央皇权，则是汉武帝时期巩固政权的重要举措。汉武帝“立乐府”的主要目的就是定郊祀之礼，进而“确立‘太一’这一至上神在国家祭祀中的核心地位。从而借助宗教神学，来加强自己的中央集权统治”②。《郊祀歌》正是在这样的社会政治背景之下诞生的以维护皇权、神化皇权为目的的一组祭祀乐歌。

我们只要对比一下高祖和汉武帝所祀神灵就会明白。《史记·封禅书》载，高祖刘邦时所祠五帝：

（高祖）二年，东击项籍而还入关，问：“故秦时上帝祠何帝也？”对曰：“四帝，有白、青、黄、赤帝之祠。”高祖曰：“吾闻天有五帝，而有四，何也？”莫知其说。于是高祖曰：“吾知之矣，乃待我而具五也。”乃立黑帝祠，命曰北畤。……下诏曰：“吾甚重祠而敬祭。今上帝之祭及山川诸神当祠者，各以其时礼祠之如故。”③

而《史记·封禅书》载，汉武帝则采纳亳州人谬忌建议，筑祠太一祭坛，祠天神太一，并以五帝为配享：

亳人谬忌奏祠太一方，曰：“天神贵者太一，太一佐曰五帝。古者天子以春秋祭太一东南郊，用太牢，七日，为坛开八通之鬼道。”于是天子令太祝立其祠长安东南郊，常奉祠如忌方。其后人有上书，言“古者天子三年一用太牢祠神三一：天一、地一、太一”。天子许之，令太祝领祠之于忌太一坛上，如其方。后人复有上书，言“古者天子常以

① 班固：《汉书》，中华书局1962年版，第1210—1211页。

② 赵敏俐：《中国诗歌通史·汉代卷》，人民文学出版社2012年版，第54页。

③ 司马迁：《史记》，中华书局1959年版，第1378页。

春解祠，祠黄帝用一枭破镜；冥羊用羊祠；马行用一青牡马；太一、泽山君地长用牛；武夷君用乾鱼；阴阳使者以一牛”。令祠官领之如其方，而祠于忌太一坛旁。[①]

由此得之，高祖时所祀神灵是在秦所祠白、青、黄、赤四帝基础上增加了黑帝，命名为北畤，形成了五帝之祀。此外，高祖时期五帝之祀，也有山川诸神配享，但五帝之间似乎没有主次之分，只是依时依礼而祭罢了。[②]到了汉武帝时期，则做了很大的改变。汉武帝在五帝神之上增设“三一”神，[③]即天一、地一和太一，祭祀地点在长安东南郊，使用太牢，祭祀时间为七天。又于其旁祭黄帝、冥羊、马行、泽山君地长、武夷君、阴阳使者等神祇，从而初步建构起了汉代国家郊祭的神灵系统。然汉代郊祭神灵系统的正式确立，则是汉武帝元鼎五年（前 112）于长安西北甘泉宫中甘泉泰畤的建造。据《史记·孝武本纪》载：

上遂郊雍，至陇西，西登空桐，幸甘泉。令祠官宽舒等具泰一祠坛，坛放薄忌泰一坛，坛三垓。五帝坛环居其下，各如其方，黄帝西南，除八通鬼道。泰一所用，如雍一畤物，而加醴枣脯之属，杀一犛牛以为俎豆牢具。而五帝独有俎豆醴进。其下四方地，为餟食群神从者及北斗云。已祠，胙余皆燎之。其牛色白，鹿居其中，彘在鹿中，水而洎之。祭日以牛，祭月以羊彘特。泰一祝宰则衣紫及绣。五帝各如其色，日赤，月白。[④]

这是《史记》对汉武帝在甘泉宫太一神坛举行郊祭情况的记载。皇帝先到雍

① 司马迁：《史记》，中华书局 1959 年版，第 1386 页。

② 因为汉初统治思想并不统一，受到五德终始说的影响，有人主张汉为火德，色尚红；有人主张汉为水德，色尚黑；有人主张汉为土德，色尚黄。争论不休，莫衷一是，故而五帝之祀，没有主次等级之分。

③ 关于“三一”神的辨析可参看田天《西汉太一祭祀研究》（《史学月刊》2014 年第 4 期）一文，田天认为“天一、太一在与地一组合成为‘三一’后，就不再指向具体的星神，而是一种以太一神为中心、天地相辅的抽象祭祀对象”。

④ 司马迁：《史记》，中华书局 1959 年版，第 469 页。

县举行郊祀，再到陇西郡，向西登上崆峒山，然后来到京师西北方的甘泉宫祭祀太一神。这里不仅交代了甘泉宫神坛的建筑布局，而且还明确了祭祀各个神灵所使用的祭品、参加人员、服饰穿着等。甘泉宫泰畤从外围向中心由低到高共分三层：第一层为最外层，是祭祀日、月和北斗等众神的祭坛，其神祇地位要比五帝低一个层次，属于配享神。第二层为中间层，是五帝的祭坛，环绕于太一神坛周围。高祖时期，黄帝依其五行属性居于祭坛中央，青、赤、白、黑四帝则分居东、南、西、北四方。而在汉武帝时期由于中心位置被太一神所占据，故而黄帝退居于西南方。第三层，为最高层，是太一神坛，处于整个神坛的核心位置。如学者所云："泰畤为三重坛结构，下为四方底，上有双层八角形祭坛。泰畤的核心是中央的八角形太一坛，即谬忌太一坛。八角形'八觚宣通象八方'，用以表示八个空间方位。此时，中央的祭坛上已无三一、冥羊、马行等神，独尊太一。"①此外，太一神所享用的祭品除了五帝神祇享用的牺牲和甜酒之外，还增加了枣果、干肉和牦牛。《史记》没有记载祭祀太一神时所穿的礼服的颜色，但对于五帝、日神、月神的礼服服色有明确记载，即祭祀五帝之神，分别依据其五行属性着青、赤、白、黑、黄色礼服，祭祀日神着红色礼服，祭祀月神着白色礼服。对比高祖时期庙祭五帝与武帝时期甘泉泰畤所祠太一诸神就可明显看到，汉武帝对太一神的推崇。若以图示，大致如下：

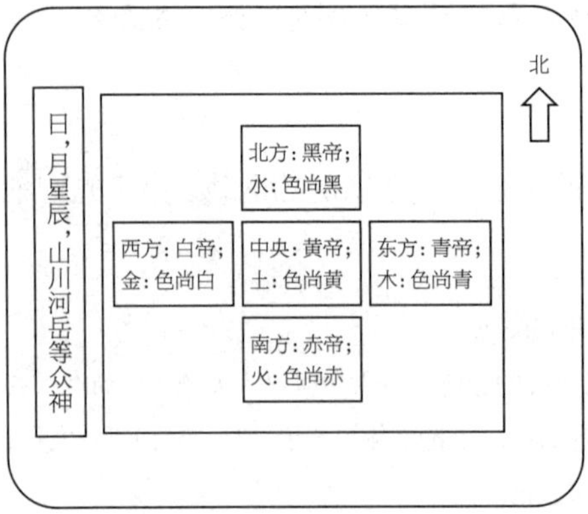

高祖时期所祀五帝主神

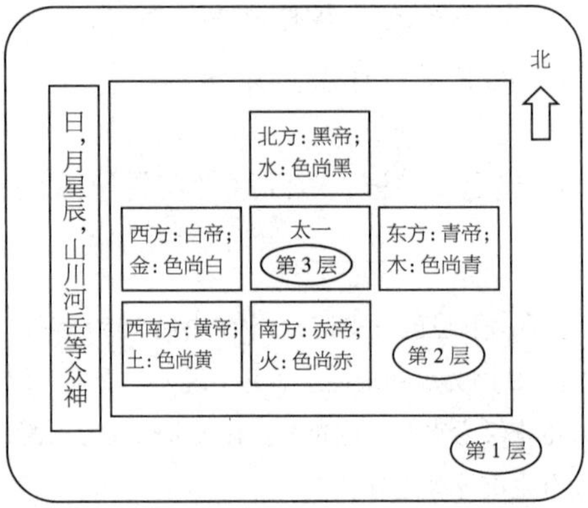

汉武帝时期所祀太一诸神

① 田天：《西汉太一祭祀研究》，《史学月刊》2014年第4期。

汉武帝时期建构的这个神灵祭祀系统与高祖时期的祭祀五帝相比，有了鲜明的等级性，即以太一最尊，其次为五帝之神，又次为日月山川诸神配享。①汉武帝之所以要堂而皇之地祭祀太一、五帝及天地山川诸神，目的是宣扬自己乃受命之君，上承天命，以治万民。大一统的国家政权需要统一的思想意识形态来支撑，而国家祭祀则是那个时代统一思想的最佳手段。在西汉国家神灵祭祀系统的建构过程中，汉武帝将太一神推尊为至上神，象征着天子的权威，以此来提高中央政府对地方的绝对领导权，从而达到其推尊皇权，巩固中央集权的现实政治目的。既然是祭祀活动，当然就须有相应的礼乐仪式与之配合。于是，汉武帝立乐府，采歌诗，诏命李延年为协律都尉，“略论律吕，以合八音之调”，并统领司马相如等数十人造作诗赋，故有《郊祀歌》十九章之作。

基于此，我们可以说以娱神、敬神为手段的西汉歌诗——《郊祀歌》具有更深层次的现实实用目的，那就是推尊皇权，维护汉王朝的长治久安。

三、《郊祀歌》国家祭祀仪式与身份认同

有关汉朝的国家祭祀仪式，《汉书·礼乐志》载：

> 高祖时，叔孙通因秦乐人制宗庙乐。大祝迎神于庙门，奏《嘉至》，犹古降神之乐也。皇帝入庙门，奏《永至》，以为行步之节，犹古《采荠》《肆夏》也。乾豆上，奏《登歌》，独上歌，不以管弦乱人声，欲在位者遍闻之，犹古《清庙》之歌也。《登歌》再终，下奏《休成》之乐，美神明既飨也。皇帝就酒东厢，坐定，奏《永安》之乐，美礼已成也。②

这是史书对汉初宗庙祭祀仪式最为详细的记载，其祭祀的对象为天地祖宗。汉初高祖祭祀天地祖宗的仪式分为五个阶段。一是迎神阶段，奏《嘉至》，此时掌祭祀之官大祝立于庙门迎接神灵。二是主祭者——皇帝入庙门，奏《永至》，

---

① 关于汉武帝时期郊祀神灵及其居太一神坛的具体方位问题，还可参看蔡丹君《西汉甘泉祭祀仪式的文学影响——从“采诗夜诵”到甘泉诸赋》（《文学评论》2016年第2期）一文。

② 班固：《汉书》，中华书局1962年版，第1043页。

皇帝踏歌入庙。三是陈列祭品，即将干肉等祭品摆放在祭器之上，奏《登歌》，只有皇帝一人歌唱，不用管弦配乐，以免干扰。《登歌》演奏两遍。四是奏《休成》，以赞美神明享受了祭品。五是皇帝至东厢饮祭酒，坐好之后，奏《永安》，赞美祭祀仪式的完成。《礼乐志》还将高祖时的祭祀乐歌与上古时期做了对照，说明西汉祭祀乐歌和仪式是对上古祭祀传统的继承。西汉国家祭祀仪式，从高祖经孝惠、孝文、孝景帝一直延续，无所增减。如《史记·乐书》所云："高祖崩，令沛得以《四时歌》儛宗庙。孝惠、孝文、孝景无所增更，于乐府习常肄旧而已。"①《郊祀歌》十九章的祭祀仪式，是对高祖以来宗庙祭祀仪式的创新性继承与发展。汉武帝将祭祀地点由宗庙扩展到了京郊，不但确定了郊祭之礼，在正月上辛日黄昏时分于京城西北的乾位——甘泉宫郊祭天地神灵，而且还将高祖以来所祀的五帝降格，极力推尊太一神。祭祀所用的乐歌最主要的便是《郊祀歌》。

元鼎五年（前 112）十一月辛巳朔旦冬至，汉武帝首次亲郊太一。《史记·封禅书》载其仪式曰：

> 十一月辛巳朔旦冬至，昧爽，天子始郊拜太一。朝朝日，夕夕月，则揖；而见太一如雍郊礼。其赞飨曰："天始以宝鼎神策授皇帝，朔而又朔，终而复始，皇帝敬拜见焉。"而衣上黄。其祠列火满坛，坛旁亨炊具。有司云"祠上有光焉"。公卿言"皇帝始郊见太一云阳，有司奉瑄玉嘉牲荐飨。是夜有美光，及昼，黄气上属天"。太史公、祠官宽舒等曰："神灵之休，祐福兆祥，宜因此地光域立太畤坛以明应。令太祝领，秋及腊间祠。三岁天子一郊见。"②

因为武帝首次祠太一时，出现了"祠上有光"的神灵瑞应，遂将甘泉太一祭坛命名为"太（泰）畤"。汉武帝祭祀天神太一，是因为上天把宝鼎神策授予他，让他代替天神在人间行使权力，故而汉武帝才要朝祭日，夕祭月，恭敬揖拜。汉武帝恭恭敬敬地祭祀天神太一，实际上是在向天下臣民昭示：自己就是天神太一之子，是代表天神行使"天命以为王，使理群生"的天子使命的。这既是对

---

① 司马迁：《史记》，中华书局 1959 年版，第 1177 页。

② 司马迁：《史记》，中华书局 1959 年版，第 1395 页。

自己天子身份合法性的一种确认，同时通过这种庄严而隆重的祭典让天下臣民也认同其天子身份。汉武帝大力推尊太一神，降格五帝神举措的深层含义是将神界权利迁移到人间。自己就是天神太一在人间的代言人，而其他臣子则是五帝神的象征，就像在天界五帝神绝对服从太一神一样，在人间所有臣子都必须无条件服从自己的命令，顺应自己的意志行事。经过这样的身份确认和身份认同之后，人间天子身份的合法性得到了进一步的强化。《汉书·武帝纪》亦载此事："十一月辛巳朔旦，冬至，立泰畤于甘泉，天子亲郊见，朝日夕月。"[①]武帝祀太一，所用的是郊礼，礼仪与规格皆与雍五畤相同。汉武帝身着黄色礼服，在"列火满坛"，祭品星罗的神秘氛围中，登上祭坛，肃然祭拜。《史记·乐书》载：

> 汉家常以正月上辛祠太一甘泉，以昏时夜祠，到明而终。常有流星经于祠坛上。使僮男僮女七十人俱歌。春歌《青阳》，夏歌《朱明》，秋歌《西皞》，冬歌《玄冥》。[②]

由以上两则材料可知，甘泉太一祭祀是"夜祠"，昏时开始，黎明结束。期间，有童男女七十人齐唱《青阳》《朱明》《西皞》《玄冥》之歌。这些歌诗均出自《郊祀歌》十九章。如此看来，每次甘泉太一祭祀持续的时间很长，皇帝亲自主持的有昧爽祭拜太一和"朝日夕月"之礼，其余时段则由有司、太祝等祠官主持。需要指出的是，太一祭坛在西汉时期并非只有泰畤，而是有很多处。正如学者所云："太一祭祀在武帝朝有广泛分布。除泰畤外，武帝所立太一祭祀，有明确记载的有长安东南郊的亳人谬忌太一坛、甘泉泰畤、泰山明堂中的太一祭祀。"[③]此外，《汉书·地理志》载，琅邪郡不其县还有"太一、仙人祠九所，及明堂，武帝所起"[④]。只不过甘泉泰畤在所有祭坛中地位最尊，因为其居于京城西北方的乾位。因此，甘泉泰畤祭祀代表了西汉国家祭祀的最高规格。

若将西汉国家祭祀程序大致梳理一下，应包括如下几个阶段。第一阶段，迎

---

① 班固：《汉书》，中华书局 1962 年版，第 185 页。

② 司马迁：《史记》，中华书局 1959 年版，第 1178 页。

③ 田天：《西汉太一祭祀研究》，《史学月刊》2014 年第 4 期。

④ 班固：《汉书》，中华书局 1962 年版，第 1585 页。

神。奏迎神曲《练时日》，选择时日，点燃油脂和艾蒿，延请各路神灵。此时天门大开，神灵出游。青云环绕，旌旗飘扬，左伴青龙，右随白虎，神灵驾驭着飞龙拉的车，浩浩荡荡，来到祭坛。第二阶段，祭祀神灵。依次奏《帝临》《青阳》《朱明》《西暤》《玄冥》之歌，以祭祀黄、青、赤、白、黑五帝之神；再次，奏《惟泰元》《天地》《日出入》之歌，恭敬祭祀太一、五帝以及日、月、星辰、山川等神灵。第三阶段，人神和合，享用祭品。奏《天马》《天门》《景星》《齐房》《后皇》《华烨烨》《五神》《朝陇首》《象载瑜》等歌，借歌咏天马、宝鼎、灵芝、白麟、赤雁等瑞应之物来盛赞天地神灵恩赐福祉的圣德，让各路神灵在美妙祥和的音乐中与主祭者共同享用祭品。第四阶段，送神。奏送神曲《赤蛟》，恭送各路神灵。

《郊祀歌》十九章，完整地呈现了武帝时期西汉中期国家祭祀的一整套仪式。祭祀神灵之时，汉武帝带领文武群臣在庄严肃穆、香火缭绕、祭品盛陈的神秘氛围中，在以盛赞太一神为主的各路神灵恩赐的祥和歌乐伴奏中，身着庄重的黄色礼服，登坛祭拜。汉代的最高统治者——汉武帝及其文武百官在这一整套神圣庄严的祭祀仪式中，不断强化和加深着对于自身权利和福祉乃神灵所赐的认同感和神圣感，从而确信君权神授的合理合法性。可以说，每一次的祭祀活动，对汉代的最高统治层来说，都是一次精神的洗礼和中央权威向心力的凝聚。大汉天子和文武百官在与天神的交通过程中，既能享受到自身权威带来的荣耀感和满足感，也能不断增强其维护这种荣耀感、满足感的责任心与使命感。正如《汉书·礼乐志》所云："故乐者，圣人之所以感天地，通神明，安万民，成性类者也。"①西汉的最高统治者通过祭祀太一神的仪式，在"感天地，通神明"的过程中，达到了其"安万民，成性类"的现实政治目的。汉武帝采纳大儒董仲舒的建议，"罢黜百家，独尊儒术"，将先秦儒家学说改造成具有神学色彩的儒教理论，②以之来维护自己的封建统治。他设立五经博士，以儒生为博士官，向贵族子弟和天下臣

① 班固：《汉书》，中华书局 1962 年版，第 1039 页。

② 关于儒教的概念学者多有讨论，具体可参看甘怀真《皇权、礼仪与经典诠释——中国古代政治史研究》，华东师范大学出版社 2008 年版，第 26—27 页；黄进兴《圣贤与圣徒》，北京大学出版社 2005 年版，第 117—143 页；小岛毅《儒教是不是宗教——中国儒教史研究的新视野》（收入周博裕编《传统儒学的现代诠释》，文津出版社 1994 年版，第 29—44 页）；余英时《中国思想传统的现代诠释》，联经出版事业公司 1987 年版，第 167—258 页。

民宣传儒教的伦理道德思想，俨然形成了以自己为教主，以儒生为传教者，以广大臣民为传播对象的儒教体系。正如学者所云："儒教的关键性理念有二：天命与教化。儒教认为人间秩序是渊源于天，天子（皇帝）是承受天命，将此秩序的原理落实于人间，而天命在人间的落实须借由天子推动教化。换言之，天子的职责是上承天命，下施教化。在天子推行教化的工作中，儒生扮演重要的角色。一方面，天命与教化的内容主要是书写在经书中的，而儒生掌握了它们的解释权。另一方面，儒生是教化的实际推动者，作为天子与人民间的中介。"①

由此观之，汉武帝接受大儒董仲舒的建议，罢黜百家，独尊儒术，与其制作《郊祀歌》，举行泰畤祭祀有着相同的政治目的。那就是通过这一整套的国家祭祀仪式来确认自己天子地位的合法性，同时也增强文武大臣对自己天子身份的认同感，推遵皇权，维护统治。

结 语

综上所述，《郊祀歌》之所以在汉武帝时期被制作出来，而且被用于国家祭祀之中，与其推尊皇权，维护大一统的国家政权的现实需要密切相关。大一统的国家政权，需要有统一的思想意识形态来支撑，而国家祭祀则是那个时代统一思想的最佳手段。汉武帝大力推尊祭祀太一神，降格五帝神的举措，实质上是其以人间天子比附太一神，以臣子象征五帝神的统治思想的神学化处理。在《郊祀歌》十九章所展现的西汉王朝国家祭祀的整个祭祀过程中，汉武帝借助这一神学化手段，不仅使其"天命以为王，使理群生"的天子身份合法性得到再一次确认，而且五帝神作为臣子象征的身份也得到了再一次认同。汉武帝通过《郊祀歌》所构建的祭神大典，以国家祭祀的形式将天界的权利格局全盘迁移到了人间，就像五帝神必须无条件服从太一神一样，大臣必须无条件服从天子。在当时的政治环境下，汉武帝选择运用神学化手段，巧妙地实现了自己巩固天子地位，增强身份认同，推尊皇权，提高中央政府对地方的绝对领导权，巩固中央集权的现实政治目的。

（段永升，咸阳师范学院文学与传播学院讲师，文学博士。）

① 甘怀真：《皇权、礼仪与经典诠释——中国古代政治史研究》，华东师范大学出版社 2008 年版，第 27 页。

试论司马迁的“素封论”
——读《史记·货殖列传》

王　健

引　言

一篇《货殖列传》①，其实就是为商人或富豪们立传。

我们知道，中国古代商人们的地位一直不高。因为中国是一个农业大国，推行的是一种“重农抑商”政策，强调所谓农业是本，商业是末，导致整个社会从上层到平民百姓，都不重视商人，甚至歧视他们。连最有知识、最有眼光的“士子”也是如此。

可是司马迁在其历史巨著《史记》中，专门撰写《货殖列传》一篇，为商人辩护，为商人正名。“货殖”即利用货物的生产与交换进行商业活动，从中生财求利。古代的“货殖”人群主要是商人以及工商业者，包括各种手工业，以及农、牧、渔、矿山、冶炼等行业的经营者（以下为叙述方便，即用“商人和工商业者”或“商人”代之）。他们因出身低微或因入仕条件所限，无法入仕途而显贵，但是，他们通过经商获取巨大财富，从而占有社会地位，实现自己的人生价值。司马迁的《货殖列传》就是以这类人群为叙述主体，为其立传。史书第一次有人把商人们抬到如此高的位置，这是一件破天荒的大事，一个前所未有的创举。

---

① 司马迁：《史记·货殖列传》，中华书局1988年版，第3253—3283页。以下引文皆为此版本。

《史记》的“列传”是各种人物的传记，其中主要记载的是贵族、官吏、学者、政治家、军事家等不同阶层、不同职业的各种人物，让他们在历史上留下一笔。现在通过司马迁的笔，在各种不同类型的人物中也有了商人们的身影，让他们的名字和业绩，和那些声名显赫的大人物一起留在了史书上。也正是在《货殖列传》中，司马迁提出“素封论”一说，对后世认识、评价商人及工商业产生了极大的影响。同时，我国以后历代的正史，从此有了“货殖传”“食货志”，给了商人以及工商业者一席之地，也有了经济专史。

“素封论”横空出世，对传统是个极大的挑战，它一扫“重农抑商”观、儒家“义利观”、“无商不奸”观、“官贵民贱”观等，为商人们评功摆好，洗刷污名，给商人们撑腰，让他们理直气壮地走上历史的前台。而且“素封论”不仅体现了司马迁对财富、对商人们的看法，“素封论”也最直接、最简要地揭示出司马迁经济思想的大义，是我们认识和理解其经济思想的一个最好入口和最佳途径。

司马迁为何要给商人立传？且对其大加褒扬以“素封”名之？司马迁如何解释、证明“素封论”的正当性、合理性？以及从中反映出司马迁怎样的经济思想？商人们的能力、成就、贡献及道德水准是否称得上“素封”？一句话，司马迁的“素封论”是否站得住脚？打开《货殖列传》，我们发现司马迁高屋建瓴、从容道来，一一回答了这些问题。

一、什么是“素封论”、“素封论”提出的背景与条件

司马迁在他的《货殖列传》中写道：

> 今有无秩禄之奉，爵邑之入，而乐与之比者，命曰“素封”。①

（唐）司马贞“索隐”：

> 谓无爵邑之入，禄秩之奉，则曰“素封”。素，空也。②

① 司马迁：《货殖列传》，中华书局 1988 年版，第 3272 页。

② 司马迁：《货殖列传》，中华书局 1988 年版，第 3272 页。

（唐）张守义“正义”：

言不仕之人自有园田收养之给，其利比于封君，故曰“素封”也。①

在中国古代社会，“秩禄”是指官吏的俸禄，官吏按品级享受不同的俸禄；“爵邑之人”是爵位封地的租税收入。既无“秩禄之奉”，更无“爵邑之人”的商人和工商业者，通过拼搏，积累大量财富，可以和封君一比，这就是“素封”。司马迁以“素封”概括，称赞无官无爵的商人以财富而得“封”。

史学大师钱穆在《中国经济史》第五章《西汉时期经济》有专文谈汉代的“素封”，其中一段话如下：

古代诸侯有封君，他们兼理政治，汉代亦有，但汉之封君不管政治，只理租税，即所谓“食租税”。如每年率户 200，封君可以每户取其 200 钱之租，等于其生活费之三分之二。故 1000 户年获 20 万钱，是谓千户侯。……如 100 万钱，每年利息就有 20 万钱，如具有此资本，即可形同“千户侯”。太史公称之曰“素封”，意即无人封他，但有此利息收入，即等于封了他。②

当代《史记》研究大家张大可在《司马迁评传》中这样解释，要言不烦，简洁明了：

那些有钱有势而与王者同乐的人，司马迁称之为“素封”，即无冕之王。③

在司马迁那个时代，官方和正统、主流意识，视贵族和官员有身份、有地

① 司马迁：《货殖列传》，中华书局 1988 年版，第 3272 页。

②钱穆讲授，叶龙记录整理：《中国经济史》，北京联合出版公司 2014 年版，第 44 页。本书第五章《西汉时期经济》之“四、汉代‘素封’千户侯”，第 44—45 页，对此有较详细介绍，可参阅。

③ 张大可：《司马迁评传》（中国史记研究会丛书），华文出版社 2005 年版，第 305 页。

位，而有钱、有财产不算什么，不受重视。关于这一点，中国经济史研究专家全汉昇在其著作《中国社会经济通史》中，有这样的文字：

> 汉代社会的上层有二，一为贵的阶级，一为富的阶级。
>
> 贵族属于贵的阶级，主要有三种，即皇室、外戚、功臣。……至于富的阶级，主要为地主与富豪二类。地主收地租多而富有，《史记·货殖列传》中言土地多者收入与千户侯同。富豪则包括大商人、放高利贷者及开矿者，商人发了财可以很有钱，但朝廷不准其做官，故社会地位较低。①

富的阶级远比不上贵的阶级，后者可能财富不如你，但依然高高在上，看不起你们这般“土豪”，你有钱有财产，但还是无身份、无地位。司马迁却为这些人撰写列传，替他们鸣不平。这是司马迁不同于常人的眼光，以及他打破世俗观念的勇气。

司马迁在理论上为商人正名，是因为他看到时代变了，社会变了。

《货殖列传》开篇就有这么一段：

> 老子曰：“至治之极，邻国相望，鸡狗之声相闻，民各甘其食，美其服，安其俗，乐其业，至老死不相往来。”必用此为务，挽近世涂民耳目，则几无行矣。②

这段话是说：老子理想中那个“老死不相往来”的“小国寡民”时代，已经一去不复返，到了近世，如果还要按老子时代的这一套去办，那就等于堵塞人民的耳目，已经无法行得通。这是司马迁强调的重点。毫不含糊，斩钉截铁。接着司马迁又说了如下一段话：

---

① 全汉昇口述，叶龙整理：《中国社会经济通史》，北京联合出版公司 2016 年版，第 69 页。本书第二章《秦汉社会经济概况》之“七、汉代的社会阶级”，第 69—70 页，可参阅。

② 司马迁：《货殖列传》，中华书局 1988 年版，第 3253 页。

太史公曰：夫神农以前，吾不知已。至若诗书所述虞夏以来，耳目欲极声色之好，口欲穷刍豢之味，身安逸乐，而心夸矜埶能之荣。使俗之渐民久矣，虽户说以眇论，终不能化。[①]

意思是，社会及民风完全变了：从虞舜、夏朝以来，人们耳、目、口追求的是最好听、最好看的各种美味，想的是“身安逸乐”，这种风气百姓浸染已久了，无法改变。注意最后一句：“虽户说以眇论，终不能化”，即使用再好的妙论，挨门逐户地去劝说、开导，也不能感化谁了。这是司马迁提醒人们社会风气已经不同于过去，自然欲望已经无法压制。

《货殖列传》开篇的这两段话，是在告诉人们，这个时代已经不同于老子的时代，我们必须看清楚，天下大势已变，人们的观念也要变。以此为《货殖列传》将要提出的新的经济思想、新的登场人物做好铺垫：那就是一时代有一时代的思想和人物。

不仅如此，司马迁看到了金钱、财富对社会的影响，对人的地位的影响。这更是从正面为财富说话，肯定它。他直言不讳地说：

凡编户之民，富相什则卑下之，伯则畏惮之，千则役，万则仆，物之理也。[②]

意思说，普通百姓对于财富比自己多十倍的人会低声下气，多百倍的会惧怕他，多出千倍的就会被他役使，多出万倍的就会成为其奴仆。而且司马迁特别指出这是“物之理也”，就是说这是自然的、正常的：人们的经济基础决定了他的社会地位，财富决定了一个人的腰杆子。司马迁看得何等清楚！

司马迁还说了一个故事。有个名叫刀间的人，很有一套，收留了一大帮狡猾的奴仆，利用他们发了大财。当然主人赚大钱对手下人也不薄。奴仆中有人在私下交谈时说出了这样的话：

---

① 司马迁：《货殖列传》，中华书局1988年版，第3253页。

② 司马迁：《货殖列传》，中华书局1988年版，第3274页。

> 故曰“宁爵毋刀”，言其能使豪奴自饶而尽其力。①

此为家奴之间对话之语。意为：与其出外谋取官爵，倒不如在刀家为奴。你看，他们愿意为主人竭尽其力，而对当官已经没有什么兴趣了。这是一个多么大的转变，豪富在人们心中的印象及地位，和过去相比已经不可同日而语。司马迁的言外之意是，既然如此，还能像以前那样对待金钱、财富和商人吗？

司马迁强调这样的现实情况：

> 农工商贾畜长，固求富益货也。此有知尽能索耳，终不余力而让财矣。②

意思是，商人们储蓄增殖，原本就是为了谋求个人的财富增添。他们绞尽脑汁地索取，其最终为的是不遗余力地争夺财物。司马迁为商人说话，肯定他们对金钱和财富的追求。

司马迁还一一地细说社会各行各业，各色人等，如何为了金钱而不顾一切：

> 故壮士在军，攻城先登，陷阵却敌，斩将搴旗，前蒙矢石，不避汤火之难者，为重赏使也。其在闾巷少年，攻剽椎埋，劫人作奸，掘冢铸币，任侠并兼，借交报仇，篡逐幽隐，不避法禁，走死地如骛者，其实皆为财用耳。今夫赵女郑姬，设形容，揳鸣琴，揄长袂，蹑利屣，目挑心招，出不远千里，不择老少者，奔富厚也……医方诸食技术之人，焦神极能，为重糈也。吏士舞文弄法，刻章伪书，不避刀锯之诛者，没于赂遗也。农工商贾畜长，固求富益货也。此有知尽能索耳，终不余力而让财矣。③

大意是说壮士打仗时冲锋陷阵，赴汤蹈火，是因为重赏的驱使；乡里的恶少

① 司马迁：《货殖列传》，中华书局 1988 年版，第 3279 页。
② 司马迁：《货殖列传》，中华书局 1988 年版，第 3271 页。
③ 司马迁：《货殖列传》，中华书局 1988 年版，第 3271 页。

敢于杀人埋尸，拦路抢劫，盗掘坟墓，侵吞霸占，不避法律禁令，还是为了钱财；年轻女子打扮得漂漂亮亮，弹琴舞袖，挑逗勾引，出外不远千里，在为财利而奔忙。还有社会上以各种技艺谋生的人，思虑劳神而极尽其能，也就是为了得到更多的报酬，包括官府吏士，不避杀头，接受他人的贿赂，等等。

司马迁说了这么多，无非证明一点：人为财死，鸟为食亡。那么经商逐利岂不是天经地义，无可指责？

以上这些内容，司马迁告诉或提醒人们：人们的财富观、金钱观已经变了，我们要看清并承认这样的现实。商人和工商业者在社会上作用会越来越大，对他们不可小视。

司马迁对商人有如此认识，也与大汉统一这个现实状况有关。他看到了大汉帝国的统一与强大，特别是由此而带来许多以前所不具备的条件、因素，大环境的改变，经济变化也势在必行。

司马迁写道：

> 汉兴，海内为一、开关梁，弛山泽之禁。是以富商大贾，周流天下，交易之物莫不通，得其所欲。①

意思是，汉朝已经天下一统，关卡要道开放了，开采山泽的禁令解除了，因此富商大贾得以通行天下，交易的货物无不畅通，他们的欲望都可以得到满足。

这就是说，汉朝的统一，带来了两个重大的转变："开关梁"和"弛山泽之禁"，因为"海内为一"，通商的条件好了，各种商机也就多了，市场经济的条件已经成熟了。在这样的形势下，商人及工商业者自然会更加活跃，在商海展示他们的本领，其影响会越来越大，贡献也会越来越大。司马迁对此有超前的认识。

与此相关，还有一点也不得不提。那就是，随着汉帝国的统一和强大，对外部的联系、影响也必然发生变化。比如这时的对外贸易已经开始。对此，有两点值得我们关注：

一是张骞打通了通向西域的道路。人们一般认为只是打通了丝绸之路，和西

① 司马迁：《货殖列传》，中华书局 1988 年版，第 3261 页。

域、中亚等地有了交往，其实对此意义理解不够。因为在当时，就已经对汉朝的对外贸易带来很大扩张和影响。

《剑桥中国秦汉史》第十章“前汉的社会经济史”，其中有“城市、商业和制造业的发展”一节，对此有比较具体的介绍：

> 这些商人的贸易活动，超过了汉帝国的国境。武帝时（前130）张骞出使西方月氏，贸易活动更受到很大的推动。张骞的出使开辟了通往中亚的新途径。黄金和丝制品为主要商品从中国输出，而酒、香料、马、羊毛织品从西方各国输入，沿着中亚的贸易路线引进的新的植物包括葡萄、石榴、芝麻、蚕豆，苜蓿等。①

也就是说张骞出使西方开辟了从西域通往中亚的大门，丝绸之路成功地把国际贸易的大门打开了。

除了这陆路上的国际贸易，书中还提到此时海上的贸易活动：

> 公元前111年，武帝征服南粤以后，南海的贸易逐渐扩展到东南亚诸国和印度洋，这些国家以珠、玉、天青石、玻璃等物换取中国的黄金和丝织品。一件轶事说明了沿着航海路线的商业发展，那就是公园166年一个有为的商人到达中国海岸，声称是大秦皇帝安敦（即马库斯·奥里琉斯·安东尼罗斯）的使者，他献给桓帝象牙、犀角、龟壳等物。②

全汉昇《中国社会经济通史》也有专门一节谈到对外贸易，可参考。③“剑桥史”这两段话，让我们看到对外贸易一个大致的情形。随着陆路和水路国际贸易的

---

① ［英］崔瑞德、鲁惟一编：《剑桥中国秦汉史》，中国社会科学出版社1992年版，第619页。

② ［英］崔瑞德、鲁惟一编：《剑桥中国秦汉史》，中国社会科学出版社1992年版，第619页。

③ 全汉昇口述，叶龙整理：《中国社会经济通史》，北京联合出版公司2016年版，第61—63页。

开展，我们对外的往来加强了，不仅是物资的交换，也一定程度上带来思想、观念的交流。就物资的交换来说，做生意是离不开商人的。

关于当时对外贸易这方面的情况，司马迁凭着他的广闻和敏锐，一定有所了解。这样的国际贸易的形势，对他的观念、意识、特别是对贸易、商人、市场的看法等等，一定会有不小的影响。此点往往被人所忽略，笔者特别予以概述如上。

二是司马迁年轻时候广泛的游历。

> 二十而南游江、淮，上会稽，探禹穴，窥九嶷，浮于沅、湘；北涉汶、泗，讲业齐、鲁之都，观孔子之遗风，乡射邹、峄；厄困鄱、薛、彭城，过梁、楚以归。于是迁仕为郎中，奉使西征巴、蜀以南，南略邛、笮、昆明，还报命。①

《太史公自序》中的这段话可以看到司马迁在年轻的时候，就游历了江淮和中原广大地区，出仕为郎中以后，又奉命出使西征巴蜀广大区域，往南还去过昆明等地区。他对大汉帝国的山川地理、风土人情都有广泛地了解与熟悉，这样的经历对他认识国情和民情一定大有裨益。在《货殖列传》中，你会看到司马迁对帝国几大经济区的划分以及介绍，我想，这与他年轻时广泛的游历、对国土的熟悉大有关系。他不仅看到大量的国家档案及文字材料，更有自己耳闻目睹的第一手资料。

以上诸多原因，成就了司马迁不同于常人的见识与眼光。所以他认识到商人及工商业的重要，为商人们正名，乃至给送上“素封”的桂冠。

二、司马迁怎么看“素封”、从哪些方面来阐释“素封论”

前面已经提到，司马迁告诉我们，很久以来，老百姓追求的、想的是“身安逸乐”，这是一种自然的人性。那么，追求财富完全合理。

司马迁还说：

① 司马迁：《史记·太史公自序》，中华书局1988年版，第3293页。

> 富者，人之情性，所不学而俱欲者也。①

意思是：求富是人们的本性，与生俱来，用不着学习，就都会去追求。这是为人的本性、人的欲望正名。既然这是人的本性，那么，我们对财富、对富人自不必加以指责。

司马迁直言：

> 天下熙熙，皆为利来；天下攘攘，皆为利往。②
> 人各任其能，竭其力，以得所欲。③

前一句是对“逐利”予以肯定的一个最坦诚宣示；后一句是说每个人都在凭自己的才能和力量，满足自己的欲望。现实就是这样，司马迁认为这是正常的，不必大惊小怪。因为：

> 夫千乘之王，万家之侯，百室之君，尚犹患贫，而况匹夫编户之民乎！④

那些已经衣食无忧，且拥有极多财富的人，从天子、诸侯，直到大夫，他们都担心贫穷，还嫌财产不够，那么普通老百姓的担忧不是很正常吗！这是司马迁赞同对财富的占有意识，鼓励人们大胆地去拥有、追求财富。

司马迁用了一个生动的比喻，说明这种对财富的向往以及追求，就像水从高处流向低处那样自然：

> ……各劝其业，乐其事，若水之趋下，日夜无休时，不召而自来，不求而民出之。岂非道之所符，而自然之验邪？⑤

---

① 司马迁：《货殖列传》，中华书局1988年版，第3271页。
② 司马迁：《货殖列传》，中华书局1988年版，第3256页。
③ 司马迁：《货殖列传》，中华书局1988年版，第3254页。
④ 司马迁：《货殖列传》，中华书局1988年版，第3256页。
⑤ 司马迁：《货殖列传》，中华书局1988年版，第3254页。

司马迁进一步分析，社会上有各种分工：农、虞、工、商，只是其职能不同，强调商业是其中重要一环，突显其作用及价值：

故待农而食之，虞而出之，工而成之，商而通之。①

司马迁还说了一段话，为自己的观点寻找依据：

周书曰："农不出则乏其食，工不出则乏其事，商不出则三宝绝，虞不出则财匮少。"财匮少而山泽不辟矣。此四者，民所衣食之原也。②

说的是农、工、商、虞这四个方面是百姓衣食的来源。但这里司马迁的用意在"商"，点出商和农、工、虞一样，在人们生活中不可缺少，各有其职又互相联系。

从人的自然欲望、财富意识、现实状况等方面，司马迁让我们认识到：追求财富完全正当，商人和工商业的作用与价值巨大。

司马迁在《货殖列传》中，还叙述了二三十个财富故事，用了大量具体的人和事，表彰杰出的商人代表，即那些"素封"式的豪富。司马迁一一介绍他们的成就、才能、贡献，且不时地加以点评，这是最有分量、最吸引人的部分，也是它的重点部分。

司马迁写了范蠡、白圭、猗顿、乌氏倮、蜀卓氏、程郑、宛孔氏、曹邴氏、齐地刀閒氏、师史、宣曲任氏、桥姚、无盐氏等富人故事。

范蠡是我们都比较熟悉的。司马迁写了他功成名就之后，退隐江湖去做生意：

十九年之中三致千金，再分散与贫交疏昆弟。……故言富者皆称陶朱公。③

是说他在十九年期间，曾经三次赚得千金之财，两次分散给贫穷朋友和远房兄弟。于是后世谈论富翁时，都称颂陶朱公。意为他成了富翁的代名词，司马

① 司马迁：《货殖列传》，中华书局 1988 年版，第 3254 页。

② 司马迁：《货殖列传》，中华书局 1988 年版，第 3255 页。

③ 司马迁：《货殖列传》，中华书局 1988 年版，第 3257 页。

迁的这句话点出他的巨大影响。

还有乌氏倮（倮，人名，秦时大畜牧主）的故事。此人经营畜牧业，很会做生意，秦始皇也知道他，诏令乌氏倮位与封君同列，并按规定时间同诸大臣进宫朝拜：

秦始皇帝令倮比封君，以时与列臣朝请。①

甚至还有一个寡妇的故事。讲述的是巴（蜀）地区的一个寡妇清（人名）非常了不起，继承先祖很大矿产，但她能守住先人家业，用钱财来保护自己。秦始皇认为她是个贞妇，而以宾客之礼对待她，其死后为她修筑女怀清台：

秦皇帝以为贞妇而客之，为筑女怀清台。②

司马迁对这两个人的创业与守业的故事，大有感触，叙述完他们的故事后，发了一番议论：

夫倮鄙人牧长，清穷乡寡妇，礼抗万乘，名显天下，岂非以富邪？③

意思是乌氏倮不过是个边鄙之人、畜牧主，巴郡寡妇清是个穷乡僻壤的寡妇，却能与皇帝分庭抗礼，名扬天下，这难道不是因为他们富有吗？强调因为他们的富有，才有如此高的地位。

还有一对夫妇艰难创业的故事。蜀地卓氏夫妇本来冶铁致富，他们是赵国人，虽然秦灭六国后，财富被掳掠，又强制移民，但他们毫不气馁，几经周折，又成为滇蜀地区的富豪，他们的奴仆多达一千人。他们在田园水池尽享射猎游玩之乐，可以比得上国君：

倾滇蜀之民，富至僮千人。田池射猎之乐，拟于人君。④

① 司马迁：《货殖列传》，中华书局 1988 年版，第 3260 页。

② 司马迁：《货殖列传》，中华书局 1988 年版，第 3260 页。

③ 司马迁：《货殖列传》，中华书局 1988 年版，第 3260 页。

④ 司马迁：《货殖列传》，中华书局 1988 年版，第 3277 页。

还讲述了经营池盐起家的猗顿、冶铁成就家业的郭纵的不凡经历，他们都是凭着自己的打拼，最终其财富可与王侯相比：

猗顿用盬盐起。而邯郸郭纵以铁冶成业，与王者埒富。①

司马迁还写了一个名叫桥姚的，靠做边贸生意而发家致富的故事：

塞之斥也，唯桥姚已致马千匹，牛倍之，羊万头，粟以万钟计。②

边疆开拓之际，他抓住了机会，去做边境贸易，以中原的物资与游牧民族交换牲畜，从中牟利。他后来竟有马千匹，牛几千头，羊上万只，家中贮藏粮食数以万钟。

司马迁在介绍了这些大富豪的财富故事后，又发了这么一段议论：

此其章章（即“彰彰”）尤异者也。皆非有爵邑奉禄弄法犯奸而富，尽椎埋去就，与时俯仰，获其赢利……故足术（意：述）也。③

这是对商人们的赞词：这些人现在已是显赫有名、与众不同的人物。他们本来并非是有爵位封邑、有俸禄收入的显贵，但他们没有违反法律、没有采用不正当手段，而是凭着智慧的大脑和灵活的手段致富。司马迁认为“故足术（意：述）也”，意为他们的事迹非常值得记述下来。

司马迁的《货殖列传》就是那个时代的“富豪榜”。这些富豪的成功并不是一帆风顺，每一个豪富的背后都有一个精彩故事。

司马迁通过这个“富豪榜”让我们看到，这些富豪们凭着自己智慧的大脑、勤劳的双手、过人的胆量、灵活的手段，在市场经济大潮中拼搏，以至富可敌国，获得崇高的地位与声望，甚至帝王都待之有礼。这就是司马迁誉之为“素封”的一大理由。

司马迁在肯定商人们追求财富合理、正当的同时，对商人的道德同样持肯定

① 司马迁：《货殖列传》，中华书局 1988 年版，第 3259 页。

② 司马迁：《货殖列传》，中华书局 1988 年版，第 3280 页。

③ 司马迁：《货殖列传》，中华书局 1988 年版，第 3281 页。

态度。这是司马迁誉其“素封”的第二个理由。

司马迁一反儒家传统意识“君子喻于义，小人喻于利”，认为财富是礼仪、道德的前提、基础。这又是他的迥异世俗之论。

司马迁这么看礼与财富的关系：

故曰：“仓廪实而知礼节，衣食足而知荣辱。”礼生于有而废于无。①

前一句大家都很熟悉，是管子的名言。后一句是说，礼产生于富有，而没有财富的地方或人群，礼就不存在。司马迁的观点是：没有一定的物质基础，还谈什么礼！这在当时那个环境，是何等的大胆。

司马迁还打了一个比方：

渊深而鱼生之，山深而兽往之，人富而仁义附焉。②

把“富”与“仁义”的关系做了如此形象而深刻的解说，也把某些人“为富”则“不仁”的因果论给彻底打破了。

这些言论，完全颠覆了人们的习惯意识。多少年来，商人在人们的心目中往往是奸商，唯利是图，现在，司马迁把财富和仁义、道德的关系，看成是水涨船高，把传统意识中的“负面”视为“正面”。司马迁的“富而仁义”论已经超越了管子的“仓廪实而知礼节，衣食足而知荣辱”。

正因为如此，司马迁对“重义轻利”一说不以为然，他说那些躲在深山而大谈仁义的人，这些人看似高尚，但连自己生活也搞不好。司马迁对这些人说，你们应该感到难为情：

无岩处奇士之行，而长贫贱，好语仁义，亦足羞也。③

司马迁对虚伪的假仁义非常反感，在书中的另外一处，他也说了相似的话：

---

① 司马迁：《货殖列传》，中华书局 1988 年版，第 3255 页。

② 司马迁：《货殖列传》，中华书局 1988 年版，第 3255 页。

③ 司马迁：《货殖列传》，中华书局 1988 年版，第 3272 页。

> 守信死节隐居岩穴之士设为名高者安归乎？归于富厚也。[1]

意思是那些守信尽节而隐居深山的人，无非是自命清高追求名声，他们这么做究竟为什么呢？最终还是为了财富。“归于富厚”这四个字，撕破这类人的伪装。

儒家一贯提倡的是安贫乐道，所谓“颜回之乐”，司马迁特地说了一个与孔子有关的故事：

> 子赣（子贡）既学于仲尼，退而仕于卫，废著鬻财于曹、鲁之间，七十子之徒，赐最为饶益。原宪不厌糟糠，匿于穷巷。子贡结驷连骑，束帛之币以聘享诸侯，所至，国君无不分庭与之抗礼。夫使孔子名布扬于天下者，子贡先后之也。此所谓得埶而益彰者乎？[2]

这里拿孔门两位高徒子贡（名“赐”）和原宪说事。子贡离开孔子后做官又做买卖，经商致富可敌国，他所到之处，可与“国君无不分庭与之抗礼”；而孔子的另一高徒原宪穷得连糟糠都吃不起，隐居在简陋的小巷子里：“原宪不厌糟糠，匿于穷巷”，这是一个多么强烈的对照。不过给我们印象最深的还是其中这句话：“使孔子名布扬于天下者，子贡先后之也”。

意思是，使孔子得以名闻天下的原因，是那个富有的子贡在人前人后辅助他。这真是一个不小的讽刺：老师不爱钱，但是日子很不好过，他的扬名还得靠着有钱的学生。也就是说大贤大哲如孔老夫子，要让人知道他，还是靠着他有钱的学生。

所以，在司马迁的眼睛里，富豪们不仅有钱、有财富，他们也讲道德，具仁义。司马迁基于这么一个认识：因为他们已经“仓廪实”“衣食足”，有钱有财力去做好事，做善事，可做他们想做之事或者社会寄予希望之事，“故君子富，好行其德”[3]，普通人则不行，即使你有这个愿望，但你没有经济基础。世上的事情往往就是这么简单。

---

① 司马迁：《货殖列传》，中华书局 1988 年版，第 3271 页。

② 司马迁：《货殖列传》，中华书局 1988 年版，第 3258 页。

③ 司马迁：《货殖列传》，中华书局 1988 年版，第 3255 页。

司马迁的这个观点，与当时占主导地位的儒家观点不同，与人们的习惯意识也不同。它足以反映出司马迁超越时代的见识，也显示了司马迁离经叛道的勇气。总结以上，可见司马迁待商人以“素封”，是基于他的这样两点认识：一是因为追求财富乃人的自然欲望，完全正当、合理，故豪富是“当代英雄”，应当受到热捧；二是财富是德、礼、义、仁的前提、基础，不可或缺。司马迁认为这两点互相联系，互相补充，构成了“素封”的基本内容。这是我们在解读司马迁的“素封论”时，要特别加以关注的。

笔者注意到，张大可在其著作《司马迁评传》中也持有这样的观点，他指出：

“素封论”有两个基本内容。除上述“巨万者乃与王者同乐”外，还有一个内容是“人富而仁义附”。①

在《货殖列传》的结尾，司马迁再次提到“素封”：

千金之家比一都之君，巨万者乃与王者同乐。岂所谓“素封”者邪？非也？②

意思是：有千金可比一个大都会的封君，有万金就能得到同国君一样的享受。这是否就是所谓的“素封”呢？难道不是吗？这里司马迁用了一句反问，在语气上更显示出对自己观点的自信，并以此作为《货殖列传》的结尾。

三、放任与打压：两种迥异的经济思想和政策

司马迁撰写《货殖列传》，阐释他的“素封论”，除了为财富与豪富正名外，我认为还有一个意图，与司马迁眼前的现实大有关系，即不满意汉武帝、桑弘羊的经济政策。司马迁认为他们制定和推行的政策是打压商人和工商业者，是政府强行干预市场，与民争利。

---

① 张大可：《司马迁评传》（中国史记研究会丛书），华文出版社 2005 年版，第 306 页。

② 司马迁：《货殖列传》，中华书局 1988 年版，第 3282—3283 页。

司马迁的经济思想是一种“放任主义经济思想”（钱穆语）①，而桑弘羊是主张国家控制经济、干预市场，二者迥然有别。司马迁曾在《太史公自序》一文中，交代了《货殖列传》的写作动机：

> 布衣匹夫之人，不害于政，不妨百姓，取与以时而息财富，智者有采焉。作《货殖列传》第六十九。②

意思非常明确：平民百姓（此指没有特权的商人们）对于政治没有危害，对于普通人没有妨碍，他们寻机买、卖来累积财富，智者从中可得到借鉴。这是劝当政者头脑保持清醒，对商人们给予支持；或者也可以说是告诫：你们不能打压商人，不可与“布衣匹夫”争利。

但是，汉武帝的财政大臣桑弘羊是怎么做的呢，我们简要回顾一下他所推行的一系列经济政策。

桑弘羊是与司马迁同时代人，一个深受汉武帝器重的主管经济的大官，历任大农丞、大农令，统管中央财政几十年。在桑弘羊的参与和主持下，先后推行盐、铁、酒官营、均输、平准、算缗、告缗等经济政策。他所采取的经济政策，总的来说，是国家主导、控制的经济政策，基本上是由政府垄断市场，对民间资本、商人和工商业者实行打压。

先就是推行私营改官营的“盐铁国有化”政策。

汉朝建国之初，煮盐、冶铁行业基本上私营，全国有一批靠资本原始积累而发家致富的富商，但是桑弘羊将盐铁由私营改为官营。为什么首先要把盐铁收为国有，因为盐铁家家户户都需要，自然利润很大。但是，这一举措虽然增加了国家财政收入，但是那些原来生产、销售盐铁的商人们无事可做，只得关门。

桑弘羊还推行均输、平准政策。政府设置均输官，统一管理国家物资的运输和贩卖。其实这是政府自己在做生意。与此同时，桑弘羊还采取另一项财经措

---

① 可参阅钱穆讲授，叶龙整理的《中国经济史》第五章《西汉时期经济》之“司马迁经济思想”一节，第 52—54 页。

② 司马迁：《史记·太史公自序》，中华书局 1988 年版，第 3319 页。

施“平准”，也是由政府控制。主要是在京师和各城市进行商品买卖，“贵即卖之，贱则买之”。平准和均输都由国家掌控，政府垄断市场，把民间的商人和资本排除在外。

此外，桑弘羊大力推行算缗令、告缗令。所谓算缗，是一种向工商业经营者征收的资产税。行业不同，交纳比例不一样。“算缗令”颁布但商人都不呈报，因为税额太高，于是，朝廷又颁布了“告缗令”。内容是：纳税隐瞒不报或自报不实偷税漏税的，一经查出没收其全部财产，并发往边疆服役一年；检举揭发的人，奖给没收财产的一半。

一时间，几乎所有的中产以上家庭都受到了举报，他们被抄没家产。“告缗运动”造成的后果，司马迁在《平准书》中有所记载：

> 于是商贾中家以上大率破，民偷甘食好衣，不事畜藏之产业，而县官有盐铁缗钱之故，用益饶矣。①

就是说，这以后百姓生活无门，只好去做偷窃；他们有了好看的衣服、好吃的东西立即消费掉，大家不再储蓄产业。因为政府的这种做法，让普通老百姓看不到希望，而商人们更是感到绝望，不再积累财富。

自桑弘羊推行上述政策，导致许多豪富从此一蹶不振，甚至破产。虽然政府的财政收入大大增加：“用益饶矣”。不过，这已经不仅仅是与民争利，而是搜刮民财，致人穷困。这种国富对百姓有何好处？

他们为什么要采取这样的政策，其中也有一个现实的原因，就是汉武帝好大喜功，耗费巨大，国库吃紧。钱穆在《中国经济史》中，对此有分析。他指出原因有三：第一点即与战争有关，“征伐匈奴需巨大战费”；“第二点是为了进一步重农抑商”；“第三点，中国历史上的传统观念，视商人为奸利”。②

所以司马迁的这么一段话，应该是确有所指：

---

① 司马迁：《史记 · 平准书》中华书局 1988 年版，第 1435 页。《平准书》也是司马迁的经济名篇，通过述评汉武帝的经济政策而表达自己的观点。

② 钱穆讲授，叶龙整理：《中国经济史》，北京联合出版公司 2014 年版，第 63—64 页。

> 故善者因之，其次利道之，其次教诲之，其次整齐之，最下者与之争。①

这是司马迁给政府提供的经济政策，认为最好的办法是放任他们自由经商，顺其自然，而最差的做法是与民争利。桑弘羊推行的这种政府垄断市场、打压民间工商业的政策，应该是哪一种呢，大家自己去判断吧。当然对桑弘羊推行的这些政策，不同的人也有不同的看法。此点非本文主旨，不再赘言。②

余　言

司马迁在给他的好朋友的书信里（《报任安书》），对其撰述《史记》目的有如下表白：

> 欲以究天人之际，通古今之变，成一家之言。③

司马迁的这个宏愿，历史已经证明完全实现了。那么，作为他史学思想一个重要组成部分的经济思想，在中国经济史上的地位如何？笔者亦可毫不夸张地说，其经济思想不论从当时还是在今天来看，不但卓然“成一家之言”，而且是别树一帜、彪炳千古的“一家之言”，是充满了智慧和胆量的理论创新。两千多年过去了，司马迁的经济思想包括“素封论”依然没有过时，在今天社会主义市场经济的大环境下，如何看待民营企业、民营资本，如何看待财富与富豪，如何摆正政府与市场的关系，等等，我们仍然可以从中得到许多有益启示。

民国教育家、经济学家潘吟阁在《史记货殖列传新诠·编者弁言》中，说过这么精彩的一段话：

---

① 司马迁：《货殖列传》，中华书局 1988 年版，第 3253 页。

② 钱穆讲授，叶龙整理的《中国经济史》，在第五章《西汉时期经济》之“十、对汉武帝财政政策的评价”，第 63—71 页，对桑弘羊经济政策的得与失，有较具体的分析，可参阅。

③ 班固：《汉书·司马迁传》，岳麓书社 1993 年版，第 1181 页。

> 读中国书而未读《史记》，可算未曾读书；读《史记》而未读《货殖传》，可算未曾读《史记》。美哉《货殖传》！奇哉《货殖传》！①

这段话我完全赞同。不过，我还要接着潘先生这段话，再往下说一句：读《货殖列传》而未注意“素封论”，可算未读懂《货殖列传》之大义。

（王健，安徽省马鞍山市文史馆馆员，马鞍山幼儿师范学校高级讲师。）

---

① 潘吟阁：《史记货殖列传新诠》（国学小丛书），商务印书馆 1931 年版，“编者弁言”第 1 页。

司马迁之“天命”“命”的思想

刘国民

一

《史记》的人物传记，不仅展现了历史人物成败祸福的人生遭遇，而且运用因果法则予以解释。如果说历史人物成败祸福的人生遭遇是“果”，那么司马迁的主要任务是分析、揭示各种之“因”。一般而言，“果”是易见的，而“因”非常隐微复杂，有近因、远因，有显因、隐因，有直接之因、间接之因，有天命之因、人事之因，有内在之因、外在之因，有偶然之因、必然之因，等等。史家由于受到诸多限制，故很难正确认识和分析各种因由。史家的史识、史才就表现在能否深入到历史的实在之中揭示各种隐微而复杂的原因。

从天人的角度来看，“因”可以分为人事之因与天命之因。《史记》的人物传记主要从人事方面，分析历史人物成败祸福的原因，表现了司马迁的历史理性精神。《史记·项羽本纪》以深广的视野，展现了项羽一生的主要遭际，深刻地分析了项羽成败的各种原因。项羽在日暮途穷时一再说：“此天之亡我，非战之罪也。”项羽不从其行为过失上反省败亡的原因，而把失败之因归为天命。

司马迁在“太史公曰”中说：

吾闻之周生曰，“舜目盖重瞳子”，又闻项羽亦重瞳子。羽岂其苗裔邪？何兴之暴也！夫秦失其政，陈涉首难，豪杰蜂起，相与并争，不可胜数。然羽非有尺寸，乘势起陇亩之中，三年，遂将五诸侯灭秦，分裂天下，而封王侯，政由羽出，号为“霸王”，位虽不终，近古以来

> 未尝有也。及羽背关怀楚，放逐义帝而自立，怨王侯叛己，难矣。自矜功伐，奋其私智而不师古，谓霸王之业，欲以力征经营天下，五年卒亡其国，身死东城，尚不觉悟而不自责，过矣。乃引“天亡我，非用兵之罪也”，岂不谬哉！

司马迁首先热情赞颂了项羽亡秦的历史功绩，进而指出项羽败亡的主要原因，最后否定了项羽失败的“天命”之因；项羽的失败主要是其行为过失的人事之因造成的，他应对他行为及其行为的结果负责，而不能以天命之因逃脱自己的罪责。

在《史记·蒙恬列传》中，蒙恬与公子扶苏率领三十万大军，筑长城，镇守边塞。因胡亥、赵高、李斯的阴谋陷害，蒙恬被迫吞药自杀。他在临死时，很难从其行为过失上找到被杀的原因：“我何罪于天，无过而死乎？”他最终以“绝地脉”的神秘之因加以解释：“恬罪固当死矣。起临洮属之辽东，城堑万余里，此其中不能无绝地脉哉？此乃恬之罪也。”

司马迁在“太史公曰”中说：

> 吾适北边，自直道归，行观蒙恬所为秦筑长城亭障，堑山堙谷，通直道，固轻百姓力矣。夫秦之初灭诸侯，天下之心未定，痍伤者未瘳，而恬为名将，不以此时强谏，振百姓之急，养老存孤，务修众庶之和，而阿意兴功，此其兄弟遇诛，不亦宜乎！何乃罪地脉哉？

司马迁否定了蒙恬“绝地脉”的神秘之因，他从人事方面揭示了蒙恬被逼自杀的外在和内在之因。人事之外因是蒙恬所不知的皇权中你死我活的阴谋争夺，人事之内因则是蒙恬自己行为的过失。司马迁更强调内因对蒙恬被杀的重要作用，坚持了蒙恬应对自己的行为及其结果负责的伦理观念。

司马迁主要以人事之因解释成败祸福的结果，但他也给予天命、命某种程度的肯定。

《史记·六国年表序》：

> 秦始小国僻远，诸夏宾之，比于戎翟，至献公之后常雄诸侯。论

秦之德义不如鲁卫之暴戾者，量秦之兵不如三晋之强也，然卒并天下，非必险固便形势利也，盖若天所助焉。

秦经过数世而一统天下。司马迁在《史记·秦本纪》《史记·秦始皇本纪》里，详细地叙述了秦的兴亡遭遇及其在人事上的各种原因。但他认为，人事上的各种原因不能成为秦得天下的充足理由，还有天命之因的作用。根据儒家仁义可以王天下的观念，秦的德义连鲁卫的暴戾都赶不上；险固便、形势利，也只是秦得天下的一个原因。因此，“盖若天所助焉”，大概还有天的帮助。质言之，天命之因与人事之因一同构成了秦得天下的充足理由；但人事之因可以用理性加以解释，而天命之因则是神秘难知的，故司马迁用了犹豫怀疑之词“盖若”。

《史记·秦楚之际月表》：

昔虞、夏之兴，积善累功数十年，德洽百姓，摄行政事，考之于天，然后在位。汤、武之王，乃由契、后稷修仁行义十余世，不期而会孟津八百诸侯，犹以为未可，其后乃放弑。秦起襄公，章于文、穆，献、孝之后，稍以蚕食六国，百有余载，至始皇乃能并冠带之伦。以德若彼，用力如此，盖一统若斯之难也。

秦既称帝，患兵革不休，以有诸侯也，于是无尺土之封，堕坏名城，销锋镝，鉏豪桀，维万世之安。然王迹之兴，起于闾巷，合从讨伐，轶于三代，乡秦之禁，适足以资贤者为驱除难耳。故愤发其所为天下雄，安在无土不王。此乃传之所谓大圣乎？岂非天哉，岂非天哉！非大圣孰能当此受命而帝者乎？

刘邦得天下有各种原因，司马迁在《史记·高祖本纪》与楚汉之际其他人物传记中做了具体的分析。①司马迁认为，虞、夏的兴起，积德累功达数十年；契、

①《史记·高祖本纪》：“高祖曰：‘公知其一，未知其二。夫运筹策帷帐之中，决胜于千里之外，吾不如子房。镇国家，抚百姓，给馈饟，不绝粮道，吾不如萧何。连百万之军，战必胜，攻必取，吾不如韩信。此三者，皆人杰也，吾能用之，此吾所以取天下也。项羽有一范增而不能用，此其所以为我擒也。’”这是刘邦从自己的行为上反思他得天下的原因。

后稷修仁行义十余世，才有天下；秦经过一百多年的武力征伐，方能一统天下；而汉没有以上任何一种因素，且无尺寸之封，却在很短的时间内统一天下，故汉得天下仅在人事方面很难得到合理的解释，刘邦得天下还有天命之因："岂非天哉，岂非天哉！非大圣孰能当此受命而帝者乎？"

《史记·田敬仲完世家》叙述了田敬仲完从陈国逃奔到齐国，经过十余世的努力，最终夺取齐国的政权，即"田氏代齐"。作为史家，司马迁从人事方面分析了田氏代齐的各种原因。就人事而言，更是突出人事的内因，即田氏自己的行为及其产生的结果。司马迁觉得，田氏最终成为诸侯，其人事的努力不足以成为田氏代齐的充足理由，还有神秘之命的影响。传记开始就记录了周太史经过陈国时为陈完占卜。此卜言说，田氏在数世后将在姜姓齐国兴盛。陈完逃奔到齐之后，司马迁有一次记录齐大夫懿仲为陈完占卜："有妫之后，将育于姜。五世其昌，并于正卿。八世之后，莫之与京。"①田氏的遭遇正是按照卜言的预示，天命、命支配着田氏的兴盛，从而表现出较强的宿命观。最后，司马迁说：

> 太史公曰：盖孔子晚而喜《易》。《易》之为术，幽明远矣，非通人达才孰能注意焉！故周太史之卦田敬仲完，占至十世之后；及完奔齐，懿仲卜之亦云。田乞及常所以比犯二君，专齐国之政，非必事势之渐然也，盖若遵厌兆祥云。

司马迁首先说了一番命的幽微神秘，非一般人所能理解；接着认为，田氏代齐未必全是人事的渐然发展所致，还有命之神秘力量的作用。陈完是陈国的贵族，因恐惧陈宣公诛己而逃奔到齐国。他寄人篱下，势单力薄，很难与齐国贵族、大夫相抗衡，但最终田氏能在齐国稳步地发展壮大自己的势力，而成为诸侯。作为史家，司马迁有责任揭示田氏代齐的原因。司马迁从人事方面具体地分析各种原因。就人事而言，司马迁更是突出人事的内因，即田氏自己的行为及其产生的结果（人事的外因，即他人的行为力量）。司马迁觉得田氏最终成为

---

① 用卜言来预兆天命、命，在《左传》中有很大的比重，《史记》在历史叙述中也在一些地方可以看到，但分量较轻。

诸侯，其人事的努力不足以成为田氏代齐的充足理由，还有命的神秘之力的影响。①

综上所述，司马迁主要从人事方面解释成败祸福的结果，但也给予天命、命一定程度的肯定；人事之因是主，天命之因是辅，二者构成了成败祸福的充足理由。天命是一种不能以人的理性加以理解的神秘力量，它给人类历史以重要影响。成败祸福的结果，可用人之行为的因果关系加以解释，即是司马迁所谓“人”，这可以称为历史的必然性；不能用人之行为的因果关系理解，即是司马迁所谓“天”，这可以称为历史的必然性。司马迁的“究天人之际”即是对历史的偶然性和必然性做一分界。历史的真实是偶然性和必然性、理性和非理性并存，成败祸福的结果及其原因具有相当的偶然性和非理性。司马迁给予非理性的天命、命某种程度的肯定，实际上正是对历史荒谬性、非理性的反映，这深刻表现了司马迁对历史丰富复杂性的认识。徐复观说：“站在史公的立场，正因为感到历史中有一种不能用人的理性加以解释的力量给人类历史以巨大影响，他才称之为天。”②日本学者今鹰真说：“司马迁在此提出‘天’‘命’，意在用人以外的绝对者的存在和支配力，去理解历史的不合理性，去理解命运的嘲讽。”③

二

天命、命是指超人的神秘力量，幽冥深微，不能为我们的理性所认知，有不可测性，且支配人之成败祸福的结果。要而言之，天命、命具有神秘性、偶然

---

① 司马迁从人事方面分析了田氏代齐的各种原因。例如，田乞事齐景公为大夫，“其收赋税于民以小斗受之，其粟予民以大斗，行阴德于民，而景公弗禁。由此田氏得齐众心，宗族益强，民思田氏”。田常对齐平公说：“德施人之所欲，君其行之；刑罚人之所恶，臣请行之。”田常运用诛伐之权，铲除鲍、晏、监止以及公族的强者，齐国之政皆归田常。为了壮大田氏家族，田常不惜采用污秽的手段：“田常乃选齐国中女子长七尺以上为后宫，后宫以百数，而使宾客舍人出入后宫者不禁。及田常卒，有七十余男。”田和事田宣公，悖君臣之义，迁齐康公于海上；通过魏文侯求为诸侯。

② 徐复观：《两汉思想史》（第三卷），华东师范大学出版社 2001 年版，第 197 页。

③ 霍松林、尚永亮：《司马迁与史记论集》，陕西人民出版社 1995 年版，第 277 页。

性、支配性；天命往往同国家的兴亡、君主的成败结合起来，而命常常与一般人之成败祸福的遭遇相联系。

《史记·绛侯周勃世家》，肯定了神秘之命的重要作用。司马迁在叙述周亚夫的人生遭遇时首先说：

> 条侯亚夫自未侯为河内守时，许负相之，曰："君后三岁而侯。侯八岁为将相，持国秉，贵重矣，于人臣无两。其后九岁而君饿死。"

这是用看相预知亚夫的"命"。接着，亚夫的人生遭遇基本上如看相者所言。最后，司马迁说："条侯果饿死。"但是司马迁又主要从人事方面，具体解释周亚夫封侯、拜将、迁相、免相、下狱、饿死等各种原因。人事之因与神秘之命纠缠在一起，这我们如何理解呢？

其一，司马迁认为，周亚夫一生的遭遇曲折离奇，变化很大，具有偶然性和荒诞性。亚夫从河内守，被封为条侯，这是他人生的突变。他迁为太尉，在吴楚之乱中统率中央大军击破吴楚军，战功显赫，这又是人生的一大变化。不久，他任丞相，登上人臣权力的高峰，志满意得。最后，亚夫免相、下狱，由将相之尊而被活活饿死。亚夫的人生遭遇曲折变化，不具有内在的必然性。

其二，司马迁认为，造成亚夫曲折遭遇的原因具有偶然性和非理性。亚夫被封侯，其原因是相当偶然的。亚夫的兄长胜之继承其父周勃的侯位，假如其兄病逝，则兄之子当代。但事情就是这样偶然，其兄有罪，侯位被废，而文帝偏又选择周勃之子的贤者，以继承侯位，结果周亚夫被封侯。吴楚七国叛乱时，亚夫的军事才能得以充分展现，他统率中央大军击溃叛军，立下大功。不久，他迁为丞相，受到景帝的重用。周亚夫成为将相，其本人的才能当然是一个原因，但外在偶然的机遇也是一个重要的因素，正如《史记·佞幸列传》所说"力田不如逢年，善仕不如遇合"，仕途的通达往往因为偶然的巧合。亚夫贵为将相，但最终因不食五日，呕血而死。其主要原因是什么呢？景帝要废立太子，亚夫争之。景帝要封皇后兄王信，亚夫不同意。景帝嘲弄他，"召条侯，赐食。独置大胾，无切肉，又不置箸"，亚夫心不平。亚夫之子盗买县官器具，连污他，亚夫被召到廷尉。吏斥责曰："君侯欲反邪？"亚夫说："臣所买器，乃葬器也，何谓反邪？"吏曰："君侯纵不反地上，即欲反地下耳。"这些人事之因具有许多非理性的因素。景帝封皇后兄为侯，根据高祖之约“非刘姓者王，无功而封侯，天下共诛之”，亚夫的不同意是合理的。亚夫是朝廷重臣，立有大功，景帝出于私恨而嘲弄他，不能以礼对待大臣。“君侯纵不反地上，即欲反地下耳”，真是欲致之罪，何患无辞！亚夫终于以此荒谬透顶的原因而自杀。

其三，司马迁认为，亚夫的人生遭遇很难从他自己的行为上加以解释。亚夫封侯时，他可能从未想过封侯，更没有为封侯采取一些行动。他的意志和行为与其结果是相悖的。亚夫以“莫须有”的罪名而被下狱，终于因不食五日，呕血而死。这很难从其行为的过失上给予说明，实际上，景帝对亚夫的刻毒私恨是造成其悲剧的主要原因。专制皇权的主宰性、非理性支配了亚夫成败祸福的人生结果，他失去了人生命运的主体性。

综上所述，周亚夫的人生遭遇表现出偶然性、神秘性、非理性，他基本上失去了人生命运的主体性。这正是天命、命所具有的基本特征，故司马迁流露出较强的宿命思想。

《史记·外戚世家》是一篇有较浓宿命论色彩的人物传记。在文章的开始，司马迁就先声夺人，发表了一番关于“命”的议论：

> 人能弘道，无如命何。甚哉，妃匹之爱，君不能得之于臣，父不能得之于子，况卑下乎！既欢合矣，或不能成子姓；能成子姓矣，或不能要终：岂非命也哉？孔子罕称命，盖难言之也。非通幽明，恶能识乎性命哉？

人能弘道，但对于神秘之命，既不能控制，又不能理解。在《史记·外戚世家》中登场的人物，一生受到神秘之命的支配，几乎不具有人生的主体性。命是神秘的，圣人孔子尚难以言说，一般人如何能知道“命”的实情呢？

在叙述外戚成败祸福的人生遭遇时，司马迁重视记录占卜、看相、梦，以预知他们的成败结果，暗示他们的得意和失意、成功和失败，都由神秘之命丝丝编织而成。薄太后纳于魏豹宫中，许负为薄姬看相，说她将来要生天子；后来，薄姬给刘邦生了儿子文帝。窦太后的弟弟窦少君为其主人在山中烧炭，夜晚，数百人卧在山崖下，突然崖崩，尽压死卧者，少君独自得脱；自卜数日当为侯，果然不久，他被封为章武侯。王太后是美人时，怀有身孕，王美人梦日入其怀，以告太子；太子说，这是贵的征兆；王美人未生而孝文帝崩，太子（景帝）即位，王美人生男，此男即是汉武帝刘彻。占卜、看相、梦，皆相当神秘，很难为人的理性所理解，它们预知了人的神秘之命。

钱钟书解释《史记·外戚世家》中“命”说：

> 不识此正迂之深于阅历、切于事情也。盖婚姻之道，多出于倘来偶遇，智力每无所用之。重以父母之命、媒妁之言，几于暗中摸索。……好逑怨偶，同室方知，只有以宿世因缘、前生注定为解。……马迁因夫妇而泛及天命，殊非迂阔。①

就一般人的婚姻而言，男女相合多出于偶然的相逢，或者听从父母之命、媒妁之言，不具有婚姻的主体性，故钱先生以“宿世因缘、前生注定”来解释。但《外戚世家》叙述的是外戚妃嫔的人生遭遇，自有其特殊性。首先，她们的遭遇相当曲折，有的从贫贱而贵为皇后、太后，有的从皇后、太后而被废弃、幽死，其遭遇的动荡曲折绝非一般人的婚姻遭逢可比。其次，一般男女的婚姻关系较为简单，但妃嫔的婚姻关系非常复杂，具有贵贱乃至生死攸关的利害冲突，她们往往被卷入错综复杂的政治权力斗争的旋涡当中，更不具有人生命运的主体性。钱先生仅从一般人的婚姻中理解《外戚世家》之命，不能深知司马迁之意。

（一）妃嫔的人生遭遇动荡曲折。薄太后的命运是颇具典型意义的。其母魏媪先纳薄姬于魏王豹的宫中。后来，魏王豹背汉与楚连和，汉使曹参击虏魏王豹，而薄姬输入织室。这是人生的一变。豹死之后，刘邦见薄姬有色，诏纳后宫，但薄姬一年多不得幸。因两位美人的玩笑，刘邦一幸薄姬而生男（即文帝），以后薄姬很少见到刘邦。这又是人生的一变。高祖崩，吕后把刘邦宠幸的妃子幽禁起来，不让她们出宫。薄姬因为很少见到刘邦，得出，跟从自己的儿子至代国。这又是人生的一变。薄姬之子刘恒最终即位为汉家天子，薄姬被封为薄太后。这更是人生的重大变化。薄太后的一生经历了数次重大的变化，而这些变化曲折动荡，神秘莫测，不具有内在的必然联系。

（二）司马迁虽在文章的开始议论一番“命”，中间也穿插占卜、看相、梦

---

① 钱钟书：《管锥编》（第一册），中华书局 1986 年版，第 295—296 页。

等，流露出较浓的命运色彩，但司马迁还是从人事方面解释外戚们成败祸福的结果。然而，人事的复杂多变，人事之因的偶然性和非理性，不能不使人感到她们一生是受到神秘之命的操纵。窦太后原是赵之清河人，以良家子侍奉吕后。吕后要把良家子赐给诸王。窦氏希望去靠近家的赵国。她请求宦者吏说："必置我籍赵之伍中。"但宦者忘之，误置其籍代伍中。窦太后悲伤涕泣，心怨宦者。由于外在偶然的原因（宦者忘之，误置其籍代伍中），窦太后去了代国，成为刘恒的妃子。个人的意志和行为与其结果相违背，然而此不幸又是大幸，"代王独幸窦姬，生女嫖，后生两男"。司马迁叙述时用一"独"字，表现了此欢合的偶然性。但更具有偶然性、非理性的是：

> 代王后生四男。先代王未入立为帝而王后卒。及代王立为帝，而王后所生四男更病死。孝文帝立数月，公卿请立太子，而窦姬长男最长，立为太子。立窦姬为皇后，女嫖为长公主。其明年，立少子武为代王，已而又徙梁，是为梁孝王。

这确实不可思议。代王本有皇后，且生有四男。如果代王后之死尚有一定的可能性，那么其四子相继死去，则难以使人相信。但正是此偶然性和非理性，为窦姬的长男景帝立为太子扫清了障碍，成就了窦太后及其子女。总之，窦太后由于被他人误置于代，又由于偶然的原因为文帝宠幸，再由于文帝的皇后及其四子相继死去，最终做成了窦太后的好运。而在此过程当中，窦太后本人的意志和行为所起的作用甚微。人事的原因具有很大的偶然性、非理性，如果没有神秘之命的预先设定，史家又能做何解释呢？①

（三）在《外戚世家》中登场的外戚，大多不具有人生命运的主体性，即他

---

① 司马迁接着叙述，窦太后原来家贫，其弟窦少君四五岁时被人掠卖，辗转迁移数家，命运悲惨，但他终于与窦太后生死重逢，被封为列侯，其变化真有云泥之隔。此遭逢具有相当大的偶然性：一是山崖突崩而他独不死；一是他事隔几十年后仍记得少时与姐姐分别的情形，"姊去我西时，与我决于传舍中，丐沐沐我，请食饭我，乃去"。正是姐弟重逢具有很大的偶然性，故才产生惊喜交集的美学效果："于是窦后持之而泣，泣涕交横下。侍御左右皆伏地泣，助皇后悲哀。"

们成败祸福的结果主要不是自己的行为决定的，甚至，自己的意志和行为与自己的结果成反向。刘邦去世后，吕后当权。为了巩固自己的地位，吕后采取了一系列措施。首先，她以长女的女儿为孝惠帝的皇后，希望孝惠皇后生子，承继皇位。这是亲上加亲。但事与愿违，孝惠皇后终于无子。其次，吕后诈取后宫人子为孝惠帝的儿子，是为少帝。吕后又以她侄子吕禄的女儿为少帝后，欲使根基牢固。然而吕后的意志和行为适得其反，不仅孝惠帝一脉断绝，而且吕氏家族遭受灭顶之灾。这表明吕后的意志和行为正与其结果相背。

综上所述，司马迁为何肯定神秘之命的作用呢？一是历史人物的人生遭遇曲折变化，有相当大的偶然性；二是变化的原因具有非理性、不可测性；三是外在的力量影响甚至支配成败祸福的人生结果。这三个方面与偶然性、非理性、支配性的天命、命具有共同的性格。

三

司马迁主要以人事之因解释历史人物成败祸福的结果，但也给予天命、命一定程度的肯定。以上我们已从历史本身做了解释，下文我们将从史家自身来阐释司马迁肯定天命、命的主观原因。

其一，司马氏世典周史，司马谈、司马迁父子两代为汉太史令。太史令的职责是掌管文史星历，记录灾异星变，且与人事相结合。《史记·天官书》曰："日变修德，月变省刑，星变结和。……然其与政事俯仰，最近天人之符。"所谓日变、月变、星变，即日月星出现了异常的情况，比如日食、月食和星孛，通称为天命灾异。天命灾异与人间的治乱福祸具有某种神秘的因果联系，所谓"然其与政事俯仰，最近天人之符"。史官的角色注定了司马迁对天命的某种肯定，虽然他有较为清醒的历史理性，"但作为一位'究天人之际'的太史，他的意识深层又包含有相当程度的神秘因素，从而使得他在考察天以及天与人的关系时，不能不流露出天人感应和神秘思维的倾向"。①

其二，司马迁受到传统天命论与董仲舒"君权神授"思想的影响。《孟子·

① 霍松林、尚永亮：《司马迁与史记论集》，陕西人民出版社 1995 年版，第 84—113 页。

万章》：

万章曰："尧以天下与舜，有诸？"孟子曰："否。天子不能以天下与人。""然则舜有天下也，孰与之？"曰："天与之。"

孟子虽认为，"天视自我民视，天听自我民听"，即舜必须有得天下民心的贤德，但此并不能成为他拥有天下的充足理由，还有天命的支持。董仲舒在《天人三策》里也说：

臣闻天之所大奉使之王者，必有非人力所能致而自至者，此受命之符也。天下之人同心归之，若归父母，故天瑞应诚而至。(《汉书·董仲舒传》)

君权神授，人君不仅要有德，使天下之民同心归之，而且有天命之符的证验，表示受天命为君。这正是从人事和天命两方面解释人君有天下的原因。虽然人事是基本的，天之符瑞应人事而至，但也并非有人事，即应之天命（例如孔子至德至圣，然而未有天命之应，故没有天下）。这就肯定了天命的神圣、神秘的作用。司马迁认为秦汉得天下有天命的作用，正是受到"君权神授"思想的影响。但相对于董仲舒对天命的十分畏敬和崇奉，司马迁的天命观念则不强。

其三，历史的运行是非常曲折而复杂的。当司马迁在俯瞰历史之流的曲折变化时，一方面，他惊叹于历史的曲折多变；另一方面，他要努力解释历史曲折变化的各种原因。但随着时间的流逝，许多事情早已湮灭不闻，诸种历史记载也残缺不全，它们之间的因果关系很难索解。由于司马迁有限的理性，他很难全面而正确地分析历史曲折变化的各种原因。因此，司马迁有时会感到神秘天命、命对历史运行的推动作用。

其四，司马迁本人的悲惨遭遇也使他对神秘之天命、命产生切实的感受。他在历史叙述中，融进了他人生的诸多感受。他悲惨的人生遭遇，使他对命运的支配性、非理性产生了深切的体验。他年轻时胸怀大志，才能非凡，期望像孔子修《春秋》那样著作《史记》。《史记·太史公自序》曰：

> 太史公曰："先人有言：'自周公卒五百岁而有孔子。孔子卒后至于今五百岁，有能绍明世，正易传，继春秋，本诗书礼乐之际？'意在斯乎！意在斯乎！小子何敢让焉。"

司马迁意气殷殷，自我期待甚高，他对前途充满了自信。《报任少卿书》曰：

> 仆以为戴盆何以望天，故绝宾客之知，忘室家之业，日夜思竭其不肖之才力，务一心营职，以求亲媚于主上。而事乃有大谬不然者。

他一心营职，以求得主上的信任，"而事乃有大谬不然者"。他为李陵辩护，遭受了下狱、受宫刑的奇耻大辱。他自己的意志和行为与其结果正相反。他认为，下狱、受宫刑并非是由自己行为过失造成的，而是出于非理性的外在力量的打击。在《报任少卿书》里，司马迁痛定思痛，向世人陈述了他下狱、受宫刑的原因，表明他为李陵辩护有正当的理由。①

> 明主不晓，以为仆沮贰师，而为李陵游说，遂下于理。拳拳之忠，终不能自列，因为诬上，卒从吏议。家贫，货赂不足以自赎，交游莫救，左右亲近不为一言。身非木石，独与法吏为伍，深幽囹圄之中，谁可告诉者！此正少卿所亲见，仆行事岂不然乎？李陵既生降，隤其家声，而仆又佴之蚕室，重为天下观笑。悲夫！悲夫！

司马迁肯定自己行事的合理性，即是否定主上、大臣行为的不合理性。正是他们的行为导致了他下狱、受宫刑。这种人事外因的不合理性以及对司马迁遭遇的支配性，只能以非理性的神秘之命加以解释。因此，司马迁发出沉痛的无可奈何的呼喊："悲夫！悲夫！"

历史人物以及他自己人生遭遇的偶然性和非理性，使司马迁产生了神秘之命

---

①《报任少卿书》从以下几个方面加以说明：一是李陵有国士之风；二是李陵率领五千人与匈奴主力数万人决战，奋勇杀敌，敌人死伤众多，立有大功；三是李陵转斗千里，矢尽道穷，救兵不至，最终投降，是出于不得已；四是李陵暂时投降，忍辱求生，日后在适当的时候将报汉。因此，李陵功过相当。

的观念，从而给予天命、命一定程度的肯定。这表现了司马迁对历史、人生之非理性的认识和感受。《史记·伯夷列传》曰：

> 或曰："天道无亲，常与善人。"若伯夷、叔齐，可谓善人者非邪？积仁洁行如此而饿死！且七十子之徒，仲尼独荐颜渊为好学。然回也屡空，糟糠不厌，而卒早夭。天之报施善人，其何如哉？盗跖日杀不辜，肝人之肉，暴戾恣睢，聚党数千人横行天下，竟以寿终。是遵何德哉？此其尤大彰明较著者也。若至近世，操行不轨，专犯忌讳，而终身逸乐，富厚累世不绝。或择地而蹈之，时然后出言，行不由径，非公正不发愤，而遇祸灾者，不可胜数也。余甚惑焉，倘所谓天道，是邪非邪？

司马迁怀疑"善有善报，恶有恶报"之天道的存在。天道具有道德理性，天命不合理性而具有荒诞性。司马迁怀疑理性的天道，即是给予非理性天命一定程度的肯定。司马迁为何怀疑理性天道的存在呢？或曰：天道无亲，常与善人，即天道是人道的根据。人间有时并不存在人道：许多善人不仅得不到好报，反而遭受灾祸；许多恶人终身逸乐富贵，累世不绝。既然人间有时没有人道，那么当然就怀疑天道的存在了。钱钟书说：

> 马迁唯不信"天道"（divine justice），故好言"天命"（blind fate）；盖信有天命，即疑无天道，曰天命不可知者，乃谓天道无知尔。天道而有知，则报施不爽，……无复不平则鸣或饮恨吞声矣。顾事乃大谬不然，理遂大惑不解。①

钱先生把天道与天命加以辨析，而认为司马迁疑天道，即相信天命的存在。我们必须说明的是，司马迁给予非理性之天命一定程度的肯定，是怀疑天道而非完全否定天道、人道的存在。否则，人类社会历史将幽暗漆黑一团。司马迁"述往事，思来者"，绝不是使来者产生愤世、厌世、弃世的思想。历史的真实

---

① 钱钟书：《管锥编》（第一册），中华书局 1986 年版，第 306—307 页。

是偶然性和必然性、理性和非理性的并存。在历史和现实中，符合“善有善报，恶有恶报”的原则居多，违背此原则究竟是少的。但有的学者片面地夸大了司马迁天命、命的思想。程世和说：“司马迁这位伟大史学家只好把一切都归于不可理喻的天命。……司马迁在现实中惨遭痛击，看不到一点正义的光芒，便企图在历史中找到正义，找到决定历史存在的根据，找到高踞人类历史之上的‘天道’。然而这一切都没有看到，看到的却是一个并非善有善报、恶有恶报的‘不仁世界’，一个充满偶然与荒谬的世界。”①果真如此，司马迁就片面地夸大了历史运行中的偶然性和非理性，其历史观就不符合历史的真实。

（刘国民，中国社会科学院大学人文学院教授、博士生导师。）

① 霍松林、尚永亮：《司马迁与史记论集》，陕西人民出版社 1995 年版，第 334—335 页。

“是非谬于圣人”：司马迁《史记》中的非主流倾向

赵鸿飞

班固在《汉书·司马迁传》中曾经对司马迁有一段很著名的批评话语：“……又其是非颇谬于圣人，论大道则先黄老而后六经，序游侠则退处士而进奸雄，述货殖则崇势利而羞贱贫，此其所蔽也。然自刘向、扬雄，博极群书，皆称迁有良史之材，服其善序事理，辨而不华，质而不俚，其文直，其事核，不虚美，不隐恶，故谓之实录。呜呼！以迁之博物洽闻，而不能以知自全，既陷极刑，幽而发愤书，亦信矣。”[①]这段话转述了刘向、扬雄等人对司马迁的评价，“服其善序事理，辨而不华，质而不俚”，都认为司马迁“有良史之材”，并且，“其文直，其事核，不虚美，不隐恶”，具有“实录”精神。班固对自己转述的这段话不置可否，态度是颇有些游移暧昧，看不出他是否认同前人对司马迁的评价。随后，班固以十分遗憾的口吻感慨，以司马迁个人的“博物洽闻”，却不能凭借自身的聪明才智保全自己，以致身陷极刑，不仅身体上遭受宫刑之痛，而且精神上承受巨大的屈辱，不得不发愤著书。看来，班固对作为自己史学同行和前辈的司马迁，仅仅在个人遭遇的不幸上有所同情，对于司马迁的史学著述成就其实是不太看好的。事实上确实如此，这段话的前边几句明确地指陈出司马迁《史记》著述中的“缺欠”，或曰“硬伤”，即“是非颇谬于圣人，论大道则先黄老而后六经，序游侠则退处士而进奸雄，述货殖则崇势利而羞贱贫，此其所蔽也”。可谓旗帜鲜明，一针见血，批评指责大大多于认同褒奖，这或许才是班固的真心话。

在这里，班固对司马迁《史记》的批评有三点：1.“论大道则先黄老而后六

① 班固：《汉书·司马迁传》卷六十二，清乾隆武英殿刻本。

经”，批评《史记》全书总体著述的指导思想是黄老思想，而非早已定于一尊的儒家正统思想。2.“序游侠则退处士而进奸雄”，主要针对《游侠列传》中对游离于主流社会之外的某种神秘力量的推崇。3.“述货殖则崇势利而羞贱贫”，主要针对《货殖列传》，其中对非社会主业的商贾着力称赏，这也引起班固的不满。班固这段话影响甚大，几乎成为后人对司马迁进行批评指责的口实，屡被称引。实际上这段话并非他本人的原创，而是承接于其父班彪，据《后汉书·班彪传》，其中曾记载班彪评价司马迁道：

迁之所记，从汉元至武以绝，则其功也。至于采经摭传，分散百家之事，甚多疏略，不如其本，务欲以多闻广载为功，论议浅而不笃。其论术学，则崇黄老而薄《五经》；序货殖，则轻仁义而羞贫穷；道游侠，则贱守节而贵俗功：此其大敝伤道，所以遇极刑之咎也。然善述序事理，辩而不华，质而不野，文质相称，盖良史之才也。诚令迁依《五经》之法言，同圣人之是非，意亦庶几矣！

夫百家之书，犹可法也。若《左氏》《国语》《世本》《战国策》《楚汉春秋》《太史公书》，今之所以知古，后之所由观前，圣人之耳目也。司马迁序帝王则曰本纪，公侯传国则曰世家，卿士特起则曰列传。又进项羽、陈涉而黜淮南、衡山，细意委曲，条例不经。若迁之著作，采获古今，贯穿经传，至广博也。一人之精，文重思烦，故其书刊落不尽，尚有盈辞，多不齐一。若序司马相如举郡县，著其字，至萧、曹、陈平之属，及董仲舒并时之人，不记其字，或县而不郡者，盖不暇也。今此后篇，慎核其事，整齐其文，不为世家，惟纪、传而已。①

班固在引用时只是在语句上做了一些调整而已。

班固对司马迁批评指责的三条“罪状”，一言以蔽之，就是《史记》“不合于大道”和“谬于圣人”的非主流倾向。

首先，“论大道则先黄老而后六经”。

① 范晔：《后汉书·班彪列传》卷四十上，百衲本影宋绍熙刻本。

何为“大道”？“道”出自老子的《道德经》第二十五章：

有物混成，先天地生。寂兮寥兮，独立而不改，周行而不殆，可以为天地母。吾不知其名，字之曰道，强为之名曰大。大曰逝，逝曰远，远曰反。故道大，天大，地大，人亦大。域中有四大，而人居其一焉。人法地，地法天，天法道，道法自然。

所谓“道”，或曰“大道”，是中国乃至东方古代哲学的重要哲学范畴，表示本原、本体、规律、原理、境界等等，是一种“终极真理”。“道”范畴，不是概念，“名”才是概念。“道”生于万事万物中，以百态存于自然。班氏父子笔下的“道”，不是道家哲学中的“道”，而是儒家之道，诸如《礼记·礼运》：“大道之行也，天下为公，选贤与能，讲信修睦”；清戴名世《送许亦士序》：“当大道沦散，士不知学，而一、二腐儒小生，区区抱独守残，沦落于穷岩断壑之中者，徒为世所嗤笑谩侮”。“大道”，是政治上的最高理想，是一种放之四海而皆准的终极真理、普遍真理。明明白白就是代表和体现儒家正统思想的“六经”——《诗》《书》《礼》《易》《乐》《春秋》。质言之，儒家的“六经”，就是衡量和判断一切是非的标准，是一种被神圣化了、不容被质疑的终极真理，且适应于一切领域的普遍真理。凡是合于“六经”的事物就是对的、合理的事物，反之就是错的、不合理的，没有存在的价值和必要。

儒家思想对先秦的影响，虽然举足轻重，但与诸子一样，毕竟还是“百家”中的一家，还没有取得独尊的地位。汉代立国之初，由于经过秦末战乱的蹂躏，百业凋敝，民不聊生，国家的经济状况十分糟糕，故汉初统治者采取轻徭薄役、休养生息的无为政策。武帝即位时，随着综合国力的增强，封建统治者迫切需要在政治上和经济上进一步强化专制主义中央集权制度，清静无为的黄老思想已不能与现实政治相匹配，更与汉武帝的好大喜功相抵牾。而儒家的春秋大一统思想、集权思想和君臣伦理等观念，显然与武帝所面临的政治、经济情势相适应。史载汉武帝元光元年（前 134），武帝召集各地贤良方正、文学之士到长安，亲自策问：

三代受命，其符安在？灾异之变，何缘而起？性命之情，或天或寿，或仁或鄙，习闻其号，未烛厥理。伊欲风流而令行，刑轻而奸改，百姓和乐，政事宣昭。何修何饬而膏露降，百谷登，德润四海，泽臻草木，三光全，寒暑平，受天之祜，享鬼神之灵，德泽洋溢，施乎方外，延及群生？（《汉书·董仲舒传》）

《董仲舒传》记载了汉初公羊学派代表人物董仲舒的提议，原话为“推明孔氏，抑黜百家”。董仲舒认为，春秋大一统是“天地之常经，古今之通谊”，现在师异道，人异论，百家之言宗旨各不相同，使统治思想不一致，法制数变，百家无所适从。他建议：“诸不在六艺之科孔子之术者，皆绝其道，勿使并进。”而《武帝纪赞》所载了武帝的做法是“罢黜百家，表章六经”。这便是“罢黜百家，独尊儒术”的渊源。于是，在思想领域内，儒家取代道家，超迈百家，终于取得了独尊的统治地位。它维护了封建统治秩序，神化了专制王权，因而受到中国历代封建统治者的青睐和推崇，成为两千多年来中国传统文化的正统和主流思想。这也就是班氏父子心目中的“大道”。

而所谓的“黄老思想”，是黄帝学派和老子学派的合称，尊传说中的黄帝和老子为创始人，故名。黄老之学始于战国，兼采阴阳、儒、法、墨等诸家观点而成，其中清静无为和推崇刑名特色鲜明。在社会政治领域，黄老之学强调“道生法”，主张“是非有分，以法断之，虚静谨听，以法为符”。主张君主应“无为而治”，“省苛事，薄赋敛，毋夺民时”。他们重视成败存亡的历史经验，主张清虚自守，卑弱自持，所以它不但适合巨大动荡后的政治形势，也适合恢复生产、稳定封建秩序的需要。因此，黄老的无为思想为汉初统治者所提倡，一度居于支配地位。西汉初年陆贾的《新语》，是西汉初年黄老政治思想的代表作。针对汉初的政治经济形势，陆贾探讨了“以寡服众，以弱制强”的统治方法，认为“道莫大于无为，行莫大于谨敬”。黄老政治的正式出笼是在曹参为相的时候。汉初曹参任齐国相，治黄老之术的盖公献计：政治贵清静而民自定。曹参照计施行，相齐九年，齐王国大治。萧何死后，曹参继为汉相，他将齐国的治术推广到汉家天下，大获成功。当时的人们赞颂道：“萧何为法，斠若画一；曹参代之，守而勿失；载其清静，民以宁一。”（《史记·曹相国世家》）

从司马迁在《太史公自序》中提及的《论六家要旨》（即阴阳、儒、墨、名、法、道）不难看出，司马谈、司马迁父子尊崇道家而贬抑儒家，“道家使人精神专一，动合无形，赡足万物。其为术也，因阴阳之大顺，采儒墨之善，撮名法之要，与时迁移，应物变化，立俗施事，无所不宜，指约而易操，事少而功多”。而“儒者则不然。以为人主天下之仪表也，主倡而臣和，主先而臣随。如此则主劳而臣逸。至于大道之要，去健羡，绌聪明，释此而任术。夫神大用则竭，形大劳则敝。形神骚动，欲与天地长久，非所闻也”。因为“儒者以六艺为法。六艺经传以千万数，累世不能通其学，当年不能究其礼，故曰‘博而寡要，劳而少功’”。可见，司马迁父子著史的哲学渊源或思想底色，来自黄老思想和儒家思想的杂糅，并不是纯正的儒家，反而是道家思想的因素更占据主要地位，这恐怕也算得上是那个时代的政治不正确吧。

司马迁著述《史记》的终极价值指向是“究天人之际，通古今之变”，试图在纷繁复杂的历史烟云变幻和兴衰存亡的隆替中，找出一条沟通人与自然、贯穿古今的历史规律，发现理想的政权运作模式及其存在合理性的理论依据，黄老思想的清静无为和兼重刑名无疑是他中意的理想模式。在《吕太后本纪》的赞中，尽管对吕后在宫廷内斗中的残忍冷酷深表反感，但司马迁还是褒扬了她在治理百姓方面的清静无为：“孝惠皇帝、高后之时，黎民得离战国之苦，君臣俱欲休息乎无为。故惠帝垂拱，高后女主称制，政不出房户，天下晏然，刑罚罕用，罪人是希，民务稼穑，衣食滋殖。”如上所述，在《史记·曹相国世家》中，他记述曹参在齐国为相时的政绩道：“其治要用黄老术，故相齐九年，齐国安集，大称贤相。”曹参继任萧何到中央政府做相国后，把他在齐国运用黄老思想执政的成功经验应用到全国，同样收到了很好的效果，他记述道，“百姓离秦之酷后，参与休息无为，故天下俱称其美矣”。

所以，司马迁不仅赞美清静无为，也称引重视刑法的举措。在《萧相国世家》的赞中，他评价萧何说：“何谨守管籥，因民之疾法，顺流与之更始……位冠群臣，声施后世，与闳夭、散宜生等争烈矣。”肯定萧何的立法之功。不仅如此，在《张释之冯唐列传》中，还认同了张释之依法办事不收皇帝左右定人罪名的行为，称美他“守法不阿意”。

此外，司马迁还要求统治者应当少欲、节用，体恤民情，不以一己之私欲而骚扰黎民百姓。《孝文本纪》载，文帝继位二十多年，“宫室苑囿狗马服御无所增益，有不便，辄弛以利民”。为了“毋烦民”、徒然靡费国帑，竟然叫停了露台的兴建。不仅自己“常衣绨衣”，所宠幸的慎夫人，也令其“衣不得曳地，帏帐不得文绣”，目的就是为了彰显淳朴节俭的风尚，为天下群臣百姓树立楷模。他死后，“治霸陵皆以瓦器，不得以金银铜锡为饰，不治坟”，目的仍然是不浪费钱财。对文帝节用爱民举措的赞赏，情见乎词。而在《大宛列传》《平准书》等篇中则批评了武帝奢靡铺张、劳民伤财的种种行为：“是时上方数巡狩海上，乃悉从外国客，大都多人则过之，散财帛以赏赐，厚具以饶给之，以览示汉富厚焉。于是大觳抵，出奇戏诸怪物，多聚观者，行赏赐，酒池肉林，令外国客遍观仓库府藏之积，见汉之广大，倾骇之。及加其眩者之工，而觳抵奇戏岁增变，甚盛益兴，自此始。”为了向外国人炫耀大汉财富之富厚、广大，武帝居然“散财帛以赏赐，厚具以饶给之”，而且还表演竞技之戏“觳抵”（古代的一种表演，类似现在的摔跤），随意赏赐，大肆挥霍。“宛左右以蒲陶为酒，富人藏酒至万余石，久者数十岁不败。俗嗜酒，马嗜苜蓿。汉使取其实来，于是天子始种苜蓿、蒲陶肥饶地。及天马多，外国使来众，则离宫别观旁尽种蒲萄、苜蓿极望。”为了酿造葡萄酒，蓄养汗血宝马，皇帝占据大量肥饶之地并大面积种植葡萄、苜蓿，甚至在皇家的离宫别观旁也是“蒲萄、苜蓿极望”，竭尽铺张之能事。

相较之下，著述《汉书》的彪、固父子的思想渊源，则是纯粹正统的儒家。班氏父子的身世、使命意识、社会环境等因素，使他们必须坚持对儒家主流意识形态的维护，所以对司马迁的批评也就不难理解。

班彪出身于汉代显贵和儒学之家，受家学影响很大，“祖况，成帝时为越骑校尉。父稚，哀帝时为广平太守”，被范晔称为“通儒上才”。其子班固，“年九岁，能属文诵诗赋，及长，遂博贯载籍，九流百家之言，无不穷究。所学无常师，不为章句，举大义而已”。班彪曾续司马迁《史记》作《后传》数十篇，未成而卒。班固在此基础上续作《汉书》，却被人诬告“私改作国史”而下狱，几罹杀身之祸。经其弟班超“具言固所著述意”，据理力争，明帝才下诏“召诣校书部，除兰台令史”（以上所引均见南朝宋范晔《后汉书·班彪传》卷四十），让他继续《汉书》的著述工作。劫后余生，余悸犹存，在诚惶诚恐中历二十年才基本完成了现有《汉书》的规模。章帝永元元年（89），班固以中护军的身份，从大将军窦宪出征匈奴。窦宪在内斗中被杀，班固也受其牵连，死于狱中。

班固的思想比较复杂，在“独尊儒术”的大氛围下，作为一名官方史学家和御用文人，自然坚持当时儒家的正统思想，与主流意识形态保持一致，因而其思想上的保守倾向是不言而喻的。但他毕竟是一个正直的、有才华的史学家和文学家，一定程度上还是能够面对现实、直面人生的。而且诸子百家中的某些合理因素也时常闪现在他的著述中。他的叔父班嗣贵黄老之学，班固在《汉书·叙传》中曾对此津津乐道。董仲舒、司马迁等人的思想，班固在《汉书》中也多所援引。当时，朝廷对他著述《汉书》十分重视，有时皇帝还要亲自过问，进行干预，施加影响。据《典引·序》载，《汉书》著述其间，明帝仍不放心，专门派小黄门持《史记·秦始皇本纪》来做试探兼加诫责，批评司马迁的著作是“微文刺讥，贬损当世”。而司马相如虽然“污行无节”，且文章“有浮华之辞，不周于用”，但最终能够做到“颂述功德”，忠孝人君，比司马迁不知道要强多少倍。来自皇帝的圣谕，大环境的高压气氛，都是班固夙夜匪懈，不得不忧虑在心的因素。因此，他的压力之大可想而知。作为官方史家，他必须将明帝的圣旨奉为金科玉律，倍加称颂，甚至还说出来孔子再生“亦无以加”的媚辞。他也必须服从于强大的政治压力，站在官方的立场，对司马迁及其《史记》表明严厉的批判态度。而司马迁的《史记》敢于“论大道则先黄老而后六经”，“微文刺讥，贬损当世”，正是其摆脱束缚、胆识过人的真知灼见。较之司马迁，班孟坚不如远甚！由此，一方面可以感知当时政治高压之酷烈，另一方面也可借此见出部分文人的胆识缺乏由来已久，为了自保和全身远害，曲学阿世也是不得已之举。对此，我们其实不必苛责，应当给予理解之同情。

其次，“序游侠则退处士而进奸雄”。

班氏父子批评司马迁的第二条“是非谬于圣人”之处是“序游侠则退处士而进奸雄”。

何为“游侠”？《史记集解》引荀悦曰：“立气齐，作威福，结私交，以立强于世者，谓之游侠。”其实就是泛指古代那些热情豪爽、喜好交游、轻生重义、尚气任侠、急人之难勇于为人排难解纷之人。游侠之风、之士，早在春秋时期就已出现，如季次、原宪等就是早期游侠的先驱。他们是一个特殊人群，韩非子在《五蠹》中指出，“儒以文乱法，侠以武犯禁”，“游侠”与“私剑”并称，而“带剑者”的特征是“聚徒属，立节操以显其名，而犯五官之禁”。韩非把游侠列为“五蠹”之一，因为对于安定的治世来说，游侠违反纲纪，“行不轨于正义”，破坏了正常社会的秩序。他们的存在，始终与社会发展衍变的进程如影相随，也就有一个早期身份认同与晚期自我重塑的变化过程。正如汪涌豪在《中国游侠史》序言中所论，他们游离于一般的社会秩序之外，其生存之道之与帝国政治结构中社会组织原则与治理方式形成明显的且尖锐的对峙，其个性化的行为方式之与宗法社会乡礼、族权与师道之间也经常处于紧张状态。正统人士将其截然措置于儒家对立面而大加贬抑与鄙弃，即便一般民众也因越情超拔出伦序与礼俗，而对其产生误解与反感。但事实上，因其在所容身的乡村闾里自掌权柄、自操生杀，形成了一套自己的游戏规则，一定程度上消解了强权的宰制，抹平了身份的桎梏，真正的游侠们是替天行道，是对社会不合理机制或规训的修正，客观上他们即使在乱世也维护了一部分社会的公平正义。他们的存在在客观上加速了帝国后期专制强化背景下，身份社会不同程度的瓦解和夷平化社会形态的出现。当然，还包括其卓荦的人格之与传统中国人精神伦理的冲击与再造。对于他们存在的价值与意义，可以有多重视角和多种向度进行考索，但从村社、家庭到个人这样的“微观共同体”，或者从国家、经济到民族这样的“宏观共同体”，这样的两个视角或许是比较便当的。

处士，大致接近于隐士，通常则是用以指称古时德才出众、品行高洁却隐居不愿做官的人。他们怀瑾握瑜，志洁行廉，有高才却隐居不出仕，选择远离官场的污浊，鄙弃功名利禄，这是德行高尚的人方能做得出的选择。《荀子》：“古之所谓处士者，德盛者也。”《史记·殷本纪》：“或曰，伊尹处士，汤使人聘迎之，五反然后肯往从汤，言素王及九主之事。汤举任以国政。”《孟子·滕文公下》：“圣王不作，诸侯放恣，处士横议，杨朱、墨翟之言盈天下。”像伯夷、叔齐、伊尹、“商山四皓首”，及种放、魏野、林逋、孔吹、尹淳等，就是历史上著名的处士。处士后来有时也用来泛指没有做过官的读书人，如《史记·魏公子列传》：“赵有处士毛公藏于博徒，薛公藏于卖浆家，公子欲见两人，两人自匿不肯见公子。”唐元稹《中书省议举县令状》：“又云见任官及处士、散试官，并请停集。”

奸雄，一般而言指的是奸人的魁首，也指用奸诈手段取得大权高位、欺世盗名之人；所谓乱世奸雄，这些人通常具有非凡的煽动和组织能力，对社会的破坏力也是非同寻常的。班固父子笔下的“奸雄”，当即之《史记·游侠列传》中的朱家、田仲、王公、剧孟、郭解之徒，以及关中长安樊仲子，槐里赵王孙，长陵高公子，西河郭公仲，太原卤公孺，临淮儿长卿，东阳田君孺等人。“至若北道姚氏，西道诸杜，南道仇景，东道赵他、羽公子，南阳赵调之徒”，连司马迁自己都看不上眼、将其比作“盗跖居民间者”“朱家之羞”，当然就更属“奸雄”无疑了。

在《史记·游侠列传》中，司马迁实事求是地分析不同类型的侠客，充分肯定了“乡曲之侠”“布衣之侠”“闾巷之侠”，以及“卿相之侠”，如近世延陵、孟尝、春申、平原、信陵之徒；重点在“匹夫之侠”，如朱家、田仲、王公、剧孟、郭解之徒；赞扬了他们“其行虽不轨于正义”，却“其言必信，其行必果，已诺必诚，不爱其躯，赴士之厄困……不矜其能，羞伐其德”等高贵品德。《太史公自序》中有一段话，亦可用来说明《游侠列传》的写作动机：“救人于厄，振人不赡，仁者有乎；不既信，不倍言，义者有取焉。”班固步武司马迁，也为《汉书》作《游侠传》，但对其评价却大相径庭，认为这些人“罪已不容于诛”（《汉书·游侠传》）。但在司马迁的笔下，这些社会底层的人们，在上不明，下不正，制度不立，纲纪废弛的浊世、乱世，却成为仗义执言、主持公道，为人仰慕的英雄豪俊，并对他们的不幸遭际表示同情，对迫害他们的人表示极大愤慨，揭示了汉朝法律的虚伪和不公正的本质，表现了作者独出流俗进步的历史观。

在《游侠列传》中，司马迁对近世延陵、孟尝、春申、平原、信陵之流的“卿相之侠”颇有好感，因为都是君王的亲属，依仗封国及卿相的雄厚财富，招揽天下的贤才，在各诸侯国中名声显赫，不能说他们不是贤才。“比如顺风而呼，声非加疾，其势激也”，这是风势激荡的结果。所以，司马迁专门为他最钟爱的魏公子魏无忌立传，写了《魏公子列传》。在此传中，司马迁写了侯嬴、朱亥两个侠士。隐士侯嬴年届七十仍然在魏国都城大梁夷门做守门人，而朱亥不过是市井屠者。魏公子“为人仁而下士，士无贤不肖皆谦而礼交之，不敢以其富贵骄士。士以此方数千里争往归之，致食客三千人。当是时，诸侯以公子贤，多客，不敢加兵谋魏十余年”。魏公子纡尊降贵，邀请宗室将相大摆筵宴，然后自驾车马虚左而行，亲自登门敦请侯嬴，聘其为上等门客。后来秦军入侵赵国，长平之战赵国四十万大军被秦将白起坑杀，进而围攻邯郸，赵国危在旦夕。赵国平原君乃魏公子姐夫，危难之际向魏国求救。魏王虽派晋鄙将十万大军援赵，受秦军威胁，不得已留军邺城以观望形势。值此缓急之时，“平原君使者冠盖相属于魏，让魏公子曰：‘胜所以自附为婚姻者，以公子之高义，为能急人之困。今邯郸旦暮降秦而魏救不至，安在公子能急人之困也！且公子纵轻胜，弃之降秦，独不怜公子姊邪？’”一方面魏公子爱惜“急人之困”的美名，另一方面也顾念骨肉亲情，不忍心眼睁睁看着自己的姐姐做了虎狼之秦的俘虏。当他经过努力，“数请魏王，及宾客辩士说王万端。魏王畏秦，终不听公子。公子自度终不能得之于王，计不独生而令赵亡，乃请宾客，约车骑百余乘，欲以客往赴秦军，与赵俱死”，计无所出之际，只能以命相搏。幸亏侯嬴在关键时刻献出“窃符救赵”之计，力士朱亥椎杀晋鄙，方将局面逆转。后来侯嬴北向自刎，以谢公子的知遇之恩。

在这里，司马迁不仅表彰了侯嬴、朱亥的侠肝义胆，和重然诺轻生死的志节，更重要的是对信陵君魏公子的称赏。说实话，魏公子的举动其实是置自己国家的安危于不顾，利用国家的资源，成就自己的令名，是一种不折不扣的吃里扒外行为。但司马迁却花费大量笔墨，对其进行不遗余力的褒奖，似乎有些令人费解。其实，太史公此举不为无因。魏公子之所以为他所青睐，原因十分显豁，就是因为他能“急人之困”，在别人生死存亡、命悬一线之际肯不计利害、不顾一切伸出援手，只讲人情人性，其他的都可以忽略不计，这一点才是马迁最看重的，至于魏公子是不是损害了国家利益，他似乎是不大在意的。司马迁在《游侠列传》序言中说：“且缓急，人之所时有也。太史公曰：‘昔者虞舜窘于井廪，伊尹负于鼎俎，傅说匿于傅险，吕尚困于棘津，夷吾桎梏；百里饭牛，仲尼畏匡，菜色陈、蔡。此皆学士所谓有道仁人也，犹然遭此灾，况以中材而涉乱世之末流乎？其遇害何可胜道哉！’”他认为“缓急，人之所时有也”，措手不及、泰山压顶的危难之事，是人们时常能遇到的，有时可能就是灭顶之灾，是即将坠落的万丈深渊，是一道以自己的力量难以逾越的沟坎。更何况社会上含冤负屈、无可告语之类的黑暗和不平也时有发生，个人在大时代中的无足轻重与无能为力更是如影相随。[①]即使是虞舜、伊尹、傅说、吕尚、管夷吾、百里奚、孔仲尼那样的往圣先贤，那样的大人物，“犹然遭此灾，况以中材而涉乱世

① 陈平原：《千古文人侠客梦（代序）》，新世界出版社 2009 年版，第 3 页。

之末流乎？”这样的事例“何可胜道哉！”危难之际，如若有人施以援手，救人困厄，该是一件多么令人额手称庆的事，但雪中送炭之事一般来说都是凤毛麟角吧。联想到司马迁因李陵之祸，幽于缧绁，身陷囹圄之中，困守愁城，昔日的“交游莫救”，皇帝的“左右亲近不为一言”，没有一个人肯站出来主持公道，向司马迁伸出援助之手，最后不得不罹患腐刑，则此处的关折所在也就豁然开朗了。另外，魏公子作为“魏昭王子少子而魏安釐王异母弟”，无论如何也是统治集团的上层人物，比起武帝的刻薄寡恩、翻脸无情，魏公子的仁而下士、平易近人，也是司马迁所期盼和向往的权贵人物应有的品质。

《游侠列传》所着力刻画的几个游侠之士如朱家、田仲、王公、剧孟，特别是郭解，确实是阴险狠毒，杀人如麻，是不法之徒，也是亡命之徒。但到晚年时，郭解能够收敛锋芒，改变行为，检点自己，用恩惠报答怨恨自己的人，期望多施恩于人，少望别人报答自己。而且在地方上承担起匡扶正义、主持公道的职责。譬如他的外甥因酗酒被人所杀，他不但没有找人索命，反而自葬其尸，原宥了凶手；里中有对他不礼貌的乡人，他不但不生气，却反省自己德行有亏，主动护佑其不服劳役；甚至还调解洛阳城里的民事纠纷，事成后却不居功自傲。御史大夫公孙弘认为“解布衣为任侠行权，以睚眦杀人，解虽弗知，此罪甚于解杀之。当大逆无道”，于是就诛杀了郭解的家族，企图斩草除根，却不料适得其反，“自是之后，为侠者极众，敖而无足数者。然关中长安樊仲子，槐里赵王孙，长陵高公子，西河郭公仲，太原卤公孺，临淮儿长卿，东阳田君孺，虽为侠而逡逡有退让君子之风”。郭解的影响依然盛行乡间，闻名遐迩，而且追随效仿他的人也屡见不鲜。郭解的所作所为确实够得上“奸雄”，而司马迁对郭解者之流的赞誉态度也显然远胜于处士，这或许就是班氏父子所批评司马迁的“序游侠则退处士而进奸雄”吧。

再次，“述货殖则崇势利而羞贱贫”。

班氏父子指责司马迁的第三点，也是最后一点，是说他“述货殖则崇势利而羞贱贫贱”，指责司马迁把经济活动中具有超强聚敛财富能力的人的地位抬举得过于高了，而忽视了贫贱孤寒之士，这一点主要是针对《货殖列传》而发的。

《货殖列传》是一篇专门记叙从事“货殖”——商业活动杰出人物的类传，也是反映司马迁经济思想和商业思想的重要篇章。货，即钱币；殖，是繁衍。货殖就是指谋求“滋生资货财利”以致富，即利用货物的生产与交换，进行商业活动，从中生财求利，获取商业利益。货殖——商业活动，其实还包括各种手工业，以及农、牧、渔、矿山、冶炼等行业的经营活动。和《平准书》《河渠书》一道，《货殖列传》是历史著述中涉及经济领域的专门之作，尤其是为大商人和经济思想家立传，司马迁应当是开先河者。钱钟书在论及司马迁这篇《货殖列传》时说：“当世法国史家深非史之为‘大事记’体者，专载朝政军事，而忽诸民生日用；马迁传《游侠》已属破格，然尚以传人为主，此篇则全非‘大事记’、‘人物志’，于新史学不啻乎辟鸿蒙矣。”（《管锥编·史记会注考证》）所言极是。

中国古代是以农耕立国的国家，农业被视作国本，事关江山的基业稳固和国运的兴衰，而商业则被视为末，对国家的长治久安贡献无多，所以，在社会成员结构中士农工商的构成由来已久。商业和商人在社会上的地位非常低，属于“四民”之末，司马迁肯在《史记》中为商人立传，确实识鉴非凡。在《太史公自序》中，他曾经指出，“布衣匹夫之人，不害于政，不妨百姓，取与以时而息财富，智者有采焉，作《货殖列传》第六十九”。他肯定商业和商人的价值，反对“崇本抑末”的传统价值观，显示出了不同流俗的倾向，在班氏父子看来，这自然也属于“是非谬于圣人”的大胆举动。但事实上司马迁“谬于圣人”的举动还不止于此，《货殖列传》所反映出来的惊世绝俗的经济思想才是招致班氏父子不满的主要原因。

在《货殖列传》中，涉及司马迁的社会分工、重商观念、财富观念、流通观念、区域经济、经营理论、价格理论、货币理论等诸多经济理论和经济思想等方面的内容，其地位与影响堪与西方自由资本主义时期的经济学家亚当·斯密的《国富论》相媲美。

他一反“君子喻于义，小人喻于利”“仁义而已矣，何必曰利”的儒家教条，肯定人对物质财富追求的天然性和合理性，“富者，人之情性，所不学而俱欲者也”，“天下熙熙，皆为利来；天下攘攘，皆为利往”。追求财富，穿衣吃饭，饮食男女，安逸享乐，“耳目欲极声色之好，口欲穷刍豢之味，身安逸乐，而心夸矜势能之荣”，都是人的自然本性，是与生俱来、无师自通的，大家熙来攘往，无非是为了名利二字，只要取之有道，没有什么可指责的。正常的、合理的社会，应当做到“善者因之，其次利道之，其次教诲之，其次整齐之”，最好的办法就是顺应民意，因势利导，或者通过教育和管理理顺各种利益关系，使大家各得其所，而与民争利则是最糟糕的办法。所以，他不认同老子的话："至治之极，邻国相望，鸡狗之声相闻，民各甘其食，美其服，安其俗，乐其业，至老死不相往来。"如果一定要像老子所说的那样，处当今之世，老百姓的日子就没法过了。

因此，司马迁肯定了商业和商人在国民经济中的重要地位，十分看重"农、工、商、虞"四业并举的关系，正如《周书》所说："农不出则乏其食，工不出则乏其事，商不出则三宝绝，虞不出则财匮少。"认为他们是创造社会物质财富的源泉，是整个社会生存发展的物质基础，四者彼此相互依存，缺一不可，"此四者，民所衣食之原也。原大则饶，原小则鲜。上则富国，下则富家。贫富之道，莫之夺予，而巧者有余，拙者不足"。而在"四者"中，作为商人的"虞"，最能聚积财富，故"虞不出则财匮少"。

他为历史上的大商人、大工矿业者及经济思想家立了传，除了齐太公望、管子（仲）、越王勾践、魏李克等人，这些人的名单还有计然、范蠡、子贡、白圭、猗顿、郭纵、巴寡妇清、蜀卓氏、程郑、宛孔氏、曹邴氏、周人师氏、关中的田音、田兰、栗氏、杜氏等，共 16 人；此外，还有兼营商业者乌氏倮、刀间等 2 人，高利贷者无盐氏 1 人。这些人都是富可敌国的富商巨贾，在国家的政治、经济生活中居于举足轻重的地位，在《货殖列传》中占了多数，非常引人注目。他们的致富方法虽然不尽相同，但有一个共同之处，就是头脑机敏，反应迅捷，能够按照市场规律办事。如果缺乏足够的智慧与能力，想在商业活动中取得成功是不可能的，"夫纤啬筋力，治生之正道也，而富者必用奇胜"。经商也像用兵打仗一样，必须出奇才能制胜。

司马迁特别写到了计然的商业理论，或曰"七策"：

知斗则修备，时用则知物，二者形则万货之情可得而观已。故岁在金，穰；水，毁；木，饥；火，旱。旱则资舟，水则资车，物之理也。六岁穰，六岁旱，十二岁一大饥。夫粜，二十病农，九十病末。末病则财不出，农病则草不辟矣。上不过八十，下不减三十，则农末俱利，平粜齐物，关市不乏，治国之道也。积著之理，务完物，无息币。以物相贸易，腐败而食之货勿留，无敢居贵。论其有余不足，则知贵贱。贵上极则反贱，贱下极则反贵。贵出如粪土，贱取如珠玉。财币欲其行如流水。

明代冯梦龙的《东周列国志》说文种破吴计然七策：“一曰捐货币以悦其君臣；二曰贵籴粟囊，以虚其积聚；三曰遗美女，以惑其心志；四曰遗之巧工良材，使作宫室以罄其财；五曰遗之谀臣以乱其谋；六曰疆其谏臣使自杀以弱其辅；七曰积财练兵，以承其弊。”

不同于小说家言的故作惊人之语来耸动视听，司马迁是以史学家的严谨史笔来记载计然“七策”的：

1. 需求决定与经济周期论，“知斗则修备，时用则知物，二者形则万货之情可得而观已”，“故岁在金，穰；水，毁；木，饥；火，旱。旱则资舟，水则资车，物之理也。六岁穰，六岁旱，十二岁一大饥”；

2. 价格调控论，“夫粜，二十病农，九十病末。末病则财不出，农病则草不辟矣。上不过八十，下不减三十，则农末俱利，平粜齐物，关市不乏，治国之道也”；

3. 实物价值论，“积著之理，务完物，无息币”；

4. 贸易时机论，“以物相贸易，腐败而食之货勿留，无敢居贵”；

5. 价值判断论，“论其有余不足，则知贵贱”；

6. 物极必反论，“贵上极则反贱，贱下极则反贵”；

7. 资金周转论，“贵出如粪土，贱取如珠玉。财币欲其行如流水”。

计然帮助勾践治理越国，他的“七策”只用了“五策”，就使得越国在十年之内富国强兵，报仇雪耻，灭了吴国，驰骋中原，“遂报强吴，观兵中国，”成为声势烜赫的“春秋五霸”之一。伟大经济学家，或者成功的商业巨子对国家的影响力，于此可见一斑。

传说范蠡曾拜计然为师，认为计然“七策”既然施用于治国很有效，那么用于治家也未尝不可。于是，他便乘坐小船漂泊江湖，改名换姓，到齐国改名叫鸱夷子皮，到了陶邑改名叫朱公。他认为陶邑居于天下中心，与各地诸侯国四通八达，交流货物十分便利，于是就治理产业，囤积居奇，随机应变，与时逐利，而不责求他人。十九年期间，他三次赚得千金之财，两次分散给贫穷的朋友和远房同姓的兄弟。范蠡后来年老力衰而听凭子孙继承了他的事业并有所发展，终致有了巨万家财。所以后世谈论富翁时，都称颂陶朱公。

这些成功的巨富们利用自己的聪明才智，审时度势，纵横捭阖，积聚了数量惊人的巨额财富，不仅实现了自己的人生价值，而且还造福邻里乡亲，泽被邦国故土，“富好行其德”，“国君无不分庭与之抗礼，”并以此而声名载之史册，扬名后世，令人艳羡。司马迁对他们的态度确实是推崇备至，无以复加。至于《刺客列传》和《滑稽列传》中的那些侠肝义胆、重诺轻死的侠客如曹沫、专诸、豫让、聂政、荆轲等，以及那些滑稽突梯、诙谐幽默，“谈言微中，亦可以解纷”的人士，如淳于髡、优孟、优旃等，大多不是富贵尊显人物，归入“贫贱”之列，应当不差，但司马迁同样也为他们立传，推崇表彰之意亦十分显豁。无论是在《刺客列传》和《滑稽列传》中，还是在《货殖列传》中，那些确实没有惊人事迹值得留存史册惕厉后人，寂寂无闻的贫贱之徒，在司马迁的笔下早已不见踪影，也是不争的事实，是客观情势使然，非关司马迁的史德、史识。在班氏父子看来，为计然、范蠡、子贡、白圭这样成功的“势力”之徒立传，自然是对“贱贫”之士的羞辱，这或许就是他们“崇势利而羞贱贫”的本意吧。

司马迁《史记》中“是非谬于圣人”的非主流倾向还不止于上述诸条，在《太史公自序》中，他曾将陈涉与圣贤汤武、孔子并提。司马迁评价历史人物，不以成败论英雄，而是着眼于“通古今之变”，考察历史人物在当时条件下所起的作用，从而给予其应有的历史地位，如在《陈涉世家》中他肯定陈涉的首义之功，《项羽本纪》认同项羽号令天下，实居帝位。这些都是司马迁突破《史记》撰著体例而独出心裁的大胆之笔。《平准书》对武帝多所指摘，批评其好大喜功、穷兵黩武，从而造成国家经济衰败，导致了社会矛盾的复杂、政治生活的腐朽和道德风尚的败坏。《六国年表》从地理条件、风俗人情等方面寻找事物发展变化的原因，举例说明“作事者必于东南，收功实者常于西北”，落脚点在“究天人之际”，是对“天命观”的否定，也是对当时风行的“天人感应”说的一种反动，自然也是一种“谬于圣人”的非主流倾向，恐怕也都是班氏父子所反对的吧。

这种看似离经叛道、不乖于圣人之旨的非主流倾向，是司马迁秉持正直史家的良心和正义，精心思考后的独立见解，具有无与伦比的超前性和先进性，“其文直，其事核，不虚美，不隐恶”，代表了我国史传著述的优良传统。正由于此，才使得《史记》成为“史家之绝唱，无韵之离骚”。

（赵鸿飞，上海商学院文法学院副教授、文学博士。）

《史记》书写的尚“奇”追求及其价值意义

何悦玲

史传虽以实录为职责，以达“义”为目标，但并不废止传奇述异。《尚书》对尧舜的记载，《春秋》对自然异象的陈述，皆一定程度上体现出传奇述异的叙述追求。不过，这些作品的传奇述异，尚主要停留于自然异象的记载，其间鲜有“怪力乱神”的内容。从《左传》开始，“怪力乱神”内容明显增加，行文运笔求“奇”也成为作家的自觉追求。司马迁《史记》在此表现尤为突出。扬雄的“子长多爱，爱奇也”①、刘勰的“爱奇反经之尤”②等判断，皆是对《史记》求“奇”艺术的精到概括。对《史记》求“奇”艺术展开研究，既能看出《史记》对传统史学的继承与发展，也能看出司马迁叙事的价值取向。

一、“神道设教”下的述“奇”

在中国，“神道设教”古来有之。《周易・观卦・彖传》曰：“圣人以神道设教，而天下服矣。”③《墨子・明鬼》云：“今若使天下之人偕若信鬼神之能赏贤而罚暴也，则夫天下岂乱哉？”④顾炎武《日知录》申说道：“国乱无政，小民有情而不得申，有冤而不见理，于是不得不诉之于神，而诅盟之事起矣。……而鬼神之往来于人间者，亦或著其灵爽，于是赏罚之柄乃移之冥漠之中，而蚩

① 汪荣宝：《法言义疏》，中华书局1987年版，第507页。

② 刘勰著，周振甫译注：《〈文心雕龙〉译注》，江苏教育出版社2006年版，第247页。

③ 周振甫：《周易译注》，中华书局2010年版，第75页。

④《二十二子》，清光绪初年浙江书局辑刊《二十二子》影印本，上海古籍出版社1986年版，第248页。

蚩之氓，其畏王铁常不如其畏鬼责矣。”[①]章学诚《文史通义·易教上》揭出曰：“盖圣人首出御世，作新视听，神道设教，以弥纶乎礼乐刑政之所不及者，一本天理之自然；非如后世托之诡异妖祥，谶纬术数，以愚天下也。”[②]诸如这些话语，不仅表现对“神道设教”观念的认同，并对其价值意义做了说明。

汉时，“天人感应”观盛极一时，在其推动下，人们更将“神道设教”的信仰上升到了哲学高度。此中，董仲舒贡献最大。他以《春秋》灾异之变为据，推衍出阴阳变化规律，从而使王道与灾异变化之间确立了必然的逻辑联系。在董仲舒看来，“道，王道也；王者，人之始也。王正，则元气和顺、风雨时、景星见、黄龙下；王不正，则上变天，贼气并见”（《王道第六》）；“唯天子受命于天，天下受命于天子，一国则受命于君。君命顺，则民有顺命；君命逆，则民有逆命。故曰，‘一人有庆，兆民赖之’，此之谓也”（《为人者天第四十一》）[③]。这些阐述，均把天象显现与政治状况紧密联系起来，构筑了明确的因果链：王者政治清明，则元气和顺，风调雨顺，显现的是祥瑞之象。反之，则天气异常，贼气并见。

《史记》的求“奇”，正是此思想观念的产物，它既表现出对“天人感应”思想的认同，也表现出对“神道设教”观念的继承。如《天官书》云：

> 秦始皇之时，十五年慧星四见，久者八十日，长或竟天。其后秦遂以兵灭六王，并中国，外攘四夷，死人如乱麻，因以张楚并起，三十年之间兵相骀藉，不可胜数。自蚩尤以来，未尝若斯也。
>
> 项羽救钜鹿，枉矢西流，山东遂合从诸侯，西坑秦人，诛屠咸阳。
>
> 汉之兴，五星聚于东井。平城之围，月晕参、毕七重。诸吕作乱，日蚀，昼晦。吴楚七国叛逆，彗星数丈，天狗过梁野；及兵起，遂伏尸流血其下。元光、元狩，蚩尤之旗再见，长则半天。其后京师师四

---

① 顾炎武著，黄汝成集释，栾宝群、吕宗力校点：《日知录集释》，上海古籍出版社2006年版，第108—109页。

② 章学诚著，叶瑛校注：《文史通义》，中华书局2004年版，第1页。

③ 董仲舒著，曾振宇、傅永聚注：《春秋繁露新注》，商务印书馆2010年版，第68、224页。

出，诛夷狄者数十年，而伐胡尤甚。越之亡，荧惑守斗；朝鲜之拔，星茀于河戍；兵征大宛，星茀招摇：此其荦荦大者。若至委曲小变，不可胜道。由是观之，未有不先形见而应随之者也。①

周王朝统治由宣王之后，君主日益昏庸腐朽，朝政日非。基于此，对“幽王二年，西周三川皆震”的异象，司马迁特别关注，将其记录于《周本纪》中，并以伯阳甫之口指出：

周将亡矣。夫天地之气，不失其序；若过其序，民乱之也。阳伏而不能出，阴迫而不能蒸，于是有地震。今三川实震，是阳失其所而填阴也。阳失而在阴，原必塞；原塞，国必亡。夫水土演而民用也。土无所演，民乏财用，不亡何待！昔伊、洛竭而夏亡，河竭而商亡。今周德若二代之季矣，其川原又塞，塞必竭。夫国必依山川，山崩川竭，亡国之征也，川竭必山崩。若国亡不过十年，数之纪也。天之所弃，不过其纪。②

事实上，对社会统治现实的否定描写不局限于上举两例。《吕太后本纪》记七年三月，吕后“还过轵道，见物如苍犬，据高后掖，忽弗复见。卜之，云赵王如意为祟。高后遂病掖伤”。《李斯列传》记赵高专权，杀二世欲自立为帝，结果其“上殿，殿欲坏者三”。《魏其武安侯列传》记武安侯“病，专呼服谢罪。使巫视鬼者视之，见魏其、灌夫共守，欲杀之。竟死”。这些怪异记述，也都潜含着同样的叙事逻辑。将所有的叙事逻辑综合起来，可看出，即无论是国家的统治，还是某一主体个人的作为，其荒淫无道、残忍狠毒、草菅人命等恶行，都无疑是招致灾祸的根本原因。作者对此因果逻辑的有意构筑，显然有利于培养统治者与行为主体的“敬畏”心与“审慎”心，使他们以自省的态度从事社会

---

① 司马迁撰，裴骃集解，司马贞索隐，张守节正义：《史记》，中华书局2006年版，第1157页。

② 司马迁撰，裴骃集解，司马贞索隐，张守节正义：《史记》，中华书局2006年版，第105页。

的管理与人事的交往，既不敢妄自尊大，也不敢骄奢淫逸，而是有所顾忌。

在对社会统治现实的肯定中，作者同样体现出“神道设教”的用心。关于此，从对开国帝王刘邦的描写可得到体现。在司马迁看来，“三王之道若循环，终而复始。周秦之间，可谓文敝矣。秦政不改，反酷刑法”，“故汉兴，承敝易变，使人不倦，得天统矣”。基于对刘邦“得天统”的认识，在《高祖本纪》中，司马迁记载高祖出生云：“父曰太公，母曰刘媪。其先刘媪尝息大泽之陂，梦与神遇。是时雷电晦冥，太公往视，则见蛟龙于其上。已而有身，遂产高祖。”司马迁这一记述，显然来自传说，与理不合，故明杨慎评价说：“刘媪与神遇，犹薄姬梦黄龙据腹之类，理或有之，若太公往视，则怪甚矣。太公何名，刘媪何姓，迁皆不知。而独知其人所不能知者，甚者迁之好怪矣。”[①]“好怪”一词，正点出了司马迁撰史的兴趣所在。在后文记述中，司马迁更对高祖的神异处细加载笔，记其：“隆准而龙颜，美须髯，左股有七十二黑子。……常从王媪、武负贳酒，醉卧，武负、王媪见其上常有龙，怪之。……高祖被酒，夜径泽中，令一人行前。行前者还报曰：‘前有大蛇当径，愿还。’高祖醉，曰：‘壮士行，何畏！’乃前，拔剑击斩蛇。蛇遂分为两，径开。行数里，醉，因卧。后人来至蛇所，有一老妪夜哭。人问何哭，妪曰：‘人杀吾子，故哭之。’人曰：‘妪子何为见杀？’妪曰：‘吾，白帝子也，化为蛇，当道，今为赤帝子斩之。故哭。’人乃以妪为不诚，欲告之，妪因忽不见……秦始皇帝常曰‘东南有天子气’，于是因东游以厌之。高祖即自疑，亡匿，隐于芒、砀山泽岩石之间。吕后与人俱求，常得之。高祖怪问之。吕后曰：‘季所居上常有云气，故从往常得季。’”[②]在这些叙述中，司马迁之所以对高祖的“神异”多加载笔，显然旨在说明其天命攸归的历史必然性，体现出对汉王朝一统地位的积极肯定。

---

① 凌稚隆辑校，李光绪增补：《史记评林》（第2册），天津古籍出版社1998年版，第75页。

② 司马迁撰，裴骃集解，司马贞索隐，张守节正义：《史记》，中华书局2006年版，第242—247页。

二、“交感征应”下的载“奇”

“昔者初民，见天地万物，变异不常，其诸现象，又出于人力所能以上，则自造众说以解释之。”①现实的神秘与认知的局限，导致中国古代的卜筮之风极为发达。人们“仰则观象于天，俯则观法于地”，认为天象奇观、自然异景、龟裂，乃至鬼神、梦寐等，无不对未来人事具有预示的作用。殷商以来流传下来的大量龟甲卜辞，《易经》的创作，以及正史记载中大量存在的卜筮活动等，皆是这一信仰流行的显著标志。

司马迁显然也受到了这种信仰的影响，《史记》书写中的若干“奇”事，也确实对未来事件发展起到预示作用。如《秦始皇本纪》写道：秦统一六国前，四年十月庚寅，“蝗虫从东方来，蔽天。天下疫”，冬雷。七年，“彗星先出东方，见北方，五月见西方。将军骜死。以攻龙、孤、庆都，还兵攻汲。彗星复见西方十六日，夏太后死”。九年，“彗星见，或竟天”。四月，长信侯毐作乱，王知之，“战咸阳，斩首数百”，“是月寒冻，有死者”。“彗星见西方，又见北方，从斗以南八十日。”十年，“相国吕不韦坐嫪毐免”。大梁人尉缭来，说秦王毋爱财物以赂他国之豪臣。“秦王从其计，见尉缭亢礼，衣服食饮与缭同。”缭曰：“秦王为人，蜂准，长目，挚鸟膺，豺声，少恩而虎狼心，居约易出人下，得志亦轻食人。我布衣，然见我常身自下我，诚使秦王得志于天下，天下皆为虏矣。”十三年，秦攻赵，斩首十万。“王之河南。正月，彗星见东方。”十七年，秦灭韩。十九年，秦灭赵。二十二年，秦灭魏。二十三年，秦灭楚。二十五年，秦灭燕。二十六年，秦灭齐。在这二十六年的叙事中，彗星屡现的异常，显然预示着秦国每一时期政治形势的发展，体现着一一的对应性。尉缭对秦王性格的把握，也为其后来的性格发展所印证。秦始皇统一六国后，好大喜功，推行极端专制统治。物极必反，他在创造了丰功伟绩的同时，也将自己与秦国导向不归路。三十二年，“燕人卢生使入海还，以鬼神事，因奏录图书，曰‘亡秦者胡也。’”三十六年，“荧惑守心。有坠星下东郡，至地为石，黔首或刻其石曰：‘始

① 鲁迅：《中国小说史略》，上海古籍出版社2000年版，第6页。

皇帝死而地分。'" 秋，"使者从关东夜过华阴平舒道，有人持璧遮使者曰：'为吾遗滈池君。'因言曰：'今年祖龙死。'使者问其故，因忽不见，置其璧去。"三十七年，"始皇梦与海神战，如人状。问占梦，博士曰：'水神不可见，以大鱼蛟龙为候。'"[①]在这些书写中，"异相"频出，不仅预示着秦始皇生命即将走向终止，也预示着秦国灭亡之局的迫近。秦始皇死后，胡亥即位，赵高用事，各地兵叛此起彼伏，秦王朝最终走向了灭亡。

这样的预示作用，在《赵世家》中有更为神奇的表现。赵盾在时，"梦见叔带持要而哭，甚悲；已而笑，拊手且歌。盾卜之，兆绝而后好。赵史援占之，曰：'此梦甚恶，非君之身，乃君之子，然亦君之咎。至孙，赵将世益衰。'"赵盾去世后，屠岸贾专权，擅与诸将攻赵氏于下宫，杀赵盾之后人赵朔、赵同、赵括、赵婴齐，皆灭其族。赵氏家族的这一命运，显然与赵史援所占的"非君之身，乃君之子"相契合。赵氏灭门后，赵朔遗孤得程婴、公孙杵臼营救，得以存活世间。十五年后，晋景公患疾，卜之，"大业之后不遂者为祟"。由此之故，晋景公访得赵朔遗孤赵武，而复赵氏之位。赵氏之位的复归，显然又与赵盾所卜的"兆绝而后好"相吻合。更让人惊异的是，赵简子患疾，五日不知人，大夫皆惧。扁鹊诊视，告众人曰："血脉治也，而何怪！在昔秦缪公尝如此，七日而寤。寤之日，告公孙支与子舆曰：'我之帝所甚乐。吾所以久者，适有学也。帝告我：'晋国将大乱，五世不安；其后将霸，未老而死；霸者之子且令而国男女无别。'公孙支书而藏之，秦谶于是出矣。献公之乱，文公之霸，而襄公败秦师于殽而归纵淫，此子之所闻。今主君之疾与之同，不出三日疾必间，间必有言也。'"在这里，扁鹊所叙秦穆公梦中游历帝所，帝对晋国未来形势的说明，正与后来晋国的历史发展相吻合。不仅如此，扁鹊断言：赵简子昏睡不醒，正如秦穆公一般，是去帝所游历了。其三日后必醒，醒必有言。事情发展果如扁鹊所言，居两日半，赵简子寤而告大夫曰："我之帝所甚乐，与百神游于钧天，广乐九奏万舞，不类三代之乐，其声动人心。有一熊欲来援我，帝命我射之，中熊。熊死，又有一罴来，我又射之，中罴，罴死。帝甚喜，赐我二笥，皆有副。

---

① 司马迁撰，裴骃集解，司马贞索隐，张守节正义：《史记》，中华书局2006年版，第159—208页。

吾见儿在帝侧，帝属我一翟犬，曰：'及而子之壮也，以赐之。'帝告我：'晋国且世衰，七世而亡，嬴姓将大败周人于范魁之西，而亦不能有也。今余思虞舜之勋，适余将以其胄女孟姚配而七世之孙。'"赵简子病愈后不久外出，路遇挡道者，辟之不去，遂召而问之。见面之后，简子极为惊异，原来挡道之人正为其梦中所见之人。挡道者对赵简子说："晋国且有大难，主君首之。帝令主君灭二卿，夫熊与罴皆其祖也。""主君之子将克二国于翟，皆子姓也。""儿，主君之子也。翟犬者，代之先也。主君之子且必有代。及主君之后嗣，且有革政而胡服，并二国于翟。"[①]在这里，赵简子在昏睡中所遇及挡道者的言论，皆对未来事态发展具有预言作用。这一预言，在后来的事件发展中也无不得到印证。

基于对"天地鬼神为征应之符"的信任而采撷"奇闻异事"，显然突破了"子不语怪"的传统观念，显示出司马迁思想的创新性，也凸显了其较之传统更为立体丰富的宇宙认识。除此而外，也使《史记》叙事呈现出奇幻的特征。这一特征，显然有利于增强该书对普通读者的吸引力。

三、人物书写的尚"奇"

史书以述事为主要内容，而事的发展离不开人的参与。基于此，在史书编撰中，"人"成为历史活动的主体。当然，就史书编撰来讲，难以穷尽所有的人。在特定目的下，它只能选择那些对历史发展有重大功绩，或能承载起特定意义的人作为记述的主体。这一选择，使得史书的人物描写处处体现出尚"奇"的叙事特点。《国语》对重耳、勾践的刻画，《战国策》对冯谖、苏秦的描写，《左传》对"不君"的晋灵公、"能臣"子产的刻画，无不体现出尚"奇"的审美追求。

作为一部"亦欲以究天人之际，通古今之变，成一家之言"的史书作品，《史记》中的人物不仅包罗万象，并且其中相当数量的人物呈现出"奇"的特点。大致来说，《史记》人物书写的尚"奇"追求主要体现在三个方面：

---

① 司马迁撰，裴骃集解，司马贞索隐，张守节正义：《史记》，中华书局2006年版，第1449—1486页。

一是对人物“过人才气”的着意表现。

大凡对历史具有贡献之人，大都具有非凡的才气。司马迁一生好奇，对于人的“才气之奇”尤为好之。在《史记》编撰中，对名高千古的三皇五帝，一统天下的秦皇汉武，勇于创新、胡服骑射的赵武灵王，揭竿而起的陈胜、吴广，威镇敌国的卫青、霍去病，谋智过人的张良、萧何，文采过人的司马相如等，司马迁均对他们的过人“才气”给予突出展现，而且景仰之情不时流露其间。对此，从对项羽的刻画可略窥一斑。《项羽本纪》末尾，司马迁议论说：

> 舜目盖重瞳子，又闻项羽亦重瞳子。羽岂其苗裔邪？何兴之暴也！夫秦失其政，陈涉首难，豪杰蜂起，相与并争，不可胜数。然羽非有尺寸，乘势起陇亩之中，三年，遂将五诸侯灭秦，分裂天下，而封王侯，政由羽出，号为“霸王”，位虽不终，近古以来未尝有也。①

基于这一认识，在《项羽本纪》叙事中，司马迁对项羽的“过人才气”给予了突出表现，写道：项羽年幼时，学书不成，去学剑，又不成。项梁斥之。项羽云：“书足以记名姓而已。剑一人敌，不足学，学万人敌。”秦始皇巡游天下，项羽见之而曰：“彼可取而代也。”这些描写，表现出项羽少年时期已具有非凡的志向。成人后，项羽“长八尺余，力能扛鼎，才气过人，虽吴中子弟皆已惮籍矣”。随项梁起兵后，作者更以浓重的笔墨对其非凡的“才气”给予表现。起兵之初，项羽拔剑斩守头，项梁持守头，佩其印绶，门下大惊，扰乱。项羽“所击杀数十百人。一府中皆慑伏，莫敢起”。与宋义共同出兵破秦，宋义“久留不行”，“不恤士卒而徇其私”。项羽“即其帐中斩宋义头，出令军中曰：‘宋义与齐谋反楚，楚王阴令羽诛之。’当是时，诸将皆慑服，莫敢枝梧”。之后，项羽“悉引兵渡河，皆沉船，破釜甑，烧庐舍，持三日粮，以示士卒必死，无一还心。于是至则围王离，与秦军遇，九战，绝其甬道，大破之，杀苏角，虏王离。涉间不降楚，自烧杀。当是时，楚兵冠诸侯。诸侯军救钜鹿下者十余壁，莫敢纵兵。及楚击秦，诸将皆从壁上观。楚战士无不一以当十，楚兵呼声动天，诸侯

① 司马迁撰，裴骃集解，司马贞索隐，张守节正义：《史记》，中华书局 2006 年版，第 239 页。

军无不人人惴恐。于是已破秦军，项羽召见诸侯将，入辕门，无不膝行而前，莫敢仰视”。楚汉相争，相持未决，项羽令壮士出挑战。“汉有善骑射者楼烦，楚挑战三合，楼烦辄射杀之。项王大怒，乃自被甲持戟挑战。楼烦欲射之，项王瞋目叱之，楼烦目不敢视，手不敢发，遂走还入壁，不敢复出。”后来，项羽军困垓下，“乃悲歌慷慨，自为诗曰：‘力拔山兮气盖世，时不利兮骓不逝。骓不逝兮可奈何，虞兮虞兮奈若何！’歌数阕，美人和之。项王泣数行下，左右皆泣，莫能仰视”。汉军围之数重，项王谓其骑曰：“吾为公取彼一将。”于是“大呼驰下，汉军皆披靡，遂斩汉一将。是时，赤泉侯为骑将，追项王，项王瞋目而叱之，赤泉侯人马俱惊，辟易数里”。“汉军不知项王所在，乃分军为三，复围之。项王乃驰，复斩汉一都尉，杀数十百人，复聚其骑，亡其两骑耳。乃谓其骑曰：‘何如？’骑皆伏曰：‘如大王言。’”项羽败走乌江，乌江亭长备船相待，谓项羽曰：“江东虽小，地方千里，众数十万人，亦足王也。愿大王急渡。今独臣有船，汉军至，无以渡。”项羽笑曰：“天之亡我，我何渡为！且籍与江东子弟八千人渡江而西，今无一人还，纵江东父兄怜而王我，我何面目见之？纵彼不言，籍独不愧于心乎？”遂以马赠亭长，令骑皆下马步行，持短兵接战。“独籍所杀汉军数百人。项王身亦被十余创。顾见汉骑司马吕马童，曰：‘若非吾故人乎？’马童面之，指王翳曰：‘此项王也。’项王乃曰：‘吾闻汉购我头千金，邑万户，吾为若德。’乃自刎而死。”[①]在这些叙述中，不论幼年还是壮年，不论得意还是失意，项羽非凡的“才气”始终如影相随。在叙述中，司马迁对项羽才、气的着意表现，“莫能”“莫敢”字眼的反复使用，不仅将项羽非凡的“才气”生动地展现出来，并且赞叹之情溢于言表。今天的我们有幸能看到项羽之“奇”，端赖司马迁的生花妙笔，更不难感受到《史记》尚“奇”的叙事特点与美学追求。

二是对人物“奇节懿行”的有意彰显。

大凡非常之人，必有非常之处。在《史记》编撰中，不论人物身份怎样，地位若何，只要他们某一方面的性格或品行有超乎寻常之处，司马迁都无一例外

① 司马迁撰，裴骃集解，司马贞索隐，张守节正义：《史记》，中华书局 2006 年版，第 209—240 页。

地给予肯定。

在司马迁看来，“人固有一死，或重于泰山，或轻于鸿毛，用之所趋异耳”。在此认识下，司马迁对人物在逆境中表现的“隐忍”精神尤为肯定。如越为吴所灭，越王勾践“苦身焦思，置胆于坐，坐卧即仰胆，饮食亦尝胆也。曰：‘汝忘会稽之耻邪？’身自耕作，夫人自织，食不加肉，衣不重采，折节下贤人，厚遇宾客，振贫吊死，与百姓同其劳”。在隐忍下，勾践最终灭了吴国。对此，司马迁极为推崇，评价说：“禹之功大矣，渐九川，定九州，至于今诸夏艾安。及苗裔勾践，苦身焦思，终灭强吴，北观兵中国，以尊周室，号称霸王。勾践可不谓贤哉！盖有禹之遗烈焉。”[①]另如伍奢被杀，伍子胥并未应平王之命前去救父，而是逃亡于外，以待东山再起。其间，伍子胥既经历了“独身步走，几不得脱”的狼狈、“止中道，乞食”的困苦，也经历了“耕于野”的辛劳，而最终报了平王杀父之仇。对这样的“隐忍”，司马迁颇为肯定，感叹说：“向令伍子胥从奢俱死，何异蝼蚁。弃小义，雪大耻，名垂于后世，悲夫！方子胥窘于江上，道乞食，志岂尝须臾忘郢邪？故隐忍就功名，非烈丈夫孰能致此哉？”[②]面对宫刑之辱，司马迁能以坚韧的毅力写出《史记》，所坚守的也正是这样一种精神。

人伦大义，世所认同，司马迁同样如此。《史记》创作，是缘于对《春秋》“褒善惩恶”精神的继承。在三十世家中，以《吴太伯世家》为第一。在七十列传中，以《伯夷列传》为第一。之所以如此，就是企图借此树立起“人伦大义”的典范。吴太伯、仲雍、季历皆为周太王之子。周太王欲传其位于季历，“太伯、仲雍二人乃奔荆蛮，文身断发，示不可用，以避季历”。这一义举，使“荆蛮义之，从而归之千余家，立为吴太伯”。对其，孔子赞扬说：“太伯可谓至德矣，三以天下让，民无得而称焉。”[③]伯夷、叔齐，为孤竹君之子。孤竹欲立叔齐，及父卒，叔齐让伯夷。伯夷说：“父命不可违”，遂逃去。叔齐亦不肯即位而逃。西

① 司马迁撰，裴骃集解，司马贞索隐，张守节正义：《史记》，中华书局 2006 年版，第 1421—1432 页。

② 司马迁撰，裴骃集解，司马贞索隐，张守节正义：《史记》，中华书局 2006 年版，第 1733 页。

③ 司马迁撰，裴骃集解，司马贞索隐，张守节正义：《史记》，中华书局 2006 年版，第 1221—1242 页。

伯侯去世，武王兴兵伐纣。伯夷、叔齐叩马而谏曰："父死不葬，爰及干戈，可谓孝乎？以臣弑君，可谓仁乎？"武王已平殷纣，天下宗周。在事已至此的情况下，伯夷、叔齐不识时务，"义不食周粟，隐于首阳山，采薇而食之。及饿且死，作歌。其歌曰：'登彼西山兮，采其薇矣。以暴易暴兮，不知其非矣。神农、虞、夏忽焉没兮，我安适归矣？于嗟徂兮，命之衰矣！'遂饿死于首阳山"①。伯夷、叔齐的作为，在今天看来，不能"与时俱进"，显得有些痴愚，但其"大义"，正是在这样的逆境中，在这样非凡的考验中，在看似"痴愚"中，才能成其"大"，显示出与常人的不同。

此外如儒林、酷吏、游侠、食客、佞幸、滑稽、日者、货殖等列传中的人物，均属于社会中的特殊阶层，他们在《史记》中之所以能占一席之地，也主要是缘于他们在某一方面的特殊表现与功用。对他们"特殊"处的有意表现，同样使《史记》的人物描写呈现出尚"奇"的叙事风格与审美追求。

三是对人物"才奇"与"数奇"矛盾的特别凸显。

按照一般逻辑来讲，一个人才情愈高，品行愈好，他得到的回报也就愈多。但现实的情况却往往与此相反。屈原"博闻强志，明于治乱，娴于辞令。入则与王图议国事，以出号令；出则接遇宾客，应对诸侯"。贾谊"以能诵诗属书闻于郡中"，"每诏令议下，诸老先生不能言，贾生尽为之对，人人各如其意所欲出。诸生于是乃以为能不及也"。这两人，最终都为小人所谗，一个悲愤投江以亡，一个郁郁寡欢而终。晁错以其辩得幸太子，太子家号曰"智囊"，所上书，孝文虽不听，然"奇其材"。景帝即位，"错常数请间言事，辄听，宠幸倾九卿，法令多所更定"。但最终，却因"削藩"之议惹恼诸侯，被诸侯"以诛错为名"发动叛乱，"上令晁错衣朝衣斩东市"。现实中大量存在的"才奇"与"数奇"的联系，引起司马迁对社会人生的叩问和现实政治的批判性思考。这一思考，使得司马迁人物传记中呈现出明显的传"奇"意识。

对此，以《李将军列传》为例即可看出：李广善射。孝文帝十四年，匈奴大举入侵，广以"良家子从军击胡，用善骑射，杀首虏多，为汉中郎"。"尝从行，

---

① 司马迁撰，裴骃集解，司马贞索隐，张守节正义：《史记》，中华书局 2006 年版，第 1687—1693 页。

有所冲陷折关及格猛兽”。文帝不由叹曰：“惜乎，子不遇时，如令子当高帝时，万户侯岂足道哉！”这里，对广“才奇”与“不遇时”矛盾关系的有意说明，旨在为后文叙事定下总的基调。在后文叙事中，作者的叙事主要围绕“才奇”与“数奇”的矛盾展开。孝景初立，广从周亚夫“击吴楚军，取旗，显功名昌邑下”，但“还，赏不行”；广“尝为陇西、北地、雁门、代郡、云中太守，皆以力战为名”。匈奴大入上郡，李广以百数人巧布诱敌之阵，使匈奴“终怪之，不敢击”，引兵而去。孝景崩，武帝立，广出击胡，“匈奴畏李广之略”。广“以卫尉为将军，出雁门击匈奴。匈奴兵多，破败广军，生得广”。广巧计逃脱至汉，“汉下广吏，吏当广所失亡多，为虏所生得，当斩，赎为庶人”；“广居右北平，匈奴闻之，号曰‘汉之飞将军’，避之数岁，不敢入右北平”，“广出猎，见草中石，以为虎而射之，中石没镞，视之石也”，“广所居郡闻有虎，尝自射之。及居右北平射虎，虎腾伤广，广亦竟射杀之”，“广廉，得赏赐辄分其麾下，饮食与士共之。终广之身，为二千石四十余年，家无余财”；“元朔六年，广复为后将军，从大将军军出定襄，击匈奴。诸将多中首虏率，以功为侯者，而广军无功”；后两岁，广率四千骑出击匈奴，匈奴以四万骑围广，汉军死者过半，汉矢且尽。广令军士持满毋发，“而广身自以大黄射其裨将，杀数人，胡虏益解。会日暮，吏士皆无人色，而广意气自如，益治军，军中自是服其勇也”。但归来后，“广军功自如，无赏”；广之从弟蔡“为人在下中，名声出广下甚远，然广不得爵邑，官不过九卿，而蔡为列侯，位至三公。诸广之军吏及士卒或取封侯”。至于结尾青“阴受上诫，以为李广老，数奇，毋令当单于”的描写及李广最终因“失道”而自刎的结局，则可看作是对李广“才奇”与“数奇”矛盾的总结说明。在“才奇”与“数奇”矛盾共计八次的显现中，我们自不难感受到司马迁人物传记书写中的传“奇”意识。对此，李景星的论证颇为精到，他指出：

> 此篇用意尤在“数奇”二字，而叙事精神更在射法一事。赞其射法，正所以深惜其数奇也。篇首而文帝曰“惜乎子之不遇时”云云，已伏数奇之根。以后叙击吴楚还赏不行，此一数奇也；叙马邑诱单于无功，此一数奇也；叙赎为庶人，此一数奇也；叙出定襄无功，此一数奇也；叙出右北平军功无赏，此一数奇也，直至引刀自刎，乃以数

奇终焉。其数奇之旁写，则以从弟李蔡事为趁也，以望气王朔语为趁也、以天子诫卫青语为趁，并借以点明眼目也。其数奇之余波，则当户之早死也，敢之被射杀也，陵之生降也，又“李氏陵迟衰微”“李氏名败”云云，皆是极端叹其数奇处。①

这段指出，无疑是对《李将军列传》传“奇”意识的总体把握。这也正如明代袁宏道在《徐文长传》中所发出的感慨那样：“余谓文长无之而不奇者也，无之而不奇，斯无之而不奇也。悲夫！”②“奇”和“奇”的对立统一，正是对传主一生悲剧命运的精确刻画和深刻揭示。这样的揭示，在《商君列传》《淮阴侯列传》等人物传记书写中同样得到表现，此不赘述。

对人物过人才气的着意彰显，对人物奇节懿行的突出表现，使得《史记》笔下的人物充满了奇情异彩，这无疑会对读者产生强烈吸引力，引导读者去阅读，去审美，并进而生发对主人公的向往之心。对人物才奇与数奇矛盾的着意表现，也有利于揭示生活的真相，对社会的不正常给予批判。

四、行文运笔的求“奇”

刘知几指出：“史之为务，必藉于文。自《五经》已降，《三史》而往，以文叙事，可得言焉。”③章学诚认为：“夫史所载者事也，事必藉文而传，故良史莫不工文，而不知文又患于为事役也。”④史书虽以实录为职责，但并不满足于行文叙事的平铺直叙。对史书编撰来讲，将已发生的历史事实叙述得生动感人，以吸引读者的阅读兴趣，同样是书写中追求的重要目标。因此，通过叙事色调的冷暖变化、叙事节奏的张弛交替、叙事风格的刚柔互出及叙事场面的特别渲染，创造出一种“奇趣”，自然成为历史叙事的普遍追求。这在早期史书作品《国语》中已有显现，如《晋语》前四卷写晋献公诸子对王位的争夺，其

① 李景星著，韩兆琦、俞樟华校点：《四史评议》，岳麓书社 1986 年版，第 100 页。

② 袁宏道著，钱伯城笺校：《袁宏道集笺校》，上海古籍出版社 2008 年版，第 715 页。

③ 刘知几撰，[清]浦起龙通释，吕思勉评：《史通》，上海古籍出版社 2008 年版，第 131 页。

④ 章学诚著，叶瑛校注：《文史通义》，中华书局 2004 年版，第 220 页。

中对骊姬进谗、申生屈死、重耳流亡等事件的描写，情节曲折，波澜起伏，颇具戏剧性。

司马迁“爱奇”，胡应麟称其《史记》为“文人之史”。[①]正因为司马迁重“文”，所以在《史记》中，行文叙事“尚奇”追求更得到了淋漓尽致的表现。

对此，我们以《田单列传》为例，可首先看出。在司马迁看来，“兵以正合，以奇胜。善之者，出奇无穷。奇正还相生，如环之无端。夫始如处女，适人开户；后如脱兔，适不及距：其田单之谓邪！”[②]基于此，在《田单列传》中，司马迁对田单行事的描写主要围绕其“出奇制胜”的谋划而展开。如湣王时，“单为临淄市掾，不见知”。燕派乐毅率兵伐齐，湣王出奔，田单走安平，“令其宗人尽断其车轴末而傅铁笼”。燕攻破安平，安平人多为所虏，“唯田单宗人以铁笼故得脱”。燕攻即墨，田单闻燕惠王与乐毅有隙，乃行反间计于燕，宣言说：“乐毅畏诛而不敢归，以伐齐为名，实欲连兵南面而王齐。齐人未附，故且缓攻即墨以待其事。齐人听惧，唯恐他将之来，即墨残矣。”对此宣言，燕王信以为真，乃以骑劫代乐毅，“乐毅因归赵”。乐毅除后，“田单乃令城中人食必祭其先祖于庭，飞鸟悉翔舞城中下食。燕人怪之”。田单因其“怪”而宣言曰：“神来下教我。”并以其手下一卒为神佯师事之。之后，田单又宣言曰：“吾唯惧燕军之劓所得齐卒，置之前行，与我战，即墨败矣。”燕闻之，又尽劓所得齐卒。齐人见齐诸降者尽劓，皆怒，坚守，唯恐见得。田单又纵反间曰：“吾惧燕人掘吾城外冢墓，僇先人，可为寒心。”燕军尽乃掘垄墓，烧死人。齐人从城上望见，“皆涕泣，俱欲出战，怒自十倍”。以上计策，目的均在于对齐“士气”的鼓励。在“知士卒之可用”的状况下，田单于是“身操版插，与士卒分功，妻妾编于行伍之间，尽散饮食飨士。令甲卒皆伏，使老弱女子乘城，遣使约降于燕”。燕军皆呼万岁。“田单又收民金，得千溢，令即墨富豪遗燕将，曰：‘即墨即降，愿无虏掠吾族家妻妾，令安堵。’燕将大喜，许之，燕军由此益懈。”“田单乃收城中得千余牛，为绛缯衣，画以五彩龙文，束兵刃于其角，而灌脂束苇于尾，烧

---

① 胡应麟撰：《少室山房笔丛》，上海书店出版社 2009 年版，第 127 页。

② 司马迁撰，裴骃集解，司马贞索隐，张守节正义：《史记》，中华书局 2006 年版，第 1917 页。

其端。凿城数十穴，夜纵牛，壮士五千人随其后。牛尾热，怒而奔燕军，燕军夜大惊。牛尾炬火光明炫耀，燕军视之皆龙文，所触尽死伤。五千人因衔枚击之，而城中鼓噪从之，老弱皆击铜器为声，声动天地。燕军大骇，败走。”齐七十余城皆复为齐。在功勋卓著的情况下，田单被齐襄王封为“安平君”。兵不厌诈，由此不难看出，《田单列传》对田单立身行事的描写主要是围绕其奇谋、奇划与奇功而展开。这一展开，使得该文在叙事文笔上呈现出“奇”的审美追求。不仅如此，在行文之后，作者又以追叙的手法记叙了太史嬓之女、邑人王蠋的奇节懿行。他们的加入，更增强了该文故事叙述上“奇”的审美效果。对此，清人李景星颇能心领神会，专门指出：

单之为人奇，破燕一节其事奇，太史公又好奇，遇此等奇人奇事，哪能不出奇摹写？前路以傅铁笼事小作渲染，已是奇想；随即接入破燕，而以十分传奇之笔尽力叙之。写田单出奇制胜，妙在全从作用处著手。如“乃纵反间于燕宣言曰”，“田单因宣言曰”，“乃宣言曰”，“单又纵反间曰”，“令即墨富豪遗燕将曰”，节次写来，见单之奇功，纯是以奇谋济之。并非如后人效颦，仅以卤莽从事也。赞语曰：“兵以正合，以奇胜，善之者出奇无穷，奇正还相生，如环之无端。”连用三“奇”字，将通篇之意醒出。“始如处女”四句，亦复奇语惊人。君王后，奇女；王蠋，奇士，不入传中，而附于赞后，若相应若不相应，细绎之，却有神无迹，是真乃奇格也。合观通篇，出奇无穷，的为《史记》奇作。①

事实上，不只《田单列传》，在《史记》中，这一追求几乎通贯全篇。《孙子吴起列传》中，孙武替吴王阖闾训练宫中美女为兵。训练之初，宫中美女以其为嬉，大笑不止，队不成列。对此，孙武不顾吴王拦阻，“斩队长二人以徇”。在威慑下，“妇人左右前后跪起皆中规矩绳墨，无敢出声”。《张仪列传》中，张仪游说诸侯，与楚相饮酒时被怀疑“窃璧”，从而受到了“掠笞数百”的刑讯。归来后，妻子既痛又气，对其进行数落，其却问：“视吾舌尚在不？”其妻笑曰：

---

① 李景星著，韩兆琦、俞樟华校点：《四史评议》，岳麓书社 1986 年版，第 76 页。

“舌在也。”仪曰：“足矣。”诸如此类，或由热而冷，或由张而驰，皆体现出尚“奇”的审美趣味。这样的审美趣味的加入，显然能够增加《史记》的可读性，引起人们阅读《史记》的兴趣。

综上所述，《史记》尚“奇”追求主要表现为四方面。一是出于“神道设教”目的对“奇”的采撷。二是在“交感征应”下的载“奇”。这一载“奇”既对未来事件发展有预示作用，又潜含有教化用心。三是叙事对人物“奇节懿行”的特别彰显。这一彰显，使得《史记》笔下人物构造呈现为奇情异彩的世界，既有利于彰显人物的美，引起读者对其的企慕，又有利于对人物的恶及社会的黑暗进行批判，引起读者的警戒之心。四是在叙事过程中通过色调的冷暖变化、叙事节奏的张弛交替、叙事风格的刚柔互出及叙事场面的特别渲染，创造一种“奇趣”，此“奇趣”的创设，显然有利于吸引读者阅读该书的兴趣。这四个方面相互交织，既实现了该书劝惩的著述目的，丰富了作品的思想内涵，同时又增强了作品对读者的吸引力，使作品呈现出“文”的创造性与灵动性。

（何悦玲，陕西师范大学文学院副教授、文学博士、硕士生导师。）

略论秦腔“史记戏”的文化精神

高益荣　师浩龙

从接受学的角度而言，秦腔史记戏的创作其实是秦腔这一独特艺术形式对文史经典《史记》的接受。在这一接受中，秦腔剧作家不仅仅接受、采用了司马迁在《史记》中提供的故事情节、故事模式、故事主题、人物形象等基本素材，而且，秦腔剧作家也接受了司马迁浸透在《史记》中独特的文化精神。正是因为对《史记》独特的文化精神的接受与再现，才使得《史记》对秦腔剧目的创作具有极大的影响，也使秦腔史记剧对《史记》人物故事的接受和演绎没有浮于表面，而是真正深入到了其灵魂的深处；另一方面，秦腔史记戏的创作是秦腔剧目创作的重要组成部分，属于戏曲文学创作，而文学源于生活，又高于生活，通过提炼与加工，艺术化地反映、表现生活，秦腔史记戏在一定程度上又反映了秦腔诞生地秦地人民的喜怒哀乐和价值观；此外秦腔历来被认为是秦地文化的活化石，具有鲜明的地域文化特色，那么作为秦腔剧目主要组成部分的秦腔史记戏，自然也承载、反映了秦地独特的地域文化。就此而言，秦腔史记戏不仅是秦腔这一独特的艺术形式和文史经典《史记》的结合，而且还是秦地文化精神和《史记》文化精神的融合。具体而言，秦腔史记戏表现出的这种独特文化精神主要为鲜明的悲剧精神、褒贬精神和侠义精神，其中尤以悲剧精神和褒贬精神为主。

一、秦腔史记戏的悲剧精神

司马迁在《史记》中记叙了众多的悲剧人物和悲剧故事，据温小兵统计，在《史记》中“以悲剧人物命名的就有六十多篇，几乎占全书的一半”，而这“半数以上的传记作品描写了一百多位悲剧人物”[①]。可见整部《史记》俨然就是一个悲剧人物和悲剧故事的艺术殿堂，而其悲剧人物主要以王侯将相和英雄人物为主。在对这些悲剧人物和悲剧故事的记叙，司马迁始终贯穿着一种独特的文化精神——悲剧精神。诞生于秦地的秦腔则以追求悲剧英雄主义为其主要的审美特征，是一种以悲剧为主的艺术，而“悲剧艺术的魅力就在于它的悲剧精神”[②]，就此而言，这与《史记》以悲剧人物和悲剧故事为主的艺术追求可谓不谋而合，因此作为《史记》和秦腔“联姻”的结晶——秦腔史记戏在接受《史记》人物故事，对其进行戏剧重构时，也自然地接受了《史记》这一独特的文化精神，使得自身也洋溢着鲜明的悲剧精神，展现出独特的艺术魅力。

何为悲剧精神？对此，学界多有解释。张恒学和余三定在其《悲剧观念和中国文学》中如此解释：“悲剧精神就是悲剧性价值矛盾中主体的反抗精神、进取精神和超越精神。”[③]段江丽在其《论悲剧精神》中解释道：“悲剧精神就是人面对生活中的不幸、苦难和毁灭时所表现出来的抗争意识和超越精神。”[④]美国著名文艺理论家克列根在其《悲剧和悲剧精神》中亦解释道：“悲剧精神是悲剧艺术中显示出来的不屈服于命运、不屈不挠地向命运挑战，勇往直前的大无畏精神。”[⑤]由此可见，尽管中西文艺理论中关于悲剧精神的具体内涵不尽相同，但都不约而同地强调实践主体对自身苦难、不幸及悲惨命运的英勇挑战与不懈抗争，并且这种抗争是奋力的，坚决的，矢志不渝的。因此，可以说坚决的抗争意识和顽强的反抗精神是悲剧精神的核心和灵魂。秦腔史记戏在对《史记》人物故事进行演绎时，便向观众和读者展现了这种以坚决的抗争意识和顽强的反抗精神为核心和灵魂的悲剧精神。

首先，秦腔史记戏中的悲剧精神表现为实践主体对自我悲惨命运和不幸遭遇的反抗。在这类抗争中，实践主体的抗争意识明显，反抗态度坚决，起初大都处于弱势地位，但通过自我的不懈努力和顽强斗争，最终获得胜利，成功改变

---

① 温小兵：《谈〈史记〉的悲剧精神》，《许昌学院学报》2003 年第 1 期。

② 苏育杉：《悲剧艺术的魅力》，《内蒙古教育学院学报》1995 年第 1 期。

③ 张恒学、余三定：《悲剧观念与中国文学》，中国戏剧出版社 2009 年版，第 38 页。

④ 段江丽：《论悲剧精神》，《中国文学研究》1993 年第 3 期。

⑤ 苏育杉：《悲剧艺术的魅力》，《内蒙古教育学院学报》1995 年第 1 期。

自我的命运。当然，并非所有的抗争和反抗都取得成功，也有部分实践主体尽管在做顽强的斗争，但由于敌对势力过于强大，最终在斗争中毁灭，以失败告终。成功也好，失败也罢，其实结果并不重要，重要的是实践主体在面临不幸时的态度。在这类抗争和反抗中，实践主体充分发挥了自我的主观能动性，通过坚决的抗争和顽强的反抗，高扬个体生命意识，极大地展现了自我生命的意义和自我存在的生命价值，也“正是这种抗争本身才使得悲剧具有伟大意义，而英雄气概也正产生于这种对命运的抗争”①之中。在秦腔史记戏中，《出棠邑》和范紫东的《哭秦庭》可谓淋漓尽致地演绎了实践主体伍子胥对自我不幸遭遇和悲惨命运的反抗。诚如英国文艺理论家斯马特所言：“如果苦难落在一个生性懦弱的人头上，他逆来顺受地接受了苦难，那就不是真正的悲剧。只有当他表现出坚毅和斗争的时候，才有真正的悲剧，哪怕表现出的仅仅是片刻的活力、激情和灵感，使他能超越平时的自己。悲剧全在于对灾难的反抗”②，而在这里，如果将两剧连起来，我们便可以清晰地看到，伍员在面对突如其来的不幸和灾难时，他没有选择忍气吞声，逆来顺受，而是选择了抗争和反抗，并且在反抗中付出了惨重的代价——妻子自杀，自己逃离家园，与幼子分别；尽管他付出了如此惨烈的代价，遭受了如此剧烈的痛楚，但他并没有被这些挫折打倒，而是愈加顽强，在与武成黑搏斗时，英勇地将其打下马，并以箭穿其手，同时发出对楚平王的控诉与挑战：“父兄若去世，马踏儿楚国”③，此处表现出的抗争意识是何等的坚决，他是这样说的，也是这样做的。在《哭秦庭》中，复仇则是伍员抗争不幸遭遇、反抗悲惨命运的集中表现，“父兄之仇，不共戴天。……难道将恁大的冤仇白罢了不成？”④即便楚平王已死，费无极被诛，他仍然要找其子复仇；为此，他不惜使楚国再遭兵祸，及至攻破楚国首都，又将楚平王开棺鞭尸，以祭父兄之墓方解其恨，表现出不达目的誓不罢休的抗争毅力；至此，

---

① 苏育杉：《悲剧艺术的魅力》，《内蒙古教育学院学报》1995 年第 1 期。

② 朱光潜：《悲剧心理学》，人民文学出版社 1983 年版，第 206 页。

③《出棠邑》，参见《陕西传统剧目汇编 · 秦腔》（第三十二集），陕西省文化局编印 1982 年版，第 328 页。

④ 范紫东：《哭秦庭》，参见西安曲江新区管理委员会、西安市政协文史资料委员会编的《西安秦腔剧本精编》，西安出版社 2011 年版，第 225 页。

伍员通过自我的顽强反抗和不懈抗争，战胜了灾难，实现了自己的复仇理想，获得了成功。而剧作家通过伍员的反抗，展现给读者和观众的则是一种坚毅、顽强、彻底、不达目的誓不罢休的悲剧精神。

再如《殷桃娘》中的项羽，他是一个失败的英雄。虽然在与刘邦集团的对抗中处于弱势地位，但他始终都在反抗，为守护自我尊严不肯过江东，临死之际仍然发出对刘邦的控诉，不失英雄本色，最终自刎而死，在斗争中毁灭。他用自我的斗争和毁灭向观众和读者表明了自己面对生死时的态度和立场——“当不可能骄傲地活着时，就骄傲地死去”[①]，他毁灭的仅是肉体，虽败犹荣；而他那颗反抗的灵魂和大无畏的精神却永远活在观众和读者心中，虽死犹生，因此在他的身上洋溢着强烈的生命意识，显现着不屈不挠、抗争到底的悲剧精神。

其次，秦腔史记戏中的悲剧精神表现为实践主体敢于牺牲的殉道精神。实践主体为了实现自我心中崇高、伟大的理想目标，敢于和邪恶势力斗争，最终为此献出生命，在斗争中毁灭。在《商君》中，在秦国实行新法是商鞅伟大而崇高的理想，为实现这一理想目标，商鞅不听其母劝告，在忠和孝之间选择了忠，毅然决定在秦国变法。然而，新法的实行损害了以太子嬴驷为主的守旧贵族势力的既得利益，遭到他们的顽固阻挠；但在秦孝公的支持下，商鞅暂时战胜贵族守旧势力，使得变法得以顺利实行；而随着秦孝公驾崩，嬴驷登基，贵族守旧势力得以反扑，变法由顺境转入逆境，商鞅被革职问罪，最后在与守旧势力的斗争中牺牲；牺牲之时他身背法经，表现出以身护法、以身殉法的大无畏精神。他为变法而牺牲，为实现自己心中的伟大理想目标而牺牲，这种牺牲是悲壮的、伟大的，给观众和读者以崇高美的享受。再如《火烧绵山》中的介之推，不愿与狐偃等人同流合污，奉母隐居绵山，即便重耳以放火烧山的手段逼其下山共享富贵，他也绝不屈服、妥协，终被熊熊大火活活烧死。此处，不与奸佞、邀功小人等共立朝堂是介之推心中的伟大理想目标，而他所坚守的正是自我的人格尊严和自我人格的独立，表现出一种遗世独立的高风亮节，这也正是他心中坚守的“道”，而他正是为守此“道”而献出生命。

再次，秦腔史记戏中的悲剧精神还表现为实践主体的自觉献身精神。每当社

---

① 周国平：《尼采：在世纪转折点》，上海人民出版社 1986 年版，第 64 页。

会正义、他人和集体利益受到邪恶势力的挑战和威胁时，充满正义感的实践主体通常敢于忍受苦难，不畏牺牲，与邪恶势力顽强斗争，表现出一种自觉的献身精神，凸显出自我的生命价值。如传统剧目《八义图》、米钟华改编本《八义图》和马健翎改编本《赵氏孤儿》都表现了程婴、公孙杵臼、卜凤等正义之士为保护赵氏遗孤，维护社会正义而赴汤蹈火、顽强斗争的正义行为，尽管他们在斗争中毁灭了，但是他们却在斗争中实现了生命的价值，在他们的身上洋溢着一股舍生取义、自觉献身的浩然正气；而在《易水曲》中，燕国因国力弱小，兵微将寡，无力抵御强秦，致使燕国百姓遭受秦兵欺凌，当此之时，义士荆轲挺身而出，与副使秦舞阳携燕国地图及樊於期之首级入关刺杀秦王，终因刺杀失败而毁灭。在该剧中，荆轲刺杀秦王的行为并非为了个人利益，而是为维护燕国等六国百姓的集体利益："我本想生劫你这暴君，尽还各国的土地，也好与被屠杀的天下人，同消一口怨气"，为此他不畏牺牲，"俺明知匹夫之勇，难成大事，无奈天下危急，不得不冒险一试"①，明知不可为而为之，自觉献身，英勇牺牲。故而荆轲之死悲壮而不哀伤，充满伟大和崇高，展现给观众和读者一种不朽的悲剧精神，令人景仰不已。

总之，秦腔史记戏在演绎《史记》人物故事的同时，也向观众和读者传递了以上独特的悲剧文化精神，表现了实践主体在面临不幸、遭遇悲惨命运、受到邪恶势力威胁和挑战时，临危不惧，顽强斗争的行为，再现了他们坚定的生命意志和坚强的人格力量，歌颂了他们勇于抗争、舍生取义、自觉献身的大无畏英雄气概和崇高精神。秦腔史记戏所蕴含的悲剧精神仅是秦腔悲剧精神的冰山一角，秦地先民和历代观众正是在这样的悲剧精神鼓舞下，不断地锻造着他们不畏强暴、敢爱敢恨、坚韧执着的性格，遇困难而不倒，临危机而愈勇，坚强地与恶劣的自然环境和自然灾害不懈斗争，顽强地抗击着外族的入侵，创造出辉煌灿烂的文明成果，为中华文明的形成和发展做出了巨大的贡献。

---

①《易水曲》，参见西安曲江新区管理委员会、西安市政协文史资料委员会编的《西安秦腔剧本精编》，西安出版社 2011 年版，第 73 页。

二、秦腔史记戏的褒贬精神

司马迁的《史记》以其“善序事理，辨而不华，质而不俚，其文直，其事核，不虚美，不隐恶”①的“实录”精神著称于世，为历代史家和读者所称赞。也正是对这一写史原则的坚持和遵循，使得司马迁在《史记》的撰写过程中，能够辩证地对待历史人物和历史事件，既能正面描写一些历史人物的高尚品德和历史作用，给其以肯定和褒扬，又能不为尊者讳，敢于揭露统治阶级的丑陋行径及社会丑恶现象，给其以尖锐的讽刺与批判，如《高祖本纪》中对刘邦总结自己取得天下原因的描写：

> 高祖曰：“列侯诸将无敢隐朕，皆言其情。吾所以有天下者何？项氏之所以失天下者何？”……高祖曰：“……夫运筹策帷帐之中，决胜于千里之外，吾不如子房。镇国家，抚百姓，给馈饟，不绝粮道，吾不如萧何。连百万之军，战必胜，攻必取，吾不如韩信。此三者，皆人杰也，吾能用之，此吾所以取天下也。项羽有一范增而不能用，此其所以为我擒也。”②

此处司马迁正面描写了刘邦在楚汉相争中取得胜利的主要原因，肯定了刘邦知人善任的领导素养。而在《郦生陆贾列传》中则通过郦食其和骑士的对话从侧面揭露了刘邦对儒士的态度：

> 骑士曰：“沛公不好儒，诸客冠儒冠来者，沛公辄解其冠，溲溺其中。与人言，常大骂。未可以儒生说也。”③

---

① 班固著，颜师古注：《汉书》，中华书局 1962 年版，第 2738 页。

② 司马迁著，裴骃集解，司马贞索隐，张守节正义：《史记》，中华书局 2014 年版，第 479—480 页。

③ 司马迁著，裴骃集解，司马贞索隐，张守节正义：《史记》，中华书局 2014 年版，第 479—480 页。

这段描写，不仅表现出了刘邦对儒士的轻视态度，同时也揭露了刘邦以儒士之冠作为“溺器”羞辱儒士的无赖行径。这样的叙述表面看来似乎只是对这一历史事实的客观表述，但细细揣摩，作者在叙述中通过“不好”“辄”“溲溺”“常”“大骂”等词语的运用，字里行间流露出对刘邦这一无赖行为的不齿，使得其中的贬抑之情不言自明。这一叙述笔法被称之为“春秋笔法”，即史家在撰史过程中寓一字以褒贬。整部《史记》中类似的叙述不胜枚举，限于篇幅，恕此处不再一一列举。而司马迁正是通过对这一撰史方法的使用，使得整部《史记》文本中浸透着另一独特的文化精神——鲜明的褒贬精神。而秦腔剧作家在接受《史记》人物故事的过程中，潜意识自觉地受到这一独特文化精神的熏陶和感染，使得秦腔史记戏中同样饱含着鲜明的褒贬精神，借此反映和表现出秦腔剧作家及秦腔观众鲜明的价值判断和情感诉求。

以儒家思想为主的传统伦理道德是中华传统文化的重要组成部分，为中国古代社会的历代统治者所倡导和推行，在中华文明的形成和发展过程中发挥了重要作用，简而言之，它要求实践主体要做到公忠体国，坚守仁、信、孝、悌、礼、义、廉、耻等基本准则。受此传统文化因素的影响，“我国古代戏曲长于从道德方位观察生活和表现生活，公忠者雕以正貌，奸邪者刻以丑行，以善恶为主要尺度，对人物进行道德评判”①。秦腔剧作家继承了这一传统，以实践主体的行为是否符合传统伦理道德的要求为基本准则，对剧中人物及其行为进行道德评判，从而对符合传统伦理道德要求的人物及行为给予肯定和褒扬，反之，则给予严肃的揭露和批判，使得秦腔史记戏呈现出鲜明的褒贬精神。这样的道德评判、褒贬之情在剧情设置方面通常表现为好人有好报，即他们或受到统治者的嘉奖，或被建祠纪念，而相应的恶人则得到恶报，或因自己的邪恶行为而毁灭，为民众唾弃，或被统治者罢黜并给予严厉的谴责。

如米钟华改编本《八义图》中的权奸屠岸贾是邪恶势力的代表，他陷害忠良赵盾，并杀害赵盾全家，为了找到赵氏孤儿将赵氏一族斩尽杀绝而不惜杀害全国婴儿，手段狠毒且残忍，其行为严重违背了传统伦理道德中公忠体国的基本

① 郑传寅：《中国戏曲文化概论》（修订版），北京大学出版社 2012 年版，第 309—310 页。

要求，在与正义的斗争中，虽然一时处于优势，但终因邪不胜正，后被赵武（即赵氏孤儿）亲手砍杀，得到了应有的惩罚；而剧中的钽麑、提弥明、灵辄、周坚、卜凤、公孙杵臼、惊哥、程婴等八位义士则是正义的化身，为了国家社稷、社会正义，自觉地与权奸屠岸贾做斗争，保护忠良赵盾和赵氏遗孤；为此，他们不畏牺牲，主动赴死，先后在斗争中毁灭。他们的这一正义行为符合传统伦理道德的要求，践行了传统伦理道德中的忠义思想，故而得到统治者建祠祭奠的回报。显然，建祠祭奠不仅是对他们正义行为和舍生取义精神的认可和肯定，更是对这一行为和精神的褒奖；而通过对正义行为的褒奖，则预示着对权奸屠岸贾狠毒与残忍行为的贬抑和批判。又如孙仁玉《义乳母》一剧中，乳母不为翟性的利益所诱，亦不为其威胁所迫，毅然搭救魏公子；翟性虽为魏国大夫，却为了升官发财，向秦军出卖魏公子和乳母，致使二人死于秦军乱箭之下。然而，尽管乳母在斗争毁灭了，但其一心护主的忠义行为却得到了秦将的认可与尊重："这位做乳娘的女子，竟然又如此的义烈……葬埋她的身体，要用大臣的礼仪。寻见她的兄长，要升大夫的爵位"[①]，而卖主求荣的翟性非但没有升官发财，反而被秦军乱箭射死，得到了应有的惩罚。尤其是在剧末，剧作家更是借秦将之口道出了自己及观众的价值判断和道德评判：

秦将（念）男儿暮楚又朝秦，一见黄金便失身。如此忠臣义乳母，而今更向何处寻。[②]

字里行间流露出剧作家对乳母忠义行为的肯定和褒扬之情，以及对翟性为一己之私而朝秦暮楚、卖主求荣的卑劣小人行径的揭露及贬斥之情已跃然纸上，不言自明。

另如范紫东的《哭秦庭》一剧通过描写伍员灭楚、申包胥救楚的故事，同样对二人行为进行伦理道德评判，进而揭露和批判了伍员为报一己之私仇而不顾

① 孙仁玉：《义乳母》，参见西安曲江新区管理委员会、西安市政协文史资料委员会编的《西安秦腔剧本精编》，西安出版社 2011 年版，第 209 页。

② 孙仁玉：《义乳母》，参见西安曲江新区管理委员会、西安市政协文史资料委员会编的《西安秦腔剧本精编》，西安出版社 2011 年版，第 209 页。

楚国生灵的倒行逆施行为，而褒扬申包胥大公无私、一心为国的爱国行为和爱国精神则是该剧的主旨所在，诚如先生在《原序》中所言：

> 一报私仇，一重公义，楚宫之蹂躏，何能与秦庭之痛哭而并论也哉。旧剧于子胥之素马扬涛，则发挥尽致，而于申包胥之丹心爱国，则丝毫不传，余甚病焉。岂痛恨君王之淫虐，遂不顾生灵之涂炭、社稷之沦亡耶？[①]

此外，秦腔史记戏的褒贬精神还表现为对社会丑恶现象的揭露和批判。诚如上文所言，文学源于生活，又高于生活，是对生活的艺术化再现。因此，秦腔史记戏尽管取材于《史记》，但在创作过程中通过巧妙地嵌入一些现实社会因素，在一定程度上反映了当时的社会现实，揭露和批判了当时社会的阴暗面和一些丑恶现象。如范紫东《大孝传・讴歌》一场可谓旧壶盛新酒，通过描写尧子丹朱以金钱雇佣伪国民代表为其伪造民意，意欲与舜争夺帝位的故事情节，委婉地反映和揭露了作者所处时代官场的黑暗和当时所谓选举制度的虚伪、丑恶现实，进而对这一社会现实做了含蓄地批判。而先生之《李广射虎》一剧则通过描写退伍军人李广因一张虎皮遭灞陵尉扣留侮辱的故事，“为退伍军人解嘲”，“为退伍军人吐气”[②]，既表现了作者对一代名将李广不幸遭遇的同情，也揭露和批判了灞陵尉贪婪的丑恶本性和仗势欺人的卑劣行径，同时也反映了当时退伍军人不被尊重的冷酷社会现实。再如孙仁玉的《将相和》一剧则通过描写蔺相如以国家利益为重，主动躲避武将廉颇的挑衅，以避免与之产生矛盾，廉颇得知情由后，主动前往蔺府负荆请罪，承认错误，二人自此冰释前嫌，结为至交，相约共同抵御强秦，保卫赵国，建功立业的故事，一方面歌颂了蔺相如为国家利益不计个人得失的大局意识以及廉颇知错能改的高尚品德；另一方面，该剧又具有极强的现实影射性，“显然是作者看到民国初期陕西军政的不和而写的”[③]，含蓄委婉

---

① 范紫东：《哭秦庭》，参见西安曲江新区管理委员会、西安市政协文史资料委员会编的《西安秦腔剧本精编》，西安出版社 2011 年版，第 203 页。

② 范紫东：《李广射虎・原序》，参见西安曲江新区管理委员会、西安市政协文史资料委员会编的《西安秦腔剧本精编》，西安出版社 2011 年版，第 371 页。

③ 高益荣：《20 世纪秦腔史》，陕西师范大学出版总社 2014 年版，第 57 页。

地揭露了当时陕西军界和政界的当权者为追求个人利益而置国家利益于不顾的自私行为和矛盾现状，并希望通过此剧能够唤起当时军政两界当权者的国家民族利益意识，期望他们能够摒弃个人私利和矛盾，团结一致，共同维护国家民族利益。因此，结合当时的社会现实，先生创作此剧可谓切实做到了古为今用，其中蕴含的褒贬精神更是溢于言表，不言自明。

由以上论述可见，秦腔剧作家在秦腔史记戏的创作过程中，既对剧中人物从伦理道德的角度做了鲜明的道德评判，也对自己所处时代的丑恶社会现实有一定的反映，使得秦腔史记戏蕴含着鲜明而丰富的褒贬精神。尤其是对剧中人物个人行为的道德评判及相应奖惩，一方面发掘、肯定了正面人物人性深处的真善美，揭露、批判了反面人物人性深处的假恶丑；另一方面也迎合了普通观众的审美需求及精神需要，既反映了他们扬善惩恶的情感诉求，也使得他们的这一情感及精神需求得到相应的寄托，充分发挥了我国“古代戏曲作为民间‘道德法庭’”①的重要作用。而这种从伦理道德层面对人性真善美的肯定与褒扬以及对人性假恶丑的揭露和贬抑，更是直接向知识水平较低的世俗观众提供了衡量个人行为的基本标准和尺度，对规范其日常行为，使之形成正确的人生价值观具有十分重要的教育意义。因此，秦腔剧作家在秦腔史记戏创作中融入鲜明的褒贬精神更有利于寓教于乐，充分发挥戏曲“高台教化”的作用。

三、对侠义精神的礼赞

司马迁在《史记》中勇于突破前代史家的拘墟之见，特立《刺客列传》和《游侠列传》与其他篇目并立，以史家之笔记叙刺客、游侠之事，首次肯定了聂政、荆轲等人的侠义行为，使得《史记》蕴含着明显的侠义精神，对后世产生重要影响。具体而言，司马迁蕴含于《史记》中的侠义精神主要表现为“其言必信，其行必果，已诺必诚”②的守信重诺精神和“救人于厄，振人不赡”③的扶危济困精神；而陕西关中地区自古便有豪杰、游侠居住，特别是汉武帝听从

① 郑传寅：《中国戏曲文化概论》（修订版），北京大学出版社 2012 年版，第 321 页。

② 司马迁著，裴骃集解，司马贞索隐，张守节正义：《史记》，中华书局 2014 年版，第 3865 页。

③ 司马迁著，裴骃集解，司马贞索隐，张守节正义：《史记》，中华书局 2014 年版，第 4025 页。

主父偃“茂陵初立，天下豪杰、并兼之家、乱众之民，皆可徙茂陵”的建议，“徙郡国豪杰及訾三百万以上于茂陵”①后，使得关中之民逐渐形成了尚义任侠的风气，且这种风气经久不衰，是以唐代诗人王维有“咸阳游侠多少年”②的描述，而柳芳在其《氏族论》中亦以“雄”③字来概括关中盛行的侠义民风，可见，侠义文化已然成为三秦文化的重要组成部分。就此而言，表现侠义行为亦是三秦文化精神和《史记》文化精神的共通之处，故而作为秦地文化活化石的秦腔在接受《史记》人物故事时，也接受了其中蕴含的侠义精神，反映了关中盛行的侠义民风和世俗观众的审美需求，使得秦腔史记戏也表现出鲜明的侠义精神。如《富贵图》《豫让剁袍》《刺侠累》《荆轲刺秦王》等剧目通过演绎《史记》中专诸刺杀吴王僚、豫让刺杀赵襄子、聂政刺杀侠累、荆轲刺杀秦王等事件直接表现了主人公守信重诺的侠义行为，歌颂了他们遵守承诺、舍生取义的高尚品德；另外，秦腔剧作家也在秦腔史记戏中通过穿插一些虚构情节，主要表现行为主体扶危济困的侠义行为。如在《荆轲刺秦王·救樊》中，秦将樊於期被秦军追杀，高渐离和荆轲得知事情原委后，本着“两国交界，以行仁者之道，老丈若有急事，我们可以送你一程”④的侠者之心渡其过河，以躲开秦军追杀，展现了二人疾恶如仇、路见不平，拔刀相助的侠义行为；再如《和氏璧》，剧作家则通过描写冯妇与冯巧云这一对普通母女为救张仪之妻逃离楚国的险境，冯巧云主动扮作张妻代替其亲入楚国丞相府受审，冯妇则带领张妻逃出楚国的故事，塑造了冯妇和冯巧云英勇仗义、肯于助人的形象，歌颂了她们扶危济困、舍己为人的美好品德，向观众和读者展现了普通人民身上所具有的侠义之风。而这样的剧情设置不仅是对秦腔观众和读者情感愿望的反映，同时也是对秦腔诞生

---

① 司马光著，胡三省音注：《资治通鉴》，中华书局1956年版，第605页。

② 王维著，陈铁民校注：《王维集校注》，中华书局1997年版，第33页。

③ 柳芳《氏族论》：“山东之人质，故尚婚娅，其信可与也；江左之人文，故尚人物，其智可与也；关中之人雄，故尚冠冕，其达可与也。”参见欧阳修、宋祁等著的《新唐书》，中华书局1975年版，第5679页。

④ 王军武：《荆轲刺秦王》，参见西安曲江新区管理委员会、西安市政协文史资料委员会编的《西安秦腔剧本精编》，西安出版社2011年版，第299页。

地陕西关中盛行的尚义任侠之风和侠义文化精神的反映与再现。

综上所述，秦腔史记戏蕴含着鲜明的悲剧精神、褒贬精神和侠义精神，这不仅是秦腔剧作家对《史记》独特文化精神的接受与再现，同时也是《史记》文化与三秦文化的融合与共通之处，通俗易懂地反映和再现了《史记》及三秦文化的独特精神。诚如葛兆光所言：“文学需要深厚的文化内涵和深沉的人文精神，没有这内涵和精神只能流于一般的情感宣泄和浅薄的心灵安慰”①，秦腔史记戏带给观众和读者的不仅仅是通俗易懂的文学化、戏曲化的《史记》历史人物故事，而且还有其中所蕴含的独特而鲜明的“文化内涵”和“人文精神”：其悲剧精神给观众和读者以顽强抗争、奋斗不息的博大力量，催人奋进；其褒贬精神犹如一面镜子，令观众和读者反思自我，规范自我行为及价值观；其侠义精神则鼓励观众和读者守信重诺，助人为乐；因此，正是因为秦腔史记戏蕴含的这一独特的文化精神，才使得秦腔对《史记》人物故事的接受和演绎没有“流于一般的情感宣泄和浅薄的心灵安慰”，而是给观众和读者以真诚的情感体验和独特的心灵抚慰。

附　录

秦腔史记戏统计表

序号	剧目名称	作者	本事来源	故事内容	备注
1	进妲己		《殷本纪》	演妲己迷惑纣王事	
2	炮烙柱		《殷本纪》	演纣王残害忠良事	
3	比干剜心		《殷本纪》	演妲己害比干事	
4	伐崇城		《周本纪》	演周文王伐崇城事	
5	周公征东		《周本纪》	演周公平武庚事	

①葛兆光：《唐诗过后是宋词》，《读书》1994 年第 12 期。

续表

序号	剧目名称	作者	本事来源	故事内容	备注
6	进褒姒		《周本纪》	演周幽王宠褒姒事	
7	如意钩		《周本纪》	演良才退犬戎事	
8	牛脾山		《郑世家》	演郑庄公黄泉迎母事	
9	进骊姬		《秦本纪》 《晋世家》	演晋献公宠骊姬， 重耳逃国事	
10	伐鲁国		《鲁周公世家》	演高傒伐鲁国事	
11	百里奚拜相		《秦本纪》	演百里奚事	
12	铁兽图		《秦本纪》	演百里奚事	
13	韩元山		《秦本纪》	演秦晋借粮事	
14	火烧绵山		《晋世家》	演介子推事	
15	崤山战		《秦本纪》 《郑世家》	演秦晋崤山之战事	
16	八义图		《赵世家》	演赵氏孤儿事	
17	出棠邑		《伍子胥列传》	演伍子胥逃国事	
18	浣纱女		《伍子胥列传》	演伍子胥逃国事	
19	破樊城		《伍子胥列传》	演伍子胥事	
20	过沙江		《孔子世家》	演孙武子救孔子事	
21	点女兵		《孙子吴起列传》 《伍子胥列传》	演孙武练兵、 伍员伐楚事	
22	富贵图		《刺客列传》	演专诸刺僚事	
23	进西施		《越王勾践世家》	演吴王宠西施杀伍员事	
24	豫让剁袍		《刺客列传》	演豫让刺杀赵襄子事	
25	吴起哭头		《孙子吴起列传》	演吴起哭父头事	
26	刺侠累		《刺客列传》	演聂政刺杀侠累事	
27	碧天院		《孙子吴起列传》	演孙膑庞涓斗智事	

续表

序号	剧目名称	作者	本事来源	故事内容	备注
28	马陵道		《孙子吴起列传》	演孙膑庞涓斗智事	
29	苏秦拜相		《苏秦列传》	演苏秦发迹事	
30	和氏璧		《苏秦列传》 《张仪列传》	演苏秦张仪事	
31	完璧归赵		《廉颇蔺相如列传》	演蔺相如完璧归赵事	
32	荆轲刺秦王	王军武	《刺客列传》	演荆轲刺秦事	
33	范雎相秦	冯杰三	《范雎蔡泽列传》	演范雎拜相事	改编本
34	黄金台		《燕召公世家》 《田敬仲完世家》	演乐毅伐齐事	
35	大郑宫		《秦始皇本纪》	演秦始皇搜宫事	
36	六义图		《秦始皇本纪》	演赵高陷害忠良事	
37	张良刺秦		《留侯世家》	演张良刺杀始皇事	
38	圯桥授书		《留侯世家》	演张良受书事	
39	九战章邯		《项羽本纪》	演项羽章邯事	
40	萧何月下 追韩信		《萧相国世家》 《淮阴侯列传》	演萧何推荐韩信 为将事	
41	困荥阳		《高祖本纪》	演项羽困刘邦事	
42	鸿门宴		《项羽本纪》	演项羽欲杀刘邦事	
43	王陵归汉		《淮阴侯列传》	演王陵不降项羽事	
44	铁车阵		《淮阴侯列传》	演韩信用兵事	
45	乌江战		《项羽本纪》	演韩信乌江围困项羽事	
46	太平宴		《高祖本纪》	演刘邦宴饮群臣事	
47	未央宫	陈显远	《吕太后本纪》 《淮阴侯列传》	演吕后设计杀韩信事	改编本
48	淮河营		《吕太后本纪》	演淮南王刘禅杀除诸吕事	

续表

序号	剧目名称	作者	本事来源	故事内容	备注
49	油鼎封侯		《淮阴侯列传》	演刘邦赦蒯辙事	
50	石佛寺		《吕太后本纪》	演吕后乱朝事	
51	陈平保国		《陈丞相世家》	演吕后篡位事	
52	玉梅绦		《卫将军骠骑列传》	演霍去病事	
53	商汤革命	孙仁玉	《殷本纪》	演商汤伐夏桀事	
54	武王革命	孙仁玉	《周本纪》	演武王伐纣事	
55	管鲍分金	孙仁玉	《管晏列传》	演管鲍分金事	
56	醉遣重耳	孙仁玉	《晋世家》	演重耳事	
57	将相和	孙仁玉	《廉颇蔺相如列传》	演廉颇负荆请罪事	
58	弹铗记	孙仁玉	《孟尝君列传》	演冯谖客孟尝君事	
59	火牛阵	孙仁玉	《田敬仲完世家》 《田单列传》	演田单以火牛阵退兵事	
60	义乳母	孙仁玉	《魏世家》	演乳母救魏公子事	
61	大孝传	范紫东	《五帝本纪》	演大舜行孝事	
62	秦襄公	范紫东	《秦本纪》	演秦襄公拒犬戎事	
63	哭秦庭	范紫东	《伍子胥列传》	演申包胥救、复楚事	
64	盗虎符	范紫东	《魏公子列传》	演信陵君窃符救赵事	
65	姜后脱珥	范紫东	《周本纪》	演姜后辅佐宣王事	
66	琴箭飞声	范紫东	《司马相如列传》	演司马相如、卓文君事	
67	晋文公	范紫东	《晋世家》	演晋文公事	
68	李广射虎	范紫东	《李将军列传》	演李广事	
69	约法三章	韩绾青	《高祖本纪》	演刘邦约法三章事	
70	殷桃娘	吕南仲	《项羽本纪》	演项羽韩信事	米钟华、王蔼民改编本

续表

序号	剧目名称	作者	本事来源	故事内容	备注
71	黄帝开国图	王伯明	《五帝本纪》	演黄帝战蚩尤事	
72	卧薪尝胆	王廷飏编剧 李逸僧改编 王绍猷整理	《越王勾践世家》	演勾践卧薪尝胆复国事	
73	汨罗江	薛寿山	《屈原贾生列传》	演屈原爱国事	
74	优孟衣冠	李约祉	《滑稽列传》	演优孟事	
75	汉宫案	陈穉延	《吕太后本纪》	演吕后篡位专权事	
76	霍去病		《卫将军骠骑列传》	演霍去病击匈奴事	未著录
77	卓文君	王保易	《司马相如列传》	演司马相如、卓文君事	未著录
78	商君	孔祥祯	《商君列传》	演商鞅变法事	未著录
79	屈原	袁光、姜炳泰	《屈原贾生列传》	演屈原爱国事	改编本
80	文君当垆		《司马相如列传》	演司马相如、卓文君事	未著录
81	齐桓公之死		《齐太公世家》	演齐桓公被杀事	未著录
82	汨罗江	王伯明	《屈原贾生列传》	演屈原爱国忠谏事	未著录
83	赵氏孤儿	马健翎	《赵世家》	演赵氏孤儿事	改编本
84	苏秦激友		《张仪列传》	演苏秦激励张仪事	苏育民 演唱本
85	八义图	米钟华	《赵世家》	演赵氏孤儿事	改编本
86	易水曲		《刺客列传》	演荆轲刺秦事	未著录

（高益荣，陕西师范大学文学院教授、博士生导师；师浩龙，陕西师范大学文学院在读研究生。）

《史记》影响研究

中国古典诗歌艺术的集大成者，杜甫不仅在创作技巧、风格上集诸家之长，而且博学约取，对前代文学遗产进行了全面的借鉴。

杜诗中的《史记》与其诗史的相关性①

李小成

作为中国古典诗歌艺术的集大成者，杜甫不仅在创作技巧、风格上集诸家之长，而且博学约取，对前代文学遗产进行了全面的借鉴。研读清人仇兆鳌的《杜诗详注》，可以发现杜诗中引用、化用的经典很多，如《诗》《书》《礼记》《易》《史记》《左传》《论语》《庄子》《汉书》《后汉书》等等，而这也正是杜诗“无一字无来处”的根因。同时，杜诗又以其独特的艺术魅力而被誉为“诗史”，这些因素，不能不让人思考到一个问题，那就是杜诗和《史记》是否存在某种联系。

一、杜诗对《史记》的显性征引

杜诗对于《史记》的征引情况，文中主要依据清人仇兆鳌《杜诗详注》进行具体统计和分析，囿于笔者的学识和能力所限，所提到的征引数据皆是来源于明引。就《杜诗详注》所做的不完全统计：杜诗约征引《史记》81 篇，涉及本纪、世家、列传、书，征引总数 423 条。

杜诗引用《史记》情况统计

类属	引用篇名	引用次数	引用篇名	引用次数	总计
本纪	《五帝本纪》	8	《夏本纪》	3	11 篇 94 次
	《殷本纪》	1	《周本纪》	9	
	《秦本纪》	11	《秦始皇本纪》	12	

①本文以《杜诗引〈史记〉与诗史的相关性》为题发表于《唐都学刊》2021 年第 5 期。

续表

类属	引用篇名	引用次数	引用篇名	引用次数	总计
本纪	《项羽本纪》	34	《高祖本纪》	9	11篇 94次
	《吕太后本纪》	2	《孝文本纪》	2	
	《孝武本纪》	3			
表					0篇
书	《礼书》	2	《律书》	1	6篇 29次
	《历书》	2	《天官书》	15	
	《封禅书》	4	《平准书》	5	
世家	《吴太伯世家》	2	《齐太公世家》	3	15篇 53次
	《宋微子世家》	2	《晋世家》	1	
	《楚世家》	2	《越王勾践世家》	3	
	《郑世家》	1	《魏世家》	1	
	《田敬仲完世家》	1	《孔子世家》	12	
	《陈涉世家》	2	《外戚世家》	1	
	《萧相国世家》	4	《留侯世家》	15	
	《陈丞相世家》	3			
列传	《伯夷列传》	4	《管晏列传》	4	49篇 247次
	《老子韩非列传》	6	《司马穰苴列传》	2	
	《孙子吴起列传》	2	《伍子胥列传》	1	
	《仲尼弟子列传》	1	《商君列传》	2	
	《苏秦列传》	8	《张仪列传》	10	
	《樗里子甘茂列传》	5	《白起王翦列传》	3	
	《孟子荀卿列传》	4	《平原君虞卿列传》	10	
	《魏公子列传》	2	《春申君列传》	1	
	《范雎蔡泽列传》	15	《乐毅列传》	1	
	《廉颇蔺相如列传》	10	《鲁仲连邹阳列传》	4	

续表

类属	引用篇名	引用次数	引用篇名	引用次数	总计
列传	《屈原贾生列传》	1	《刺客列传》	8	49 篇 247 次
	《李斯列传》	13	《蒙恬列传》	1	
	《张耳陈馀列传》	6	《魏豹彭越列传》	1	
	《黥布列传》	3	《淮阴侯列传》	19	
	《田儋列传》	1	《樊郦滕灌列传》	2	
	《郦生陆贾列传》	8	《刘敬叔孙通列传》	4	
	《季布栾布列传》	6	《袁盎晁错列传》	1	
	《扁鹊仓公列传》	1	《李将军列传》	7	
	《匈奴列传》	9	《卫将军骠骑列传》	1	
	《平津侯主父列传》	2	《东越列传》	1	
	《司马相如列传》	12	《循吏列传》	1	
	《酷吏列传》	2	《大宛列传》	2	
	《滑稽列传》	13	《日者列传》	1	
	《龟策列传》	4	《货殖列传》	16	
	《太史公自序》	6			
总计	81 篇 423 次				

杜诗对《史记》的显性征引是指杜甫在其诗歌创作中引用、化用《史记》的字、词、句以及事件的征引方式，是最明显、最直观的征引手段。其下又可细分为语典引用和事典引用，其中语典引用较多，约占总数的 80%，事典较少，只有 80 条，约占总数的 20%。

（一）语典引用

语典引用是指杜诗中引用《史记》原文中的短句、字词或人物语录，将其作为诗句的一部分。根据语典引用的情况来看，又可分为两种方式：未做更改的直接引用和通过艺术再加工的间接引用。

1. 直接引用《史记》原文中的短句、字词：

（1）直接引用原文中的短句

《遣兴三首》（其三）："丈夫贵壮健，惨戚非朱颜。"[①]"贵壮健"引自《史记·匈奴列传》："壮者食肥美，老者食其余。贵壮健，贱老弱。"[②]

《送韦讽上阆州录事参军》："韦生富春秋，洞澈有清识。""富春秋"引自《史记·李斯列传》："且陛下富于春秋，未必尽通诸事，今坐朝廷，谴举有不当者，则见短于大臣，非所以示神明于天下也。"

《别唐十五诫因寄礼部贾侍郎》："南宫吾故人，白马金盘陀。""吾故人"引自《史记·项羽本纪》："若非吾故人乎？"

《秋日荆南送石首薛明府辞满告别奉寄薛尚书颂德叙怀斐然之作三十韵》："努力输肝胆，休烦独起予。"引自《史记·淮阴侯列传》：蒯通曰："臣愿披腹心、输肝胆。"

这种情况在杜诗中的引用较少，这是因为二者体裁不同，对于语言的凝练程度的要求不同所造成的。诗歌比起史传文学来说需要词句的高度凝练，还要符合声律对仗等要求，所以不加改变、直引短句的情况较为少见。

（2）直接引用原文中的字、词

《空囊》："囊空恐羞涩，留得一钱看。""囊"引自《史记·平原君虞卿列传》："譬若锥之处囊中"。

《遭田父泥饮美严中丞》："高声索果栗，欲起时被肘。""肘"引自《史记·魏世家》："魏桓子肘韩康子于车上"。

《赠秘书监江夏李公邕》："宗儒俎豆事，故吏去思计。""宗"引自《史记·孔子世家》："孔子布衣，传十余世，学者宗之"。

《题张氏隐居二首》："不贪夜识金银气，远害朝看麋鹿游。""麋鹿"引自《史记·李斯列传》："麋鹿游于朝"。

《李监宅二首》（其二）："盐车虽绊骥，名是汉庭来。""汉庭"引自《史记·樊郦滕灌列传》："垂名汉廷"。

---

① 仇兆鳌：《杜诗详注》，中华书局 1979 年版。文后所引，均为此版本，兹不赘述。

② 司马迁：《史记》，中华书局 1982 年版，第 2879 页。文后所引《史记》，均为此版本，兹不赘述。

《赠翰林张四学士垍》：“傥忆山阳会，悲歌在一听。”“悲歌”引自《史记·项羽本纪》：“悲歌忼慨”。

《桥陵诗三十韵因呈县内诸官》：“流寓理岂惬，穷愁醉未醒。”“穷愁”引自《史记·平原君虞卿列传》：“虞卿非穷愁，亦不能著书以自见于后世云。”

《后出塞五首》（其四）：“献凯日继踵，两番静无虞。”“继踵”引自《史记·范雎蔡泽列传》：“继踵取卿相”。

除了以上所举的例子，杜诗还征引的词还有“豪俊”“羽翼”“环佩”“骸骨”“青云”“鸣镝”“烽火”“间谍”“疮痍”“义士”“高义”“辟易”“脱身”“无敌”“无双”“非常”“纷纷”“攘攘”等等。此种引用情况在杜诗引用《史记》中最为常见，引用次数最多。其中又以名词的征引数量为最多。

（3）直接引用原文中人物的语录

《江陵望幸》：“雄都元壮丽，望幸欻威神。”“壮丽”引自《史记·高祖本纪》：萧何曰：“且夫天子四海为家，非壮丽无以重威。”

《冬日洛城北谒玄元皇帝庙》：“守祧严具礼，掌节镇非常。”“具礼”引自《史记·淮阴侯列传》：萧何曰：王欲拜大将，……“具礼，乃可耳”。

《送率府程录事还乡》：“千载得鲍叔，末契有所及。”“鲍叔”引自《史记·管晏列传》：管仲曰：“生我者父母，知我者鲍子也。”

《赤谷》：“天寒霜雪繁，游子有所之。”“有所之”引自《史记·滑稽列传》：优孟谓孙叔敖曰：“若无远有所之。”

《后出塞五首》（其五）：“将骄益愁思，身贵不足论。”“将骄”引自《史记·项羽本纪》：宋义曰：“战胜而将骄卒惰者败。”

2. 间接引用是指在征引《史记》时，作者对原文做出创造性改变后再使用的引用方式，具体表现为改换字简括和增字减字，例如：

（1）改换字简括

《题张氏隐居二首》：“不贪夜识金银气，远害朝看麋鹿游。”引自《史记·天官书》：“败军场，破国之虚，下有积钱，金宝之上，皆有气，不可不察。”

《高都护骢马行》：“此马临阵久无敌，与人一心成大功。”引自《史记·项羽本纪》项王谓亭长曰：“吾骑此马五岁，所当无敌。”

《贫交行》：“翻手作云覆手雨，纷纷轻薄何须数。”引自《史记·郦生陆贾列传》：陆贾说尉陀曰："越杀王降汉，如反覆手耳。"

《谒先主庙》："应天才不小，得士契无邻。"引自《史记·刺客列传》："严仲子亦可谓知人能得士矣！"

《秋日荆南述怀三十韵》："星霜玄鸟变，身世白驹催。"引自《史记·留侯世家》："人生一世间，如白驹过隙。"

（2）增字减字

《兵车行》："边庭流血成海水，武皇开边意未已。"引自《史记·范雎蔡泽列传》："流血成川。"

《西阁二首》（其二）："诗尽人间兴，兼须入海求。"引自《史记·封禅书》："宋无忌，正伯侨、充尚、羡门高最后，皆燕人，为方仙道形解销化，……自威、宣、燕昭使人入海，求蓬莱、方丈、瀛洲。"

《小至》："刺绣五纹添弱线，吹葭六琯动浮灰。"引自《史记·货殖列传》："刺绣文不如倚市门。"

《郑典设自施州归》："敕厨倍常羞，杯盘颇狼藉。"引自《史记·滑稽列传》："履舄交错，杯盘狼藉。"

由上可知，杜诗引用《史记》的方式主要为直接引用和间接引用两种。直接引用中又以引用原字、词较多，这是因为字词的凝练程度较高，更适宜用于诗句而毫不显生硬，也更易于遣词造句，在押韵对仗方面也更为灵活。间接引用也较多，这是由于杜诗与《史记》存在文本差异而产生的结果，杜诗是诗歌文本，《史记》是散文文本，诗歌要求语言凝练，情感丰富，因此散文式的语言要经过概括和提炼才能够用于诗句之中。

（二）事典引用

事典引用是指杜诗经过艺术化的凝练把《史记》原文中记述的事件或典故用于诗句中，也就是用典的手法。此种引用情况占全部引用的20%，举例如下：

《贫交行》："君不见管鲍贫时交，此道今人弃如土。"引自《史记·管晏列传》："管仲夷吾者，颍上人也，少时常与鲍叔牙游。鲍叔知其贤。管仲贫困，常欺鲍叔，鲍叔终善遇之，不以为言。已而，鲍叔事齐公子小白，……遂进管仲。管仲既用任政于齐，齐桓公以霸。……仲曰：'生我者父母，知我者鲍子也。'"

《收京三首》（其一）："暂屈汾阳驾，聊飞燕将书。"引自《史记·鲁仲连邹阳列传》："燕将攻下聊城，聊城人或谗之燕，燕将惧诛，因保守聊城，不敢归。齐田单攻聊城，岁余士卒多死而聊城不下。鲁连乃为书约之矢，以射城中，遗燕将。"

《琴台》："茂陵多病后，尚爱卓文君。"引自《史记·司马相如列传》："司马相如者，蜀郡成都人也，字长卿，……以赀为郎，……因病免，……而家贫。……时卓王孙有女文君新寡，好音，相如缪与令相重，而以琴心挑之。……文君夜亡奔相如，……与俱之临邛。尽卖其车骑，买一酒舍酤酒，而令文君当垆，相如自涤于市中。又曰：相如常有消渴病，既病免，家居茂陵。"

《南极》："乱离多醉尉，愁杀李将军。"引自《史记·李将军列传》："广家与故颍阴侯孙屏野居蓝田南山中射猎。尝夜从一骑出，从人田间饮。还至霸陵亭，霸陵尉醉，呵止广。广骑曰：'故李将军。'尉曰：'今将军尚不得夜行，何乃故也！'止广宿亭下。"

《暮春题瀼西新赁草屋五首》（其二）："此邦千树橘，不见比封君。"引自《史记·货殖列传》："封者食租税，岁率户二百。千户之君二十万，……蜀汉江陵千树橘，……其人皆与千户侯等。"

《别张十三建封》："载感贾生恸，复闻乐毅书。"出自《史记·乐毅列传》："乐毅之降赵，燕惠王遗毅书，且谢之，毅亦作书报焉。夏侯湛见其书，以为知己合道，以礼终始。"

《暮秋枉裴道州手札率尔遣兴寄递呈苏涣侍御》："齿落未是无心人，舌存耻作穷途哭。"出自《史记·张仪列传》："张仪，谓其妻曰：'视吾舌尚在不？'其妻笑曰：'舌在也。'仪曰：'足矣。'"

《聂耒阳以仆阻水书致酒肉疗饥荒江诗得代怀兴尽本韵至县呈聂令陆路去方田驿四十里舟行一日时属江涨泊于方田》："耒阳驰尺素，见访荒江眇。义士烈女家，风流吾贤绍。"引自《史记·刺客列传》："聂政杀韩相侠累而自死，其姊罃伏尸哭极哀，死政之傍。晋楚齐魏闻之，皆曰'非独政能也，乃其姊亦烈女也。'"诗中还有"人非西喻蜀，兴在北坑赵。"引自《史记·白起王翦列传》："秦白起破赵，坑其降卒四十万人。"

事典引用虽不多，但无一不精巧，在天才杜甫的创作下，那些存于史书的历史画面仿佛重新鲜活起来了；那些平淡的叙述因被注入了丰沛的情感而变得更加深沉感人；那些掩于岁月流沙的历史人物们也经由杜甫的发掘而绽放出永恒迷人的光彩。同时，事典引用也使得杜诗浸染上了史学的气息，使得诗中有史，这就很大程度地增强了杜诗的史诗性，我认为，这一点也是杜诗被誉为“诗史”的原因之一。

二、杜诗对《史记》的隐性征引

杜诗所具有的史诗性质不仅仅表现在对于《史记》的显性征引上，还隐藏在对《史记》的隐性征引上，虽然不像显性征引那样明确具体，但也并非无迹可寻，以下将从杜甫用诗歌写史传的尝试、部分具有自传性质的杜诗受到《史记》的影响，以及杜诗从《左传》《史记》中继承而来的对话叙事手法这三个方面来进行分析与论述。

（一）杜甫用诗歌写史传的尝试

杜甫生于书香世家，自小便博览群书，熟读经史，从他大量征引《史记》的情况来看，想必他对于司马迁的《史记》一定是非常喜欢且重视的。甚至他有意识地尝试用诗歌来写史传，比如《八哀诗》。

《八哀诗》是一组以叙述人物为主的五古诗，全诗共486句2400多字，描述了王思礼、李光弼、严武、李琎、李邕、苏源明、郑虔、张九龄八人的生平遭际和精神风貌，且八人都与杜甫有过往来，他们又都先于杜甫逝世，因此诗中还兼带作者对他们的怀念哀悼之情，《八哀诗》实可以看成是杜甫用五古诗为他们而作的人物小传了。《赠司空王公思礼》再现了王思礼的一生；《故司徒李公光弼》则截取了李光弼后半生的生活；《赠左仆射郑国公严公武》写了严武短暂的一生；《赠太子太师汝阳郡王琎》塑造了一个知礼忠勤、气宇轩昂的汝阳郡王的形象；《赠秘书监江夏李公邕》写了才士李邕怀才不遇的人生际遇；《故秘书少监武功苏公源明》写苏源明幼时艰难奋进及年老时死于饥荒的一生；《故著作郎贬台州司户荥阳郑公虔》刻画了郑虔的鲜明性格及一生履历；《故右仆射相国张公九龄》记述了张九龄的履历和诗才。以《赠司空王公思礼》为例，来做具体分析："司空出东夷，童稚刷劲翮。追随燕蓟儿，颖锐物不隔。服事哥舒翰，意无流沙碛。未甚拔行间，犬戎大充斥。短小精悍姿，屹然强寇敌。贯穿百万众，出入由咫尺。马鞍悬将首，甲外控鸣镝。洗剑青海水，刻铭天山石。九曲非外蕃，其王传深壁。飞兔不近驾，鸷鸟资远击。晓达兵家流，饱闻春秋癖。胸襟日沉静，肃肃自有适。潼关初溃散，万乘犹辟易。偏裨无所施，元帅见手格。太子入朔方，至尊狩梁益。胡马缠伊洛，中原气甚逆。肃宗登宝位，塞望势敦迫。公时徒步至，请罪将厚责。际会清河公，间道传玉册。天王拜跪毕，谠议果冰释。翠华卷飞雪，熊虎亘阡陌。屯兵凤凰山，帐殿泾渭辟。金城贼咽喉，诏镇雄所搤。禁暴清无双，爽气春淅沥。巷有从公歌，野多青青麦。及夫哭庙后，复领太原役。恐惧禄位高，怅望王土窄。不得见清时，呜呼就窀穸。永系五湖舟，悲甚田横客。千秋汾晋间，事与云水白。昔观文苑传，岂述廉蔺绩。嗟嗟邓大夫，士卒终倒戟。"

"司空出东夷，童稚刷劲翮"说王思礼出身于高丽，童年时代就与众不同。"追随燕蓟儿，颖锐物不隔"少年时期就跟随父亲在朔方军中锻炼，且才能出众。"服事哥舒翰，意无流沙碛"后又在哥舒翰手下效命。"未甚拔行间，犬戎大充斥"是说虽然王思礼才能出众，但在军中声名还未显，而且吐蕃正在侵扰边境。"短小精悍姿，屹然强寇敌。贯穿百万众，出入由咫尺"描绘王思礼英勇善战的形象，是吐蕃的劲敌。"马鞍悬将首，甲外控鸣镝。洗剑青海水，刻铭天山石"言王思礼所建战功，深入到吐蕃腹地战胜之。"九曲非外蕃，其王传深壁"指收复九曲之地，此亦为王思礼之功。"飞兔不近驾，鸷鸟资远击"意为神马不被用来驾车，猛禽应用于远处伏击，比喻王思礼的才能并非寻常，完全可堪大用。"晓达兵家流，饱闻春秋癖。胸襟日沉静，肃肃自有适"谓王思礼通晓兵法，博览群书，气度不凡。"潼关初溃散，万乘犹辟易。偏裨无所施，元帅见手格"是说潼关被安禄山攻破时，哥舒翰为万乘之师犹辟易不敌，以致溃败，英勇如王思礼也无计可施，元帅哥舒翰也被贼寇所擒。"太子入朔方，至尊狩梁益。胡马缠伊洛，中原气甚逆。肃宗登宝位，塞望势敦迫"六句讲潼关战败后朝廷内部的权力归属变化以及叛军的情况。玄宗逃难至蜀，叛军攻入后，烧杀抢掠、诛杀皇室宗亲，肃宗在此种形式下在灵武称帝。"公时徒步至，请罪将厚责。际会清河公，间道传玉册。天王拜跪毕，谠议果冰释"写肃宗即位，王思礼奔赴肃宗，却遭严责，险些丧命，幸好房琯为他说情才得以活命。"翠华卷飞雪……野多青青麦"叙写王思礼守武功至两京收复之事。"及夫哭庙后……事与云水白"叙王思礼立功太原及抱憾而终。王思礼官至司空，但不甚看重高官厚禄，一直心怀国家大事，盼望平叛大业的早日完成，不承想却抱憾而终了，但对于他的功绩，人们是不会忘记的。"昔观文苑传，岂述廉蔺绩。嗟嗟邓大夫，士卒终倒戟"是对王思礼的赞叹，以廉颇蔺相如正衬，以邓景山反衬王思礼，表达对王思礼的赞美之情。

本诗共 64 句，采用顺序笔法完整地叙述了王思礼的一生，中间还穿插多处史实，相关历史事件都能在《旧唐书》与《新唐书》等史书中找到相应的记载，其余几首也是如此。由此可见，杜甫的《八哀诗》实是学习司马迁写人物传记的成果，这是杜甫在《史记》的熏陶下对史家笔法的自觉吸收和大胆尝试，并且这种尝试在今天看来无疑是成功的。虽然也有人诟病《八哀诗》为追求史传效果而存在"累句""失轻重之体"等误区；且诗作庄严典雅，于是难懂；为了叙事的完整性，有些地方甚至略显生硬，于诗歌本身的艺术成就而言就显得不够高了。虽说如此，《八哀诗》仍是杜甫学习《史记》的伟大尝试，这一点也可证明杜诗对《史记》的征引和学习对成就杜诗史诗性质有着重要意义的。

（二）部分具有自传性质的杜诗受到《史记》的影响

研读杜诗不难发现，杜甫的某些诗是带有自传性质的。如《壮游》《昔游》《北征》《自京赴奉先咏怀五百字》等。而通过与《史记·太史公自序》的比较分析，可以发现二者是有相通之处的。先看《太史公自序》：它叙述了作者司马迁的生平家世，叙述了自己写作《史记》的时代条件、个人动机和受刑后忍辱著书的毅力，介绍了《史记》其书的规模体例，以及其中各篇的基本内容。根据其内容，我们可以把它看成是司马迁个人的自传，需要说明的一点是：班固的《汉书·司马迁传》就是将《太史公自序》与《报任安书》二者合并而成的。再看杜诗《壮游》：杜甫客居夔州时写的，是他出蜀前对自己生活经历的一次回忆和总结，"七龄思即壮，开口咏凤凰。九龄书大字，有作成一囊。性豪业嗜酒，嫉恶怀刚肠。脱略小时辈，结交皆老苍"回忆幼时生活，一个小神童就跃然纸上了，七岁就能作诗，九岁就书写大字了，性格是疾恶如仇，而且早熟，小小年纪就喜欢和有学识的大人们结交而不喜与同龄人嬉闹。再后面，他收拾起行囊，开始了壮游，去饱览祖国的大好河山，去结交有识之士，去拜访亲朋好友。

“东下姑苏台，已具浮海航……剡溪蕴秀异，欲罢不能忘”叙吴越之游，其间还描绘了吴门古迹、越中胜境，甚至还有吴越奇闻传说。“归帆拂天姥，中岁贡旧乡……忤下考功第，独辞京尹堂。放荡齐赵间，裘马颇清狂。……苏侯据鞍喜，忽如携葛强”写齐赵之游、赴京赶考、肆意漫游。“快意八九年，西归到咸阳。……曳裾置醴地，奏赋入明光。天子废食召，群公会轩裳。脱身无所爱，痛饮信行藏。……举隅见烦费，引古惜兴亡”接着写了长安之游，献赋皇帝，待诏集贤院，会面天子群公，眼看可以入仕了，却偏偏遭遇佞臣把持朝政、祸乱朝纲，他只好“脱身”叹兴亡了。“河朔风尘起，岷山行幸长。两宫各警跸，万里遥相望……备员窃补衮，忧愤心飞扬……廷争守御床。君辱敢爱死，赫怒幸无伤……哭庙灰烬中，鼻酸朝未央”写安史之乱起，明皇幸蜀，两宫相望，玄肃父子异地，作者亦奔赴凤翔，扈从回京，后肃宗亲征，公千里追随，又自述拾遗始末及公疏救房琯，帝怒不测，面对这一切，诗人不禁悲从中来，忧心国家危亡。“小臣议论绝，老病客殊方。郁郁苦不展，羽翮困低昂。……吾观鸱夷子，才格出寻常。群凶逆未定，侧伫英俊翔”叙贬官以后，久客巴蜀之故，议论绝，不复献言矣，又兼之病体，郁郁寡欢，战乱无定，杜甫渴望有贤能之士能够拨正乾坤，早日平乱。通观全诗，我们可以看到杜甫这一生的主要经历及各阶段的生活、精神状态全都囊括其中了，实可谓是杜公自传了，这与《太史公自序》简直是有着异曲同工之妙。

（三）杜诗从《左传》《史记》中继承而来的对话叙事手法

杜诗对《史记》的隐性征引还体现在写法上，尤其是杜甫的叙事诗，创造性地引入了《左传》《史记》的对话叙事手法，使得杜甫叙事诗闪动着有别于其他叙事诗的艺术魅力。我们以“三吏”为例来进行探析：

《新安吏》：“客行新安道，喧呼闻点兵。借问新安吏：‘县小更无丁？’‘府帖昨夜下，次选中男行。’‘中男绝短小，何以守王城？’肥男有母送，瘦男独伶俜。白水暮东流，青山犹哭声。‘莫自使眼枯，收汝泪纵横。眼枯即见骨，天地终无情！我军取相州，日夕望其平。岂意贼难料，归军星散营。就粮近故垒，练卒依旧京。掘壕不到水，牧马役亦轻。况乃王师顺，抚养甚分明。送行勿泣血，仆射如父兄。’”

先是客问新安吏“县小更无丁？”新安县小，应该已经没有壮丁可征了吧？但官吏却说州府昨夜已下军帖，要挨次往下抽中男出征。客见律法难压，改以情动人，又问中男瘦小单薄，怎能守住王城呢？但是官吏却不答话了。客只好将目光投向别处，只见“肥男有母送，瘦男独伶俜”。何其凄惨，周围的哭嚎声到了日暮还未止，仿佛青山也在痛哭。此时此景，令人感伤心痛不已，出征已成定局，无可奈何的客只能安慰几句：莫再哭泣了，终是天地无情徒伤身罢了，战场上战壕挖得浅，牧马劳役较轻，主帅郭子仪对待士卒亲如父兄。

《石壕吏》：“有吏夜捉人”，“吏呼一何怒，妇啼一何苦”。在官吏的粗暴征兵下，老妇只好让老翁逾墙而逃，然后独自面对恶吏：“三男邺城戍。一男附书至，二男新战死。存者且偷生，死者长已矣！室中更无人，惟有乳下孙。有孙母未去，出入无完裙。老妪力虽衰，请从吏夜归，急应河阳役，犹得备晨炊。”直如声声泣血，虽不见官吏说话，但可以想见必是在他们的苦苦相逼之下才引发出老妇的沉痛陈述。

《潼关吏》：“……借问潼关吏：‘修关还备胡？’要我下马行，为我指山隅：‘连云列战格，飞鸟不能逾。胡来但自守，岂复忧西都。丈人视要处，窄狭容单车。艰难奋长戟，万古用一夫。’‘哀哉桃林战，百万化为鱼。请嘱防关将，慎勿学哥舒！’”

客与潼关吏的一番对话反映出作者对潼关关防的关注和守关将士的昂扬斗志。这三首诗都夹带问答，不同的是《新安吏》是客与“新安吏”和送行人之间展开的对话；《石壕吏》是“吏”与“老妇”间的对话；《潼关吏》则是“我”与守关吏的对答。这种巧妙的对话叙事在叙事诗中独具特色，不仅起到了推动故事发展的作用，而且贴合不同人物形象的语言也使得诗歌内容显得更为真实可信，增强了艺术感染力。

以上就是杜诗对《史记》的隐性征引，虽不如显性征引那样直观，但其对于成就杜诗史诗性质绝对有着不可替代的作用。隐性征引对于杜诗诗歌内部结构、行文笔法等方面的影响无疑是巨大的，不应该被忽略而要多做探究。

三、杜诗诗史性与《史记》实录精神的一致性

司马迁撰写《史记》坚持“不隐恶”“不虚美”的实录精神，这种精神不仅

对后世史家著史产生了巨大影响，同时也影响了后世的许多现实主义诗人。杜甫就是其中最著名的一个，杜诗之所以被誉为“诗史”，其中很大一个原因是杜诗的史诗性与《史记》的实录精神存在一致性。

（一）杜诗与《史记》对当代史的重视

杜诗与《史记》的内在一致性在于二者对于当代史的重视，就是说司马迁写《史记》着墨最多的是他所处的那个时代，而同样杜甫也是更为关心当下，他叙写时事、用诗发表政论、即事名篇的做法暗合《史记》用大量笔墨抒写当代史的方法。

首先，《史记》十二本纪中《五帝本纪》《夏本纪》《殷本纪》《周本纪》《秦本纪》《始皇本纪》是收集历代史料而编成的前代史，剩下的均为秦末至汉武帝时期的历史，当代史占了一半。十表中《秦楚之际月表》《汉兴以来诸侯王年表》《高祖功臣侯者年表》《惠景间侯者年表》《建元以来侯者年表》《建元已来王子侯者年表》《汉兴以来将相名臣年表》都是当代史之年表，占十分之七。八书是分门别类的摘录，不算在内。三十世家中，从《陈涉世家》到《三王世家》共十三篇是当代史，也将近占总量的一半了。七十列传中，除去前二十八篇和《循吏列传》《儒林列传》《酷吏列传》《游侠列传》《佞幸列传》《滑稽列传》《日者列传》《龟策列传》《货殖列传》九篇，剩下三十三篇为当代史，也占列传总数的一半。整体看来，司马迁的《史记》主要都是对当代史的捕捉。

其次，杜诗以仇兆鳌的《杜诗详注》为底本，共计诗歌 1171 首，据粗略统计，涉及当代之事之人的诗约六百首。从这个统计中可看出杜甫也是十分关注当下的，很多著名诗篇都是写时事或缘事而发的，尤其是奠定杜诗“诗史”称号的一些诗，主要是安史之乱时期的诗作为代表，如“三吏”“三别”《哀王孙》《悲陈陶》《悲青坂》《春望》《北征》《喜闻官军已临贼境二十韵》《收京三首》《洗兵马》《留花门》《闻官军收河南河北》等诗，除了这些，还有安史之乱之前的一些，如《前出塞九首》《后出塞五首》《兵车行》《丽人行》《秋雨叹》《自京赴奉先咏怀五百字》等，还有后期的《有感五首》《大麦行》《冬狩行》《王命》《征夫》《承闻河北诸道节度入朝欢喜口号绝句十二首》等等。正如萧氏门人郑庆笃所说：“杜诗被誉为‘诗史’，其根本所在，是杜甫以诗歌形式反映出当时社会重大历史事变安史之乱；还在于杜诗反映了当时重大的社会主题，将民生疾苦、朝政得失之君国大事，诉诸笔端。”杜甫以他敏感细腻的内心打量着唐王朝这个庞大复杂的国家；以卓越的才能抒写着时代的风云变幻和人民的悲辛疾苦；以他悲悯的爱国情怀感慨着个人与国家的坎坷。作为中国最伟大的现实主义诗人，杜甫始终将诗歌创作的根茎深深地插进现实生活的泥土之中，从而汲取到了无穷的能量，写下了一篇篇动人心魄的佳作。

以上,可以看出杜甫与司马迁均将对当代史的把握与书写放在极其重要的位置上，二人都立足于各自身处的那个风云变幻的时代下，再以雄奇的笔力尽情挥洒出来，这才成就了“史家之绝唱，无韵之离骚”的《史记》和誉为“诗史”的杜诗!

（二）司马迁《史记》的实录精神对杜甫的影响

《史记》的直笔精神对后代的史学产生了巨大影响，尽管后来随着史官制度的完善、史书撰写的日益规范化以及封建政权对私家著史的限制，这种“书法不隐”的精神在史学领域越来越淡薄，但由于司马迁实录精神内核的强大感染力，这种精神其实已经渗透到了中国思想学术的各个方面，在文学领域这一块，最为典型的就是杜诗。

凡是研读过杜诗的人可以发现，杜诗有许多赞美司马迁和直笔良史的诗句，如“美名光史臣，长策何壮观”（《舟中苦热遣怀奉呈阳中丞通简台省诸公》）、“直笔在史臣”（《八哀诗 · 故司徒李公光弼》）、“祸首燧人氏，厉阶董狐笔”（《写怀二首》）、“波涛良史笔”（《八哀诗 · 故右仆射相国张公九龄》）等，表明杜甫对于司马迁这种敢于直陈实事的史官是十分敬佩的，除了有《史记》这样一部奇史巨著的加持，再加上司马迁个人的不幸遭遇以及发愤著书的顽强奋斗精神深深地感动激励着无数像杜甫这样的后世知识分子，因此在创作时，杜甫便自然而然地受到了司马迁《史记》的熏陶与影响。

杜甫与太史公的相像处，后世很多学者都有谈论。苏轼在《荔枝似江瑶柱说》：“昨日见毕仲游。仆问：‘杜甫似何人？’仲游云：‘似司马迁。’仆喜而不答，盖与曩言会也。”[①]明人冯时可说“太史公之文与杜甫之诗，皆深浑高厚，其

① 苏轼著，孔凡礼点校：《苏诗文集》，中华书局 1986 年版，第 2363 页。

叙世隆污盛衰，及人惨舒悲喜之变，如口画指撝，咸具神化槖龠之妙也。迁有繁词，甫有累句，不害其为大家。迁剪其繁则经矣，甫加以穆则雅矣。”[1]清人浦起龙评《八哀诗》说：“太史公作《史记》，杜公作诗，都是借题抒写。彼曰‘成一家之言’，此曰‘自我一家则’，意在斯乎。”[2]以上这些言论都是从文学创作或表现手法上来谈杜诗对《史记》的继承。但在更深层次上，杜诗对《史记》的继承还体现在批判现实的精神方面。

虽然杜甫身上有着传统儒士的忠君思想，但他在皇帝荒淫无道时却能毫不掩饰地表达不满、讥讽，在其作品中多有彰显。比如他在《兵车行》中说：“边庭流血成海水，武皇开边意未已。”在《前出塞九首》（之一）中写到“君已富土境，开边一何多。”这两处都表达出他对天宝年间玄宗穷兵黩武的不满。在《宿昔》中写“落日留王母，微风倚少儿”深刻揭露玄宗沉湎酒色、骄纵外戚以致朝政混乱。还有《忆昔》刺代宗，《洗兵马》揭露玄、肃父子“宫闱隐情”……诸如此类的批判锋芒毕露力量十足，且不加掩饰，直书不隐，这正体现了杜诗作为“诗史”的“实录”精神，与《史记》的实录精神可谓一脉相承，可见杜甫对《史记》的“不虚美”“不隐恶”的精神的继承和发扬！

司马迁是中国古代伟大的史学家，杜甫是中国古代伟大的诗人，他们二人在很多方面都有着惊人的相似点，囿于篇幅所限，就不再一一列举。之前所述种种，意均在论证杜诗史诗性与《史记》之关联，我们发现通过考察杜诗征引《史记》的情况以及杜诗在继承发扬《史记》的实录精神等方面，可以得出这样的结论，那就是杜诗的史诗性质与《史记》是有着莫大关系的，明面上体现在杜诗对《史记》原文的显性征引上，内涵方面杜诗的笔法、精神均承接于《史记》的写法及实录精神。可以说如果没有《史记》这部伟大的史书珠玉在前，没有杜甫以天才创造力对《史记》进行多方面的继承和引用，那么就不可能成就杜诗的“诗史”美誉！

（李小成，西安文理学院文学院教授，陕西师范大学兼职硕士生导师，中国史记研究会会员，陕西省司马迁研究会常务理事。）

---

① 冯时可：《雨航杂录》，中华书局 1985 年版，第 4 页。

② 浦起龙：《读杜心解》，中华书局 1961 年版，第 159 页。

唐宋诗词中的司马迁形象①

梁中效

司马迁的人生悲剧与《史记》的文化经典地位，使司马迁成为千百年来文人墨客崇拜的偶像、学习的楷模和同情的对象、惋惜的同类，留下了许多歌咏司马迁及《史记》的诗词，展示了司马迁的人格魅力与《史记》的崇高地位，值得我们研究和珍视。

一、“司马迁文亚圣人，三头九陌碾香尘”

司马迁的悲剧人生和《史记》的不朽著作，使得百世同情，千载敬仰，万代宗奉，成为中国文化史上永恒的话题。《史记》被鲁迅誉为“史家之绝唱，无韵之离骚”，列为前“四史”之首。因此司马迁被后世尊称为“史迁”“史圣”，与司马相如合称“文章西汉两司马”。唐代追求大一统的盛世，需要借助司马迁《史记》的大一统精神；宋代文人高举批判大旗，重建儒家道统，也需要司马迁的独立人格榜样。“文以载道”，“文以明道”，司马迁的雄文与《史记》的文化精神，自然成为唐宋文人学习的楷模。

唐代开疆拓土，文治武功超过汉朝，尤其是科举取士，《史记》与《汉书》《后汉书》一起，被列为“三史”科进行考试，以《史记》为代表的“前四史”地位空前提高。《唐会要》卷七十六记载：长庆二年二月，谏议大夫殷侑奏：“历代史书，皆记当时善恶，系以褒贬，垂裕劝戒。其司马迁《史记》，班固、范晔两《汉书》，音义详明，惩恶劝善，亚于六经，堪为世教。伏惟国朝故事，国子学有

①本文发表于《渭南师范学院学报》2020 年第 3 期。

文史直者，宏文馆宏文生、并试以《史记》《两汉书》《三国志》，又有一史科。近日以来。史学都废，至于有身处班列，朝廷旧章，昧而莫知，况乎前代之载，焉能知之。伏请置前件史科。”“敕旨。宜依。仍付所司。”①唐穆宗批准了殷侑的建议，“史科”得以延续。值得注意的是，唐人认为“三史”仅次于“六经”，地位崇高。其“音义详明，惩恶劝善，亚于六经，堪为世教”，正是在此大背景之下，司马迁受到唐人的崇敬。唐代诗人贯休在《上卢使君二首》中说：“司马迁文亚圣人，三头九陌碾香尘。”唐代诗人同情司马迁的不幸，白居易《杂感》诗云：“君子防悔尤，贤人戒行藏。嫌疑远瓜李，言动慎毫芒。……都尉身降虏，宫刑加子长。吕安兄不道，都市杀嵇康。斯人死已久，其事甚昭彰。是非不由己，祸患安可防。使我千载后，涕泗满衣裳。”千载之后，仍为司马迁受刑而感伤。他的《咏怀》诗云：“冉牛与颜渊，卞和与马迁。或罹天六极，或被人刑残。顾我信为幸，百骸且完全。五十不为夭，吾今欠数年。”有感于司马迁“被人刑残”，珍惜自己的生存现状。他的《读诗五首》诗云：“马迁下蚕室，嵇康就囹圄。抱冤志气屈，忍耻形神沮。当彼戮辱时，奋飞无翅羽。商山有黄绮，颍川有巢许。何不从之游，超然离网罟。”面对司马迁遭受酷刑，他想借道家的退避来免祸。但司马迁没有选择逃避，因此是时代英雄。唐人牟融的《司马迁墓》诗：“落落长才负不羁，中原回首益堪悲。英雄此日谁能荐，声价当时众所推。一代高风留异国，百年遗迹剩残碑。经过词客空惆怅，落日寒烟赋黍离。”诗人在为司马迁悲伤时，更敬仰他的英雄气概。唐人常将司马迁与班固放在一起，称为“班马”，赞美他们是文章高手、文学大家。杜牧《冬至日寄小侄阿宜诗》诗：“我家公相家，剑佩尝丁当。旧第开朱门，长安城中央。第中无一物，万卷书满堂。家集二百编，上下驰皇王。多是抚州写，今来五纪强。尚可与尔读，助尔为贤良。经书括根本，史书阅兴亡。高摘屈宋艳，浓薰班马香。李杜泛浩浩，韩柳摩苍苍。近者四君子，与古争强梁。愿尔一祝后，读书日日忙。一日读十纸，一月读一箱。”②杜牧喜爱侄子，精心培养，教导他读经史子集。“经书括根本，史书阅兴亡。高摘屈宋艳，浓薰班马香。”希望侄子学习屈原、宋玉与司马迁、

① 王溥：《唐会要》，中华书局2017年版，第1398页。

② 彭定求：《全唐诗》，中华书局2018年版，第5941—5942页。

班固，成为文学大家。白居易在《谈氏小外孙玉童》诗中说："中郎余庆钟羊祜，子幼能文似马迁。"用司马迁之文，东汉蔡邕、西晋羊祜来形容谈氏父、女、外孙的文学才华。皎然《讲古文联句》诗："屈宋接武，班马继作。"也将"屈宋"与"班马"相提并论，称为文学大家。唐人黄滔的《遇罗员外衮》诗云："绮园难贮林栖意，班马须持笔削权。"赞美"班马"的史学成就。唐代也有人赞成司马迁为李陵辩护，司空图的《狂题十八首》诗云："交疏自古戒言深，肝胆徒倾致铄金。不是史迁书与说，谁知孤负李陵心。"肯定了司马迁为李陵辩护。韩、柳倡导的古文运动，以司马迁《史记》为榜样。韩愈认为，汉朝人莫不能文，独司马相如、太史公、刘向、扬雄之为最认为司马迁作品的风格是"雄深雅健"，《史记》成为韩愈作文的样本。柳宗元认为《史记》文章写得朴素凝练、简洁利落，无枝蔓之疾；浑然天成、滴水不漏，增一字不容；遣词造句，煞费苦心，减一字不能。因此，司马迁对唐代古文运动产生了深远影响。

宋朝守内虚外，重文轻武，经济繁荣，文人地位高，敢于议论时政，但国力不强，于是，宋代文人更加同情司马迁为李陵辩护。宋代诗人林同《司马迁》诗云："悲哉执手泣，论著谨毋忘。岂识迁它日，能紬石室藏。"这首诗同情司马迁的遭遇，赞美《史记》的不朽。王安石的《司马迁》诗云："孔鸾负文章，不忍留枳棘。嗟子刀锯间，悠然止而食。成书与后世，愤悱聊自释。领略非一家，高辞殆天得。虽微樊父明，不失孟子直。彼欺以自私，岂啻相十百。"[①]这首诗赞许司马迁忍辱负重，完成名著。秦观的《司马迁》诗云："子长少不羁，发轫遍丘壑。晚遭李陵祸，愤悱思远托。高辞振幽光，直笔诛隐恶。驰骋数千载，贯穿百家作。至今青简上，文彩炳金雘。高才忽小疵，难用常情度。譬彼海运鹏，岂复顾矰缴。区区班叔皮，未易议疏略。"秦观认为司马迁的人生挫折，导致他发愤图强，完成巨著。这两首诗都将司马迁的"愤悱"与"高辞"相联系，其人生的巨大灾难，变成了其文章的奔放不羁。秦观的《无题二首》诗云："君子有常度，所遭能自如。不与死生变，岂为忧患渝。西伯囚演易，马迁罪成书。性刚趣和乐，浅浅非丈夫。"因获罪的悲愤，才有了《史记》的巨著。赵希逢《和寄苕溪故人》诗云："蚕室史迁非有罪，从来文士例多穷。"刘克庄《夜读传灯

① 王安石：《王安石全集》，吉林人民出版社，1996年版，第38页。

杂书六言八首》诗云："麟经之笔既绝，蚕室之书遂行。聃非二子同传，齐鲁两生失名。"这里的"麟经"指的是孔子《春秋》，"蚕室之书"应该是《史记》。宋人在同情司马迁的同时，更赞美司马迁是文学巨匠。宇文虚中的《题平辽碑》诗云："百年功业秦皇帝，一代文章太史公。"将司马迁的文章与秦始皇统一天下相提并论。宋代文豪大都推崇司马迁的史传文学，称他为文章高手。黄庭坚《写真自赞五首》诗云："吏能不如赵张三王，文章不如司马班扬。"他的《东坡先生真赞三首》诗云："子瞻堂堂，出于峨眉，司马班扬。"将苏轼与司马迁、班固、扬雄相提并论。辛弃疾《沁园春·灵山齐庵赋，时筑偃湖未成》词云："我觉其间，雄深雅健，如对文章太史公。"称赞司马迁文章"雄深雅健"。陆游在《感兴》："文章天所秘，赋予均功名。吾尝考在昔，颇见造物情。离堆太史公，青莲老先生，悲鸣伏枥骥，蹭蹬失水鲸；饱以五车读，劳以万里行，险艰外備尝，愤郁中不平。"[①]陆游的《夜观严光祠碑有感》诗云："平生陋范晔，琐琐何足录！安得太史公，妙语写高躅。"陆游认为司马迁的雄文，既与他游历天下得江山之助有关，更与他"愤郁中不平"的生命历程相联系。方回《赠朱师裕》诗云："故因高韵如袁粲，岂但雄文似史迁。"文同的《奉送少讷还青神》诗云："词章直如子长健，辩论不比仲连黠。"两位诗人都赞许司马迁是文章高手。读书是做文章的前提和基础，宋代文章学把读《史记》作为学习文章的主要范本。朱熹《朱子语类·论文》："今日要做好文者，但读《史》、《汉》、韩、柳而不能，便请斫取老僧头去。"[②]宋人认为，司马迁胸中有侠气，作传则"分外精神"。楼昉《过庭录·史公有侠义》云："太史公作苏秦、张仪、范雎、荆轲传分外精神，盖子长胸中有许多侠气，所谓爬着他痒处，若使之作董仲舒等传，则必不逮，以其非当行也。"[③]说明作者胸中之"气"，影响文章风格。李流谦的《峡中赋百韵》云："杜陵半九州，诗史入嘉话。马迁多经践，有文资博雅。"诗人将司马迁博雅宏放的文章与杜甫忧患天下的诗史相媲美，反映了宋人对司马迁文学地位的认同与推崇。

---

① 陆游：《剑南诗稿》，上海古籍版社 2005 年版，第 1433 页。

② 黎靖德：《朱子语类》，中华书局 1986 年版，第 3299 页。

③ 仇兆鳌：《杜诗详注》，中华书局 2015 年版，第 1510 页。

二、“马迁信史炳丹青，黄老搀先六籍名”

唐朝建立后，贞观君臣以史为鉴，总结隋亡唐兴的经验教训，设馆修史，以司马迁的《史记》为榜样，《史记》的正史地位得以确立。唐代科举有“三史”之目，即将《史记》《汉书》《后汉书》列为科举考试科目，鼓励士人研习“三史”，并通过科举选拔治史人才，此举对于《史记》在社会上的普及起到了推动作用，在文人士子中掀起了研究史记的热潮，羊士谔《郡中即事三首》：“青门远忆中人产，白首闲看太史书。”衰老之身，仍读《史记》。因此在唐代诗人笔下，普遍肯定和推崇《史记》的史学地位。唐太宗李世民《咏司马彪续汉志》：“二仪初创象，三才乃分位。非惟树司牧，固亦垂文字。绵代更膺期，芳图无辍记。炎汉承君道，英谟纂神器。潜龙既可跃，逵兔奚难致。前史殚妙词，后昆沉雅思。”这里的“前史”，即司马迁的《史记》，证明李世民熟读《史记》。唐代诗人黄滔在《遇罗员外衮》中说：“绮园难贮林栖意，班马须持笔削权。”强调了司马迁的秉笔直书的“史德”。崔湜的《寻拜襄州刺史·春日赴襄阳途中言志》：“一朝趋金门，十载奉瑶墀。入掌迁固笔，出参枚马词。”也同样赞许司马迁的秉笔直书。皎然的《讲古文联句》：“屈宋接武，班马继作。”将班固与司马迁相提并论，强调了他们并驾齐驱的史学与文学地位。沈佺期《三日独坐驩州思忆旧游》：“禊堂通汉苑，解席绕秦楼。束皙言谈妙，张华史汉遒。”在赞许张华史才的同时，将《史记》与《汉书》相提并论。高适的《过卢明府有赠》：“我行挹高风，羡尔兼少年。胸怀豁清夜，史汉如流泉。”赞美卢明府精通《史记》与《汉书》。宋之问的《游禹穴回出若邪》：“著书闻太史，炼药有仙翁。”太史公即司马迁。王维的《和尹谏议史馆山池》：“洞有仙人箓，山藏太史书。”赵嘏的《江亭晚望》：“无愁自得仙翁术，多病能忘太史书？”戴叔伦的《曾游》：“碑留太史书，词刻长公调。”这三首诗中的“太史书”即《史记》。王起的“滞周惭太史，入洛继先贤。”罗隐的《封禅寺居》的“周南太史泪，蛮徼长卿书”，指的是司马迁与司马相如。从唐人的诗可以看出，由于唐太宗等唐朝皇帝的率先垂范，由于科举考试中的“三史”考试，在唐代社会盛行读《史记》、学《史记》、用《史记》，所以唐人大都赞美司马迁的《史记》。

宋朝虽然文化发达，文人士大夫待遇优厚，但软弱无能屈辱的外交和屡战屡败的对外战争，迫使文人士大夫学习汉唐盛世开拓进取的龙马精神；知识分子主体地位的提高，也使得他们主动学习司马迁浩然独行的人格。这二者使得宋代诗人对《史记》与司马迁的研究远远超过唐代。

首先，宋代文人敬仰司马迁的人格，赞美他著史的品德。宋代诗人常将苏武、李陵、司马迁这三位重然诺、有气节、敢担当的英才放在一起，彰显了文弱书生司马迁的人格与品德。如赵希逢的《和读苏武李陵司马迁传》："不爱其身过易于，尽判一死外无余。麒麟阁上没公议，却把芳名最后书。"刘过的《怀古四首为知己魏倅元长赋兼呈王永叔宗承载》："煌煌太史公，逸气横八方。"黄然的《题涪翁亭》："清音妙绝东坡老，方响名高太史公。"以上两位诗人都将司马迁视为名满宇宙的文化巨匠，将他与文豪苏东坡相比。司马迁不惜为真相、为朋友一死，这不仅是做人的品德，更是良史的美德。华岳的《读苏武李陵司马迁传》："河梁一别子卿归，删后无诗始有诗。若把李陵从反汉，马迁膏鼎亦何辞。"也为司马迁鸣不平。吴龙翰的《读十七全史岁久而彻》："灯火青编结兴长，可能历历记兴亡。董狐笔底风霜重，班马书边兰蕙香。往事输赢棋几局，浮名今古纸千张。重重公案休拈起，中有灵台定否臧。"将《史记》与《汉书》视为十七史的楷模，但诗人更崇敬司马迁的人格。宋人常将司马迁的通史与杜甫的诗史相提并论。徐瑞的《元日题仲退漫游四后》："奇探马迁作史意，老气杜陵出峡年。何当囊笔挪杖屦，与君题篇名山川。"李处权的《亨仲家兄擢居谏省诗以贺之》："诗似少陵多教化，文从太史有波澜。"周端臣的《送翁宾暘荆湖》："莫如子长子美但能事文章，蚤归来献平戎策。"这三位诗人不约而同地将司马迁与杜甫相并肩，实际上司马迁与杜甫虽然异代，但忧国忧民的情怀与人生坎坷的经历大体一致。他们是德操与才学俱佳的汉唐文学与文化的标志。

其次，宋代诗人认为司马迁是超越左丘明的史学巨匠，《史记》是名垂千古的信史。欧阳修是北宋文坛领袖，也是史学大家，他向司马迁学习。他的《新营小斋凿地炉辄成五言三十七韵》："兴亡阅今古，图籍罗甲乙。鲁册谨会盟，周公象凶吉。详明左丘辩，驰骋马迁笔。金石互铿鍧，风云生倏忽。"他的《绿竹堂独饮》："予生本是少年气，瑳磨牙角争雄豪。马迁班固自歆向，下笔点窜皆嘲嘈。客来共坐说今古，纷纷落尽玉麈毛。"有时也不免轻狂。柴元彪的《送侄一斋游武林》："长安草木成焦枯，暗暗落日栖平芜。凄凉往事增欷嘘，子长一部太史书。寄在名山大泽区，之子安肯侣樵渔。"诗人鼓励他的侄子向司马迁学习，写出像《史记》那样藏之名山的巨著。王安石的《王子直挽辞》："多才自合至公卿，岂料青衫困一生。太史有书能叙事，子云于世不徼名。"政治家的王安石还是希望以司马迁、扬雄为榜样显达于世，有用于时。曾丰《寄题双清亭》："马迁史里万古具，张说诗中四时俱。诗编史帙一关目，姑掇余甭清冰肉。床头拈出周易读，更悟太清清蜕骨。"在诗人的阅读中，将司马迁《史记》放在首位。

陈起的《史记送后村刘秘监兼致欲见之悰》："嘱以马迁史，文贵细字雕。名言犹在耳，堤柳凡几凋。兹焉得蜀刻，持赠践久要。会晤知何时，霁色审来朝。"陈起将自己得到的蜀刻《史记》送给朋友，因为司马迁的史书文史俱佳。

胡寅的《和范元作五绝》："马迁法左氏，实录系日月。孰传经世学，傥可论绝笔。"认为司马迁《史记》可与日月共辉。张明中的《延昌观道纪堂》："马迁信史炳丹青，黄老搀先六籍名。清净元非人纪有，虚无幻出道家声。"认为司马迁《史记》可以彪炳千古。李觏的《读史》："子长汉良史，笔锋颇雄刚。"赞美司马迁是大史学家，而且文史优长。张镃的《次韵王耘之秋兴二首》："派自王摩诘，才分马子长。"赞许司马迁才气纵横。大文豪辛弃疾以读司马迁《史记》为精神享受。他在《汉宫春·会稽秋风亭观雨》说："千古茂陵词在，甚风流章句，解拟相如。只今木落江冷，眇眇愁余。故人书报，莫因循、忘却莼鲈。谁念我，新凉灯火，一编太史公书。"伴词人辛弃疾度过寒冷长夜的是温馨的《史记》。

再次，唐宋文人推崇司马迁与班固，常将二人称为"马班"或"班马"，将《史记》与《汉书》并称为"史汉"。陈鉴之《陪守斋至玉湖书院作》说："读易发妙蕴，不惟评马班。著述五百卷，星芒照人寰。"赞美司马迁《史记》与班固《汉书》，文化之光照人寰。曾巩《之南丰道上寄介甫》："方投定鉴照，即使征马班。相期林兰楫，荡漾穷川湾。"作为唐宋八大家之一的曾巩，以司马迁为楷模。方岳《次韵张录携书见过》："君家自有神奇在，底用浓熏到马班。黄石一编灯火外，紫芒双剑斗牛间。"将司马迁与班固视为文史群星中最耀眼的星座。蒲寿宬《纯阳洞读书和中山陈礼郎韵》："羞羡鹤俯仰，空悲马班醒。终南在何许，得去何须还。"为司马迁的遭遇而悲伤。唐宋诗人也常用"班马"指代司马迁与班固。杜牧的《冬至日寄小侄阿宜诗》："我家公相家，剑佩尝丁当。旧第开朱门，长安城中央。第中无一物，万卷书满堂。家集二百编，上下驰皇王。多是抚州写，今来五纪强。尚可与尔读，助尔为贤良。经书括根本，史书阅兴亡。高摘屈宋艳，浓薰班马香。李杜泛浩浩，韩柳摩苍苍。近者四君子，与古争强梁。”杜牧教导侄子多读书，不仅要读“屈宋”与“李杜”、“韩柳”，更要读“班马”的《史记》与《汉书》。从这首诗中衍生出成语“摘艳薰香”，指文辞华美。唐人皎然的《讲古文联句》：“屈宋接武，班马继作。”与杜牧一样，也将“屈宋”与“班马”并提。温庭筠的《病中书怀呈友人》：“班马方齐骛，陈雷亦并驱。”亦然。

宋人程公许的《送别魏校书借参预李先生韵》：“词华班马富，道术鲁邹醇。”推许“班马”是文章高手。喻良能《送洪右史赴召三首》：“上追班马真辈行，下视燕许如儿嬉。”将汉代的司马迁、班固与唐朝“燕许大手笔”张说、苏颋相提并论。方逢辰的《题卢文峰十二知丞文集》：“骈花俪叶妙天下，文赋直追古班马。”赞扬班马的文章妙天下。彭龟年的《和临江庚子鹿鸣宴诗韵》：“笔下雄深过班马，马中洒落似张程。”也是赞许班马的雄文宏深。唐宋诗人们常将《史记》与《汉书》并称为“史汉”。梅尧臣的《依韵答宋中道》：“史汉抉精深，文字光粲粲。”《史记》《汉书》是精深的史学巨著。陆游的《散怀》：“遗文诵史汉，奇思探庄骚。”他的《书志示子聿》：“载笔敢言宗史汉，闭门犹得读庄骚。”可见陆游不仅自己读《庄子》《楚辞》与《史记》《汉书》，而且也让儿子阅读。方回的《后秋思五言五首》：“诗与风骚迫，文兼史汉长。”也将“风骚”与“史汉”相提并论。晏殊的《癸酉岁元日中书致斋感事》：“却展旧编探史汉，更惭高步接夔龙。”大词人也常常研读《史记》《汉书》。总之，司马迁《史记》是唐宋文人案头必备的文史著作，特别是唐代科举有“三史”科目，促进了唐宋文人对《史记》《汉书》的阅读与研究。

三、“何异周南太史家，西上九疑东访禹”

唐宋时期文化的繁荣，主要在思想领域的三教争衡与兼融并包，更得益于科举制之下文人们向司马迁学习：读万卷书、行万里路，览山川之胜，得江山之助，写锦绣华章，抒凌云壮志。

首先，唐宋文人学习司马迁读万卷书、行万里路，书写祖国山川的豪情壮志。王安石的《拟寒山拾得二十首》："我读万卷书，识尽天下理。"方回的《送康彦博文夫吉州教长句二十韵》："子曾精读万卷书，子又远游万里路。"陆游的《闻鼓角感怀》："平生空读万卷书，白首不识承明庐。时多通材臣腐儒，妄怀孤忠策则疏。"宋代的超级大文豪，都有像司马迁那样读万卷书、行万里路的人生历练。宋人裘万顷《送范光伯北行》："有客当此时，中流驾风樯。欲学太史公，穷汶泗沅湘。"希望像司马迁那样探索湘江流域。楼钥《次韵翁处度同游北山》："伊余历聘佳山水，爱奇切慕太史迁。"及他的《游龙瑞宫》："子长直爱奇，万里探禹穴。"诗人欲学司马迁对山水有好奇心，以此游天下。赵蕃《登岳阳楼》："太史南游上会稽，爱奇端欲助文辞。萧骚白发离骚国，不到巴陵终欠诗。"诗人也将司马迁的南游会稽视为"爱奇"，诗情得江山之助。曾丰的《广东黄漕改除广西帅过郡送行》："包笼天地孟轲篇，收管山川马迁记。仰观俯察易象真，更勘画前精入神。"也认为司马迁遨游山川之间增添了《史记》的魅力。文天祥《长溪道中和张自山韵》："夜静吴歌咽，春深蜀血流。向来苏武节，今日子长游。"他的《有感》："故旧相思空万里，妻孥不见满三秋。绝怜诸葛隆中意，赢得子长天下游。"文天祥的游历既有忧患，更有苦痛，所以他最能理解司马迁游历天下时的内心世界。马元演《游洞霄纪实》："虽慕子长游，未学子真逸。"诗人仰慕司马迁的游历生涯，希望能超凡脱俗。周端臣的《送翁宾暘荆湖》："君不见司马子长志横秋，少年足迹不肯休。胸中盘屈奇伟气，笔力直与造化侔。又不见杜陵子美夸壮游，一身几走半九州。吟怀吐纳天地秀，作为篇章光斗牛。"作者认为《史记》与"杜诗"之所以能"篇章光斗牛"，与司马迁、杜甫在游历时"胸中盘屈奇伟气"有密切关系，可谓抓住了司马迁、杜甫游历天下的奥秘，这正是他们与常人游历山川的最大不同。丘葵的《呈张尚友》："吏部文章悬日月，子长史记在山川。"也是将司马迁、杜甫游历天下相提并论。陈著《次韵梅山弟醉吟七首》："隐处是甪里先生，放游是司马子长。试问梅山老居士，判断两家谁最香。"可能司马迁的放游比"商山四皓"对于国家民族更"馨香"。王奕《呈申屠御史忍斋二首》："壮游久负子长才，斥鷃几成困草莱。"诗人认为司马迁以博大的胸怀壮游天下。喻良能《次韵马叔度再用前韵见寄》："善弈从来数弈秋，胜游今作子长游。"向往司马迁的胜游。陈长方《赠画者徐琛》："我行江南江北山，真赏会心那可数。独爱黄陵古庙前，四水粘天迷浦溆。胸中历历着山川，有句如枝不容吐。欲将写作无声诗，笔底愧非韦与许。”“何异周南太史家，西上九疑东访禹。君能点染出江山，造物炉锤困掀侮。李成不作郭熙死，谁谓今人不如古。”诗人认为绘画的“点染出江山”与诗文的“得江山之助”有异曲同工之妙。总之，宋代文人生活优越而精神苦闷，在忧国忧民之时寄情山水，学习司马迁壮游天下，但很少能体会到司马迁、杜甫放游天下时的奇伟之气。

其次，唐宋文人效法司马迁之父司马谈滞留周南要求司马迁继承遗志完成《史记》的精神，用“周南太史”来激励自己。《史记·太史公自序》：“是岁（元封元年，前110）天子始建汉家之封，而太史公（指司马谈）留滞周南不得与从事，故发愤且卒。”后因以“周南留滞”为壮志未酬。杜甫《寄韩谏议注》诗：“周南留滞古所惜，南极老人应寿昌。”[①]罗隐的《封禅寺居》：“周南太史泪，蛮徼长卿书。”陆游《闻虏政衰乱扫荡有期喜成口号》：“博士已成封禅草，单于将就会朝班。孤臣老抱周南恨，壮观空存梦想间。”宋祁《感怀》：“俯首周南泪未干，惊开鱼素得双盘。”刘克庄《用厚后弟强甫韵》：“岁晚归休老学庵，敢嗟白首滞周南。”这些唐宋诗人的诗作，都有壮志未酬之意，从而借司马谈的“周南留滞”，来赞美司马迁继承父志，完成文史巨著《史记》。唐宋诗人也借“周南留滞”来表达司马迁行游天下或羁旅他乡，借以抒发诗人的感情。唐代诗人岑参《送史司马赴崔相公幕》：“珍禽在罗网，微命若游丝。愿托周南羽，相衔溪水湄。”杜甫《敬简王明府》：“叶县郎官宰，周南太史公。神仙才有数，流落意无穷。”白居易《咏身》：“周南留滞称遗老，汉上羸残号半人。”唐诗的这些诗句，表达了司马迁行游天下对后世的影响。宋人也有许多类似的诗作。宋人张耒《出京寄无咎二首》：“长安城里谁相识，只有周南太史公。”他的《遣兴次韵和晁应之四首》：“露下风悲萤火流，周南羁客意悠悠。山川老去三年泪，关塞秋来万里愁。”他的《官舍岁暮感怀书事》：“北风吹雁去翩翩，流滞周南又一年。”这些诗都表达了行游或羁客之意，既不失原典意义，又表达了新的寓意。刘克庄的《送陈叔方侍郎二首》：“君归定访耆英社，问讯周南太史公。”他的《再和四首》：“留落周南众，萧条冀北空。”李若水《次颜博士游紫罗洞》：“逸

① 仇兆鳌：《杜诗详注》，中华书局2015年版，第1510页。

兴未忘河朔饮，羁踪已分周南留。”陈棣《送郑舜举赴阙》：“酒病诗愁应有梦，鸟啼花发正争妍。君空冀北今行矣，我滞周南岂偶然。”廖行之《和松坡刘迂诗四首》：“平生湖海敝貂裘，一笑周南底滞留。豪放不妨诗李白，峥嵘何意吏朱游。”这些宋代文人的诗作，虽然创作的时间不同，心境各异，但都表达了“滞周南”的意境，从而抒发了对“周南太史公”司马迁父子的敬意。

小 结

诗人们对司马迁和《史记》的赞美、歌咏应该是唐宋“史记学”的重要内容之一，但以往学术界对此关注不够。

唐宋是“史记学”繁荣发展的时期，司马迁《史记》的研读与普及，为唐宋人才的培养和文化的繁荣奠定了基础。唐代科举考试的“三史”之一即《史记》，《新唐书》卷四十四《选举志上》云：“凡弘文、崇文生，试一大经、一小经，或二中经，或《史记》《前后汉书》《三国志》各一，或时务策五道。经史皆试策十道。经通六，史及时务策通三，皆帖《孝经》《论语》共十条通六，为第。”宋代科举继承唐代的“三史”考试，《玉海》卷四九引《两朝志》：“国初承唐旧制，以《史记》、两《汉书》为三史，列于科举。有患传写多误，雍熙中，始诏三馆校定摹印。”正是科举考试这个神圣的“指挥棒”，使得唐宋文人将《史记》的研读变成了“童子功”，进而促进了唐宋诗词中对司马迁和《史记》的赞许，也出现了以《史记》为题材的许多诗词佳作。①

唐宋是中华原典创新的第二个高潮，诗人们在学习《史记》的基础之上固本拓新，在以《史记》为诗词创作题材的同时，还将司马迁的心路历程、人格德行、行游天下、秉笔直书等方面作为学习榜样，尤其敬仰太史公“欲以究天人之际，通古今之变，成一家之言。草创未就，会遭此祸，惜其不成，是以就极刑而无愠色。仆诚以著此书，藏之名山，传之其人，通邑大都，则仆偿前辱之责，虽万被戮，岂有悔哉！”这种献身精神和“三不朽”的追求，让唐宋诗人们敬佩不已，故而在他们的笔下司马迁的形象高大而神圣、真实而崇高、多才

① 张新科、俞樟华：《史记研究史略》，三秦出版社 1990 年版。

而悲壮！主要表现为：

其一，“司马迁文亚圣人”。唐宋是中国文章学的巅峰时期，司马迁则是以唐宋八大家为代表的文学家们学习的榜样。唐人认为“三史”仅次于“六经”，地位崇高。其“音义详明，惩恶劝善，亚于六经，堪为世教”。在大唐三教争鸣和宋朝儒家重整的时代，司马迁特立独行的人格与百科全书的《史记》，给文人们树立了“三不朽”的榜样和“内圣外王”的楷模。宋人说：“百年功业秦皇帝，一代文章太史公。”

其二，“马迁信史炳丹青”。唐宋是中华历史学的繁荣时代。唐宋诗人们都认为司马迁是一代“良史”，宋人刘克庄在《题杂书卷六言三首》说：“论笃惟昌黎伯，史法止太史公。”他希望像司马迁那样遨游天下写信史，他的《谒南岳》说：“茫茫鬼神事，荒幻难穷悉。吾师太史公，江淮遍浪迹。”邓有公在《送曾子华游赣》也说：“昔年子长游，落笔妙信史。”诗人们希望像司马迁那样漫游名山大川，成一代信史，写锦绣文章。

（梁中效，陕西理工学院教授、硕士生导师，陕西省司马迁研究会副会长。）

司马迁思想与当代中国之发展

薛引生

司马迁是世界文化名人，他不仅是一位伟大的史学家、文学家，而且是一位卓越的思想家。他的《史记》不仅是划时代的史学名著和不朽的文学经典，亦是中国思想史上的重要篇章。研究和借鉴他的思想体系对于当代中国之发展具有十分重要的意义。

一、司马迁的经济思想与中国当代市场经济体系建设

先秦史书都不重视社会经济方面的记载，如《春秋》涉及经济史的只有“初税亩”三个字，《左传》《国语》所记的比《春秋》多一点，但也是很零碎的。《史记》第一次创立了《河渠书》《平准书》和《货殖列传》这样相当系统地记载社会经济史的专篇，具有开创性的意义。阅读《史记》中的经济专篇，研究司马迁的经济思想体系，我们会惊喜地发现，它和中国当代市场经济建设的时代脉搏是何等契合！《货殖列传》中的商贾人物有名有姓的多达 32 人，为我们构建了一个丰富而独特的商贾人物体系。他们的“贵上极则反贱，贱下极则反贵”，“择人而任时”，“人弃我取，人取我与”等经营策略，把握住了市场经济的规律，也使这些人成为发家致富的典范。司马迁在《货殖列传》中写道：

> 《周书》曰：“农不出则乏其食，工不出则乏其事，商不出则三宝绝，虞不出则财匮少，”财匮少而山泽不辟矣。此四者，民所衣食之原也。原大则饶，原小则鲜。上则富国，下则富家。

春秋战国时期，中国就形成了“重本抑末”的传统观念，厉行“重农轻商”

的治国方略。据《韩非子》记载：当时王公贵族把商人和手工业者视为“蠹（dù）虫”。秦汉时期法律规定：商人不许做官，不许佩带刀剑，不许穿绫罗绸缎。甚至把商人视若“二等囚犯”。国家征兵、服徭役，首先被征调的是罪犯，其次就是商人、手工业者及其后代。在中国这样一个人口大国里，适当的“重视农业”是应该的。但决不能把商业和手工业者视若仇敌、赶尽杀绝。这个政策的实施造成当时许多中产以上的手工业者和商人纷纷破产，这对于古代生产力的发展是一种多么巨大的破坏啊！

中国长期处于落后分散、自给自足的小农经济状态，与这一政策的长期统治是有密切关系的。历史的车轮行进到1700多年后的清王朝初期，王夫之、黄宗羲（xī）等人才提出“工商皆本”的观点。实际上，这个时候，司马迁“无商不活”的观点已经被压抑了1700年。现在仍然有人把“无商不奸”的口号成天挂在嘴上。不管你怎么解释，这也是一种行业歧视的表现。

习近平总书记在比利时布鲁日欧洲学院演讲时讲道：“在建设社会主义实践中，我们有成功也有失误，甚至发生过严重曲折。改革开放以后，在邓小平先生领导下，我们从中国国情和时代要求出发，探索和开拓国家发展道路，形成了中国特色社会主义，提出要建设社会主义市场经济……独特的文化传统，独特的历史命运，独特的国情，注定了中国必然走适合自己特点的发展道路。”总书记有一句非常经典的话：鞋子合不合脚，只有穿的人才知道。我们坎坎坷坷地走了几千年，选择的发展道路合适不合适，只有经过几百年、数千年探索的中国人自己知道，不需要别人说三道四，指手画脚。这短短几个字，显示了总书记胸有成竹、无比坚定的道路自信！

走中国自己的发展道路，这个选择不容易啊！我们确实经历了一个山重水复、曲曲折折、坎坎坷坷的过程。邓小平同志讲“摸着石头过河”，长期以来有人对邓小平同志这个观点说三道四，我认为：这条道路你自己没有走过，别人也没有成熟的经验。你不探索怎么办？你不摸着石头慢慢摸索怎么办？难道你会不管深浅直接跳河吗？这个探索的过程用一个字来形容就是“难”，十分的艰难，而且担负着极大的风险。

计划经济年代，我们基本上沿袭了“重本抑末”的政策，那时叫“以粮为纲，全面发展”，实际上是“以粮为纲，全面砍光”。农民种几畦菜、养几只鸡、喂几头猪，都被当作资本主义尾巴统统割掉。商品经济好像成了资本主义的代名词，成了资本主义的专属。

恩格斯说："商人对于以前一切都停滞不变，可以说是由于世袭而停滞不变的社会来说，是一个革命的要素。……商人来到了这个世界上，他应当是这个世界发生变革的起点"。2100 多年前，司马迁就提出必须依靠"工农商虞"共同发展的商品经济思想，同时强调"商不出则三宝绝"，经典吗？没有商业的发展，"工农虞"三业就不能流通，就无法生存。用这个观点来分析王夫之等人"工商皆本"的主张，来看待中国改革开放初期提出的"无商不活"的口号，来考量当代中国经济社会和建立市场经济体制的政策，我们更感到了司马迁经济思想的超前和卓越。

司马迁还有一个伟大的创造。就是将张骞出使西域称之为"凿空西域"。张大可讲，"凿空"就是打了一个洞，我认为可以理解为，在强大的封锁壁垒上凿了一个洞，打开了东西方经济交流的通道。

我们现在侃侃而谈"丝绸之路"，侃侃而谈"一带一路"。有人说，"丝路"这个概念是外国人提出来的。诚然，这个词最早出现在德国地理学家费迪南·冯·李希霍芬的《旅游日记》一书中。但是第一次完整记录张骞两次出使西域活动的，却是司马迁《史记·大宛列传》。而正是张骞的同时代人司马迁实录了"凿空西域"、打通东西方经济交流的陆上通道——丝绸之路，才使这一重大历史事件亘古流传至今。那时匈奴等少数民族和西域许多国家，特别是敌对国家就是阻挡大汉帝国向西发展扩张的大山，张骞出使西域就是"凿空"了这座大山。正如我们今天提出的"一带一路"倡议，也就是要"凿空"西方敌对势力对我们的封锁和包围。2019 年 4 月 27 日，第二届"一带一路"国际合作高峰论坛在北京举行，38 个国家的元首和政府首脑以及联合国秘书长和国际货币基金组织总裁共 40 位领导人、150 多个国家、92 个国际组织的 6000 多位外宾汇聚北京，2018 年举行的"2018 年中非合作高峰论坛"，53 个非洲国家元首和政府首脑出席会议。所以用"凿空"来打通"丝绸之路"，意义特别重大。比如我们韩城为了做好新旧动能的转化这篇文章，也走出了国门，在丝绸之路上打摊设点。而且提早谋划，不等不靠，大胆提出"三年千亿产业振兴计划"，深入实施工业、旅游两大突破战略，加快建设"五大千亿产业集群"和"十大百亿企业集团"。

我认为作为司马迁故乡的人，不论这一举动是有意还是无意都是对司马迁经济思想的拓展和延伸。

二、司马迁的民主思想与当代中国加快民主政治进程

“民主思想”应该是封建社会末期、资产阶级民主革命初期的产物。但早在春秋战国时期（前770—前221），由于当时政治条件比较宽松，学术言论比较自由，文人士大夫的社会地位普遍较高，形成了中国古代独一无二的“百家争鸣”时期，形成了“民主意识”分外强烈的一个时代。孟子有句名言：“民为贵，社稷次之，君为轻”；“君之视臣如手足，则臣视君如腹心；君之视臣如犬马，则臣视君如国人；君之视臣如土芥，则臣视君如寇仇”。这和我们现在讲的“以人为本”的思想是一致的，是对“官本位”价值观的一个大胆否定。另外，这段话还阐明了一个道理“君主看待臣下如同自己的手足，臣下看待君主就会如同自己的心腹；君主看待臣下如同犬马，臣下看待君主就会如同路人；君主鄙视臣下如同泥土草芥，臣下就会把君主当成仇人。”以心换心啊！这个道理多么浅显而又多么深刻啊！

景公“三十七年，楚惠王灭陈。荧惑守心。心，宋之分野也。景公忧之。司星子韦曰：‘可移于相。’景公曰：‘相，吾之股肱。’曰：‘可移于民。’景公曰：‘君者待民。’曰：‘可移于岁。’景公曰：‘岁饥民困，吾谁为君！’子韦曰：‘天高听卑。君有君人之言三，荧惑宜有动。’于是侯之，果徙三度”。（《史记·宋微子世家》）

这就是司马迁的民本思想。司马迁借用宋景公之口，表达了自己对于人民群众深深的爱意，这和我们今天强调的“官员做人民公仆”如出一辙。究竟君是民的役？还是民是君的奴？这是两种尖锐对立的价值观。司马迁在这个问题上毫不含糊。他说，既然君是民的役，那么做国君就得吃苦，就得受累。就得在“鸿水滔天，浩浩怀山襄陵，下民皆服于水”的情况下，“乃劳身焦思，居外十三年，过家门不敢入。薄衣食，致孝于鬼神；卑宫室，致费于沟淢。陆行乘车，水行乘船，泥行乘橇，山行乘檋”四处奔走治理水患，为民谋利。这样的帝王，两千年来的统治者们有几个人愿意去身体力行。一听这段话，大家一定知道这

是谁？大禹治水。大禹治水的故事发生在韩城，大禹治水的故事也出自韩城人司马迁的《史记·夏本纪》。

司马迁在《太史公自序》中谈到孔子作《春秋》的动机时说：

> 周道衰废，孔子为鲁司寇，诸侯害之，大夫壅之。孔子知言之不用，道之不行也，是非二百四十二年之中，以为天下仪表，贬天子，退诸侯，讨大夫，以达王事而已矣。

《春秋》所记的242年历史，以此作为天下准则。意思是，不要盲目崇君媚上，要敢于贬抑昏庸无道的天子，敢于斥责胡作非为的诸侯，敢于讨伐害国乱政的大夫。这样做就会使在位者乐谋其政，尽职尽责的干好人民的事业。

司马迁的民主思想还表现在他重视并歌颂下层人民群众，为下层人物，甚至是朝廷的叛逆者树碑立传，表现了一种封建社会少有的大无畏的求实精神。陈胜是一个雇农，一个被发配戍边的屯长，但在生死存亡的关头，他发出了“壮士不死即已，死即举大名耳，王侯将相宁有种乎”的呼喊。司马迁把陈胜写入“世家”。在《史记·太史公自序》中说：

> 桀、纣失其道而汤、武作，周失其道而《春秋》作。秦失其政，而陈涉发迹，诸侯作难，风起云蒸，卒亡秦族。天下之端，自涉发难。

在这里，司马迁把农民起义领袖和商汤、姬发（周武王）、孔子等大圣人等量齐观，这在两千年的封建社会里空前绝后、绝无仅有。在建设社会主义民主政治的今天，司马迁先进的民主思想和民主意识值得我们充分学习和借鉴。

三、司马迁的法治思想与当代中国推进依法治国进程

以习近平总书记为主任的中央全面依法治国委员会的成立，开启了全面依法治国的新时代。法治恰似一条红线，改革发展稳定、内政外交国防、治党治国治军，无不以法治为框架，无不用法治做保障，无不由法治来贯穿。法律是治国之重器，法治是国家治理体系和治理能力的重要依托。全面推进依法治国进

程，执法者尤其重要。司马迁把一些“守法不失大理，言古贤人，增主之明”的执法官，列于《史记》“忠臣死义之士”的画廊，值得当代作史者敬佩。

《史记·张释之冯唐列传》中记载了一位叫张释之的法官，他对汉文帝说“法者，天子所与天下公共也”。意思是，“法”具有高于个体的普遍性，也理所当然地高于制定它的君主。即“法律面前人人平等”，这是对“刑不上大夫”封建迂腐思想的公然否定。

在《史记·循吏列传》中，司马迁给大家介绍了一位刚正不阿的执法者石奢，“石奢者，楚昭王相也”。有一次出巡属县，恰逢途中有凶手杀人，他抓捕了凶犯，一看杀人者竟然是自己的父亲。从执法角度看，杀人偿命，处死其父，是“奉职循理”，但无疑这又属于不孝之举。如果网开一面，放行其父，又是“废法纵罪”。两难之间，石奢毅然地按照律令，自己伏诛，替父服刑而死，从而维护了法律的尊严。

《史记》还记载了一位法官叫李离。他是春秋时期晋文公的大理（执掌刑罚的官），他在审理案件中“过听杀人”，就是误听了下属的不实证据，而错杀了人犯。发觉后他就“自缚请罪”，把自己拘禁起来判处死刑。晋文公说，官职贵贱不一，刑罚也轻重有别，这是你手下官吏提供的证据有误，不是你的责任，命其“傅其罪下吏”。李离说，臣担当的官职是长官，不曾把高位让给下属；我领取的官俸是厚禄，也不曾把高薪分给下属；如今我审查案情有误而枉杀人命，却把责任推诿于下级，这种道理讲不通，坚持“自拘当死”。李离说，“失刑则刑，失死则死”。法官断案要有规矩，错判就要负责，错杀人就要偿命，于是“伏剑而死”，“以正国法”。

从张释之、李离、石奢到《史记》中记载的商鞅、司马穰苴、孙武等，虽然所处时代不同，执法对象不同，但他们都有一个共同特点，就是“守法不失大理”，执法不分亲疏，惩治不避权贵，守法身体力行。司马迁为这样一批“忠臣死义之士”立传，将自己的法治思想已经淋漓尽致地尽寓其中了。一切为了人民，这是法治中国无处不在的烙印，也是法治中国始终不变的底色。中共十八届四中全会建立了法官办案质量终身负责制、错案责任倒查问责机制，不仅限定了法官的自由裁量权，还严厉地限制党政领导干部对于司法的干预，这样就会有效地提高法官的办案质量、办案效率和办案水平。众所周知的内蒙古呼格案，几十年纠正不了。河南的错案，“死者”都复活回来了，冤狱还得不到平反。我们看看李离，错判案件，自请死刑。与两千年前的人物相比，这些人不觉得汗颜吗！

可喜的是，十九大以后，党中央强力实施司法体制改革，把几十万名法官、检察官重新洗牌，实行员额制，把 12 万多名法官、9 万多名检察官遴选入额。“谁办案谁负责”成为司法人员的广泛共识。遥想当年，我们的一部宪法，竟然保护不了自己的国家主席，几个胡作非为的红卫兵就可以把他置于死地。现在一个平民百姓的“呼格案”，中央铁腕纠错。一场场刀刃向内，自我加压的法治革命不断向纵深发展。望征途，初心一如来时路。我们应该相信，中国的法治道路、法治理论、法律制度和法治文化正在日益绽放出独特的光芒，一定会屹立于世界法治文明之列。

四、司马迁的处世哲学思想与践行社会主义核心价值观

当代中国提出 24 字的社会主义核心价值观。其中：富强、民主、文明、和谐是对国家层面的要求；自由、平等、公正、法治是对社会层面的要求；爱国、敬业、诚信、友善是对公民层面的要求，在这里我主要结合研学司马迁的处世哲学思想，谈谈社会主义核心价值观的第三个层面，讲三个问题。

（一）关于“义利观”

义和利既是一个理论问题，又是一个涉及社会生活各个方面的现实问题。司马迁在《史记·平准书》中明确提出“追求物质财富是人类的本性和权力”，他在《史记·货殖列传》中也认为政治上的治乱兴衰与社会经济情况密切关联，主张发展工商各业，实行经济放任政策，放手让人们致富。所有这些对“义”和“利”的分析，都是切中要害的。

我们再来看“义”和“利”这两个字。从汉字文字学的角度分析，义的繁体字“義”，上半部是羊，下半部是我。国学大师王国维认为：“我”字像手持兵器。那么“義”就可以理解为“手持兵器护卫自己的羊群”。可以引申为合理的、符合社会道德规范的合法利益。什么是利？以刀割禾就是“利”，表示收获稻谷，

获得物质利益。也可以引申为人对利益的追求。

如何在义和利之间寻求一个平衡点。孔子提出了两条原则，第一是“见利思义”，第二是“义以为上”。司马迁同意孔子的观点。他在《史记·范雎蔡泽列传》中说“不义而富且贵，于我如浮云”，这个观点和孔子是一致的。

而他在《史记·平准书》中提出的以礼义防于利，不义之事不做，不义之利不取，就显得更为积极。司马迁在《史记·循吏列传》中讲了这样一个“公仪休拒鱼的故事”。

> 客有遗相鱼者，相不受。客曰：“闻君嗜鱼，遗君鱼，何故不受也？”相曰：“以嗜鱼，故不受也，今为相，能自给鱼；今受鱼而免，谁复给我鱼者？吾故不受也。”

这一段话说得多好啊！既风趣幽默，又义正词严。说的客人瞠目结舌，无言以对。引申到我们现在的个别干部，有这样的眼光、有这样的水平吗？就是一些高级领导干部也抵挡不住物质的诱惑啊！“不义之利不取”是我们每一个人都应该遵守的一条戒律，仔细想一想，其实，它和“儒家八条目：格物、致知、诚意、正心、修身、齐家、治国、平天下”是一致的。

义和利的关系问题再引申一点，也就是精神和物质的关系问题，这也涉及哲学的根本问题。关于精神和物质的关系问题是哲学的根本问题，司马迁在《货殖列传》中有一段精彩的表述：“仓廪实而知礼节，衣食足而知荣辱”，“礼生于有而废于无”，“渊深而鱼生之，山深而兽往之，人富而仁义附焉”。这是彻底的唯物主义观点，他申明存在决定意识，精神文明和政治文明都应该建立在物质文明的基础之上。人的生命是宝贵的，人的生存权是人最大的“利”。最大的“义”是什么呢？就个人而言，应该是人格尊严和道德操守；就群体而言，应该是国家、社会、民族的根本利益。

司马迁在《史记·范雎蔡泽列传》中说：“君子以义死难，视死如归。生而辱不如死而荣。士固有杀身以成名，虽义之所在，虽死无所恨。何为不可哉？”这应该是司马迁义利观的最高境界。

（二）关于人生观

人生观是一个人对人生问题的看法，也就是对于人的生存价值和意义的根本观点。

关于人生观，司马迁有一句名言在中国妇孺皆知“人固有一死，或重于泰山，或轻于鸿毛，用之所趋异也。”（《报任安书》）

就人生观，司马迁在《太史公自序》和《报任安书》两处讲了同一段话，非常深情地歌颂了七八位杰出人物在逆境中发愤图强的事迹，他说：“盖文王拘而演《周易》，仲尼厄而作《春秋》，屈原放逐，乃赋《离骚》；左丘失明，厥有《国语》；孙子膑脚，兵法修列；不韦迁蜀，世传《吕览》；韩非囚秦，《说难》《孤愤》；《诗》三百篇，大抵贤圣发愤之所为作也。”

谈到这里，我想重点说说屈原。屈原是一位伟大的爱国主义诗人，是《离骚》《天问》《九章》《九歌》许多著名诗篇的作者。司马迁在《史记·屈原贾生列传》中对屈原倾注了海一样的深情，热情讴歌。屈原大约生于公元前 340 年，他曾任楚国三闾大夫、左司徒，兼管内政外交。他的政治主张很鲜明：对内举贤任能，明修法度；对外联齐抗秦，保家卫国。但是却遭一些奸佞官员的排挤，被昏庸的楚怀王流放于沅、湘流域。流放中，屈原看到国土沦丧，满怀忧愤，遂将满腔爱国之情倾注于诗歌的创作中，他的《离骚》和《九歌》，是人类诗歌史上难以逾越的高峰。

公元前 278 年五月初五，秦国大将白起攻破楚国首都郢，流放中的屈原，悲愤难当，就在长沙附近的汨罗江，怀石投江自尽。从此，这一天，就成了中国人永久的节日——端午节。司马迁与屈原同病相怜、同明相照，他百折不挠，忍辱奋斗的思想，是留给后世的一份非常珍贵的遗产，将永远给我们以激励、以启迪，将永远给我们以无比的力量、勇气和信心。

（三）关于价值观

价值和尊严对于一个人来讲，至关重要，它是人的个性心理结构的核心因素之一。一个人在社会上的地位和作用，一个人对客观事物及对自己的行为结果的意义、作用和重要性做怎样评价、总体看法如何，这就是自己价值观的表现。

也许在司马迁那个时代，还没有价值观这个概念。但是你读《史记》就会发现，我们的祖先是那样地重视自己的价值，那样地讲究自己的尊严。魏豹是魏国的落魄公子，在秦末的大乱中，以武力征战成为魏国的国王。在楚汉争霸中倒向项羽一方。刘邦派郦生去游说，希望他叛楚归汉。魏豹回答："人生一世间，如白驹过隙耳。这个汉王对人傲慢无礼，对下属如同对奴仆，没有起码的礼节。跟着他虽然有金钱美女，有官可作，生活舒适。但是没有做人的尊严，所以我不想见他。"一口回绝了。即使后来魏王豹兵败被杀，亦不后悔。

读《史记》最让我激动的，永远是那些有着高贵的心灵、不屈的精神、充沛的豪情的一个个活生生的人。是叱咤风云的项羽、是首举义旗的陈胜、是上下问天的屈原、是易水送别的荆轲、是义不帝秦的仲连，是勾践、是伍员、是田横、是李广……他们中许多是悲剧英雄，但是他们为追求真理不惜牺牲生命，其人生价值取向是令人景仰的。就说义不帝秦的鲁仲连，他是齐国人，到赵国办事，正赶上秦国包围了赵国的首都邯郸，赵国危在旦夕。这时作为赵国盟国的魏国，不仅不救赵，反而落井下石，派出劝降使者要赵国投降秦国。鲁仲连怒不可遏，挺身而出，慷慨陈辞，驳斥了魏国使臣辛垣衍的投降主义谬论，分析了尊秦为帝对于魏国、对于辛垣衍个人的危害。指出只有东方各路诸侯联合抗秦才是唯一正确的出路。鲁仲连义正辞严地说：假使秦国"肆然而为帝，过而为政于天下，则连有蹈东海而死耳，吾不忍为之民也"。这是何等"以死殉义"的高尚气节，又是何等正气凛然的英雄气概！与鲁仲连相似的还有荆轲，荆轲的事迹见于《史记·刺客列传》，对荆轲的作为，我们不能把他仅仅理解为一种"士为知己者死"的行为，而应看作是"一诺千金"的豪迈壮举。司马迁在《史记·游侠列传》中还歌颂了朱家、郭解等一批侠义之士，"言必信，行必果"诚信做人的人生态度。

谈到诚信，这是社会主义核心价值观的重要内容之一。我收到一条微信：失信是最大的破产。一个人最大的破产是信用的破产！哪怕你一无所有，但只要信用还在，就还有翻身的本金。保护好信用，珍惜别人给你的每一次信任。因为有时候我们只有一次机会，我劝朋友们永远不要投资自己的信用。

司马迁在《史记·晋世家》中讲了一个"剪桐封弟"的故事，倡导人们要诚信做人。"剪桐封弟"的故事发生在公元前 12 世纪。周武王姬发灭商后不久便去世了，儿子姬诵继承王位，是为周成王。由周公姬旦辅佐朝政。一次，周成王姬诵和他的弟弟叔虞在一块玩耍。玩到高兴处，姬诵把一片桐叶剪成玉珪状，随手递给弟弟叔虞说“以这个（玉珪）封你到唐地为侯”。唐地就是现在的山西。不久唐地发生了叛乱，周公姬旦率兵平息叛乱后。史官就用当年姬诵给弟弟许愿的话，提醒姬诵封叔虞去唐地当诸侯。成王漫不经心地说，那是和弟弟玩耍开玩笑的话，何必当真。史官郑重地说，天子无戏言，天子说出的话，史官都要如实记载，乐工要唱诵它，士大夫要传扬它。于是，周成王按照他当年给弟弟说的话兑现了承诺，派叔虞去唐地任职。“剪桐封弟”的故事告诉人们，君子一言，驷马难追。

陕西眉县有个农民叫严平安，他儿子于 2000 年举债 17 万元买了一辆车，仅仅 8 个月就因车祸身亡。面对高额债务，严平安在承受心灵打击的情况下，承诺“子债父还”，绝不亏欠曾经借钱给他的人。用他的话说：“人家这钱也不容易啊！”夫妻二人“筚路蓝缕、以启山林”，经过 13 年的起早贪黑、辛勤劳动、克服困难、省吃俭用，靠养牛攒钱终于还清了儿子生前所欠的债务。以一个朴实、善良、憨厚的形象，为社会主义核心价值观增光添彩，受到社会普遍赞誉。

一个民族的实力有强有弱，一个人的才干有高有低。但只要这个民族和构成这个民族的每一分子能够有思想，有灵魂，有崇高的理想境界，有不可折服的奋斗精神，那么这个民族就是伟大的，就是不可战胜的。我们必须明白，在我们千方百计让物质财富不断丰富起来的时候，也必须同时注意让我们的精神、思想不断地丰富起来、崇高起来。从这个角度出发，《史记》的确是我们今天对干部进行思想教育的好教材。

（薛引生，中国史记研究会常务理事，陕西省司马迁研究会顾问，陕西省传记文学学会会长。）

《史记》相关研究

以实事求是的态度对待古代文化遗产，对材料要加以仔细区别，针对不同的情况，做不同的分析，逐步完善『史记学』。

“史记学”的古今融通（纲要）

王长顺

我们都知道，人类的活动和认识产生经验，经验的积累和消化形成认识，认识通过思考、归纳、理解、抽象而上升为知识，知识在经过运用并得到验证后进一步发展到科学层面而形成知识体系，处于不断发展和演进的知识体系根据某些共性特征进行划分而形成学科。所以说，所谓“学科”，就是指相对独立的知识体系。由此，学科体现出的特征就是发展性和创新性、系统性和结构性、特征性和规律性。“史记学”作为一门古老而又年轻的学科，要不断完善与创新，就要古今融通，持续发展。

一、“史记学”价值的古今融通

某一学科的持续发展，是以研究价值为基础的。“史记学”作为一门综合学科，其体系完善需要对其研究价值进行古今融通。

从文化层面来说，“史记学”的意义在于对史学、文学、哲学等学科门类系统知识的呈现，对中华文化宝库的发掘，对文化整合功用的发挥，这也正是司马迁“究天人之际，通古今之变，成一家之言”著述宗旨的体现。在发掘“史记学”历史认知价值、自我激励价值、人生教育价值、艺术审美价值等价值的基础上，重点研究“史记学”的文化整合价值。张新科认为，《史记》是一次对区域文化综合、学派文化综合、从“巫”到“史”文化渊源综合、官方文化与民间文化综合的多层次、大规模文化整合，是一个复杂而艰巨的过程，是更高层次的文化积淀和文化创造。当然，司马迁撰写《史记》以实现文化整合，自有其方法、途径，文化整合所体现的特征和规律。

在新时代坚定文化自信的今天，我们可以从“史记学”研究当中把握《史记》在文化整合的规律，思考并探究文化自信的条件、表现、特征、本质等等，为建设、繁荣中国特色社会主义文化，坚定文化自信提供有益借鉴。

二、“史记学”研究方法的古今融通

历史上的“史记学”研究方法，有校勘、正讹、互证、注解、评论、考据、比较等等，总体上来说，既有微观研究，也有宏观研究，还有宏观与微观相结合的研究。我们应当借鉴古代“史记学”的研究方法为今所用。如可以把基本史料、文献整理等作为当今“史记学”研究的方法借鉴，运用大数据、信息化等现代技术，建立文献数据库，汇编、整理新中国成立以来的《史记》研究成果，为当代研究提供基础资料。

更为重要的是，要以理性分析的方法，注重把握《史记》研究规律，从而用科学的学科方法研究《史记》，更好地完善“史记学”。正如张新科所说，“史记学”研究要以马克思主义为指导，以实事求是的态度对待古代文化遗产，对材料要加以仔细区别，针对不同的情况，做不同的分析，逐步完善“史记学”。因此，我们要以马克思主义唯物史观为指导，注重“史记学”规律探寻、学理创新、体系完善。

三、《史记》普及的古今融通

《史记》的普及传播，有选本、评注本、集解本等等，当代的《史记》阅读应当在借鉴古代《史记》读本编纂经验的基础上，根据当今人们的阅读习惯、受众特征做好《史记》选译和解读，用现代语言注解、评析和鉴赏，同时要注重思想性的现代挖掘和当代阐释，扩大受众面，提高普及率，让读者从中领略中华民族精神的精髓，做到古今传播和接受的一脉相承。具体说来，一是针对知识分子、市民、学生等不同受众群体，编纂不同的《史记》普及读本；二是可以专门编纂“本纪”“世家”“列传”等体例选本或读本，供读者阅读；三是整理古代鉴赏、评论集，提高人们阅读欣赏水平。最为重要的是，要把握《史记》

接受与传播的特征和规律，为我们的《史记》传播接受史研究提供依据，做到《史记》传播、接受与传播的古今融通。

四、“史记学”学科知识体系的古今融通

“史记学”作为一门专门的学科知识，是一个由35门278项系统知识构成的体系，具有多学科性、多层面性等综合性特点，涉及政治学、经济学、地理学、军事学、医学、天文学、心理学、档案学、民族学等学科的方方面面，我们要把古代《史记》的相关研究与当代知识体系、学术体系相融通，构建符合现代学术研究规律、科学研究手段的“史记学”知识体系。

总的说来，“史记学”研究，需要汇通古今，坚持继承创新，走综合化、理论化、多样化、立体化、世界化、数字化、生产化之路，注重规律探寻，注重现实观照，注重深化提升，努力构建完备的“史记学”体系。

（王长顺，咸阳师范学院文学与传播学院教授、文学博士、硕士生导师。）

天马考
——兼论元代的天马诗①

张建伟

追求“天马”起自汉武帝，学术界对这一问题的研究主要涉及史实考证、造型艺术等方面。周士琦《汗血马小考》考证了汗血马的得名（《文史杂志》2002第2期），王淑梅、于盛庭《再论汉武帝〈天马歌〉的写作缘由和年代问题》（《乐府学》2010年刊）提出，《史记·乐书》所载《西极天马歌》本为元鼎四年（前113）秋为得乌孙马而作，太一天马绝非渥洼水马，而是余吾水马，《太一天马歌》应作于元狩二年（前121）夏。相关论文还有张跃进《“天马”小考》（《东南文化》1986年第1期）、刘兆云《汉武帝〈天马歌〉纵横谈》（《新疆大学学报》1993第2期）、王立《汗血马的跨文化信仰与中西交流——〈汗血马小考〉文献补正》（《文史杂志》2002第5期）、王淑梅、于盛庭《〈天马歌〉考辨与〈史记·乐书〉的真伪》（《乐府学》2015第2期）等。

元代天马诗的研究未受到应有重视，目前仅见三篇论文。刘宏英《元代诗文中的天马集咏》重点分析了程钜夫、刘诜、揭傒斯、许有壬、周伯琦等人的作品（《河北北方学院学报》2014年第1期）。高林广《上都天马歌之民族文化与文人心态初探》以元顺帝至正二年（1342）拂郎国遣使至元上都进献天马为中心，指出天马歌对贡马的体貌、形态、精神气质做了生动形象的描绘，并渲染了马的“神性”，凸显了天子圣德、远裔归化的主题，最终锻造了天马深沉、浓郁的文化品格（2015年元代文学与文献研究高端论坛，中国·锡林浩特）。刘嘉伟认为，元代“拂郎献天马”同题集咏的作者身份多元，诗作显示出盛世心态

① 本文为教育部人文社会科学研究青年基金项目（项目编号10YJC751116）成果，山西大学国家社科基金助推项目“元代文学地理与文人分布”（项目编号2015SDGT008）成果。本文以《天马西来与元代天马歌咏》为题发表于《中原文化研究》2021年第2期。

与和雅诗风，既有对马的赞颂，也有多元感情的抒发（《元人“拂郎献天马”同题集咏刍议》，《晋阳学刊》2016 年第 2 期，第 29—31 页）。与天马诗有关的研究还有叶新民《元代中国与欧洲友好往来的一段佳话——周朗〈天马图〉小考》，该文认为，至正二年拂朗国使节到上都献马，元顺帝命周朗绘制《天马图》，这幅画与后至元二年（1336）元朝和罗马教廷的一次重要交往有密切关系（《内蒙古大学学报》2013 年第 6 期）。刘嘉伟提出，至正二年题咏拂郎国天马的参与者民族众多，朝野皆有，反映出元人的盛世心态与和雅春荣的馆阁诗风，对于“马”的赞颂体现出草原民族“胡风国俗”的深刻影响。①

综上所述，目前对“天马”的研究尚有开拓的余地，天马的得名、帝王与文人的“天马”情结、天马与丝绸之路的关系等问题值得探讨。本文拟从“天马”之名的考证入手，分析其文化内涵，进而以元代天马诗为例，阐发其背后的文化意义。

一、“天马”考

“天马”之名起自汉武帝时，《史记》卷一二三《大宛列传》：

> 初，天子发书《易》，云“神马当从西北来”。得乌孙马好，名曰“天马”。及得大宛汗血马，益壮，更名乌孙马曰“西极”，名大宛马曰“天马”云。

汉武帝以《周易》占卜，获知“神马当从西北来”，先得乌孙好马，名之“天马”，后得大宛汗血马，又将“天马”之名改属大宛汗血马。

然而，根据史籍记载，汉武帝最早得到的是渥洼（在今敦煌）神马。《汉书》卷六《武帝纪》记载，元鼎四年（前 113），“秋，马生渥洼水中”②。不过，武

① 参见刘嘉伟著的《元代多族士人圈的文学活动与元诗风貌》，人民出版社 2016 年版，第 100—104 页。

②《汉书》卷二十二《礼乐志》、《资治通鉴》卷十九将马生渥洼水中载于元狩三年（前 120），当从本纪。

帝更看重的是“大宛汗血马”，那么，这种马是什么时候进入中原的呢？

《史记》卷一二三《大宛列传》记载：“自博望侯骞死后，匈奴闻汉通乌孙，怒，欲击之。及汉使乌孙，若出其南，抵大宛、大月氏相属，乌孙乃恐，使使献马，愿得尚汉女翁主为昆弟。”乌孙献马在张骞死后，即武帝元鼎三年（前114）之后。《大宛列传》在记述武帝派使者求大宛马之后说：“是时汉既灭越”，据《汉书》卷九十五《西南夷两粤朝鲜传》，西汉征伐南越在元封元年（前110）冬。乌孙马与大宛马先后进入中原当在公元前114年至110年之间，结合武帝元鼎四年（前113）秋得到渥洼马，则上限当在公元前113年①。

综上所述，武帝获取天马的次序为：公元前113年秋得渥洼马，之后乌孙献马，最后得到大宛马，并且不断派使者征求，时间当在公元前110年之前。

武帝最喜爱的天马来自大宛。史载大宛“多善马”，《集解》引《汉书音义》曰：“大宛国有高山，其上有马，不可得，因取五色母马置其下，与交，生驹汗血，因号曰天马子。”②天马，又有汗血马之称，应劭曰：“大宛旧有天马种，蹋石汗血。汗从前肩髆出，如血。号一日千里。”师古曰：“蹋石者，谓蹋石而有迹，言其蹄坚利。”③

为了求得大宛马，武帝不断派出使臣，《史记》卷一二三《大宛列传》记载，“天子好宛马，使者相望于道。诸使外国一辈大者数百，少者百余人，人所赍操大放博望侯时”。为了达到目的，武帝甚至使用武力。《汉书》卷六《武帝纪》记载，太初四年（前101）春，贰师将军李广利斩大宛王首级，获得汗血马，做《西极天马之歌》。

马在古代为重要的战略物资，汉武帝好大喜功，酷爱战马，他追求天马就成为必然。因此，西域天马进入中原，主要体现了汉武帝作为皇帝对国力强盛、四夷宾服的渴望。

---

①《资治通鉴》卷二十将汉朝获得大宛马编入元鼎二年（前115）。

② 司马迁：《史记》卷一二三《大宛列传》。

③ 班固：《汉书》卷六《武帝纪》。

二、古代帝王与文人的天马情结

“天子偶用一物，未必不过此已忘；而奉行者即为定例。”[①]更何况天马乃天子所爱，因此，天马、神马成为时代之追求。渥洼马就是其中一个典型的事例。

《史记》卷二十四《乐书》：“又尝得神马渥洼水中”，作《太一之歌》，伐大宛得千里马，武帝命人作歌曰：“天马来兮从西极，经万里兮归有德。承灵威兮降外国，涉流沙兮四夷服。”

太初四年汉朝杀掉大宛王获取宛马时，作《西极天马歌》，曰：

> 太一况，天马下，沾赤汗，沫流赭。志俶傥，精权奇，籋浮云，晻上驰。体容与，迣万里，今安匹，龙为友。

“太一况，天马下”，师古曰：“言此天马乃太一所赐，故来下也。”“籋浮云，晻上驰”，苏林曰：“言天马上蹑浮云也。”“体容与，迣万里”，师古曰：“言能厉渡万里也。”[②]诗歌中的天马极为神奇，它为上天所赐，能上蹑浮云，下渡万里，除了龙之外，无可匹敌。

> 天马徕，从西极，涉流沙，九夷服。天马徕，出泉水，虎脊两，化若鬼。天马徕，历无草，径千里，循东道。天马徕，执徐时。将摇举，谁与期？天马徕，开远门，竦予身，逝昆仑。天马徕，龙之媒，游阊阖，观玉台。

应劭曰：“阊阖，天门。玉台，上帝之所居。”[③]夸饰天马的非同寻常，除了毛色如虎，变化如神，奋摇高举外，还可以乘之往昆仑神仙世界，游览阊阖、玉台等上帝之所居。

---

① 蒲松龄撰、张友鹤辑校：《聊斋志异》（会校会注会评本）卷四《促织》，上海古籍出版社1978年版，第489页。

② 班固：《汉书》卷二十二《礼乐志》。

③ 班固：《汉书》卷二十二《礼乐志》。

“天马”被追求与神化的过程，反映了汉武帝作为一代英主，既有开疆拓土的豪情，又有好大喜功的虚荣。天马歌所唱“归有德”“降外国”“四夷服”，包含着儒家“远人服”的政治理想，但使用手段却非“修文德”①。

汉武帝之后，钦慕仿效者代不乏人。比如，东汉初期的东平宪王刘苍。②北朝也有汉武帝的崇拜者，《魏书》卷七十九《董绍传》记载，“肃宗初，绍上《御天马颂》，帝赏其辞，赐帛八十匹”。盛唐的张说曾作《杂曲歌辞·舞马千秋万岁乐府词》三首，其二曰：“圣王至德与天齐，天马来仪自海西。腕足齐行拜两膝，繁骄不进蹈千蹄。髤髵奋鬣时蹲踏，鼓怒骧身忽上跻。更有衔杯终宴曲，垂头掉尾醉如泥。”③

同时，历史上也不乏对汉武帝求天马持批评态度的人。当年，汉武帝得渥洼马，作天马歌，中尉汲黯曾进谏曰：“凡王者作乐，上以承祖宗，下以化兆民。今陛下得马，诗以为歌，协于宗庙，先帝百姓岂能知其音邪？”④使得汉武帝默然不说。

对于求天马，批评者的主要理由是发动战争，劳民伤财。前秦帝王苻坚还将大宛进献的天马千里驹等宝物退还，并且命群臣作《止马诗》，追慕的是汉文帝的节欲俭朴，委婉地对汉武帝的铺张表示异议，此举被称为盛德之事。⑤还有人公开批评汉武帝倾其国力求天马的做法，比如《北史》卷九四《四夷传》序曰：“汉武士马强盛，肆志于远略。匈奴已却，其国乃虚。天马既来，其人亦困。”初唐人褚遂良也持有类似的意见。他说：“汉武负文、景之聚财，玩士马之余力，始通西域，初置校尉。军旅连出，将三十年。复得天马于宛城，采蒲萄于安息。而海内虚竭，生人失所，租及六畜，算至舟车，因之凶年，盗贼并起。”⑥元人天马诗在赞扬本朝威德远布、四方进献的同时，也对汉武帝为获取天马而发动战争的行为给予批评，比如许有壬《应制天马歌》：“茂陵千金不能致，直以兵

①《论语·季氏》：“夫如是，故远人不服，则修文德以来之。”

② 参见《后汉书》卷四十二《光武十王传·东平宪王苍传》。

③《全唐诗》卷二十八，中华书局 1960 年版，第 416 页。

④ 司马迁：《史记》卷二十四《乐书》。

⑤ 参见《晋书》卷一一三《苻坚载记上》。

⑥《旧唐书》卷八十《褚遂良传》。

戈劳广利。当时纪述虽有歌，侈心一启何由制。吾皇慎德迈前古，不宝远物物自至。”陆仁《天马歌》：“穆王八骏思游历，汉武穷兵不多得。天马自来征有德，史臣图颂永无斁。”[①]

无论是仿慕还是批评，在人们心中，天马紧紧地和汉武帝开边拓土联系在一起，由于这一点不符合儒家修礼以待远人宾服的理念，因此汉武帝以武力求天马的行为并不被广泛认可。

不只是帝王对“天马”有强烈的追求，文人也有“天马”情结。在唐代之前，文人仅在诗歌中提到过天马，很少专咏天马之诗，比如阮籍《咏怀》诗其四“天马出西北，由来从东道。”唐代开始出现天马题材的诗歌，这和唐朝国力强盛，西域畅通密切相关。张仲素《天马辞二首》其一曰：

> 天马初从渥水来，郊歌曾唱得龙媒。不知玉塞沙中路，苜蓿残花几处开。[②]

张仲素提到天马出自渥洼水，并描绘其神态。李白《天马歌》在对天马的形态与神奇尽情描绘之后，转入怀才不遇的感伤，天马成为期盼伯乐、备受压制的贤才的象征。

在唐诗中，天马成为汉武帝的标志之一，比如李商隐《茂陵》：“汉家天马出蒲梢，苜蓿榴花遍近郊。”[③]诗歌中也有对汉武帝武力获取天马的批评，比如周存《西戎献马》：“天马从东道，皇威被远戎。来参八骏列，不假贰师功。”储光羲《和张太祝冬祭马步》：“今日歌天马，非关征大宛。”[④]

宋代天马诗不多见，例如谢翱《宋铙歌鼓吹曲》提到天马，诗序曰：“宋既受天命，为下所推戴。惩五季乱，誓将整师。秋毫无所犯，为天马黄第二。”[⑤]可见天马与国力强盛、西域是否畅通有着密切联系。

---

① 参见许有壬撰《至正集》卷十；顾瑛辑《草堂雅集》卷十五。

②《全唐诗》卷三六七。

③ 刘学锴、余恕诚：《李商隐诗歌集解》，中华书局1988年版，第552页。

④《全唐诗》卷二八八、卷一三九。

⑤ 谢翱：《晞发集》卷一，文渊阁四库全书本。

三、元代天马入贡及天马诗考

那么，在疆域广大、国力强盛的元代，文人是如何看待天马的？

元代接收天马朝贡不止一次，据文献记载，仅仅外国进贡就至少有三次，分别是成宗元贞大德年间、天历年间与至正二年，应该都是拂郎国所进献的。考证如下：

第一，倪瓒《松雪马图为原道题》曰："渥洼龙种思翩翩，来自元贞大德年。"①说明元成宗元贞、大德年间曾有进贡天马的事，赵孟頫还为此作画②。元初的牟巘曾为《拂林天马图》题诗③，他死于至大四年（1311），他见到的"拂林天马"当为元朝初期拂郎进献的，具体时间史籍失载，有可能就是大德、贞元年间。

第二，张昱《天马歌》诗题下注曰："天历间贡"，天历为元文宗年号，说明当时有过进贡天马的事件。诗曰："天马来自苐郎国"，可见为苐郎国所进贡，苐郎，即拂林、佛郎④。诗曰："大国怀柔小国贡，君王一顾轻为重。学士前陈天马歌，词人远献河清颂。鸾旂属车相后先，受之却之俱可传。普天率土尽臣妾，圣主同符千万年。"⑤

第三，元代影响最大的是至正二年（1342）拂郎国进献天马。这次事件引起了人们歌咏天马的热潮，成为诗坛歌咏的盛事。用杨镰的话讲，就是"元人有关'天马'诗文，能编成一部专集"⑥。目前可见的作品有许有壬《应制天马歌》、周伯琦《天马行应制作》、唐元《拂郎国献天马》、叶懋《天马歌》、宋无《天马歌》、秦约《天马歌》、陆仁《题汉天马图》、杨维桢《佛郎国进天马歌》等

---

① 倪瓒：《清閟阁全集》卷八，文渊阁四库全书本。

② 于立的《题赵子昂桃花马》："学士当年侍武王，诏骑天马入明光。"说明赵孟頫桃花马图作于元武宗年间，此"天马"何年所贡、来自何地不可考。

③ 参见牟巘《陵阳集》卷五。

④ 关于苐林的具体地址，尚存争议，一般认为是法国。

⑤ 张昱：《可闲老人集》卷一，文渊阁四库全书本。

⑥ 杨镰：《元诗叙事纪实特征研究》，《文学评论》2012 年第 2 期。

等。此外，欧阳玄有《天马颂》，揭傒斯、吴师道有《天马赞》。杨维桢《佛郎国进天马歌》具有一定的代表性，诗序曰："天马歌，本古乐府车马六曲之一也，汉郊祀乐歌亦有之。然汉之得天马，或出于汉贰师将军之伐宛，非德徕之。维我有元，至正圣人德被西裔，而佛郎马来，宜作歌章，光赞乐府，故作此歌。"①

除了在天马进献时集中歌咏，天马题材还渗透进元人的生活之中。元代天马诗的数量超越前代，甚至形成了同题集咏。②科举考试还以"天马"为题，陈所安名泰，延祐元年（1314）以《天马赋》参加乡试不第，庐陵人刘诜同情其不遇，故作《天马歌赠炎陵陈所安》抒发慨叹。③

当时有不少以天马为题材的绘画，比如赵孟頫就曾为天马作画，因此，元代题天马图的诗歌大量涌现。马祖常《骏马图》、梁寅《题天马图》、戴祖禹《天马图歌》、丁鹤年《题茀郎天马图》、王逢《敬题汪氏天马图》都是这类作品。

不同于前代天马诗歌多出于想象，元代天马诗虽然不乏夸张，但多是基于写实，诗人或是亲眼所见天马，或是看图而作。

四、元代天马诗的意义

元代天马诗盛行反映了文人对天马的关注，天马入贡除了代表盛世外，还因为它的到来带给人域外景象。汉代伴随天马到来的还有物产与文化交流，《史记·大宛列传》记载，大宛"俗嗜酒，马嗜苜蓿。汉使取其实来，于是天子始种苜蓿、蒲陶肥饶地。及天马多，外国使来众，则离宫别观旁尽种蒲萄、苜蓿极望"。④汉代如此，元代也不例外，元代海外贸易的出口商品包括纺织品、金属器具、陶瓷、文化、生活用品等，进口商品有宝货、香货与药物、手工业原料及成品、金银等货币多种类别，包括珊瑚、象牙、槟榔、丁香、胡椒、八角、茴香等几百

---

① 杨维桢《铁崖古乐府》卷七，四部丛刊本。"贰"，原作"二"，据《汉书》卷六《武帝纪》改。

② 参见杨镰《元诗史》。

③ 参见刘诜《桂隐诗集》卷二，文渊阁四库全书本。

④ 唐人歌咏也有这样的内容，鲍防《杂感》曰："汉家海内承平久，万国戎王皆稽首。天马常衔苜蓿花，胡人岁献葡萄酒。"

种。[①]

由于元代和域外接触与交流极为广泛而频繁,元代歌咏域外风物的诗篇并不少见。[②]舒頔有诗《骆驼鸡行》，描绘出自域外国度的贡物——非洲特有的珍奇动物鸵鸟。[③]除了鸵鸟，非洲的另外一种动物斑马也进入了诗人的视野，元人称作“花驴”。[④]至正二年拂郎国进贡天马，成为诗坛歌咏的盛事，也是出于这样的背景。元人朱德润《异域说》记载，延祐年间佛林国使来朝，说他们的国家“当日没之处，土地甚广，有七十二酋长，地有水银海，周围可四五十里”[⑤]。他们获取水银的方法极为神奇。天马的到来打开了元人对域外的向往与想象。

天马是如何来到元朝的？从天马诗中可以看出些端倪。陆仁《天马歌》曰：“拂郎之国邈西域，流沙瀰漫七海隔。”[⑥]拂郎国距离元朝极为遥远，中间有重重的大海阻隔，七次渡海，历时四载才到达元朝的上都[⑦]。汉武帝求天马依靠的是陆上丝绸之路，而拂郎国进贡天马走的是海路，历时四年才来到中国，天马很可能是经由海上丝绸之路到达的。[⑧]马可波罗回国是从福建泉州港出发，经苏门答腊、斯里兰卡、马拉巴海岸，抵达波斯湾的霍尔木兹（即忽里模子港），经君士坦丁堡返回威尼斯。[⑨]

海上丝绸之路兴起于两汉，而兴盛于宋元，是东西方经济文化交流的纽带。早在公元二世纪，罗马帝国为了丝绸贸易，开辟了通往东方的亚洲各国的

---

① 参见高荣盛《元代海外贸易研究》第三章第四节“进出口商品构成”。

② 参见杨镰《元诗的叙事性特征研究》,《文学评论》2012 年第 2 期。

③ 四库本《贞素斋集》无此诗,《全元诗》据道光本《贞素斋家藏集》卷三收入，第 43 册。

④ 参见曹伯启《曹文贞公诗集》卷八《海外贡花驴过》，文渊阁四库全书本。

⑤ 朱德润:《存复斋集》卷五，参见《全元文》第 40 册。

⑥ 顾瑛辑、杨镰等人整理:《草堂雅集》卷十五，中华书局 2008 年版，第 1090 页。

⑦ 陆仁《天马歌》“四年去国抵京邑”，郭翼《天马二首》其二：“四年远涉流沙道”。

⑧ 据朱德润《异域说》，拂郎天马历经四年到达乞失密，又经过四年才渡海到达。

⑨ 参见唐锡仁《马可波罗和他的游记》，参见余士雄主编的《马可·波罗介绍与研究》，书目文献出版社 1983 年版，第 17 页；陈高华著，党宝海整理:《陈高华说元朝》，上海科学技术文献出版社 2009 年版，第 124 页。

航路。[①]中国同样积极远航南亚、阿拉伯地区乃至非洲，进行海外贸易。元代在之前的基础上有所发展，海外贸易极为发达，[②]可以到达“南海、印度洋至阿拉伯海乃至地中海的广大海区所涉国家（地区）”[③]。

天马诗到元代达到了顶点，与元代疆域广阔、国力强盛密切相关，也和蒙古民族有着密切联系。蒙古民族马上得天下，号称马背上的民族，对马的酷爱与崇拜体现在生活与艺术各个方面。[④]在汉代陆路的基础上，元代进一步发展了海上丝绸之路，天马成为丝绸之路的标志，元代天马诗就是东西方文化交流的见证。

（张建伟，山西大学文学院教授、文学博士。）

---

① 参见陈炎《南海丝绸之路与中外文化交流》，《海上丝绸之路与中外文化交流》，北京大学出版社 2002 年版，第 74 页。

② 参见陈高华《元代的海外贸易》，《历史研究》1978 年第 3 期。

③ 高荣盛：《元代海外贸易研究》，四川人民出版社 1998 年版，第 44 页。

④ 参见波·少布《蒙古民族的马文化》，《内蒙古社会科学》（文史哲版）1994 年第 1 期；梁丽霞《蒙古族的马崇拜浅析》，《民俗研究》2004 年第 1 期等。

“前四史”漏《诗》类型考

冯晓莉

《诗经》是我国第一部诗歌总集，也是对华夏民族的精神生活产生过巨大影响的古代典籍之一，两汉时期《诗经》在政治、文化、生活中的地位更是超过其他任何时代，以记录两汉社会生活为主的“前四史”对《诗经》诗学观点、文化精神的阐发和崇尚，在中国文化史上具有十分重要的意义。“前四史”引用《诗经》词句和题目的数量十分可观，“前四史”作者和书中人物对《诗经》的评价文字也屡屡见诸字里行间，但并非“三百篇”中所有诗歌都可以载入史册。经过秦汉专制制度规范、驯化后的汉儒对于文化经典的解释与使用变得十分谨慎，在引用和评论《诗经》时会尽力避开《诗经》中的“雷区”。本文研究“前四史”漏诗，以期对两汉社会《诗经》学史做一些补漏拾遗之努力。所谓漏诗在文中有两层意思，一是指“前四史”中没有被提及的《诗经》作品，一是指在引用时被改变了原意的作品。

一、《诗经》中反抗暴政的诗作被规避

周代社会是以重视礼教而闻名后世的，温润如玉、文质彬彬是“三百篇”诗中人们普遍追求的精神风范。他们用诗篇歌颂心目中理想的君王，歌颂保家卫国的勇士，歌颂正义、爱情、友谊以及生活中一切能触动诗情的美好事物和品德。但当遇到不公正的社会现象，遇到昏庸的君王，尤其是面对社会变革时期“王道衰，礼义废，政教失，国异政，家殊俗”的社会现象时，他们也会有痛苦、有忧患、有不满、有愤懑，于是一些表达忧患意识与愤怒情绪的诗篇由此而产生，这就是经学家所谓的“变风变雅”。这一类作品是社会动荡时期“礼崩乐坏”

的混乱现象在诗人头脑中的真实反映，其中有一些诗篇比较鲜明地表达了诗人对统治者的不满，或者说对暴政的反抗。

反抗暴政的诗，可以分为不同题材，有些是下层人民怨刺统治者为政苛猛，有些是贤臣畏谗忧讥，有些则是征夫思家念归。总之，这一类诗整体上呈现出的是乱离之相，表达的是哀伤、愤怒、绝望的情绪。

第一类，刺统治者为政苛猛。

例一，《魏风・硕鼠》：

硕鼠硕鼠，无食我黍。三岁贯女，莫我肯顾。逝将去女，适彼乐土。乐土乐土，爰得我所。

硕鼠硕鼠，无食我麦。三岁贯女，莫我肯德。逝将去女，适彼乐国。乐国乐国，爰得我直。

硕鼠硕鼠，无食我苗。三岁贯女，莫我肯劳。逝将去女，适彼乐郊。乐郊乐郊，谁之永号。①

这是《诗经》里相当著名的具有反抗精神的诗篇。古今论诗者皆以为这是一首刺贪诗，只是对于所刺对象的看法有分歧。有说刺国君的，有说刺有司的，今人大多认为是刺国君贪婪。无论刺有司还是刺君王，总之《硕鼠》反映的是统治阶层与下层民众之间剥削与被剥削的关系，这一点是毫无疑问的。

在阶级社会里，被剥削阶级和剥削阶级之间的斗争从来就没有停止过。西周前期统治者能够以殷商之亡为鉴，从而采取相对温和的统治政策，加之周公制定的一整套礼乐制度起到了教化人心、缓和社会矛盾的作用，因而各个阶层之间的冲突相对较少。到了西周后期，统治者逐渐忘记了先辈们的教诲，为政贪婪腐败，加重对百姓的剥削，各种社会矛盾不断激化，以至于有了穆王被害、厉王被逐、幽王被杀的悲剧。平王东迁之后，周朝王室威信大失，大国诸侯们的权力逐渐失控。诸侯相互之间的兼并斗争不断加剧，对土地、财富的占有欲不断上升。人民的经济负担与精神负担不断加重，被迫于水深火热之中奋起反抗。他们或聚众斗争，或集体逃亡，《硕鼠》就是奴隶们逃亡之前对统治者发出的警

① 方玉润：《诗经原始》，中华书局 1986 年版，第 250 页。

告。这样一首具有强烈政治色彩的诗，在“前四史”里一次都没有出现过，这就很耐人寻味了。“前四史”所记历史，上至三皇五帝，下至三国曹魏，几千年的时间跨度，难道就没有出现过统治者对被统治者过于严苛的剥削现象吗？显然不是。仅以汉代而论，西汉初期有些王侯经常仗势欺人，西汉末年有王莽乱政，东汉中后期政局更是动荡不安，而“前四史”中却并不见有人引用过《硕鼠》。这只能说明，汉代的思想控制政策十分成功。

例二，《秦风·黄鸟》：

> 交交黄鸟，止于棘。谁从穆公？子车奄息。维此奄息，百夫之特。临其穴，惴惴其栗。彼苍者天，歼我良人，如可赎兮，人百其身！
>
> 交交黄鸟，止于桑。谁从穆公？子车仲行。维此仲行，百夫之防。临其穴，惴惴其栗。彼苍者天，歼我良人，如可赎兮，人百其身！
>
> 交交黄鸟，止于楚。谁从穆公？子车针虎。维此针虎，百夫之御。临其穴，惴惴其栗。彼苍者天，歼我良人，如可赎兮，人百其身！①

这是一首与先秦人殉习俗有关的诗。诗中记录的历史事件最早见于《左传》。《左传》文公六年：“秦伯任好卒，以子车氏之三子奄息、仲行、针虎为殉，皆秦之良也。国人哀之，为之赋《黄鸟》。”②“子车氏”在《史记》中作“子舆氏”。《史记·秦本纪》也记录了这件事：“三十九年，缪公卒，葬雍。从死者百七十七人，秦之良臣子舆氏三人，名曰奄息、仲行、针虎，亦在从死之中。秦人哀之，为作歌《黄鸟》之诗。”③《史记》不仅记载了子舆氏三兄弟的事，还加上了“从死者百七十七人”这一具体数字，说明为秦穆公殉葬的队伍是多么庞大。子舆氏三兄弟是秦之贤者，也是秦国的功臣，秦穆公想让他们在死后也能陪伴、护卫自己，于是让他们殉葬。这种流行于商代的残忍的人殉制度在周代已经被废除，而由游牧部族发展起来的秦国仍然保留着这种习惯。《史记》应劭注云：在一次君臣宴饮时，穆公于酒酣耳热之际提出：“生共此乐，死共此

---

① 方玉润：《诗经原始》，中华书局1986年版，第275页。

② 杨伯峻：《春秋左传注》（修订本），中华书局2009年版，第546—547页。

③ 司马迁：《史记》，中华书局1982年版，第194页。

哀。”“于是奄息、仲行、针虎许诺。及公薨，皆从死。”[①]秦穆公于大庭广众之下提出用活人殉葬之事，没有丝毫顾忌，在场大臣们也没有人劝谏反对。由此可见，周代“重德保民”的文化精神未能彻底改变秦人的陋俗，也未能真正触及秦人封闭落后的精神世界。对于这种野蛮的习俗，《黄鸟》一诗进行了愤怒的控诉，认为将“百夫之特”“百夫之防”“百夫之御”这样难得的栋梁之材活埋于地下，是非常残忍的行为。尽管诗中除了为这三人的遭遇鸣不平外并未涉及其他人，但敢于公开指责人殉制度的野蛮落后，已经是历史性的进步了，说明诗人是站在珍惜生命、尊重人才的角度看待殉葬之事的。

《黄鸟》记录的这一件令人发指的历史事件，在《史记》中受到了批评。《史记·秦本纪》：“君子曰：‘秦缪公广地益国，东服强晋，西霸戎夷，然不为诸侯盟主，亦宜哉。死而弃民，收其良臣而从死。且先主崩，尚犹遗德垂法，况夺之善人良臣百姓所哀者乎？是以知秦不能复东征也。’”[②]《史记》援引的是《左传》的观点，其实也代表了司马迁本人的历史观。很显然，他对这种残忍的行径是极为愤怒的。而同样的事件，到了班固那里，就有了截然不同的看法。《汉书·叙传》中，班固在介绍自己著书的思路时这样说道：“横虽雄材，伏于海坞，沐浴尸乡，北面奉首，旅人慕殉，义过《黄鸟》。”[③]班固在此处主要说的是田横五百壮士的事迹。田横不愿意降汉，自杀身亡，他的部下得知其死讯后，全部选择了自杀。在历史上，田横五百壮士一直是作为有骨气、讲义气的正面形象进行宣传的，班固将他们的事迹与《黄鸟》中所记载的“三良”殉葬之事相提并论，说明班固并没有觉得殉葬这件事有多么不人道，甚至还很欣赏这种“义举”。由此可见，班固与司马迁在对待某些历史事件时，表现出的态度是大相径庭的。司马迁看到的是《黄鸟》中的不人道，而班固看到的是忠君、是“义举”。《后汉书》《三国志》对《黄鸟》一诗则根本没有提及。

第二类，贤人忧国政日非。

例一，《魏风·园有桃》。

---

① 司马迁：《史记》，中华书局 1982 年版，第 195 页。

② 司马迁：《史记》，中华书局 1982 年版，第 194—195 页。

③ 班固：《汉书》，中华书局 1962 年版，第 4246 页。

园有桃，其实之肴。心之忧矣，我歌且谣。不知我者，谓我士也骄。彼人是哉，子曰何其？心之忧矣，其谁知之？其谁知之，盖亦勿思！

园有棘，其实之食。心之忧矣，聊以行国。不知我者，谓我士也罔极。彼人是哉，子曰何其？心之忧矣，其谁知之？其谁知之，盖亦勿思。①

在人类社会中，个人的命运从来都与国家的命运息息相关。当社会发生动荡时，诗人们总是极为敏锐地感觉到山雨欲来的不安。《魏风·园有桃》是一位魏国贤士忧时伤己的诗。《毛诗序》曰："刺时也。大夫忧其君，国小而迫，而俭以啬，不能用其民，而无德教，日以侵削，故作是诗也。"②方玉润以为，魏国国君贪婪且褊急，殊不知为国贵远图，不贵小利。举国之人不以为非，反以此为美德，并且上行下效，盘剥百姓。百姓无法忍受剥削，发出了"乐土乐土，爰得我所"的控诉。诗人看到这种状况心忧如焚，却又无可奈何。"愚谓诗人之意若曰：园必有桃而后可以为肴，国必有民而后可以为治。今务为刻啬，剥削及民，民且避硕鼠而远适乐国，君虽有土，谁与兴利？旁观深以为忧，而当局乃不以为过，此诗之所以作也。"③诗人一再申说"其谁知之"，表现了深深的孤独感。像这样的诗，"前四史"一次也没有出现。

例二，《王风·兔爰》：

有兔爰爰，雉离于罗。我生之初，尚无为，我生之后，逢此百罹。尚寐无吪！

有兔爰爰，雉离于罦。我生之初，尚无造，我生之后，逢此百忧。尚寐无觉！

有兔爰爰，雉离于罿。我生之初，尚无庸，我生之后，逢此百凶。尚寐无聪！④

① 方玉润：《诗经原始》，中华书局 1986 年版，第 244—245 页。

② 王先谦：《诗三家义集疏》，中华书局 1987 年版，第 403 页。

③ 方玉润：《诗经原始》，中华书局 1986 年版，第 245 页。

④ 方玉润：《诗经原始》，中华书局 1986 年版，第 197 页。

这首诗是“伤乱始也。”《毛诗序》云：“桓王失信，诸侯背叛，构怨连祸，王师伤败，君子不乐其生焉。”[①]“不乐其生”的说法固然可能有所夸张，但诗人情愿闭起眼睛，眼不见心不烦倒是极有可能。“逢此百罹”意味着君子饱经忧患，对于朝政混乱十分不满。此诗在“前四史”里也未出现过。

第三类，下层人民被奴役之苦。

例一，《王风·扬之水》：

> 扬之水，不流束薪。彼其之子，不与我戍申。怀哉怀哉，曷月予还归哉？
>
> 扬之水，不流束楚。彼其之子，不与我戍甫。怀哉怀哉，曷月予还归哉？
>
> 扬之水，不流束蒲。彼其之子，不与我戍许。怀哉怀哉，曷月予还归哉？[②]

西周末年和东周时期，社会动荡，战乱频仍，经常要征调士卒打仗。这些人长年在外，思家念归而不得，于是就产生了怨恨。在《诗经》中有一部分作品就表达了戍卒对统治者的不满。

这首诗用的是一个戍卒的口吻。平王时期，周朝王室势力衰微，对诸侯的控制力大不如前。申、甫、许三国本来应该是东都洛阳的屏障，而三国又不敌邻近的楚国，因此不得不派重兵把守。由于兵力有限，戍卒们不能按照既定的时间换防，本来就容易引起怨嗟；而“秉国者之措置乖方，筹谋未善”[③]更加重了戍卒心里的怨恨。回想宗周之盛，对比眼前境况，戍卒们焉能不生怨气？他们一遍一遍地唱着“曷月予还归哉”，字里行间满是悲凉与绝望之气。像这样一首为下层人民鸣不平的诗，在“前四史”中也没有出现过。

例二，《召南·小星》

> 嘒彼小星，三五在东。肃肃宵征，夙夜在公。实命不同。

① 方玉润：《诗经原始》，中华书局 1986 年版，第 197 页。

② 方玉润：《诗经原始》，中华书局 1986 年版，第 194 页。

③ 方玉润：《诗经原始》，中华书局 1986 年版，第 195 页。

嘒彼小星，维参与昴。肃肃宵征，抱衾与裯。实命不犹。①

关于这首诗，有几种不同的解释。《毛诗序》认为是表现夫人无妒忌之心。方玉润《诗经原始》认为此说不通，因为除了衾裯句之外，看不出什么闺词。姚际恒《诗经通论》认为是"小臣行役之作"。后人普遍认为姚说比较切合诗意，只是学者们对于行役者的身份看法有分歧，有的认为是小臣，有的认为是劳动人民。如张西堂《诗经六论》认为诗的主角是一个劳动人民，不是士大夫阶级，而诗的主旨是"咒骂统治阶级对于他的奴役"②。这首诗，在"前四史"里一次都没有出现过。

以上所引各例，均以怨刺为主。这些诗或者以下层人民的口吻指责统治者，指出其所作所为不合于天道人伦，批判色彩十分强烈；或者是从贤者的角度表达对时局的担忧，语气哀婉沉痛。这样的诗在《诗经》里数量不少，但是出现的次数很少。

二、《诗经》中妇女诉苦的诗作被忽略

《诗经》中有相当数量的一部分诗是与女性有关的，这是连汉儒都无法否认的事实。《诗经》时代距离封建社会尚远，对于女性还没有提出过分严苛的要求，所以女性在社会生活中还是相对自由的，《诗经》中出现的女性形象也不完全等同于后世那些恪守"三从四德"准则的"良家妇女"。《诗经》中女性的情感世界是丰富多彩的，女性的类型也是各式各样的。从身份上划分，有生活于王侯之家的贵族妇女，也有居住在野村陋巷的平民女性。从年龄上划分，有涉世未深的少女、初为人妻的少妇、饱经沧桑的老妪，也有刚离娘胎的女婴。从每个人的境遇划分，有生活美满者的撒娇逗趣，也有遭遇不幸者的呼天抢地。一言以蔽之，《诗经》以真实生动的笔触，描摹了周代社会的女性群体形象。

在"三百篇"所描写的女性中，那些在婚姻、社会生活中遭遇不幸的女性形

---

① 方玉润：《诗经原始》，中华书局 1986 年版，第 110 页。

② 张西堂：《诗经六论》，商务印书馆 1957 年版，第 35 页。

象格外值得关注。在这些人中，身份卑微者有，出生高贵者也有。列夫·托尔斯泰说过“幸福的家庭是相似的，不幸的家庭各有各的不幸”。如果用这句话来描写女性命运，我们也可以说：“幸福的女性是相似的，不幸的女性各有各的不幸。”在不幸的女性中，原生家庭有缺陷的，婚姻生活不和谐的，子女不懂事的，半路丧偶或仳离的，缺吃少穿的，种种状况，不一而足。《诗经》敢于正视人间苦难，真实地表达对女性所遭遇的种种不幸的同情，而这样的诗篇在“前四史”中则很少受到关注的。

第一类，弃妇之怨。

执着于爱情的人们，相信很多都会被《诗经》中优美的情诗所打动。无论是“窈窕淑女，君子好逑”的思慕怀想，还是“之子于归，宜其室家”的欣喜欢悦，抑或是“执子之手，与子偕老”的山盟海誓，无一不是旖旎动人。然而，“三百篇”细细读来，并不是每一首与婚姻爱情有关的诗都是对幸福生活的描述，其中更多的是对那些被丈夫虐待或抛弃的女子之血泪的记录。

例一，《邶风·谷风》：

习习谷风，以阴以雨。黾勉同心，不宜有怒。采葑采菲，无以下体。德音莫违，及尔同死。

行道迟迟，中心有违。不远伊迩，薄送我畿。谁谓荼苦？其甘如荠。宴尔新婚，如兄如弟。

泾以渭浊，湜湜其沚。宴尔新婚，不我屑以。毋逝我梁，毋发我笱。我躬不阅，遑恤我后！

就其深矣，方之舟之。就其浅矣，泳之游之。何有何亡，黾勉求之。凡民有丧，匍匐救之。

不我能慉，反以我为仇。既阻我德，贾用不售。昔育恐育鞫，及尔颠覆。既生既育，比予于毒。

我有旨蓄，亦以御冬。宴尔新婚，以我御穷。有洸有溃，既诒我肄。不念昔者，伊余来塈。①

① 方玉润：《诗经原始》，中华书局 1986 年版，第 135—136 页。

这是描写弃妇处境的哀怨之作。《毛诗序》:“刺夫妇失道也。卫人化其上，淫于新昏而弃其旧室，夫妇离绝，国俗伤败焉。”①后人多取此说。诗中描写的这位女主人公，在丈夫一无所有时嫁与他，并未嫌弃夫家贫穷，一心一意辛苦持家。她心地善良无私，左邻右舍有困难时总是慷慨救助。新婚宴尔之时，丈夫也曾与她如胶似漆；但当家境好转后，丈夫却移情别恋，将这位善良、勤劳、朴实、忠厚的妻子无情地抛弃。在“前四史”里面，《邶风·谷风》诗句先后出现过五次，但引用后的意思和诗歌本义有了很大出入。例如，《汉书·元帝纪》载：汉元帝因有星孛于参而自责，下诏各级政府，希望官员们恤鳏寡、省刑罚。诏书中提道：“《诗》不云乎？‘凡民有丧，匍匐救之。’其令太官毋日杀，所具各减半。乘舆秣马，无乏正事而已。罢角抵、上林宫、馆希御幸者、齐三服官、北假田官、盐铁官、常平仓。博士弟子毋置员，以广学者。”②此处的“凡民有丧，匍匐救之”，是希望官员们能够恪尽职守，急百姓之所急，与《诗》中描写的婚姻无关。《汉书·谷永杜邺传》载：汉成帝看到灾异频繁出现，十分恐慌，派卫尉淳于长向谷永请教应该如何化解灾异。谷永对曰：“《诗》云：‘凡民有丧，扶服救之。’《论语》曰：‘百姓不足，君孰予足？’臣愿陛下勿许加赋之奏，益减大官、导官、中御府、均官、掌畜、廪牺用度，止尚方、织室、京师郡国工服官发输造作，以助大司农。流恩广施，振赡困乏，开关梁，内流民，恣所欲之，以救其急。”③谷永引《诗》的意思是希望朝廷能体恤民情，救济难民，同样与婚姻无关。《后汉书·吴延史卢赵列传》载：史弼遭人诬陷，很多故交都不敢接近他，只有裴瑜不离不弃。弼曰：“‘谁谓荼苦，其甘如荠。’昔人刎颈，九死不恨。”④此处史弼引用《邶风·谷风》诗句，是感激裴瑜对他的知遇之恩。《三国志·任城陈萧王传》载：魏文帝曹丕害怕诸侯们密谋夺权，不让他们互相联系。陈思王曹植上疏文帝求存问亲戚，引《邶风·柏舟》《邶风·谷风》二首诗：“臣闻《文子》曰：‘不为福始，不为祸先。’今之否隔，友于同忧，而臣独

① 王先谦：《诗三家义集疏》，中华书局 1987 年版，第 168 页。

② 班固：《汉书》，中华书局 1962 年版，第 285 页。

③ 班固：《汉书》，中华书局 1962 年版，第 3471 页。

④ 范晔：《后汉书》，中华书局 1964 年版，第 2111 页。

倡言者，窃不愿于盛世使有不蒙施之物。有不蒙施之物，必有惨毒之怀，故《柏舟》有‘天只’之怨，《谷风》有‘弃予’之叹。”① “弃予”之意在此处指手足之情。由以上各例可以看出，四史中所引《邶风·谷风》无一处与婚姻爱情有关。

例二，《卫风·氓》：

> 氓之蚩蚩，抱布贸丝。匪来贸丝，来即我谋。送子涉淇，至于顿丘。匪我愆期，子无良媒。将子无怒，秋以为期。
>
> 乘彼垝垣，以望复关。不见复关，泣涕连连。既见复关，载笑载言。尔卜尔筮，体无咎言。以尔车来，以我贿迁。
>
> 桑之未落，其叶沃若。于嗟鸠兮，无食桑葚！于嗟女兮，无与士耽！士之耽兮，犹可说也。女之耽兮，不可说也！
>
> 桑之落矣，其黄而陨。自我徂尔，三岁食贫。淇水汤汤，渐车帷裳。女也不爽，士贰其行。士也罔极，二三其德。
>
> 三岁为妇，靡室劳矣。夙兴夜寐，靡有朝矣。言既遂矣，至于暴矣。兄弟不知，咥其笑矣。静言思之，躬自悼矣。
>
> 及而偕老，老使我怨。淇则有岸，隰则有泮。总角之宴，言笑晏晏。信誓旦旦，不思其反。反是不思，亦已焉哉。②

如果说《邶风·谷风》有可能是“父母之命，媒妁之言”式的婚姻造成的结果，那么《卫风·氓》则很显然是一位追求爱情自由而又所托非人的女子自误终身之后的痛苦悔悟。情窦初开而涉世未深的少女，遇到花言巧语的感情骗子，很容易被其迷惑。男子垂涎于女子之美貌，使出浑身解数展开热烈追求。女子考虑到礼教，也有过种种顾虑，但终究还是陷于情网难以自拔，成为氓的妻子。婚后的女子并无任何过错，只因容貌衰老便遭对方嫌弃，甚至遭受家暴。而娘家兄弟看到女子受苦，没有表示任何的关心，反而幸灾乐祸地嘲笑她。爱情的失落、婚姻的不幸、娘家人的嘲笑，种种打击全要她一个人承受。这首诗，写尽了一位女性所能遭遇的种种不幸。这首诗，在“前四史”中一次都没有出现。

---

① 陈寿：《三国志》，中华书局 1982 年版，第 571 页。

② 方玉润：《诗经原始》，中华书局 1986 年版，第 179 页。

弃妇诗在《诗经》中为数不少，如《邶风·日月》《邶风·终风》《邶风·谷风》《卫风·氓》《王风·中谷有蓷》《小雅·我行其野》《小雅·何人斯》《小雅·谷风》《小雅·白华》等。它们或写女子被丈夫扫地出门而无处安身，或写女子在夫家遭受虐待而无人过问。"前四史"引用这类诗时，几乎很少关注女性的痛苦，反而经常被改造为士大夫们讨论政治问题的术语，有些诗则干脆弃之不用。

第二类，礼教束缚下的贵族妇女。

例一，《邶风·泉水》：

> 毖彼泉水，亦流于淇。有怀于卫，靡日不思。娈彼诸姬，聊与之谋。
>
> 出宿于泲，饮饯于祢。女子有行，远父母兄弟。问我诸姑，遂及伯姊。
>
> 出宿于干，饮饯于言。载脂载辖，还车言迈。遄臻于卫，不瑕有害。
>
> 我思肥泉，兹之永叹。思须与漕，我心悠悠。驾言出游，以写我忧。①

《毛诗序》以为：卫女"嫁于诸侯，父母终，思归宁而不得，故作此诗以见志。"何楷则以为此篇是写许穆夫人不能救卫，思控大国之作。姚际恒与方玉润以为是许穆夫人媵妾之词。②无论诗中的主人公是谁，总之诗歌的内容是写一位远嫁女子对家乡亲人的思念。周朝王室为了加强对各诸侯国的控制，经常采取政治联姻的手段，无论是王室女子还是诸侯之女，她们的宿命就是远走他乡以充当政治联姻的工具。诗中所写的女子，听说母国发生了变故，心急如焚，然而依据礼法却不能回家探亲。山高路远，听到的都是一些不确切的消息，这让她内心更加难以安宁，只好驾着马车在原野上奔驰以宣泄内心的压抑与忧伤。远嫁女子思念家乡亲人本是人之常情，而家乡遭遇变故却不能回去探望，她的内心该是多么痛苦无奈。

自古以来，女性都是满怀对幸福生活的憧憬走进婚姻殿堂的，而结婚对她们

① 方玉润：《诗经原始》，中华书局 1986 年版，第 143 页。

② 方玉润：《诗经原始》，中华书局 1986 年版，第 143 页。

而言，却往往意味着与娘家人的关系渐行渐远。尤其是那些远嫁的女子，更是很少有机会与父母兄弟团聚。周代是一个讲礼教、讲规矩的时代，礼教的制定对于国家社会秩序的建立的确有不少好处，然而其中也有不合理之处。尤其是对于女性有着很多压制。《邶风·泉水》就是以女性的口吻表达对礼教的抗议和批判。这首诗在“前四史”中只出现了一次。《汉书·地理志》引用“亦流于淇”的诗句，为的是介绍“殷之旧都”的地理环境，与女性的命运毫无联系。

例二，《卫风·河广》：

> 谁谓河广？一苇杭之。谁谓宋远？跂予望之。
> 谁谓河广？曾不容刀。谁谓宋远？曾不崇朝。①

《毛诗序》说：“宋襄公母归于卫，思而不止，故作是诗也。”②宋襄公母亲即宋桓公夫人、卫文公之妹。据说她见卫国为北狄所破，急于回国救助，惹怒了宋桓公而被遣送回国，被迫与自己的儿子骨肉分离。宋国与卫国只有一河之隔，坐一条小船就可以到达对岸，可是对于诗中的女子来说，这样的一条河却是象征夫权、君权以及礼教的天堑。她实在想不通，为什么一个女子结婚之后就要被迫割舍血浓于水的家族亲情，割舍与故国的联系？为了维护这份与生俱来的骨肉亲情而惨遭丈夫抛弃，她的心里有多少不甘与不解，也只能通过这样一首小诗来表达。这首诗在“前四史”里也没有出现过。

表达贵族妇女婚姻之痛苦的诗基本上都是由女性自己创作的。这样的诗数量不多，却很有代表性，它们真实地反映了上层社会的婚姻状况。如《鄘风·载驰》《卫风·竹竿》《卫风·河广》等作品，暴露的是礼教的不合理，表达的是女性追求男女平等的要求，这样的诗在“前四史”中都不见引用痕迹。

第三类，思妇的牵挂。

思妇诗也是《诗经》中非常具有典型意义的一类诗。与“思妇”这个词语相对的是“征夫”，即被周朝天子或诸侯征用去打仗或做苦力的男人。征夫在外奔波十分辛苦，而思妇在家中提心吊胆的日子也并不好过，因此就产生了专门描

① 方玉润：《诗经原始》，中华书局 1986 年版，第 184 页。
② 方玉润：《诗经原始》，中华书局 1986 年版，第 184 页。

写思妇生活的诗篇。

例一，《卫风·伯兮》：

伯兮朅兮，邦之桀兮。伯也执殳，为王前驱。
自伯之东，首如飞蓬。岂无膏沐，谁适为容？
其雨其雨，杲杲出日。愿言思伯，甘心首疾。
焉得谖草，言树之背。愿言思伯，使我心痗。[1]

关于此诗的题旨，《毛诗序》认为是刺时："言君子行役，为王前驱，过时而不反焉"[2]。所谓"刺时"在诗中表现得并不明显，但君子行役已久，过时而不返，却是符合诗之本义的。《郑笺》云："卫宣公之时，蔡人、卫人、陈人从王伐郑伯也。为王前驱久，故家人思之。"[3]这是指实了诗中所描述的事件的背景。自古以来，有识者皆以为"兵者，凶器也"，不到万不得已不能使用。在君子看来，理想的政治是不应该让国人行役无度，导致"孤人之子，寡人之妻，伤天地之和，召水旱之灾"[4]。然而中国历史上，几乎每一个朝代都有战争发生，和平盛世尚且难以避免边境摩擦，何况生逢乱世更是常常遭遇乱离之苦。春秋时期，诸侯互相征伐之事非常频繁，《伯兮》这首诗，描写一个女子因为思念丈夫而承受的精神痛苦。所爱之人不在身边，她无心梳妆，蓬头垢面，甚至要忍受"首疾""心痗"的苦楚。这样的诗，表达的是人民渴望和平生活的正常诉求，却因为不符合董仲舒式的儒家理念，不符合汉代崇尚武力的社会风尚而无缘于"前四史"。

例二，《王风·君子于役》：

君子于役，不知其期，曷至哉？鸡栖于埘，日之夕矣，羊牛下来。君子于役，如之何勿思！

① 方玉润：《诗经原始》，中华书局 1986 年版，第 185 页。
② 王先谦：《诗三家义集疏》，中华书局 1987 年版，第 306 页。
③ 方玉润：《诗经原始》，中华书局 1986 年版，第 186 页。
④ 方玉润：《诗经原始》，中华书局 1986 年版，第 186 页。

君子于役，不日不月，曷其有佸？鸡栖于桀，日之夕矣，羊牛下括。君子于役，苟无饥渴！①

这首诗《小序》谓“刺平王”，后人皆以为不必非要指实刺哪一位王，因为诗中描写的情况在周代社会具有普遍性。诗中所描写的“鸡栖于埘”“羊牛下括”等场景透着浓浓的生活气息。那是古代中国最常见的农村生活的场景，是远行之人魂牵梦萦的地方，是国人心目中最熟悉的家的味道。在诗人们看来，若是没有了夫唱妇随的相互陪伴，家中就缺少了温馨、和美的气息，只剩下黄昏时分深情女子无尽的忧思与哀愁。清人许瑶光有诗曰：“鸡栖于桀下牛羊，饥渴萦怀对夕阳。已启唐人闺怨句，最难消遣是黄昏。”《君子于役》所描写的黄昏闺怨的意境，对后来的诗歌创作产生了深远的影响，然而在“前四史”中这首诗一次都没有出现。

在《诗经》中表现女子不幸遭遇与痛苦心境的诗并不少，除了以上各例之外，还有《周南·葛覃》《召南·行露》《召南·江有汜》《邶风·绿衣》《鄘风·柏舟》《鄘风·载驰》《卫风·竹竿》《卫风·伯兮》《王风·君子于役》《王风·中谷有蓷》《郑风·遵大路》等。诗中刻画的怨妇、弃妇、思妇等各类女性形象在中国封建社会也具有普遍性，但是这些诗却被汉代儒家认为有伤风化而集体忽略。有些作品在“前四史”中一次都没有出现过，有些诗被改造之后使用，与政治勾连，与女性无关。

三、《诗经》中非亲非尊的作品被悬置

所谓“非亲非尊”是指对长辈及有身份的人所犯错误的批评。像这类具有怨刺意味的诗在《诗经》里数量十分可观。

例一，《鄘风·墙有茨》：

墙有茨，不可扫也。中冓之言，不可道也。所可道也，言之丑也。

墙有茨，不可襄也。中冓之言，不可详也。所可详也，言之长也。

① 方玉润：《诗经原始》，中华书局 1986 年版，第 193 页。

墙有茨，不可束也。中冓之言，不可读也。所可读也，言之辱也。①

这是一首刺卫国公室淫乱的诗。《毛诗序》认为："公子顽通乎君母，国人疾之。"②朱熹《诗集传》、方玉润《诗经原始》皆持此说。公子顽，即卫宣公之子昭伯。君母，即宣公之妻、惠公之生母，时人称为卫宣姜。卫宣公是有名的好色之徒，他听说自己儿子伋将娶的新娘十分美丽，便在河上高铸新台，将新娘截留，据为己有。这位女子便是宣姜。宣公的儿子顽继位后，又与自己的庶母宣姜私通，生下了三子二女。这样的连环乱伦案，让卫国人深以为耻，《鄘风·君子偕老》《鄘风·鹑之奔奔》都是以这个家族的淫乱史为题材的。这样的作品，孔子删诗时并未嫌其不合"思无邪"的标准而将其剔除，"前四史"中却一次都没有出现过。汉代信奉的是长幼有序、尊卑有别的"三纲五常"，出于"为尊者讳"的目的，这类暴露最高统治者丑陋面目的作品当然是不为世人所容了。

例二，《郑风·大叔于田》：

大叔于田，乘乘马。执辔如组，两骖如舞。叔在薮，火烈具举。襢裼暴虎，献于公所。"将叔无狃，戒其伤女。"

大叔于田，乘乘黄。两服上襄，两骖雁行。叔在薮，火烈具扬。叔善射忌，又良御忌，抑罄控忌，抑纵送忌。

大叔于田，乘乘鸨。两服齐首，两骖如手。叔在薮，火烈具阜。叔马慢忌，叔发罕忌，抑释掤忌，抑鬯弓忌。③

《小序》以为，此诗与《郑风·叔于田》都是刺郑庄公的。方玉润也持此说。郑庄公因为出生时难产，让母亲庄姜吃了苦头，受到母亲厌恶，一直得不到应有的母爱。姜氏多次撺掇丈夫废除庄公的世袭资格，改换自己偏爱的小儿子段，但没有成功。庄公即位后，姜氏仍然不死心，支持段与庄公争权。庄公明知母亲与弟弟有野心，却故意对其僭越行为放纵不管，甚至发出"多行不义必自毙"

---

① 方玉润：《诗经原始》，中华书局 1986 年版，第 156 页。

② 方玉润：《诗经原始》，中华书局 1986 年版，第 156 页。

③ 方玉润：《诗经原始》，中华书局 1986 年版，第 207 页。

的诅咒。后来段因涉嫌谋反而被庄公赶出郑国，逃亡到共地，后人称其为“共叔段”，也称为“大叔段”。这首诗中的“叔”就是指共叔段。从诗中可以看出，段本是一位勇猛无畏、能力非凡的青年，骑马打猎非常在行，若是有人善加教导，必定会成为庄公的得力助手，成为国家的栋梁之材。然而“庄公不能善教之以成其材，又不能善用之以全其才，而使陷于恶”，使得段最后落得身败名裂的下场。诗人反复咏叹共叔段的才能，很显然是为其后来的悲惨结局而惋惜，也是刺庄公容不下手足兄弟。这样的诗揭露了统治阶层内部的勾心斗角，在“前四史”中也不见引用。

四、《诗经》中歌颂爱情的作品被弃用

《诗经》是周公制礼作乐之后的产物，但礼教并没有能禁止情歌的产生，孔夫子删诗，也没有将情歌剔除，可见男女相悦的自由，连圣人都不会限制。可笑的是，汉儒解诗时往往曲解情诗，非要于缱绻温馨的男欢女爱之上无端加上一个“刺”字，似乎不这么做就显示不出三百篇“一本正经”之价值。“前四史”中，情诗要么不出现，要么按照汉儒曲解之后的意思出现，将爱情变成道德说教。在汉代儒家以及士大夫们眼里，情歌之所以能被收集到《诗经》里，不是因为情歌本身蕴含的感情打动人心，而是因为里面的道德教诲值得推广。有了这样一个前提之后，情诗也就很难被当成情诗了。

例一，《郑风·女曰鸡鸣》：

> 女曰鸡鸣，士曰昧旦。子兴视夜，明星有烂。将翱将翔，弋凫与雁。
>
> 弋言加之，与子宜之。宜言饮酒，与子偕老。琴瑟在御，莫不静好。
>
> 知子之来之，杂佩以赠之。知子之顺之，杂佩以问之。知子之好之，杂佩以报之。①

《毛诗序》以为此诗“陈古”以“刺今”，后人以为是一首表现夫妻闺房之乐的诗，与政治无关，更无任何讥刺之意。“此诗不惟变风之正，真可与《关雎》

① 方玉润：《诗经原始》，中华书局 1986 年版，第 211 页。

《葛覃》鼎足而三。何者？《关雎》新昏，《葛覃》归宁，此则相夫以成内助之贤，房中雅乐，缺一不备也。”[①]这首诗通过描写夫妻之间的对话，表现了一位贤惠的妻子对丈夫的关心和帮助。首章劝丈夫早起去工作；次章写妻子愿与丈夫琴瑟和睦，永以为好；末章写妻子愿意辅佐丈夫亲贤乐善而成其德。这是一位深爱丈夫、深爱家庭的女子的深情告白，那“琴瑟在御，莫不静好”的美好愿望，读之使人怦然心动。总体来说，《郑风》是遭到孔子嫌弃的。孔子说：“放郑声，郑声淫”，但这首诗却让人感觉不到任何“淫”的意味，而是体现了正常的人伦关系与美好的道德情愫。这样的诗，在“前四史”中也没有出现。

例二，《周南·关雎》：

> 关关雎鸠，在河之洲。窈窕淑女，君子好逑。
> 参差荇菜，左右流之。窈窕淑女，寤寐求之。
> 求之不得，寤寐思服。悠哉悠哉，辗转反侧。
> 参差荇菜，左右采之。窈窕淑女，琴瑟友之。
> 参差荇菜，左右芼之。窈窕淑女，钟鼓乐之。[②]

在“前四史”中描写婚姻生活的诗出现很少，《周南·关雎》是个例外。“前四史”对于《关雎》到底属于正风还是变风，有着很大分歧。有人认为是美文王，即歌颂“后妃之德”，也有人认为《关雎》是因康王宴起而作的刺诗。按照周礼，王后应在鸡鸣时分穿戴整齐、佩戴玉饰拜见君王，劝其早起，而周康王的夫人没有能尽到责任，故使康王晚朝。《关雎》讥讽康王贪恋女色而不勤于政事，故“思得淑女，以配君子”。

无论将诗歌理解为正风还是变风，都可以看出汉人对王室婚姻的重视。在古人看来，婚姻是人伦之始，是男人实现“治国平天下”宏伟抱负的基础。君王的婚姻需要淑女相配。所谓淑女，就是要通情达理，心胸豁达，懂得隐忍，甘于奉献，这样才能让丈夫没有后顾之忧，一心一意成就功业。所谓“琴瑟在御，岁月静好”，那是普通人的婚姻追求；“一日不见，如三秋兮”，那是痴男怨女的

---

① 方玉润：《诗经原始》，中华书局 1986 年版，第 211 页。

② 方玉润：《诗经原始》，中华书局 1986 年版，第 71 页。

小情小爱；帝王之家的婚姻关系着政局朝纲，夫妻和睦固然重要，但放纵情爱却是大忌。在汉儒看来，《关雎》描写的是政治婚姻，与风月无涉，与爱情关系也不大。

《史记》《汉书》《后汉书》作者都将《关雎》视为刺诗。

司马迁坚决认为《关雎》有怨刺之意。在《史记·十二诸侯年表》《史记·孔子世家》《史记·儒林列传》中，司马迁反复陈述了刺诗说的观点。

（1）周道缺，诗人本之衽席，《关雎》作。仁义陵迟，《鹿鸣》刺焉。[①]

（2）古者《诗》三千余篇，及至孔子，去其重，取可施于利义，上采契后稷，中述殷周之盛，至幽厉之缺，始于衽席，故曰“《关雎》之乱以为《风》始，《鹿鸣》为《小雅》始，《文王》为《大雅》始，《清庙》为《颂》始。”三百五篇孔子皆弦歌之，以求合《韶》《武》《雅》《颂》之音。[②]

（3）太史公曰：余读功令，至于广厉学官之路，未尝不废书而叹也。曰：嗟乎！夫周室衰而《关雎》作，幽厉微而礼乐坏，诸侯恣行，政由强国。[③]

班固的看法与司马迁相同，《汉书·杜周传》文末“赞曰”：

（4）及钦浮沉当世，好谋而成，以建始之初深陈女戒，终如其言，庶几乎《关雎》之见微，非夫浮华博习之徒所能规也。[④]

范晔也持刺诗说，借《后汉书·皇后纪》《后汉书·伏侯宋蔡冯赵牟韦列传》表达过其看法。

---

① 司马迁：《史记》，中华书局 1982 年版，第 509 页。

② 司马迁：《史记》，中华书局 1982 年版，第 1936 页。

③ 司马迁：《史记》，中华书局 1982 年版，第 3115 页。

④ 班固：《汉书》，中华书局 1962 年版，第 2683 页。

（5）故康王晚朝，《关雎》作讽；宣后晏起，姜氏请愆。①

（6）论曰：……宋弘止繁声，戒淫色，其有《关雎》之风乎！②

此外，《汉书·杜周传》《后汉书·显宗孝明帝纪》《后汉书·张衡列传》中杜周、汉明帝、张衡等人也持这种观点。虽然每个人对于诗歌所刺具体为周代哪位王看法有分歧，但他们一致认为得不到贤妻辅助的君王是没有前途的。

在“前四史”所记人物中，也有人认为《关雎》是歌颂“后妃之德”，属于正风。

（1）臣又闻之师曰：“妃匹之际，生民之始，万福之原。”婚姻之礼正，然后品物遂而天命全。孔子论《诗》以《关雎》为始，言太上者民之父母，后夫人之行不侔乎天地，则无以奉神灵之统而理万物之宜。故《诗》曰：“窈窕淑女，君子好仇。”言能致其贞淑，不贰其操，情欲之感无介乎容仪，宴私之意不形乎动静，夫然后可以配至尊而为宗庙主。此纲纪之首，王教之端也，自上世已来，三代兴废，未有不由此者也。③

（2）杨朱号乎衢路兮，墨子泣乎白丝；知渐染之易性兮，恐造作之弗思。美《关雎》之识微兮，愍王道之将崩；拔周唐之盛德兮，捃桓文之谲功。④

（3）方今时俗奢佚，浅恩薄义。夫救奢必于俭约，拯薄无若敦厚，安上理人，莫善于礼。修礼遵约，盖惟上兴，革文变薄，事不在下。故《周南》之德，《关雎》政本。⑤

以上三处都提到了《关雎》。其一是匡衡上疏汉成帝，望其戒妃匹，出自《汉

① 范晔：《后汉书》，中华书局 1964 年版，第 397 页。
② 范晔：《后汉书》，中华书局 1964 年版，第 906 页。
③ 班固：《汉书》，中华书局 1962 年版，第 3342 页。
④ 范晔：《后汉书》，中华书局 1964 年版，第 994 页。
⑤ 范晔：《后汉书》，中华书局 1964 年版，第 1054 页。

书·匡张孔马传》；其二是冯衍所作《显志赋》，出自《后汉书·桓谭冯衍列传》；其三是郎凯为汉顺帝分析灾异屡见之原因，出自《后汉书·郎凯襄楷列传》。此外，《后汉书·荀韩钟陈列传》《后汉书·列女传》《后汉书·杨李翟应霍爰徐列传》《三国志·张严程阚薛传》都有这种观点。

“前四史”所引《周南·关雎》多出现在谏书中。当皇帝贪图女色，后宫不能“雨露均沾”时，大臣们往往诚惶诚恐，担心“红颜祸水”殃及政权，不得不加以讽谏。他们会以“妃匹之际，生民之始，万福之原”的道理苦口婆心地劝谏君王，希望他们不要被褒姒、妲己一类妖女迷惑。事实上，后宫不宁、外戚干政，一直是两汉社会的痼疾之一，臣民们的担心不无道理。封建帝王们总是努力在个人感情和国家利益之间寻求平衡，一旦被爱情冲昏头脑，过度宠幸某个女人，往往是政权失衡的开端。后妃受宠而不干政的情况在历史上并不多见，因为即便她们自己没有野心，也难以保证她们与帝王的感情不会被其他人利用。

例三：《郑风·溱洧》：

> 溱与洧，方涣涣兮。士与女，方秉蕑兮。女曰“观乎？”士曰“既且。”“且往观乎！洧之外，洵讦且乐。”维士与女，伊其相谑，赠之以勺药。
>
> 溱与洧，浏其清矣。士与女，殷其盈矣。女曰“观乎？”士曰“既且。”“且往观乎？洧之外，洵讦且乐。”维士与女，伊其将谑，赠之以勺药。①

这是一首所谓的“淫诗”。《毛诗序》谓：“刺乱也。兵革不息，男女相弃，淫风大行。”②朱熹以为是“淫奔者自叙之词”。③方玉润认为诗歌与战乱无关，也与淫奔无关。他说：“使兵革不息，男女相弃，岂尚有采兰赠勺事耶？”④他认为“此诗人自叙其国俗如此”。⑤诗中描写初春时节青年男女在溱水和洧水岸边

① 方玉润：《诗经原始》，中华书局1986年版，第225页。
② 方玉润：《诗经原始》，中华书局1986年版，第225页。
③ 方玉润：《诗经原始》，中华书局1986年版，第226页。
④ 方玉润：《诗经原始》，中华书局1986年版，第226页。
⑤ 方玉润：《诗经原始》，中华书局1986年版，第226页。

游玩赏春的场景。按照周代习俗，每年三月上巳之日，人们会去水边沐浴，以拂除不祥。趁此良宵盛会、清和天气，未婚男女互相寻找中意的人，并且以互赠芍药花来表达爱意，这是青春的欢愉，是人类正常感情的释放。诗人满怀激情讴歌这个美好的节日、讴歌美好的感情，但是在汉儒看来，这种未经“父母之命、媒妁之言”的自由恋爱是淫乱之举。不独《溱洧》被这样评价，《郑风》中的诗歌除《羔裘》之外，其余作品全都没有在“前四史”中出现过，这大约是孔子“放郑声”“郑声淫”的诗教观在起作用吧。

结 论

《诗经》是以温柔敦厚的整体风格而著称的，但其中也有一些“不平之鸣”，它们与歌颂真善美的作品一起交织成《诗经》宏大的现实主义主旋律，然而汉代说《诗》者和用《诗》者却在有意无意地弱化《诗经》的反抗意识，弱化《诗经》中那些不和谐音符。从不被“前四史”重视的作品类型可以看出，汉人用《诗》有自己的标准。对当时社会有抗争或触动大的作品，大都不被看好。对封建奴役制抵触颇大的作品，如妇女苦难的诉求之类，也不被青睐。对尊贤重才的作品，基本不受重视。对不满既定的社会秩序，努力反抗命运的作品，同样付之阙如。对政治讽谏诗的运用，也仅限于对朝廷某些具体做法的委婉讽喻，而削弱了诗作本身所蕴含的激烈抗争意识。对表达男女自由恋爱，“有伤风化”的作品，更是避之唯恐不及。这些现象说明一个问题，即“前四史”对《诗经》的引用是经过严格挑选的。《诗经》本来就是孔子对当时流传的诗歌的删改整编，毋庸讳言，孔儒温柔敦厚的标准，排除了许多激烈抗争性作品，磨钝了不少作品言辞犀利的锋芒，而汉代流行的“三纲五常”观念是对孔子诗教观的一次大规模整合改造。比起孔子，汉儒对《诗经》的礼教作用更为重视，要求也更为严苛。“前四史”不见用或隐讳了的《诗经》作品，让我们看到汉代主流意识的价值取舍和文艺态度。

（冯晓莉，西安外国语大学中文学院副教授。）

秦晋争霸中的西河之地

程永庄

西周末年，周幽王宠信褒姒。妃子一笑失天下，关中在犬戎的侵伐下残破，周平王元年（前 770）周室被迫东迁。一个原在西垂犬丘（甘肃礼县的永兴附近）兴起的秦部落，由于它的首领秦襄公率领军队救援，作战有功，并派兵护送周平王东迁，被封为诸侯，还收获了岐山以西土地的赏赐。

秦国经过几代君主的不断东扩，到武公元年（前 697）时已攻打今澄城县西北的彭戏氏，势力发展到华山脚下。武公十一年（前 687）在今西安市东南设立了杜县，在今华县设立了郑县。郑的始封国君为郑桓公友，是周厉王的小儿子，周宣王的庶弟，宣王二十二年（前 806）被封到郑地。幽王以他为司徒，周平王东迁时，迁去今河南，由虢、郐献出十邑建国。

武公去世后，其弟德公继位，又将都城迁到雍城（今陕西凤翔县西南）的大郑宫，用牛、羊、猪各三百头在鄜畤祭天，占卜居住雍城是否合宜，结果是："后子孙饮马于河"，后世子孙可以发展到黄河边去牧马。果真如此？秦的后继者们殚精竭虑，却被强大的晋国阻拦于西河。这时是公元前 677 年，距离秦襄公被封在西垂犬丘已过去接近一百年。

而晋的始封之君唐叔虞是周武王的儿子，"邘晋应韩武之穆也！"他们都是周成王的弟弟。一次成王和叔虞开玩笑，把桐树叶削成珪状递给叔虞，说："用这个封你到唐地。"史佚因而请求选择吉日封叔虞。成王说："我是跟他开玩笑。"史佚说："天子没有开玩笑的话。"于是把叔虞封在唐地。唐地在黄河、汾河以东，纵横不过百里。

但晋国通过兼并周围小的诸侯国，在晋献公（前 676—前 651）时，领土已向北与翟国接壤；东边到达河南的河内地区；向西跨过黄河，占有河西，与秦国接壤，成了春秋时期较有影响的诸侯国之一。

强秦欲东扩，强晋欲西进，他们之间势必爆发冲突。秦宣公四年、晋献公五年（前 672）双方在河阳（今河南孟县西）爆发了战争，秦国打败晋国。

这之后秦国在一代明君秦穆公任好（前 659—前 621）的率领下，不断向东扩张自己的势力。处于秦晋间的梁、芮等小国，随时都有被灭的危险。为了宗庙社稷得续，他们或依附于强邻，或在大国之间努力找平衡，但难逃被灭的命运，中华大一统已是历史潮流。

直到秦惠文王八年（前 330），秦将公孙衍在雕阴（今陕西省甘泉县）打败魏将龙贾，魏国献出西河少梁、上郡，秦晋（魏）间的西河之争终于在 342 年后画上句号。

一、秦晋反复争夺西河之地

秦晋西河之地的争夺大致可分为两个阶段：秦穆公时期，秦国极力向东扩张，双方多次发生战争；春秋后期，秦国势力衰微，晋国占有西河。

（一）秦穆公东扩

1. 五羖大夫。秦襄公被封为诸侯后十二年，讨伐戎族到了岐山。襄公生文公，文公居西垂宫。文公在位五十年，太子卒，赠谥号竫公。竫公长子宁（宪）公立，徙居平阳，生武公、德公、出子。宁（宪）公在位十二年卒，出子先立。立六年，威垒三父派人暗杀出子，拥立武公。武公在位二十年卒，葬在雍邑的平阳，开始用活人殉葬，殉葬的有六十六人。弟德公立，德公徙居雍城大郑宫，立二年卒，生子三人，长子宣公立。宣公在位十二年，弟弟成公立。成公在位四年，弟弟缪公任好立。

秦穆公是一位非常有作为的君主，著名的春秋五霸之一。元年他亲自统兵攻打茅津的戎族部落。四年迎娶晋国太子申生的姐姐为妻。五年，晋献公灭掉虞国、虢国，俘虏了虞国国君和他的大夫百里傒，这是因为虞国接受晋国的璧玉、宝马，借道给晋国伐虢的缘故。

百里傒被俘后，作为秦穆公夫人陪嫁的仆役来到了秦国，又从秦国逃到宛地，被楚国边境的人捉到。穆公听说百里傒贤能，就想拿重金赎回，又恐怕楚国人不答应，就派人对楚国人说："我国的陪嫁奴仆百里傒在你们楚国，请求用五张黑色公羊皮换。"楚国人答应把百里傒送回。

这时百里傒已经七十多岁。穆公把他从囚禁中释放出来，和他讨论治国的事。百里傒辞谢说："我是亡国之臣，哪里还值得询问。"穆公说："虞国国君不重用你，因而亡国，亡国不是你的罪过。"坚持请教，两人谈论了三天，穆公非常满意，授给他管理国政的大权，号为五羖大夫。

百里傒推辞说："我的才能不及我的好友蹇叔，蹇叔贤能不被世人知。我游历齐国的时候曾经困窘地向人讨饭吃，是蹇叔收留了我。我因此想追随齐君无知，是蹇叔制止了我，使我能够免于卷入齐国的内乱，于是到了周国。周王子颓好牛，我想借养牛来亲近他得到重用，蹇叔又劝阻我，才使我免于被卷入而被诛杀掉。我侍奉虞君，蹇叔又阻止我，我虽然知道虞君不会重用我，但还是贪图利禄暂且留了下来。我两次采纳蹇叔的意见幸免于难，一次不听他的就陷入虞国亡国的灾难，由此我知道蹇叔贤能。"穆公于是派人用厚礼迎请蹇叔，任他为上大夫，得到了百里傒、蹇叔的齐力辅佐。这时晋国却发生了"口齿之祸"的祸乱。

2. 口齿之祸。晋献公诡诸（前 676—前 651）是武公称的儿子，武公父曲沃庄伯，庄伯父曲沃桓叔。桓叔成师和文侯仇都是晋穆侯的儿子。从唐叔虞被封在晋，向下到文侯是晋国第十一代君主，他生活的年代正处于两周之间。文侯曾随秦襄公一道辅佐周平王东迁，是一位有作为的君主。文侯去世后，太子昭侯（前 745）把叔父成师封在曲沃，成师就是曲沃桓叔。经过桓叔、庄伯、武公三代灭了晋国。武公将晋国全部的宝器献给周僖王，周僖王派虢公命武公建立一军，做晋国的国君。武公代晋后二年去世，儿子献公诡诸继位。

献公共有九个儿子，太子申生、重耳、夷吾最为贤能。申生的母亲是齐桓公的女儿，早死，申生同母的妹妹是秦穆公的夫人。重耳的母亲是翟族狐氏的女儿。夷吾的母亲是重耳母亲的妹妹。献公在讨伐骊戎时，得到骊姬和她的妹妹，就疏远了三个儿子。骊姬生子奚齐后，献公有意废掉太子，派遣太子居住在曲沃，公子重耳被派去驻守蒲邑，夷吾驻守屈邑。献公和骊姬、骊姬的儿子奚齐住在绛城。

献公十六年（前 661）灭掉霍、魏、耿三个小国。回师途中，替太子申生在曲沃筑城，把耿地赐给赵夙，魏地赐给毕万。士蔿说："太子不得立矣。"骊姬为了让儿子奚齐得到君位，就故意谗害献公的三个儿子。对太子说："君王梦见您的母亲，你快到曲沃齐姜庙祭祀，然后把祭肉送给您父亲。"太子回来时，献公外出打猎，就把祭肉放在宫中。骊姬在祭肉里投了毒。过了两天献公打猎回来，厨师把祭肉呈上。献公将要食用，骊姬从旁制止说："祭肉来自远方，应先试试。"把祭肉放在地上，地面隆起；给狗吃，狗当即死去；给小宦官吃，小宦官当即死了。骊姬哭泣说："太子怎么忍心这样，连他的父亲都想杀而代之，何况其他人？君王您已年老，命在旦暮，竟然不能等待而要加害。"接着又说："太子所以这样，全是因为我和奚齐的缘故。我们母子愿意躲避到其他国家，或者早点自杀，免得活活被太子害死。当初君王想废掉太子，我还觉得遗憾，现在我感到自己完全错了。"太子听到这件事后，就逃奔到新城。献公发怒，杀了太子的师傅杜原款，太子在新城自杀。

这时重耳、夷吾来朝见。骊姬又谗毁两位公子说："太子申生往祭肉投毒时，两位公子都知道这件事。"二位公子听到非常害怕，逃回了各自的城邑。献公恼怒两个儿子不辞而别，认为他们果真有谋反意图，发兵去讨伐，重耳逃亡翟国，这时已四十三岁。夷吾逃到梁国（今陕西韩城市南）。

3. 韩原大战。晋献公在位二十六年（前 651）去世，荀息受命立骊姬的儿子奚齐为国君，大臣里克杀死了奚齐。荀息又立骊姬妹妹的儿子悼子为君，里克又杀死了悼子和荀息，派人到翟国迎立重耳。重耳害怕被杀，谢绝说："负父之命出奔，父死不得修人子之礼侍丧，重耳何敢入！大夫其更立他子。"里克遣使到梁国迎接夷吾。夷吾欲往，吕省、郤芮说："国内还有可继位的公子，却到国外迎立，实难让人相信。估计如果不借助秦国的威力，恐怕会有危险。"于是派郤芮持厚礼贿赂秦国，相约："即得入，请以晋河西之地与秦。"又致书里克说："诚得立，请遂封子于汾阳之邑。"秦穆公于是派百里傒带着军队护送夷吾回国。夷吾就是晋惠公。

夷吾回国后，却马上违背前约，派丕郑到秦国推脱说："始夷吾以河西地许君，今幸得入立。大臣曰：'地者先君之地，君亡在外，何以得擅许秦者？'寡人争之弗能得，故谢秦。"也不给助他回国的里克汾阳城。重耳这时逃亡在外，惠公因为害怕里克会发动政变，就赐他死。连丕郑和里克、丕郑的党徒七舆大夫也被吕克、郤芮后来杀了，所以晋国人都不归附惠公。丕郑的儿子丕豹逃到秦国，请求讨伐晋国。惠公二年周室派召公来访，惠公倨傲无礼，召公讥笑他。

惠公四年（前 647）晋国发生饥荒，向秦国乞求购买粮食。秦穆公问百里傒，百里傒说："天灾流行，是各国交替发生的事，救济灾荒，抚恤邻国，是我们应该做的。"丕豹说："讨伐它。"秦穆公说："它的国君有过错，它的百姓有什么罪！"卖给了晋国粮食。从秦国的雍地络绎不绝地运到晋国的绛城。《左传》称之为"泛舟之役"。

过了一年，秦国发生饥荒，请求购买晋国的粮食。晋君和群臣商量。庆郑说："君王是依靠秦国继位的，不久违背了割地的诺言。晋国发生饥荒，秦国卖给我们粮食，如今秦国发生饥荒，卖给它还有什么疑问？"虢射却说："往年上天把晋国赐给秦国，秦国不知道夺取，反而卖给我们粮食。如今上天把秦国赐给晋国，晋国难道可以违背天意？不如趁机征伐它。"惠公采纳虢射的计策，不卖给秦国粮食，反而发兵攻打秦国。秦穆公大怒，发兵讨伐晋国。

秦穆公十五年（前 645）丕豹做将军，秦穆公亲自统兵涉过洛河反击晋军（《竹书纪年》：秦穆公涉河伐晋）。晋惠公对庆郑说："秦国军队已经深入国境，怎么办？"庆郑说："秦国送君王回国，君王违背割地的诺言；晋国饥荒，秦国输粮救助；秦国饥荒而晋国竟想趁机发兵。秦军深入，不也应该吗！"晋君占卜担任驾车与车右护卫的人，庆郑皆吉。惠公说："庆郑不恭顺。"于是改用步阳赶车，家仆徒为车右，军队前进。

九月十三日，秦穆公、晋惠公在韩原（今陕西韩城市南）交战。晋君脱离主力部队，和秦军争夺。晋惠公的马体很重，蹄陷在泥里拔不出，秦兵追到，惠公窘迫，召庆郑赶车。庆郑说完"不照占卜的去做，失败，不也应该吗！"就离去了。惠公改用梁繇靡赶车，虢射担任车右。秦穆公率领麾下军士急追晋惠公，不仅没能捉住晋君，反而被晋军围困。晋军攻打缪公，缪公受伤。就在这个时候，曾经偷吃过缪公善马的三百名岐下野人冒死驰入晋军，迫使晋军解围，结果晋君反而被捉。

当初，穆公丢失了善马，住在岐下的三百野人捕得并杀了马吃，官吏们捕得，要依法惩治。缪公说："君子不会因为牲畜而伤害人。我听说吃了善马的肉而不饮酒，会伤身体。”于是赏赐给他们酒喝，赦免了他们的罪过。这三百人听说秦军反击晋军，都要求从军，因而在缪公处境艰难时，他们不避刀矛，争先死战，来报答食马不被惩罚的恩德。

缪公于是俘获了晋君回国，在国中发令：“大家都斋戒独宿，我将要用晋君祭祀上帝。”周天子听说这件事，说：“晋侯是我的同姓”，替晋君说情。夷吾的姐姐是缪公的夫人，听说就身穿丧服、光着脚对穆公说：“我不能拯救自己的兄弟，又着丧服玷污了君上的命令。”缪公说：“我捉得晋君本来认为是一件大功，如今周天子为他求情，夫人也因为这件事而忧愁。”就和晋君订立盟约，答应放还他。

晋惠公派吕省等告诉晋国人说：“我虽然能够回国，但没有脸面重见社稷，占卜选个吉日让太子圉继位吧。”晋国人听后都哭了。缪公于是问吕省：“晋国能和睦吗？”吕省回答说：“不和睦。百姓害怕失去国君引起内乱会牺牲双亲，不怕拥立公子圉，都说：‘一定要报仇，宁肯服侍戎狄。’有些君子则爱护惠公，知道他对秦君有罪，等待秦国释放的命令，说：‘一定要报答秦国的恩德。’有这样两种主张，所以不和睦。”于是秦穆公给惠公更换住所，并馈赠七牢（牛、羊、猪各一头为一牢）礼食。十一月，放回晋君，惠公把晋国河西的土地献给秦国。这时，秦国的国土扩展到黄河边，秦穆公实现了“子孙饮马于河”的夙愿。

惠公回国后，诛杀庆郑，重修政教。八年，派太子圉到秦国做人质，秦把宗室的女子嫁给圉。起初，惠公流亡在梁国，梁伯把自己的女儿嫁给他，生了一男一女。梁伯占卜他们的前途，说男孩将做人的臣仆，女孩将做人的妾，所以给男孩取名圉，女孩取名妾。

4. 崤之战。惠公十四年病重，太子圉抛下在秦国的妻子逃回国继位。秦国怨恨，就从楚国迎请重耳，将圉的妻子又嫁给重耳。派人告诉晋国的大臣欲入重耳，晋国人答应了，于是派兵护送重耳回国，这就是晋文公。文公派人杀了圉，圉就是怀公。

重耳在外逃亡十九年，当时已经六十二岁。他修明政治，对百姓广施恩德，晋国人多依附。文公有五位贤大夫：赵衰；狐偃咎犯，是文公的舅舅；贾佗；先轸；魏武子（毕万之子）。当时因为弟弟叔带叛乱周襄王出逃居于郑国，并向晋国告急。晋文公二年（前635）出兵阳樊，护送周襄王回京，包围温邑，杀死叔带，周册命晋文公为征讨四方诸侯的方伯，把河内地区赏赐给晋国。文公五年五月城濮之战打败楚军。冬，招襄王和文公在践土相会，四方诸侯都来朝拜。因为避忌，所以派人告诉襄王到河阳巡守。孔子因此书曰："天王狩于河阳。"七年与秦穆公围攻郑国，因为途径流亡时郑文公对他无礼，城濮之战郑又帮助楚军。但秦国却单独与郑国媾和，晋文公被迫撤军。秦国在郑国留驻了一支小部队，"使杞子、逢孙、扬孙戍之"（见《左传》僖公三十年）。

文公九年（前 628）去世，太子襄公继位。这一年，郑文公也去世，郑缪公继位。秦国留守的杞子等出卖郑国向秦国说："我把守郑国的城门，秦若潜师来，郑国可得。"缪公问蹇叔，蹇叔回答说："途经好几个国家，行程千里去偷袭别人，很少能够成功。既然有人出卖郑国，又怎么知道没有人把我们的举动告知郑国？不可以这样。"缪公说："你不知道，这件事我已经决定了。"于是发兵，派孟明视、西乞术及白乙丙率领秦军。起程这一天，百里傒、蹇叔二人对着他们痛哭。缪公听说了，发怒道："我发兵你们哭泣什么？"蹇叔回答说："臣不敢沮丧您的军队。军队出发，臣的儿子一同前往；臣年老，恐怕他回来迟了无法相见，所以哭泣。"又私下对自己的儿子说："你们的军队如果失败，必然在崤山这个险要的地方。"

缪公三十三年（前 627）春，秦国的军队东进，越过晋国国土，经过周都洛阳北门，"左右免胄而下，超乘者三百乘"。周的王孙满尚年幼，观后对周襄王说："秦师轻而无礼，必败。"军队行进到滑地（今河南偃师南），郑国从事贩卖的商人弦高，赶着十二头牛去周国，遇到秦军，就以牛献给秦军说："听说大国要诛伐郑国，郑国国君正认真地做准备，派臣子来慰劳您的军士。"秦国的三位将军相互商量说："我们准备奇袭，郑国如今已经知晓，等我们赶到，时机已经错过。"于是灭掉滑，返回。滑，是晋国边疆的城邑。

这时晋文公还没有安葬。太子襄公非常恼怒说："秦国欺侮我国新丧，趁我丧攻取了我国的滑邑。"于是将孝服染成黑色，发兵在崤山埋伏截击秦军，将秦军打得大败，没有一个人逃脱，俘虏了秦国三位将军后回师，穿着黑色的孝服安葬了文公。

晋文公的夫人，是秦穆公的女儿，为秦国的三位将军求情说："彼实构吾二君，寡君若得而食之。"希望能让他们回去，秦国的国君将亲自烹杀他们。晋君答应了。晋国的先轸此时来朝，问及秦国的三位将军。襄公回答说："夫人请求，我已释放了他们。"先轸发怒道："武夫力而拘诸原，妇人暂而免诸国。堕军实而长寇仇，亡无日矣。"不顾晋襄公的面而唾。襄公让阳处父去追，到得河边，秦将已在舟中。于是解下车子左边的马，以襄公的名义赠给孟明视。孟明回答说："君之惠，不以累臣衅鼓，使归就戮于秦，寡君之以为戮，死且不朽。若从君惠而免之，三年将拜君赐。"说得再也明白不过，三年后将来攻打晋国。

三位将军回到国中，秦穆公在郊外迎接他们，劳师而哭曰："我因为没有采纳蹇叔的建议而使三位将军受辱，你们有什么罪？用心准备雪耻，不要懈怠。"于是恢复三人以前的官职，对他们更加优待。

崤之战虽然晋军完胜，但却有得也有失。得在于挫败了秦国东进的企图，使秦穆公转而只能在西戎称霸；失在于破坏了秦晋间的传统友谊，使秦转而与楚结盟，长期与晋为敌，使晋国腹背受敌，无法集中力量与主要敌人楚国进行决战，春秋历史变得更加诡谲。

过了三年，秦穆公果然派孟明领军攻打晋国，报崤山之役，双方战于彭衙（今陕西白水县东北），秦不利撤退。

襄公四年，秦穆公更加厚待孟明等人，派他们率领秦军攻打晋国，渡过洛河后把船烧了，结果打得晋军大败，攻取了王官城和鄗地（《左传》：鄗为郊）。晋国人在城中困守不敢出。史称王官之役。

《正义》括地志云：王官故城在同州澄城县西北九十里，又云南郊故城在县北十七里，又有北郊古城、西郊古城。由此而知，秦晋西河之地边境虽不很确定，但从双方长期拉锯洛河岸，以及彭衙之战、王官之战等来看，洛河应是它们中间一条基本的国界线。然又有一说：王官在今山西闻喜县西。

这个时候缪公才从茅津渡过黄河，为在崤山之战中牺牲的军士筑坟，为他们发丧、致哀三日。于是对军队中诫誓说："啊，士卒们！听我说，不要喧哗，我有誓言要告诉你们。古时候人们有事要向白发老人请教，这样就不会有什么过失。如今为了追思当初不用蹇叔的谋略，所以才做出这次誓言，使后世能够记住我的过错。"君子们听说了这件事，都为此而垂泪说："嗟乎！秦缪公之与人周也，卒得孟明之庆。"

襄公五年晋伐秦，取新城（今陕西澄城县东北二十里），报了王官之役。七年（前 621）春，秦穆公去世，葬在雍城，陪葬的有一百七十七人，其中有秦国的良臣子车氏三人：奄息、仲行和针虎。秦国人悲哀为他们做了一首《黄鸟》诗，“交交黄鸟，止于棘，谁从缪公，子车奄息。维此奄息，百夫之特…”。由此也知道秦国不复东征。

（二）秦失西河

1. 晋中军随回奔秦。秦穆公去世后，秦的继位之君是康公（前 620—前 609）。这年八月晋襄公也去世了，太子夷皋年幼。晋国人因为多次罹难，想立年长的君主。晋国的赵盾说：“立襄公弟雍。好善而长，先君爱之；且近于秦，秦故好也。立善则固，事长则顺，奉爱则孝，结旧好则安。”晋国的贾季却说：“不如立他的弟弟乐。乐的母亲辰嬴曾受到两代国君的宠幸，拥立他的儿子，百姓一定安附。”赵盾不同意，认为辰嬴地位卑贱，班列在九人之下，她的儿子没有什么威望。况且受过两代国君的宠幸就是淫乱，作为先君的儿子不去投靠大国而出居小国陈就是孤立。母亲淫乱，儿子孤立，没有威望；陈国小而距离远，没有后援，怎么可以？于是派先蔑、士会到秦国迎接公子雍。贾季也派人到陈国召回公子乐。赵盾罢了贾季的官，因为他曾杀死太傅阳处父。贾季逃往翟国，他是文公舅舅狐偃的儿子。

秦康公说：“从前晋文公回国时没有护卫，发生了吕省、郤芮的变故。”于是就给公子雍很多护兵。太子的母亲缪嬴却抱着太子日夜在朝堂上哭泣，说：“先君有什么罪？他的继承人有什么罪？舍弃嫡子到国外求君，将把太子置于何地？”从朝堂上出来，又抱着太子到赵盾家中，叩头说：“先君捧着这个孩子托付给你，说‘这个孩子成材，我就受了你的恩惠；不成材，我就怨恨你。’如今先君言犹在耳，而你背弃了托孤之言，为什么？”赵盾和诸大臣顾忌缪嬴，害怕被诛杀，就背弃了所迎接的公子雍，改立了太子夷皋，这就是灵公。背着先蔑、士会，派军队抵御秦国护送公子雍的军队。

赵盾亲自统帅，“训卒利兵，秣马蓐食，潜师夜起，”（《左传》文公七年）在令狐（今山西临猗县西）打败了秦国军队。先蔑逃奔秦国，士会随从。这一年是公元前 620 年。《太史公自序》：“晋中军随会奔秦而司马氏入少梁。”司马迁家族因为晋乱也到了少梁（今陕西韩城市南）。灵公二年，秦伐晋，取武城（今陕西华县东），报令狐之役。四年（前 617）晋伐秦，夺取少梁，秦也夺取晋的北徵（今陕西澄城县西南）。

士会也称随会，是晋献公时贤臣士蔿的孙子。灵公六年冬天秦康公攻打晋国，夺取羁马城（今山西永济南）。晋国发兵抵御。赵盾率中军，荀林父辅佐；郤缺率上军，臾骈辅佐；栾盾率下军，胥甲辅佐。范无恤为赵盾驾车，在河曲（今山西永济市南）迎战秦军。臾骈说："秦军不能持久，请高筑营垒等着他们。"赵盾听从了他的建议。

秦军准备出战。秦康公对随会说："用什么办法作战？"士会回答说："赵盾新近提拔他的部属臾骈，必定是他出的主意，打算使我国军队疲劳。赵氏有一个旁支叫赵穿，是晋国国君的女婿，受宠信而年少，不懂战法，好勇而狂妄，又讨厌臾骈作为上军的辅佐。若是轻装袭之，或许可以战胜赵穿。"秦康公听从了他的建议，把玉璧丢在黄河里祈求胜利。

十二月初四，秦国袭击晋军的上军，赵穿追赶秦军，没有追上。回来发怒说："背负粮食披着甲胄，就是要寻战敌人。敌人来了不去进攻，打算等待什么？"军吏们说："将要有所等待啊。"赵穿说："我不懂得计谋，我打算自己出战。"就带领他的士卒出战。赵盾说："秦军要是俘虏了赵穿，就是俘虏了一位卿。秦以此胜利归，我将用什么回报晋国父老？"于是全部出战，双方刚一交战就彼此退兵。秦军的使者夜里告诉晋国军队说："我们两君的将士还没有痛快地打一仗，明天请再相见。"臾骈说："使者眼神不安而声音失常，这是害怕我们，秦军将要逃走了。我军把他们逼到黄河边，一定可以打败他们。"胥甲、赵穿挡住营门大喊："死伤的人还没有找寻就把他们丢弃，这是不仁慈。不等到约定的日期而把人家逼到险地，这是没有勇气。"于是晋军就停止出击。秦军夜里逃走了。后来又入侵晋国，进入瑕地。

七年春，晋灵公派詹嘉驻防瑕地，以防守桃林（又称桃林塞，在今灵宝、潼关一带）这个险要的地方。晋国人担心秦国任用士会，就让魏雠余假装率领魏地（今山西芮城县西北）的人想要叛乱，以引诱士会，并把魏雠余的妻子儿女抓到晋廷，让他夜里假装逃亡秦国。魏雠余请求把魏地并入秦国，秦康公答应了。魏雠余在朝堂上踩了一下士会的脚，示意士会与他一起回晋。秦康公驻军在河西，魏地在河东。魏雠余说："请派一位河东人，并且能够跟魏地官员说上话的人，我跟他一起先回去。”秦康公派遣了士会。士会辞谢说：“晋国人，是老虎豺狼。如果违背原来的话不让臣回来，臣死了，妻子儿女也将被诛，这对君王没有好处，而且会后悔莫及。”秦康公说：“如果魏地人违背原来的话不让你回来，我若不送还你的妻子儿女，有河神作证！”这样士会才敢去。绕朝把马鞭送给士会说：“您别说秦国没有人才，我的计谋只不过恰恰不被采用罢了。”渡过河以后，魏地人因得到士会而狂呼。秦国人后来也送还了士会的妻子儿女。士会留在秦国的家人都改姓刘。

灵公去世后，晋成公六年（前601）讨伐秦国，俘虏了秦国的将军赤。晋景公三年（前597），楚庄王趁晋国连年内乱，出兵伐郑。晋国闻知派荀林父统帅中军，随会统帅上军，赵朔统帅下军救郑。行至黄河边，听说郑已降楚，荀林父欲回，先縠说：“目的是来救郑，不到达不行，以免将帅离心。”于是渡河与楚战，郑新附于楚，反帮助楚国攻打晋国。晋军败了竞相渡河，船上被砍掉的手指很多。荀林父回国后自请死罪，景公已经答应，随会说：“从前文公与楚军在城濮交战，楚成王归国后杀了楚将子玉，文公这才欢喜。如今楚败我军，我又诛杀大将，是帮助楚杀仇敌呀。”于是才罢休。

景公七年春派随会率军灭掉赤狄的甲氏、留吁和铎辰。三月，晋国向周定王进献俘虏的狄人。晋景公向周定王请求，二十七日，把礼服赐给士会命令他率领中军，并担任晋国的太傅。随会被封于范，号称范文子。司马迁在记载其家族进入少梁时，用了“随会奔秦”这一典型历史事件做标识，且用了随会后来的职务：晋中军。

2. 麻隧之役。晋景公时，发生了诛杀赵朔家族的大事件，赵氏家族几乎被杀光。在韩厥的劝说下，景公才让赵武做继承人，还给了他赵氏的封地。这时晋国卿的力量受到打击有所削弱。景公去世后，厉公元年（前580）秦、晋两国和好，准备在令狐会盟。晋厉公先到达。秦桓公不肯渡过黄河，住在王城，派遣史颗和晋厉公在河东会盟。晋国的郤犨也和秦桓公在河西结盟。范文子（随会）说：“这样的结盟有什么好处？斋戒盟誓，是用来表示信用的。约定会见地点，这是信用的开始。开始都不顺从，难道可以相信吗？”秦桓公回去就背弃了和晋国的盟约。

厉公三年（前578）派吕相谴责秦。《左传》载有他谴责秦的大段说辞，史称“吕相绝秦”。吕相为晋国大夫，魏锜之子，因食邑在吕，又称吕相。

《左传·成公十三年》载：“秦桓公既与晋厉公为令狐之盟，而又召狄与楚，欲道以伐晋，诸侯是以睦于晋。”晋国于是派栾书率中军，荀庚辅佐；士燮率上军，郤锜辅佐；韩厥率下军，荀罃辅佐；赵旃率新军，郤至辅佐。郤毅驾车，栾鍼为车右，联合齐、鲁、宋、卫、郑等诸侯国攻打秦国。五月初四，与秦军在麻隧交战（今陕西泾阳县西北）。秦军大败，俘虏了秦国的成差和不更女父。曹宣公死在军中。军队渡过泾水，到达侯丽（今陕西礼泉县东北）然后回去。军队在新楚迎接晋厉公。史称“麻隧之役”。

东方诸侯除楚以及其属国蔡、叶、陈、薛、鄫外几乎都参加了。马非百：“秦、楚被视为蛮夷之国，蛮夷进行联合，乃华夏诸侯所最忌，所以东方诸侯跟随晋国讨伐秦国。”

3. 迁延之役。晋厉公时奢侈，有很多宠男：胥童、夷阳五、长鱼矫等。他想去掉其他大夫，专用左右宠信。七年（前574）十二月二十六日，胥童、夷羊五率领甲士八百攻杀三郤：郤锜、郤犨、郤克，陈尸朝堂上。胥童是胥甲的孙子，胥甲与郤至曾经有怨。胥童乘机在朝堂上劫持了大夫栾书、中行偃。厉公说：“一天之中把三个卿的尸体摆在朝上，我不忍心再增加了。”派人向栾书和中行偃辞谢，释放了他们。厉公任用胥童为卿。晋厉公在匠丽氏家游玩，栾书、中行偃乘机囚禁厉公，杀死胥童，派人到周室迎接公子周继位，这就是晋悼公。悼公元年正月初七，杀死厉公，用一辆车埋葬他。

悼公周的祖父名捷，是晋襄公的小儿子，没有继位，号称桓叔，桓叔最受宠爱。桓叔生了惠伯谈，谈生了悼公周。公子周即位时，已经十四岁。他驱逐不尽臣职的七人，重修祖宗旧业，施德惠于百姓，抚恤重用追随文公的功臣后代。三年，晋国会合诸侯。悼公向群臣询问可以重用的人，祁傒推举解狐。解狐，是祁傒的仇人。悼公再问，祁傒推举他的儿子祁午。君子说：“祁傒可以说不偏不私了！推举外人不避弃仇敌，推举内亲不埋没儿子。”悼公十一年冬天，秦国夺取晋国的栎邑（今山西永济市西南）。

悼公十四年夏，诸侯的大夫跟随晋悼公去进攻秦国，以报栎地一役。晋悼公在国境内等待，让六卿率领诸侯的军队前进。到达泾水，诸侯的军队不肯渡河。晋国的叔向进见鲁国的叔孙穆子，穆子赋《匏有苦叶》诗。叔向退出以后就去准备船只，鲁国人、莒国人先渡河。郑国的子蟜进见卫国的北宫懿子说：“亲附别人而不坚定，最使人讨厌了，把国家的信誉怎么办？”懿子很高兴。两人去会见诸侯的军队而劝他们渡河，军队渡过泾水就驻扎下来。秦国人在泾水上游投毒，诸侯的军队死去很多。郑国司马子蟜率领郑国的军队前进，其他国家的军队也跟上，到达棫林（今陕西泾阳西南），不能让秦国屈服讲和。荀偃命令说：“鸡叫套车，填井平灶，你们只看着我的马首行动。”栾黡说：“晋国的命令，从来没有这样。我的马头可要往东了。”于是就回国了，下军跟随他也回去了。左史对魏庄（昭）子（魏绛）说：“不等中行伯（荀偃）了吗？”魏庄子说：“他老人家命令我们跟从主将，栾黡，是我的主将，我打算跟从他。跟从主将，也就是合理地对待他老人家。”荀偃说：“我的命令确实有错误，后悔哪里来得及，多留下人马只能被秦国俘虏。”于是就命令全军撤退。

栾鍼说：“这次战役，是为了报复栎地的战败。作战又没有功劳，这是晋国的耻辱。我兄弟俩在兵车上，哪能不感到耻辱？”和士鞅冲入秦军中间，战死，士鞅回来。栾黡对士匄说：“我的兄弟不想前去，你的儿子叫他去。我的兄弟战死，你的儿子回来，这是你的儿子杀了我的兄弟。如果不赶走他，我也要杀死他。”士鞅逃到秦国。这次战役因为晋国将帅不和无功，被称为“迁延之役”。

悼公去世后，晋平公八年、秦景公二十七年（前 550），秦晋会盟，晋国的韩起到秦国结盟，秦国的伯车也到晋国结盟，会盟而没有达成盟约。

这年春天，秦景公的同母弟后子鍼去晋国重温盟约，叔向命召行人子员。行人子朱说：“朱，我在值守。”说了三次，叔向不搭理。子朱生气说：“职位级别相同，为什么在朝堂上不用朱？”拿着剑跟了上去。叔向说：“秦国和晋国不和睦已经很久了。今天的晤谈，幸而成功，晋国就依靠它；不成功，就要打仗。子员沟通两国的话没有私心，您却常常违背君主的意愿。用邪恶来侍奉国君的人，我是能抵挡的。”提起衣服也跟了上去，被别人止住了。晋平公说：“晋国差不多要大治了吧！我的臣下所争执的是大问题。”师旷说：“公室的地位怕要下降。臣子不在心内抗争而以勇力争夺，不致力于德行而争执是非，个人的欲望太大，公室的地位能不下降吗？”

秦国的后子鍼很受景公宠幸，拥有很多财物。晋平公十七年、秦景公三十六年（前 541），有人向景公诬告他，他害怕被杀逃亡到晋国，随身带着一千车资财。晋平公对他说："后子，像你这样富足的人，为何要逃亡？"后子回答说："秦公无道，我害怕被杀，我逃亡是想等到他去世以后再回国。"景公四十年去世，儿子哀公继位，后子鍼又重新回到秦国。

秦哀公（前 536—前 501）时，晋国公室卑弱而六卿的势力强大，他们之间互相争斗，因此秦国和晋国很久没有攻伐。秦厉共公十六年（前 461）时，在黄河边开挖壕沟以防御晋（魏）人的进攻。派遣二万军征伐大荔戎国，夺取了大荔戎的王城。二十一年开始设置频阳县（今陕西耀州区东），晋（魏）国也攻克了武城（今陕西华县东）。武城原属晋，前被秦攻占，魏又夺回。二十四年（前 453），晋国发生内乱，智伯被杀，他的国土被韩、赵、魏瓜分。二十五年，智伯的族人智开和他的邑人逃到秦国。晋国到了晋幽公时，反而要去朝拜韩、赵、魏三国，晋国只有绛和曲沃两座城，其余的都为三卿所瓜分。晋烈公十九年（前 403），周威烈王封韩、赵、魏为诸侯。晋静公二年（前 376），魏武侯、韩哀侯、赵敬侯灭掉晋国，三分其地。静公降为平民，晋国绝祀。

二、梁芮等西河小国的运势

黄河金三角地区是华夏民族的发祥地，"黄帝崩葬桥山"，"尧都平阳"（《五帝本纪》）。大禹治水，仓颉鸟迹造字，这些古老的传说，使西河故地披上了迷人的色彩。

公元前 1039 年，周公第二次分封诸侯时，封周成王的弟弟于韩。周宣王二十二年（前 806）封其弟友于郑；又加封了申侯、韩侯的爵位。这件事记载在《韩奕》篇里。周平王东迁时，郑国随之迁往河南，由虢、郐献出十邑建国。公元前 770 年，"秦仲有功封其少子于夏阳梁山"。公元前 757 年，晋文侯灭韩。公元前 678 年晋武公封韩武子万于韩。公元前 640 年秦穆公灭梁和芮。先民们在西河这片古老的土地上创造了灿烂的文明。

（一）韩侯国

1. 韩侯与韩武子。据《史记·韩世家》索隐："按：左氏传云：'邗、晋、应、韩，武之穆'，是武王之子。"周成王四年（前 1039）周公第二次分封诸侯时，封周武王的少子、成王的弟弟于韩，这就是古韩侯国的来历。与春秋战国时期由晋卿兴起的韩国不是一回事，韩武子只是采邑于韩。《史记・韩世家》索隐："故诗称'韩侯出祖'，是有韩而先灭，今据此文，云'其后裔事晋，封于韩原，曰韩武子，则武子本是韩侯之后，晋又封之于韩原，即今之冯翊韩城是也。"武子之韩应为古韩之苗裔，事晋被晋武公封（采邑）于古韩侯国故地。《史记・韩世家》："韩之先与周同姓，姓姬氏。其后苗裔事晋，得封于韩原。"

另据《左传・桓公三年》：晋哀侯八年（前 710）春，曲沃武公进攻翼城，军队驻扎在陉廷（今山西曲沃东北）。韩万为武公驾车，梁弘为车右。在汾水边的低洼地追赶晋哀侯，由于骖马被绊住才停下来。夜里，俘获了晋哀侯和栾共叔。晋国又拥立哀侯的儿子小子侯。小子侯元年，武公派韩万杀死俘获的晋哀侯。《左传・庄公十六年》：前 678 年曲沃武公灭晋，周僖王派虢公命武公建立一军，做晋国的国君。武公因而封韩万于韩。

又据《竹书纪年》："周平王十四年，晋人灭韩。"古韩侯国立国 282 年后，公元前 757 年被晋文侯灭掉，79 年后韩武子（万）采邑于韩。

再据《史记・韩世家》索隐："叔向谓（韩）宣子能修（韩）武子之德，（宣子）起再拜谢曰：'自桓叔已下，嘉吾子之赐。'亦言桓叔，是韩之祖也，今以韩侯之后，别有桓叔，非关曲沃之桓叔。"根据韩宣子和叔向的对话，我们知道古韩国的远祖除了《诗经》提到的韩侯外，还有一位有道的国君叫桓叔（不是曲沃桓叔），韩的后裔对他非常崇敬和怀念。

2. 溥彼韩城。《说文解字》：韩，井垣也，因在原上，称为韩原。《史记・韩世家》正义："括地志云：'韩原在同州韩城县西南八里，又韩城在县南十八里，故古韩国也。'"认为韩原及古韩侯国都在今韩城老县城以南。又《竹书纪年》："成王十二年，王师、燕师城韩，王锡韩侯命。"周成王时，分陕而治，陕以西召公主之；陕以东周公主之。召公和周王派军队为韩侯修建了高大的城池。

《诗经・大雅・韩奕》："奕奕梁山，维禹甸之。……韩侯受命，王亲命之：干不庭方，以佐戎辟。……韩侯出祖，出宿于屠。显父饯之，清酒百壶。……韩侯取妻，汾王之甥，蹶父之子。……孔乐韩土，……韩姞燕誉。……溥彼韩城，燕师所完。……王锡韩侯，其追其貊。奄受北国，因以其伯。……"

大意：梁山高又大，大禹曾经治理它。周王亲自下命令，继承祖业须听话。

讨正不朝诸侯国，辅佐君王治天下。韩侯进京来朝见，韩侯临行祭路神，出京来到屠地住。显父为他来饯行，席上清酒有百壶。韩侯娶妻不平常，她是厉王外甥女，蹶父家中小女郎。韩邑土地很安乐，韩姞安居乐陶陶。韩城宽广又高大，燕国军队修筑成。周王下令赐韩侯，追貊两国你统领。北方小国都包括，地区首长你担承。

《韩奕》据传为周宣王时尹吉甫所作。韩侯因是武王之子、成王的亲弟弟，周王室对其赏赐是丰厚的。周宣王亲自对韩侯讲，要继承先祖文王、武王的事业，不辜负我。从饮食住行、婚姻等各方面关怀备至，又加封了韩侯的爵位。

3. 韩城鼎。北宋中叶在韩城出土了一件鼎。鼎产生于春秋早期，是晋文侯的夫人晋姜所铸造，因出土于韩，被称为韩城鼎，亦称晋姜鼎。鼎的出土印证了“周平王十四年，晋人灭韩”这件事。鼎藏于宫廷，失于“靖康之难”。

其文：惟王九月乙亥，晋姜曰：余惟嗣朕先姑君晋邦，余不暇荒宁，经雍明德，宣邲我猷，用绍匹台辟，敏扬厥先烈，虔不坠，鲁覃京师，乂我万民。嘉遗我，赐卤积千两，勿废文侯显命。俾贯通弘，征繁汤権，取厥吉金，用作宝尊鼎，用康柔绥怀远迩君子，晋姜用祈绾眉寿，作疐为亟，万年无疆，用享用德，畯保其孙子三寿是利。

大意：在周平王九月乙亥这一天，晋文侯夫人晋姜说：我继承我逝去的婆婆来管理晋国，我不敢安于逸乐，经常注意品德修养，慎重谋划事情。辅佐我的夫君晋文侯，恭敬虔诚，发扬光大事业，永不坠落。壮美我的京师，治理我的万民。晋文侯嘉奖我，赏赐我食盐千两。我不会废弃文侯尊贵的命令。我派人贯通道路，去征收繁汤的赋税，取得上好的铜料，用来铸成这件宝尊鼎，用“康乐和顺”以结交远近的君子。晋姜祈求“宽裕、广大、长寿”成为晋国的根底和准则。晋国万年无疆，祭祀不绝，永远保佑其子孙长寿。

（二）梁伯国

据宋郑樵《通志·氏族略·以国为氏》载：“梁氏，嬴姓伯爵伯益之后。秦仲有功，周平王封其少子康于夏阳梁山，……子孙以国为氏。”梁康是梁伯国的始封之君。梁山在今韩城市西北。晋景公十四年（前 586）梁山崩，壅阻河水，传车召问伯宗。（《国语·晋语》“车者论梁山崩”）

梁国公元前770年受封，公元前641年被秦缪公灭掉，立国130年。梁国活动区域主要在今天的韩城市南，考古工作者已在芝川镇一带发现梁国夯土城墙遗址。如今这里还有叫东少梁、西少梁的村庄可以为证。

1. 夷吾奔梁。梁伯国的事迹最早载于《左传·桓公九年》(前704)。当时曲沃武公诱骗晋国小子侯，把他杀了。周桓王派虢公率领芮伯、梁伯、荀侯、贾伯前去讨伐庄伯，庄伯退回了曲沃。梁伯与芮伯曾一起去朝秦。《史记·秦本纪》：秦德公元年（前677），开始东迁至雍城的大郑宫，“梁伯、芮伯来朝”，这时的晋武公在位。秦成公元年（前663），梁伯、芮伯又一次来朝，这时是晋献公十四年。公元前654年，梁国收留了晋国逃亡的公子夷吾。

晋献公二十一年（前656）听信骊姬谗言，太子在新城自杀，公子重耳、夷吾逃走。献公发怒，二十二年派兵攻打重耳居住的蒲邑，重耳逃到翟国；攻打夷吾居住的屈邑，屈邑坚守，攻不下来。献公二十三年又派贾华讨伐屈邑，屈邑溃散。夷吾想逃往翟国。冀芮说：“不行，重耳已经在那里，如今你再去，晋国一定讨伐翟国，翟国害怕晋国，灾祸必然降临到您身上。不如逃到梁国，梁国靠近秦国，秦国强大，我们的君王死了，可以请求秦国帮助回国。”于是逃到梁国。梁伯把自己的女儿嫁给他，生了一男一女，梁伯给男孩取名圉，女孩取名妾。这时，晋国强大，拥有河西之地。

献公二十六年（前651）晋献公去世，大臣里克杀死骊姬的儿子奚齐和骊姬妹妹的儿子悼子，到翟国迎接重耳，重耳谢绝。里克遣使到梁国迎接夷吾。夷吾在秦国军队的护送下回国继位，却违背当初给秦河西地的承诺。公元前645年秦国和晋国在韩原大战，秦穆公俘虏晋惠公夷吾。夷吾和秦国订立盟约，秦国放夷吾回国，夷吾献出河西地，派太子圉到秦国做人质。

2. 梁伯好土工。《史记·晋世家》：晋惠公十年（前641）秦国灭掉梁国。梁伯喜好土木工程，修治城墙沟壕，百姓们疲惫不堪，怨声载道，多次互相惊扰，说：“秦国强盗来啦。”百姓们惶恐不安，秦国终于灭了梁国。梁伯大概已感到有被秦灭的危险，却因为加紧修筑城池导致更快亡国。

梁姓的梁弘，公元前710年曲沃武公伐晋时，是武公的车右。晋献公时，骊姬贿赂献公的男宠梁五与东关嬖五，使他们谗陷太子申生及公子重耳、夷吾等，终于立了骊姬的儿子奚齐，晋国人称此二人为“二五耦”。公元前645年秦晋韩原大战时，梁繇靡为晋惠公赶车。这是梁姓在晋国最早的活动事迹。

（三）芮伯国

1. 南北芮国。芮是一个古老的国家。《史记·秦本纪》索隐：“芮，姬姓。……芮国在冯翊临晋。”据此，今大荔朝邑一带的芮国，应与周同姓，为周初所封。又《秦本纪》正义：“郑玄云周同姓之国，在畿内，为王卿士者。”芮伯担任周朝的卿士大夫。另《史记·周本纪》正义“芮良夫”条：芮伯也。

再《秦本纪》正义：“括地志云：南芮乡故城在同州朝邑县南三十里。又有北芮城，皆古芮伯国。”根据《括地志》，除周所封朝邑之姬姓南芮国，还出现一个北芮城，那么，这个北芮城到底存不存在？它又在什么地方？《括地志》没有说，所以不能因为《括地志》提到南芮乡在朝邑，就主观臆断北芮城一定也在朝邑一带。但《史记·周本纪》正义却说：“古芮城在芮城县西二十里，古芮国也。……”笔者推测北芮城大概指的就是这个芮，因为除了朝邑之芮，目前见诸历史文献的，也只有这个位于山西、在朝邑之北芮了。《史记》还提到周文王时，虞芮之人争田的故事，虞在山西平陆，不可能与朝邑周所封之姬姓芮争田，应是与商纣时就存在的这个山西芮城之芮争田，其不在朝邑明矣。

另《史记·秦本纪》在德公元年、成公元年两次提到“梁伯芮伯来朝。”这里的芮应是春秋时尚存之朝邑姬姓南芮。“梁伯芮伯来朝”并不是说梁芮就紧邻。它有可能只是说梁伯、芮伯朝秦发生在同一年，所以史公笼统一笔带过。即就梁伯芮伯一块去朝秦，韩城、朝邑相隔不过三百多里，合情合理。且不可认为司马迁在《史记》中提到芮，就望文生义、主观臆断认为梁芮一定要紧邻，这是毫无历史根据的。

2. 虞芮争田。《诗经·大雅·绵》有：“虞芮质厥成，文王蹶厥生”之语。这是最早记载有关芮国的文献，说明芮在商末便已存在。而《史记·周本纪》就上述虞芮争田的故事具有详细的记载。商朝末年，商纣王暴虐，西伯侯姬昌悄悄行善，诸侯都来请他裁决是非。当时虞、芮两国的人有诉讼不能裁决，就到周来。进入周的地界，看到种田的人都互相让界，民俗都对长者谦让。虞、芮两国的人还没见到西伯昌便很惭愧，相互说：“我们所争的，正是周人觉得羞耻的，去见西伯干什么呢？去了只是自取羞辱罢了。”于是返回，互相谦让而去。

诸侯听了都说：“西伯昌大概是受命于天的君主。”

3. 芮良夫论荣夷公专利。芮良夫是一个贤能的人。《史记》收录了《国语·周语》“芮良夫论荣夷公专利”这段话。周厉王贪财好利，亲近荣夷公。大夫芮良夫向厉王进谏，说：周王室大概要衰微了吧！荣夷公好独擅百物之利而不知大难临头。利，是由各种物质产生，由天地所生成，如果有人独擅，那么对国家的害处就大了。天地之间的各种物质，百姓都要取用，怎么能够独擅？荣夷公因为独擅而结下的怨恨很多，对大难又毫无防备，周室怎么能长治久安呢？统治人民的国君，应该顺通财利而上用于神下用于民，使神、民和各种物质都各得其所，这样做尚且每日恐惧，害怕引起民怨。所以《诗经·周颂·思文》说：“想起有文德的后稷，他的德行能够配天。我们这些吃谷物的百姓，没有一个不蒙受他的大德。”《诗经·大雅·文王》说：“文王陈布利益，成就周人事业。”这难道不是广布利益而畏惧祸难吗？因而文王能够成就大业，一直延续到现在。“如今君王想独擅利益，这岂是可以做的事？匹夫独擅利益，尚且被称为强盗，君上也这样做，那么民心就不归附。荣夷公若得重用，周王室必败。”不久，荣夷公被任命为卿士，诸侯不再献贡，厉王被流放到彘地。

4. 芮伯万多宠。《左传·桓公三年》（前710）载：芮伯万的母亲芮姜嫌恶芮伯万的宠姬太多，就把他赶走。万居住在魏城。鲁桓公四年秋，秦国的军队去袭击芮国，秦军由于小看了敌人的缘故战败。这年冬天，周桓王的军队和秦国军队联合包围芮国，俘虏了芮伯万回去。鲁桓公九年秋，芮国和虢仲、梁伯、荀侯、贾伯联合讨伐曲沃武公。鲁桓公十年秋，秦国人把芮伯万送回芮国。大概在公元前641年前，秦穆公灭掉了芮国。

（四）考古探秘

近年来，关中东部先后发现两周时期的古墓葬群。韩城梁带村古墓发掘被列为2005年全国十大考古发现。考古工作者通过现代化检测手段，已基本确定梁带村古墓属于两周时期古墓，距今大约2800年。出土了众多带铭文的铜器；多组组合清楚完整的玉组佩；大量金器，而且其中不乏新器型，特别是金剑鞘；漆木建鼓、编钟、镎于、钲和石编磬等乐器。发掘的M27中字国君墓出土了“内公作为旅簋”等铭文。M26号女性墓出土有“中姜作为恒公尊鼎”铭文。M19

号墓出土有“内公作铸鬲，子子孙孙永宝用享”铭文。M19 甲字墓出土有“内太子”“内公”铭文；M26 甲字女性墓发现有“内太子白”铭文。这为揭开关中东部两周时期的诸侯国分布、当时的社会生产力情况等提供了有力的佐证，有利于历史研究的再进一步深入。

梁带村大墓墓道向南，正与以周人为代表的姬姓墓道位置相同，如晋侯墓地和周公庙大墓皆向南。考古队认为“内”通“芮”，梁带村古墓发现“内公”铭文，便是姬姓芮国墓，却又无法解释芮仅仅是伯国，与墓中发现的“公”铭文不相符。周公制礼，以礼治国的周前期僭越是万万不可能的，留下了太多的历史疑窦。

2016 年澄城县刘家洼遗址发掘，在两座“中”字形大墓中，考古队员发现了编钟、编磬、漆木建鼓等大量随葬品。根据出土文物形制、纹饰等特征，考古队认为遗址属于春秋早中期。在 M2 椁室东北角建鼓的铜柱套上发现了‘内公’铭文，在一件铜戈上发现了‘内行人’铭文。在一个竖穴土坑大墓中，发现 9 个殉葬年轻女性的壁龛，和 2 件铸有“芮公”的同铭铜鼎等。此外，还在两件鬲口沿上发现“芮太子白”铭文。

随着以后的发掘，对关中东部地区两周历史的真面目，必将有更多的认识。

三、魏纳河西之地

晋国末期公室卑弱，韩、赵、魏、范、中行、智六卿的势力逐渐增大，他们互相争斗。晋出公十七年（前 458）智伯和韩、赵、魏四家瓜分范吉射、中行（荀）寅的土地。晋哀公四年（前 453）赵襄子、韩康子、魏桓子杀死智伯荀瑶，并吞了他的土地，中国历史进入了战国时期。魏国代晋，拥有河西的广袤之地。

魏与秦西河之地的争夺以商鞅变法为分界线，前后经过两个时期。前期魏文侯变法，国力强大，占有了西河以及上郡（今陕北高原）的大片地区；后期秦国变法，打败强魏，魏献出黄河以西土地，放弃今天山西夏县的安邑，迁都河南东部的大梁。

（一）魏国西进

1. 毕万入晋。魏国的祖先是毕公高的后代。《左传·僖公二十四年》富辰曰："管蔡郕霍，鲁卫毛聃，郜雍曹滕，毕原酆郇，文之昭也。"高是周文王的庶子。周武王灭商之后，高被封在毕（今陕西咸阳北），于是就以毕为姓氏。他的后代断绝了封爵，有的居住在中原，有的流落到夷狄。子孙有个叫毕万的，侍奉晋献公。献公十六年（前 661），攻灭霍、耿、魏，把毕万封到魏。晋国主管占卜的卜偃说："毕万之后必大。万，盈数也；魏，大名也。以是始赏，天开之矣。天子曰兆民，诸侯曰万民，今命之大，以从盈数，其必有众。"

毕万受封后十一年（前 651），晋献公去世，晋国内乱，毕万的子孙依照他的封邑改姓魏氏。毕万生了魏武子犨。魏武子以魏氏诸子的身份侍奉晋国公子重耳，随从重耳逃亡十九年，重耳即位晋文公，让魏武子作为魏氏的后代袭封，列为大夫，治所在魏邑（今山西芮城西北）。魏武子生子魏悼子。

魏悼子把治所迁移到今霍县西南。魏悼子生了魏绛。魏绛侍奉晋悼公。悼公三年，晋和诸侯会盟于鸡泽。悼公的弟弟杨干扰乱了队伍的行列，魏绛杀了杨干的仆御，以示惩罚。悼公愤怒说："会合诸侯是为了显示荣耀，现在却侮降我的弟弟。"将要诛杀魏绛。有人劝谏，悼公才罢休。后来终于任用魏绛主持政务，派他联络戎狄，戎狄因而亲附。

悼公十一年说："自从我任用魏绛，九次会合诸侯、安抚戎、翟两族，都是魏子出的力啊。"赏赐给他郑国所予女乐之半（《左传·襄公十一年》），三次推让然后接受。魏绛把治所迁移到安邑（今山西夏县西北）。魏绛去世，谥号为昭（庄）子。魏绛生了魏嬴。魏嬴生了魏献子。魏献子侍奉晋昭公。昭公去世后，晋顷公十二年，韩宣子卒，魏献子主持晋国政务。魏献子生了魏侈。魏侈和赵鞅等攻打范氏、中行氏。魏侈的孙子叫魏桓子，他和韩康子、赵襄子共同攻灭智伯，瓜分了智氏封地。魏桓子的孙子是文侯魏斯（前 445—前 396）。

2. 吴起为西河守。魏文侯礼贤下士，任用李悝变革政治，发展农业生产；以西门豹治邺；向孔子的高徒子夏学习，子夏教衍西河，在今韩城市英山一带设帐授徒，发展当地教育事业；待当时的隐士段干木以客礼，经过他居住的乡里，每次都要凭轼致意；并任用一代名将吴起为西河守。

吴起是卫国人，曾经向曾申学习，听说魏文侯贤明，他来到魏国。魏文侯任用他为将，他与士兵同吃同住。行军打仗不骑马乘车，睡觉不铺席子，亲自背负粮食，为士兵分担劳苦。士兵生了毒疮，吴起为他吮吸脓汁。吴起善于带兵打仗，廉洁公正，能得到士兵的拥护，魏文侯任用他为西河守，抵御秦国和韩国，拔取了五个城邑。

文侯十六年（前 430），义渠戎族攻打秦国，一直攻到渭河以南。二十七年（前 419），魏国在少梁（今陕西韩城市南）筑城，秦国派军队袭击。三十一年（前 415），秦国筑城籍姑（在今陕西韩城市北三十里），魏国派子击包围秦国的繁庞城（在今陕西韩城市南），迁走那里的百姓。三十七年（前 409），魏国讨伐秦国，修筑临晋城（今陕西大荔县东南）、元里城（今陕西澄城县东南）。秦国在洛水旁开挖沟渠，修筑防御工事，在靠近洛河的重泉（今陕西蒲城县东南）筑城，秦与晋、魏长期沿洛河作为分界线。三十八年（前 408），魏国派子击向西进攻秦国，到达郑邑（今陕西华县）而回，修筑了洛阴城（今陕西大荔县）、合阳城（今陕西合阳县东南）。四十三年（前 403），周威烈王正式策命魏、赵、韩为诸侯。四十五年（前 401），秦国进攻魏国，一直打到阳狐。五十年（前 396），文侯卒，子击继位，这就是魏武侯（前 395—前 370）。

吴起接着侍奉魏武侯。武侯沿黄河游览，顺河而下，到达中流，回头对吴起说："美哉乎山河之固，此魏国之宝也！"吴起回答说："在德不在险。若君不修德，舟中之人尽为敌国也。"武侯曰："善。"

武侯三年（前 393），在汪邑（今陕西澄城县西南）秦军被打败。武侯六年（前 390），秦军侵占魏国的阴晋（今陕西华阴市东）。武侯九年（前 387），讨伐秦国，在武城（秦县名，今陕西华县东）县城下被秦军打败，俘虏了秦国的将领识。

魏国设置相国，田文为相，吴起与田文争相。田文死后，公叔座为相国，娶了魏国的公主为妻，却惧怕吴起。他的仆人说："吴起容易让他离开。"公叔说："如何办？"仆人说："吴起为人清高而喜好名声。您可趁机向武侯进言说：'吴起是个贤明的人，君侯的国家小，又同强大的秦国接壤，我私下担心吴起没有久留魏国的心意。'魏武侯如果说：'怎么办？'您就趁机对魏武侯说：'试着把魏国的公主许配给他，吴起有久留之意，一定接受，如果不想久留，就一定推辞。用这个办法去试探他。’您借机邀请吴起跟您一起到家里来，让公主故意发脾气而蔑视您。吴起见到魏国的公主蔑视您，就必定推辞。”当时吴起见到魏国的公主飞扬跋扈，蔑视相国，果然谢绝了魏武侯。魏武侯怀疑，不信任。吴起害怕获罪，离开魏国，前往楚国。

（二）魏国“三战三败”

魏惠王（前369—前319）时，秦魏之间发生了三次大的交战，魏国三战三败，彻底失去对西河之地的控制。

1. 秦献公俘虏公孙痤。秦出子二年（前385），秦的庶长改从魏国的西河迎请秦灵公的儿子献公而扶立他做国君。杀掉年幼的出子和他的母亲，将他们沉入深渊。这时秦国因为屡屡更换国君，君臣之间秩序混乱，因此魏国又重新强盛起来，夺回了秦国西河的土地。

献公元年（前384），立即废止秦自武公以来，中间经过十九君、历时二百九十四年的用人殉葬制度。二年（前383），面对魏国的攻击，建筑栎阳城（今西安市阎良区的武屯乡），将都城东迁到这里。九年（前376）魏、韩、赵灭掉晋国，三分其地。十一年（前375），周朝太史儋拜见献公说：“周以前和秦国合为一处到分别为二，分别了五百年后又要重新合并，合并十七年后霸王出世。”

十六年（前369），桃树冬季开花。魏武侯卒，未立太子，子罃与公仲缓争立。韩懿侯、赵成侯联合进攻魏罃，战于浊泽（郑县名，今河南新郑西南），魏罃败，魏国险些被一分为二。因韩懿侯、赵成侯意见不合退却，魏罃自立为君，这就是魏惠王（前369—前319）。

十八年（前367），栎阳降下金雨。二十一年（前364），秦国的军队和晋国的军队在石门（今山西运城西南）交战，斩杀了魏军六万人，天子赠送礼服表示祝贺。二十三年（前362），秦国军队与魏国军队在少梁（今陕西韩城市南）交战，俘虏了魏将公孙痤。

二十四年（前361），献公去世，太子孝公（前361—前338）继位，孝公当时已二十一岁。

2. 商鞅欺公子卬。孝公元年，在黄河和崤山以东有六个强国。秦孝公和齐威王、楚宣王、魏惠王、燕悼侯、韩哀侯、赵成侯并立，在淮水和泗水一带，还有十多个小国。楚国、魏国和秦国地界相连。魏国修筑长城从郑县沿洛水向北，拥有上郡（今陕北高原一带）。今韩城市南原尚有魏国修筑的长城遗迹。周室势力微弱，诸侯凭借各自实力进行征战。秦国处在偏僻的雍州，不能参与中原诸侯国的会盟，诸侯们把秦国当作夷翟看待。

孝公根据这种形势广泛施行恩惠，救助孤寡，招抚战士，明定立功奖赏。他在国中下令说："以前我的祖先缪公在岐山和雍邑地区的时候，修行德政和振兴国力，向东平定了晋国的内乱，使国土扩展到以黄河为界，在西方称霸于戎翟地区，扩展了千里疆土，天子致封号为伯，诸侯们表示祝贺，为后世开创了荣耀的基业。恰逢以前遇到厉公、躁公、简公、出子时期的动乱，国家出现内忧，无暇顾及对外交往，使三晋（魏国）攻夺了先君开拓的河西地区，诸侯们鄙视秦国，再没有什么比这更耻辱的。献公即位后镇抚边疆，迁都栎阳，准备向东征伐，恢复缪公时期秦国故有的疆域，重整缪公时的政业。寡人缅怀先君的遗志，内心常常感到悲痛。宾客群臣中有能够出奇计使秦国强盛，我将尊崇他给予高位，和他一起分享秦国的国土（意即裂土封侯）。"于是就出兵向东围困陕城（魏县名，今河南陕县），进兵向西斩杀了戎人的源王（其地在今甘肃陇县东南）。卫鞅听到秦孝公的命令，向西进入秦国，借助景监的引见而得到秦孝公的重用。

卫鞅是卫国国君姬妾生的儿子，姓公孙，年幼时喜欢刑名之学，侍奉魏国的公叔座，做了中庶子，公叔座知道他贤能，还没来得及举荐。恰逢公叔座病了，魏惠王亲自前来探视，说："公叔的病如果有意外，国家将怎么办？"公叔座说："我的中庶子公孙鞅，年纪虽然轻，但有奇特的才能，希望大王把国家大事委托给他。"魏惠王沉默不语。魏惠王将要离开时，公叔座隔开他人说："大王如果不任用公孙鞅，就一定杀死他，不要让他走出国境。"魏惠王答应了离开。

公叔座召见公孙鞅，抱歉地说："刚才大王询问我能够担任相国的人，我说到你，但看大王的脸色不会同意，我才以君为先，以臣为后，就对大王说，如果不用公孙鞅，就应当杀掉他。大王答应了我。你得赶快离开了，不然将被擒。"公孙鞅说："大王不能用您的话任用我，又怎能用您的话杀掉我？"公孙鞅始终不离开。

魏惠王离开之后，就对左右说："公叔座的病很严重，可悲啊，他要让我把国事托付给公孙鞅，难道不荒谬吗？”悲乎！公叔座可以说知人。若惠王能采纳他的建议，任卫鞅为相，内修政治，明令法度，奖励耕织，以魏国之强，抑韩制赵，控有三晋地利之险，威临天下无若不可？惜哉！公叔座若有容人之量，吴起当不会过早离开魏国。若魏武侯、魏惠王继续留用吴起，魏国相贤将廉，当可续文侯霸业，图秦谋燕，东出齐地，南凌楚国，建立不世伟业，亦未可知。哀哉！可惜鞅之不用，吴起去楚，文侯时开创的一代霸业结束于惠王之手，公叔辅佐两代国君，其疚难辞也。

公叔座死后，公孙鞅听说秦孝公下令在国中物色贤明，欲向东收复被侵国土，重振秦缪公霸业，就向西进入秦国，通过秦孝公的宠臣景监去求见秦孝公。他劝说孝公变更法令，整饬刑律，致力农耕，规定对征战的赏罚，鼓励从死力战。孝公欣赏他的建议，拜卫鞅为左庶长，推行新法。百姓对新法感到痛苦；过了三年，百姓却觉得新法便利。

孝公七年（前355），孝公和魏惠王在杜平城（魏县名，今陕西澄城县东）会盟。八年，秦军和魏国军队在元里城（魏县名，今陕西澄城县东南）交战，取得胜利，秦国夺取了魏国的少梁城。九年，魏国庞涓围攻赵国的邯郸城，齐国派出田忌、孙膑救援，在桂陵打败庞涓。十年，魏国修筑河西的长城，在合阳修筑关塞，任卫鞅为大良造，率领军队围困魏国的安邑城，迫使他们投降。

十二年（前350），建造咸阳城，修筑了高大的宫廷、门阙，秦国把都城迁到那里。又把各个较小的乡、村落合并到一起，汇集成大县，每县设置一名县令，共有四十一个县。扩展耕地，削平阡陌。魏国西攻秦国上郡，包围秦的定阳（在今陕西延安东南）守军。孝公与魏惠王彤县（在今华县西南）会晤，重修旧好。秦国东方的边界越过了洛水。十四年，开始施行军赋制度。十九年，天子封孝公为诸侯伯长。二十年，诸侯都表示祝贺。秦国派公子少官率领军队在逢泽地区会集诸侯，朝见周天子。二十一年，齐国军队在马陵地区打败了魏国的军队，俘虏了魏国的太子申，杀死魏将庞涓。魏国受到秦和齐东西两线同时的夹攻。

二十二年（前340），卫鞅对秦孝公说：“秦国和魏国，譬如人患有心腹疾病，不是魏国吞并秦国，就是秦国吞并魏国。为什么？魏国处在山势险要的地方，建都安邑，与秦国以黄河为界，独占了崤山以东的地利。在有利条件下，可以向西侵犯秦国；在不利条件下，可以向东扩大土地。如今凭大王的贤明圣哲，国家足以强盛。而魏国往年被齐国打得大败，诸侯反叛它，可趁此机会攻打魏国。魏国不能抵挡秦军，必定向东迁移。魏国一东迁，秦国就占有了黄河和崤山的险要地带，可以向东控制各国诸侯，这是帝王的大业。"

秦孝公认为他讲得有道理，就派遣卫鞅联合赵国、齐国攻打魏国。魏国派公子卬迎击秦军。两军对阵，卫鞅送信给魏将公子卬说："我当初跟公子交好，现在是两国的将军，不忍心互相攻打，当亲自和公子会盟，订立盟约，大家高兴喝上一杯，收兵回营，使秦国和魏国都可以安定。"公子卬认为是这样。

会盟之后，正在喝酒，卫鞅的伏兵突然袭击，俘虏了公子卬，趁机攻打魏国的军队，彻底打败了魏军。魏惠王屡次被齐军和秦军夹击，国内虚耗，实力一天天削弱，说："我悔恨没有听公叔座当时的话。"他后悔当时没有杀掉卫鞅。

卫鞅打败魏军回国后，秦把商、於等十五个城邑封给他，称作商君。二十四年（前 338），和魏国在雁门（今山西河津市南，黄河东岸）作战，俘虏了魏国的将军魏错。这一年，秦孝公去世，太子惠文君（前 337—前 311）继位，诛杀了卫鞅。

卫鞅做秦相十年"内修守战之具，外连横而斗诸侯"（贾谊《过秦论》），极力扩大秦国的实力，推行新法却触动了秦国贵族集团的利益，皇亲国戚很多人怨恨他。卫鞅开始在秦国施行新法时，法令得不到推行，太子触犯了法禁，卫鞅对孝公说："法令之所以不能推行，是由于贵戚们抵制。您若一定要推行新法，应当先从太子开始。太子不能受黥刑，应刑太子傅公子虔和黥太子师公孙贾。"因此新法很快得到推广，秦国也得到了治理。等到孝公去世，太子被立为国君，秦国宗室有许多人怨恨卫鞅，卫鞅逃亡，因此被认定是谋反，最终遭受车裂的刑罚被处死。秦惠文君说："不要像商君一样反叛。"诛灭了他的家族。呜呼！商君执法无私，先从太子做起，致被车裂，"无私执法，诚不易哉"。

3. 雕阴之战。秦惠文君继承孝公的事业。元年，楚、韩、赵、蜀前来朝见。二年，周天子祝贺。三年，秦王举行冠礼，亲政。四年（前 334），周天子赐赠祭祀周文王、武王的祭肉。齐国和魏国会于徐州，两国的君主称王（齐威王、魏惠王）。

五年，阴晋（今陕西华阴）人犀首被任命为大良造。六年，魏国把阴晋地区献给秦国，阴晋被改名为宁秦。

七年（前 331），公于印率军和魏国的军队在雕阴（魏县名，在今陕北富县北）作战。龙贾为当时魏国西边抗秦的主将，魏惠王十二年龙贾率师筑长城于西境，十五年龙贾又筑城池阳以备秦。《竹书纪年》是年秦分两路向魏进攻，南路以樗里疾为主将，出函谷关进攻占领曲沃、焦（今河南三门峡市西），占领了曲沃，赶走那里的人民，把土地纳入秦国；北路以公孙衍为主将，大举进攻魏国上郡的雕阴，斩杀了敌人八万人，敌将龙贾亦被擒。史称雕阴之战，此为魏国抗秦战斗的最大失败。从此魏国的河南、上郡失去防卫的兵力，因而西河、上郡不得不陆续拱手送给秦国。

八年（前 330），魏国献出河西的土地。九年，秦军渡过了黄河，攻取了汾阴城、皮氏城（皆魏县名，一在河津西南，一在今河津市，与韩城市隔黄河相望）。秦惠王和魏惠王在应城（今河南鲁山县东）会盟。围困魏国的焦城，迫使焦城投降秦国。十年，张仪被任为秦相。魏国献出了上郡十五县给秦国（约为今陕西子长县以南的洛河以东地区）。《正义》："魏前纳阴晋，次纳同、丹二州，今纳上郡，而尽河西洛滨之地矣。"魏国完全退出了西河。十一年（前 327），归还了魏国的焦城和曲沃，把少梁改名为夏阳。

秦、晋（魏）西河之争终于画上句号，但在民族史上这不过是一时浪花。更精彩的还在继续，隋开皇十八年（598）设置韩城县。我们的先民在黄河西岸这块富饶的土地上演着一个又一个的传奇，创造出了灿烂的黄河文化。大河汤汤，昼夜不息，这块土地仍将上演着新的传奇。

（程永庄，供职于韩城市文化和旅游局。）

司马迁生于公元前145年考

吉 春

我是司马故里韩城人，毕生研究司马迁的生平事迹，用9个观点考证史圣司马迁生年，得出司马迁生年145年（即汉景帝中元五年）的结论。现将九个观点介绍如下，请方家斧正。

第一，考证汉简的可靠性。

我在《司马迁年谱新编》中列举司马迁生年已存在“六种”不同的说法，其中“生于汉景帝中元五年丙申（前145）之说”与“生于汉武帝建元六年丙午（前135）之说”争论最大。

争论的焦点反映在如何理解《博物志》“太史令茂陵显武里大夫司马，年二十八，三年六月乙卯除六百石也”这条汉简上。

王国维在《太史公行年考》中认为：“案《自序索隐》引《博物志》太史令茂陵显武里大夫司马（原注：此下夺迁字）年二十八，三年六月乙卯除六百石也。（今本《博物志》无此文，当在逸篇中。又茂先此条，当本先汉记录，非魏、晋人语。）案三年者，武帝之元封三年。苟元封三年史公年二十八，则当生于建元六年。然张守节《正义》于《自序》太史令五年而当太初元年下云，案迁年四十二岁，与《索隐》所引《博物志》差十岁。《正义》所云，亦当本《博物志》，疑今本《索隐》所引《博物志》年二十八，张守节所见本作三十八。三讹为二，乃事之常；三讹为四，则于理为远。以此观之，则史公生年，当为孝景中元五年，而非孝武建元六年矣。”

在国外，最早主张“建元六年”说的，是日本桑原藏在1928年后发表的《关于司马迁生年之一新说》一文。他的唯一理由，和王国维的解释相反，认为正义之“四十二”，“四”字也许是“三”伪为“亖”，而后遂写为“四”字。郭沫若在 1955 年 6 期《历史研究》上发表了《太史公行年考有问题》一文。用日本桑原藏“三”伪为“三”论点驳王国维“三讹为二”。

平心而论，王国维肯定司马迁生于汉景帝中元五年是对的。南化本“年三十八”又证明了王国维“三讹为二”的猜测。郑鹤声的《司马迁年谱》，日本泷川资言的《太史公年谱》，苏联史学界，等等，大都认为司马迁生于汉景帝中元五年，即公元前 145 年。施丁列举敦煌汉简几十条，证明《博物志》“太史令茂陵显武里大夫司马，年二十八，三年六月乙卯除六百石也”这条汉简格式是对的。

第二，考证《史记》南化本的真实性。

我的《日本“史记暨三国志之旅”代表团在韩城活动纪实》一文 2011 年 8 月 4 日刊登在“司马迁吧”网站上，读者有空可过目一下。日本“史记暨三国志之旅”代表团团长水泽利忠，就是《史记会注考证校补》的作者，就是发现日本收藏的《史记》南化本“年三十八”的见证人！我在 1993 年 8 月 20 日晚饭后，拿了两本拙著《司马迁年谱新编》，到韩城矿务局招待所 212 房间会见日本客人。一位年轻女士和一位年老先生热情接待我。互递名片后，我喜出望外，原来年老苍发的日本客人竟是研究《史记》五十年、著有《史记会注考证校补》的水泽利忠先生！名片上有“文学博士”“文教大学教育学部教授”等头衔。我立即将拙著签赠于他和他的学生长原美菜子女士。我翻开拙著第 103 页让他们看“施丁在《司马迁生年考——兼及司马迁入仕考》”一段文字，水泽利忠先生非常高兴！他手指“日本南化本《史记》‘年三十八’，就是一条可贵的证据。《史记会注考证校补》卷八（日本，1961 年发行）写明了年‘二十八’的‘二’，南化本是‘三’；并对此做了说明：‘按：依南化本，则迁生于景帝中五年，与《正义》说同，今本《史记》三讹为二。’”几行字，频频点头同意此论。这就是发现日本收藏的《史记》南化本“年三十八”的当事人的面谈证据！这是千真万确的事实记录！学术争鸣是重证据、摆事实、讲道理，来不得半点虚假之词！而有人却将这一“铁证”胡说成“伪证”！用“眉批”之说，妄想否定南化本是“三”的铁证是不可能的！因为当事人和古书都在，明确指出“按：依南化本，则迁生于景帝中五年”。

第三，考证司马迁十九岁在夏阳见游侠郭解。

我的《司马迁十九岁前在家乡耕读浅探》论文刊载 1990 年《北京师范大学

学报》增刊，其中第二个论据就是根据司马迁见游侠郭解的时间和地点而定的。

《汉书·武帝纪》载：元朔二年（前127），徙郡国豪杰及资产三百万以上于茂陵。当时，游侠郭解也在被徙之列。大将军卫青认为郭解家贫不够条件。汉武帝却说一平民能使将军讲情，他家一定不穷！于是，郭解从河内轵县（今河南济源市）举家入关中。由于郭解的家人杀了人，武帝下令通缉郭解，解闻讯后逃往夏阳，安置了家小，只身经临晋（今大荔县）过黄河奔太原。元朔三年，郭解被捕遇害。《史记·游侠列传》云："解入关，关中贤豪知与不知，闻其声，争交欢解。解为人短小，不饮酒，出未尝有骑。已又杀杨季主，杨季主家上书，人又杀之阙下。上闻，乃下吏捕解，解亡，置其母家室夏阳，身至临晋。"司马迁赞叹道："吾视郭解，状貌不及中人，言语不足采者，然天下无贤与不肖，知与不知，皆慕其声。言侠者皆引以为名。谚曰：'人貌荣名，岂有既乎！于戏，惜哉！'"程金造评论这段话认为："这是一个十九岁将及成年人的心理。……九龄幼童去观察别人，绝不能有这样心理活动的。"按照司马迁生于汉景帝中元五年一说，元朔二年司马迁刚好十九岁。郭解没有到过长安。司马迁十九岁时见郭解，并详细地知道此人是个小个子，不喝酒，不骑马，面貌没有中等人好看，不怎么会说话。从"长无乡曲之誉"可以看出，郭解逃到夏阳县城，住在离城很近的高门的司马迁肯定"好奇"地去见大侠郭解，并与其交往，或帮助安置好家小，等到武帝派人赶到夏阳追捕郭解时，郭解已只身逃临晋了，很可能司马迁与郭解交往而受到了指责，落了不好的名声。于是，就立即进京，住在其父司马谈的官府里，"二十而南游江淮"去了。司马迁十九岁在夏阳故乡见郭解，并与交往，结果遭到乡曲人们的非难，这正好证明司马迁十九岁前仍在家乡过着耕读生活。否则，司马迁早在京师，他是不会见到郭解的，也不可能对郭解了解得那么翔实。

第四，考证司马迁南游时间为两年左右。

我在《司马迁年谱新编》中标明：司马迁二十岁是岁为汉武帝元朔三年乙卯（前126）。司马迁南游江淮考察搜集遗闻史料。《自序》云："二十而南游江、淮，上会稽，探禹穴，窥九嶷，浮于沅、湘，北涉汶、泗，讲业齐鲁之都，观孔子之遗风，乡射邹、峄，厄困鄱、薛、彭城，过梁、楚以归。"我认为，司马迁在这段自述中简明扼要地记录了他南游的路线和主要地点。历代的学者，对司马迁的这次南游，给予了最高度的评价。

清代以后的考据学者，在基本肯定南游路线和地点的前提下，越考越繁，甚至在时间、路线和地点上节外生枝，把一件很清楚的事情弄得糊涂了。从时间上看，由两年南游（郑鹤声《司马迁年谱》）到近十年南游（刘孝严等编著的《中国历代名人》）不一。

司马迁究竟南游了几年？没有统一的意见。我认为，司马迁南游以两年左右时间为宜。因为秦始皇曾两次南游，每次大约近一年时间；汉武帝南巡，用了半年多时间。又因为《史记·儒林列传》讲道："太常择民年十八已上，仪状端正者，补博士弟子……其高弟可以为郎中。"如果南游时间太长，司马迁始当郎中就显得年龄大了点。司马迁二十一岁是岁为汉武帝元朔四年丙辰（前 125）。司马迁南游北归，"讲业齐鲁之都，观孔子之遗风，乡射邹、峄，厄困鄱、薛、彭城，过梁、楚以归"。

第五，考证司马迁跟孔安国学《古文尚书》、跟董仲舒学《春秋》。

我在《司马迁与〈史记〉百题解答》中，回答陕西师范大学学生问题时说司马迁跟孔安国学过古文。《汉书·儒林传》谓："孔氏有《古文尚书》，孔安国以今文字读之，因以起其家。逸《书》得十余篇，盖《尚书》兹多于是矣。遭巫蛊未立于学官。安国为谏大夫，授都尉朝，而司马迁亦从安国问故。迁书载《尧典》《禹贡》《洪范》《微子》《金胜》诸篇，多古文说。"王国维在《太史公行年考》中说："然安国既云早卒，则其出为临淮太守，当亦在此数年中，时史公年二十左右。其从安国问《古文尚书》，当在此时也。"

司马迁跟董仲舒学过《春秋》。《史记·太史公自序》云："余闻董生曰，周道衰废，孔子为鲁司寇，诸侯害之，大夫雍之，孔子知言之不用，道之不行也，是非二百四十二年之中，以为天下仪表。"《汉书·董仲舒传》："董仲舒，广川人也。……武帝即位，举贤良文学之士，前后百数，而仲舒以贤良对策焉。"可见司马迁听董仲舒讲孔子《春秋》是真实的。

第六，考证司马迁仕为郎中时间为 15 年左右。

我在《司马迁年谱新编》中认为："司马迁二十三岁即汉武帝元朔六年戊午（前 123），司马迁仕为郎中。"

郎中是干什么的？《汉书·百官公卿表》载：郎官的职务是"掌守门户，出充车骑”。这就是说，皇帝不出去的时候，他们是宫门武装执戟的侍卫；皇帝出巡的时候，他们又是车驾的侍从。郎官分议郎、中郎、侍郎、郎中四等，郎中是最小的官职。郎官能挣多少钱？那时是以石、斛计算工资的。郎官中的议郎、中郎是六百石，实领六十斛；侍郎四百石，实领四十五斛；郎中三百石，实领三十七斛。司马迁属于郎中，应为三百石。司马迁当了多长时间的郎官？司马迁从元朔五年至元封二年做郎官，即公元前 124 年至公元前 109 年，共 15 年时间。有这么长时间？是的。你们想，郎官分四等，司马迁要由郎中升为侍郎、中郎，最后升为议郎，大概每个台阶需四年左右吧。司马迁做郎官期间的工作，都有哪些记载？司马迁元鼎四年回龙门，元鼎五年至崆峒，元鼎六年奉使巴蜀，元封元年自泰山至北边，元封二年负薪塞河，均留下了足迹。

司马迁第一次回故乡夏阳（今韩城市），是在公元前 113 年（汉武帝元鼎四年），此年他任郎中，年龄 33 岁。据《史记·五帝本纪》载：“元鼎四年，汉武帝自夏阳东幸汾阴。”又据《汉书·武帝纪》云：元鼎四年冬十月，“行自夏阳，东幸汾阴。十一月甲子，立后土祠于汾阴脽上。”这一年，司马迁为郎中，当随汉武帝回到故乡夏阳。司马迁的父亲司马谈，是以太史令的身份回到故乡夏阳的。据《史记·封禅书》载：“其明年冬（集解引徐广曰：元鼎四年），天子郊雍，议曰：‘今上帝朕亲郊，而后土无祀，则礼不答也。’有司与太史公、祠官宽舒议：‘天地牲角茧栗，今陛下亲祠后土，后土宜于泽中圆丘为五坛，坛一黄犊，太牢具，已祠尽瘗，而从祠衣上黄。’于是天子遂东，始立后土，祠汾阴脽丘，如宽舒等议。上亲望拜，如上帝礼，礼毕，天子遂至荥阳，而还，过雒阳。”这里的“太史公”就是指司马谈。这次始立后土祠，司马谈是参与制订“祠议”的。司马迁与父亲司马谈随汉武帝到夏阳，夏阳民众向汉武帝献了最贵重的宝物——灵芝草。据《韩城县志》记载：汉武帝得灵芝草于芝川，便将芝川镇改为灵芝镇，将陶渠水改为芝水。汉武帝还在芝川建造了行宫。这已为出土文物所证实。“夏阳扶荔宫”遗址，在今韩城市芝川镇司马迁祠东南约二百米的土台上。这一土台，东西南北各约三百米。经 1964 年局部发掘，得方砖一块，上刻“夏阳挟荔宫令辟与天地无极”十二个阳纹篆字。以后，又在该遗址发现上述十二字方砖残缺和各种瓦当多件，如：“与天地无极”“千秋万岁”“宫”字瓦当等。1980 年文物普查时，还拣得残砖一块，上刻“夏阳宫”三个阳文篆字。这些地方史料和文物，佐证了司马迁父子回故乡之事。

第七，考证“早失二亲”不存在问题。

郑鹤声在《司马迁生年问题的商榷》一文中，已否定了张惟骧、郭沫若的这个问题。按照我国丧礼，父丧称孤子、母丧称哀子，父母俱故称孤哀子，这是没有年龄限制的，一岁丧父母如是称呼，六十岁丧父母也如是称呼。他还引用《汉书》中记载班固称其祖先班伯卒时，年三十八，接着说：“(班)游亦早卒。”早不早的标准，就我们汉人的习惯说法，约在四十岁。而有人引用郭沫若、日本桑原骘藏、施之勉的解释和《礼记》的引文并不能说明司马迁“早失二亲”的含意，定二十九岁以下父母亡故才能称“早失二亲”，这是不对的，那怎么解释三十八岁的班固称“(班)游亦早卒”呢？也不符合情感用词。还要看是谁说“早失二亲”。如果是旁人称你父母死亡了，可以直说“你的父母去世了呀”，如果是儿子说父母去世，就应当像司马迁称“早失二亲”，又像班固称“(班)游亦早卒”这样，口气带有惋惜亲情的意味。试问：如果有人在三十岁以上父母去世，他能对人说“父母死得不早”吗？这不成了他嫌他父母死得迟了！肯定在众人面前落个不孝之子的恶名！所以，我才说不应光咬文嚼字，还要考虑感情成分。

第八，池田英雄考证吉春关于“司马迁55岁说”。

日本明德出版社平成七年5月30日发行了池田英雄《史记学50年》一书。池田英雄于1995年6月14日签赠我一本。我发现在该书100页有“(5)吉春的[汉景帝中元五年(前145—前91)55岁]说(司马迁年谱新编1889刊)”，105页码又有“⑤吉春的[(前145—前91)55岁说]”。

三秦出版社1989年4月出版的《司马迁年谱新编》，由司马迁与《史记》研究专家施丁作序，首倡“史记学”的张新科专门写书评谈“司马迁行年研究的新收获”。池田英雄在日本购买《司马迁年谱新编》后，如获至宝，详阅司马迁1岁—55岁记述，觉得吉春按班固《汉书·司马迁传》中录完《报任安书》立刻说“迁即死”和卫宏《〈汉书〉旧义注》“有怨言，下狱死”的推断是准确的。所以，才把“吉春的[汉景帝中元五年(前145—前91)55岁]说”作为最新研究成果列了出来。

第九，考证谁“贻误后人”。

关于司马迁生年，前145年与前135年已经争论了一千多年了。我们这些无权的秀才，只能是纸上谈论而已，不可能“贻误”谁。要说“贻误”的话，只能是当政者利用权力压制不同意见，采取行政命令办法推行个人观点。比如，我在《司马迁与〈史记〉百题解答》中说“唯145年和135年两说争论很大”。有的同学就问“大到什么程度？”我回答：“你们不知道？本来，一九五六年是司马迁诞辰2100周年纪念。苏联史学界在这一年举行了纪念大会。我国史学界这一年也曾积极筹备，共襄盛举。不料郭沫若发表了《〈太史公行年考〉有问题》，主张135年之旧说，认为‘若开会纪念，还要推迟十年’，因此纪念会未开成。国际影响太大了！”以后反右、“文革”再没有机会开纪念会了，这才叫“贻误”哩！可见，一九五六年司马迁诞辰2100周年纪念未开成的原因，主要是郭沫若有权力有身份。如果是无权力无身份的“小人物”坚持135年说，根本阻挡不住一九五六年司马迁诞辰2100周年纪念会召开的！况且国内外多数学者考证司马迁生于公元前145年。同样，根据145年说，韩城每年才举行民祭司马迁的盛大活动！

（吉春，中国史记研究会理事，陕西省司马迁研究会常务理事，韩城市司马迁学会顾问。）

后　记

2019年10月11日至13日，“陕西省司马迁研究会2019年学术年会暨中国古代文学、古典文献学学科建设高层论坛”在延安大学召开。会议由陕西省司马迁研究会主办，延安大学文学院承办，渭南师范学院学报编辑部协办，来自省内外的七十多位专家学者参加了此次盛会。

10月12日上午，延安大学文学院副院长马海娟教授主持开幕式。延安大学副校长陈华教授、延安大学文学院院长梁向阳教授、陕西师范大学高益荣教授、渭南师范学院学报编辑部詹歆睿主任、陕西省传记文学学会薛引生会长出席并先后致辞。开幕式后，咸阳师范学院副校长、教授王长顺主持大会主题发言，六位学者分别汇报自己的论文，发言之后是专家点评。10月12日下午，分组讨论。第一小组上半场由陕西师范大学高一农教授主持、陕西师范大学杨晓斌教授评议；下半场由延安大学文学院霍建波教授主持、渭南师范学院文学院梁建邦教授评议。第二小组上半场由延安大学文学院教授刘向斌主持、陕西理工大学文学院院长李宜蓬教授评议；下半场由程永庄主持、西安工程大学人文学院教授任刚评议。随后，闭幕式举行，霍建波教授主持。李小成、任刚分别汇报小组讨论情况；陕西省司马迁研究会秘书长王晓鹃教授汇报一年来的协会工作；增补刘向斌、李小成为常务理事，增补霍建波、秦忠明、张仲军为理事；王长顺致闭幕词，指出了这次学术年会的三大特点；下一届学术年会承办方代表秦忠明发言，2020年学术年会将在司马迁故乡韩城市举行。

最后，主持人霍建波教授宣布大会闭幕，并即兴吟咏七律《司马迁研究年会在延安召开有感》（新韵），诗云：“圣地邀来太史公，丹菊银杏舞西风。延河挥手迎佳客，宝塔屈身展笑容。史记精神传万代，子长气骨重千城。今聆师友发高论，茅塞忽开慰我生。”

陕西省司马迁研究会 2019 年年会有 48 篇论文被编进了《司马迁与史记论集（第十三辑）》，所收论文以类相从，依次分为《史记》文献研究、《史记》文本研究、《史记》人物研究、《史记》思想文化研究、《史记》影响研究以及《史记》相关研究等六个部分。出版时，由于各种原因，主编不得不忍痛删掉一半，只保留了 24 篇文章。

这本《司马迁与史记论集（第十三辑）》由陕西省司马迁研究会编，主编是张新科教授、霍建波教授和刘向斌教授，姚军副教授做了编辑工作，霍建波教授做了校对工作。

编　者

2022 年 3 月 16 日